行贿犯罪办案指南

张文波 著

法律出版社
LAW PRESS·CHINA
——北京——

图书在版编目(CIP)数据

行贿犯罪办案指南 / 张文波著. -- 北京:法律出版社,2024

ISBN 978-7-5197-9130-8

Ⅰ.①行… Ⅱ.①张… Ⅲ.①贿赂罪-中国-指南 Ⅳ.①D924.392-62

中国国家版本馆 CIP 数据核字(2024)第 095937 号

行贿犯罪办案指南
XINGHUI FANZUI BAN'AN ZHINAN

张文波 著

策划编辑 周 洁 林 蕊
责任编辑 周 洁 林 蕊
装帧设计 李 瞻

出版发行 法律出版社
编辑统筹 司法实务出版分社
责任校对 张翼羽
责任印制 吕亚莉
经　　销 新华书店

开本 710 毫米×1000 毫米 1/16
印张 28.25 **字数** 370 千
版本 2024 年 6 月第 1 版
印次 2024 年 6 月第 1 次印刷
印刷 三河市兴达印务有限公司

地址:北京市丰台区莲花池西里 7 号(100073)
网址:www.lawpress.com.cn
投稿邮箱:info@lawpress.com.cn
举报盗版邮箱:jbwq@lawpress.com.cn

销售电话:010-83938349
客服电话:010-83938350
咨询电话:010-63939796

书号:ISBN 978-7-5197-9130-8
定价:118.00 元

凡购买本社图书,如有印装错误,我社负责退换。电话:010-83938349

PREFACE 序言

行贿行为是受贿犯罪与腐败滋生的重要根源，不仅与市场经济所要求的公平竞争、诚信经营、崇尚法治的原则相抵触，会严重破坏市场资源的合理配置，干扰正常的市场交易秩序，不利于健康的营商环境的改善，甚至会给国家和人民利益造成特别重大损失，而且会助长投机取巧的社会风气和自私自利的浮躁心态，腐蚀党员干部，破坏党同人民群众的关系，危及党的执政基础，阻碍依法治国的进程。因此，依法惩治行贿犯罪对于从源头上遏制和预防腐败，建设法治国家，具有标本兼治的双重意义。

党的十八大以来，党风廉政建设和反腐败斗争取得了历史性成就，但形势依然严峻复杂。习近平总书记在十九届中央纪委六次会议上发表重要讲话指出："腐败和反腐败较量还在激烈进行，并呈现出一些新的阶段性特征，防范形形色色的利益集团成伙作势、'围猎'腐蚀还任重道远，有效应对腐败手段隐形变异、翻新升级还任重道远，彻底铲除腐败滋生土壤、实现海晏河清还任重道远，清理系统性腐败、化解风险隐患还任重道远。"当前，行贿犯罪呈现跨地区、跨行业、流动性强、腐蚀性强等特点，传统犯罪手段和新型贿赂方式交织，"围猎"与被"围猎"交织，滥用职权与谋取私利交织，违规审批、违法办案与利益输送交织。一些公司、企业经营者在经济活动、商业竞争以及其他市场交易领域中为谋取不正当利益，通过各种途径拉拢、腐蚀国家工作人员，行贿人除直接送现金、贵金属、珠宝玉器、名人字画外，还采取低价出售房产，赠送干股，虚构债权债务等更为隐蔽的手段行贿。从司法机关办理的一大批职务犯罪案件中可以看出，相当一批领导干部就是在行贿人长期的“糖衣炮弹”的围攻下动摇、腐败并走上职务犯罪道路的。因此，行贿人不择手段“围猎”国家工作人员及其特定关系人，是当前腐败增量仍有发生的重要原因。行贿不查，受贿不止。为此，党的十九大报告专门强调：“要坚持无禁区、全覆盖、零容忍，坚持重遏制、强高压、长震慑，坚持受贿行贿一起查”。党的二十大报告重申了“受贿行贿一起查”的精神。因此，惩治行贿犯罪不仅是夺取反腐败斗争压倒性胜利的关键一环，也是推进法治中国建设和实现国家长治久安的重要举措。在此背景下，加强对行贿犯罪的调查研究尤为必要。

近年来，实务界和理论界推出了不少关于职务犯罪的专著，其中也有不少篇章涉及行贿犯罪，但专门研究行贿犯罪的著作尚属空白。张文波法官长期工作在法院审判一线，曾多次参与重大职务犯罪案件的审判工作，对于职务犯罪案件的办理具有丰富的经验和深入的思考。他在繁忙的办案之余，通过深入总结审判实践经验，撰写了这本专门指引行贿案件办理的著作，非常有意义。通读全书后，我感到本书有以下几个突出特点：

一是立足实践，系统全面。该书对行贿犯罪进行了深入的类型化研究和全景式描述，对相关指导性案例、典型案例及政策文件进行了梳理，既有对现行法律和司法解释的理解与适用，也有对重点疑难复杂实务问题的讨论和解析。书中的观点，也是基于作者本人对司法实践的长期观察和思考所得出，对于办理行贿犯罪案件具有重要的参考价值。当然，个别观点和研究意见可能还有待商榷，但这并不影响这本书的整体价值。

二是问题导向，新颖实用。这本书的最大特色就是在介绍每一个罪名时，都会详细列举该罪名在司法适用中的难点问题，少则十余个，多则数十余个，这有助于在实践中正确区分罪与非罪、此罪与彼罪的界限，准确适用法律。此外，书中几乎所有的问题都以案例为切入点展开，使读者对于相关内容更易于掌握和理解。该书没有过多纠缠于刑法理论的争议纷纭，更没有堆砌过多佶屈聱牙的名词概念，而是针对办案中的争议问题，开门见山地提出办案思路和倾向性意见，具有浓厚的贴近实务的风格。

三是重点突出，详略得当。该书不仅从如何办理和防范行贿犯罪的角度，深入讨论了行贿犯罪的规律特点、犯罪成因、立法沿革、证据审查，还分门别类地讨论了行贿犯罪各个罪名的构成要件、定罪量刑、司法适用难点。此外，该书还从刑事政策的角度，重点讨论了如何正确把握行贿犯罪治理的政策边界以及如何实现行贿犯罪治理的标本兼治等问题，对理论研究和政策制定均具有启发意义。

总之，《行贿犯罪办案指南》一书兼具理论性和实用性，是一部难得的关于行贿犯罪预防惩治和法律适用的集大成之作。相信该书的出版，对职务犯罪案件的办理和理论研究将起到积极推动作用。

张文波法官曾于2019年至2020年借调至最高人民法院工作，我们刚好同在一个合议庭，在一年多的朝夕相处中，我不仅与他结下了深厚的友谊，也见证了他的不断成长。在借调期间，文波不仅参与办理了多个重大疑难职务犯罪案件，还执笔起草了多份调研材料，他勤奋好学，敏思善悟，无论是办案还是调研，均视野开阔，思路清晰，高质高效。特别是，他一直潜心钻研业务，笔耕不辍，我将其视为“同道之人”。如今文波的专著出版，欣欣然记述数言以祝贺好友，并期待他推出更多优秀成果！

最高人民法院　于同志

2024年5月于北京

CONTENTS 目录

第四章　关于对单位行贿罪的司法认定　186

第一章 行贿犯罪的总体状况及立法沿革

一、行贿犯罪的惩治态势

近年来，习近平总书记就惩治行贿犯罪问题多次作出重要指示批示，[①]并在二十届中央纪委三次全会上发表重要讲话指出，“要加大对行贿行为惩治力度。严肃查处那些老是拉干部下水、危害一方的行贿人，通报典型案例，以正视听、以儆效尤。加大对行贿所获不正当利益的追缴和纠正力度”。党的十九大、二十大报告明确提出“坚持受贿行贿一起查”，并对“受贿行贿一起查”作了部署和要求。司法机关将“坚持受贿行贿一起查”作为实现腐败问题标本兼治，巩固发展反腐败斗争压倒性胜利的重要举措，不断加大对行贿犯罪的打击力度，取得了积极成效。2008 年 1 月至 2013 年 10 月，全国检察机关立案侦查行贿犯罪嫌疑人 23,246 人，查处的行贿犯罪人数比前 5 年上升 60.4%。[②] 2013 年 3 月 ~2018 年 3 月，全国法院系统审结行贿犯罪 1.3 万人。[③] 2018 年 3 月 ~2023 年 3 月，全国法院系统审结行贿犯罪 1.2 万件、1.3 万人。[④]

---

① 参见蒲晓磊：《全国人大常委会法工委刑法室负责人就刑法修正案（十二）草案答记者问》，载《法治日报》2023 年 7 月 26 日，第 2 版。

② 参见 2013 年最高人民检察院向第十二届全国人民代表大会常务委员会所作《关于检察机关反贪污贿赂工作情况的报告》。

③ 参见《最高人民法院工作报告——2018 年 3 月 9 日在第十三届全国人民代表大会第一次会议上》。

④ 参见《最高人民法院工作报告——2023 年 3 月 7 日在第十四届全国人民代表大会第一次会议上》。

当前，司法实践对于行贿犯罪的打击，处于“处罚力度偏轻，缓刑、免刑适用比例仍然偏高”[①] 的状态。以2014 ~2019 年为例，全国各级法院共办理行贿案件13,189 起，受贿案件35,197 起。[②] 2021 年全国检察系统起诉受贿犯罪9083 人、行贿犯罪2689 人，[③] 行贿案件与受贿案件的办理比例始终保持在1∶3 左右。[④] 考虑到在职务犯罪案件中一名受贿人往往收受十几甚至几十笔贿赂，并涉及众多行贿人及行贿线索，相比之下，行贿犯罪案件的数量与受贿犯罪案件的数量明显不成比例。这直接反映出在现实中有大量行贿人没有受到相应的刑事追究，[⑤] 或者行贿的刑罚成本几乎可以忽略不计，“重受贿轻行贿”的办案思路和理念还没有得到彻底扭转。之所以出现这种状况，主要有几个方面的原因。

（一）惩治贿赂犯罪的实用主义倾向明显

长期以来，惩治受贿犯罪一直被作为反腐败斗争的主要方面，鉴于贿赂行为发生时往往无第三人在场，因而对受贿犯罪的查处时常需要行贿人的配合。而由于行贿人往往具有较大顾虑或避重就轻的心态，办案机关为了突破案件，不得不对行贿人一方作出一定让步，以对行贿人从轻、减轻或者免予

---

① 刘霜、石阳媚：《行贿罪处罚的实证分析及其优化——以某省103 个行贿罪判决为研究范本》，载《河南省社会科学》2018 年第6 期。

② 参见《最高人民检察院工作报告——2022 年3 月8 日在第十三届全国人民代表大会第五次会议上》。

③ 参见《最高人民法院关于加强刑事审判工作情况的报告——2019 年10 月23 日在第十三届全国人民代表大会常务委员会第十四次会议上》。

④ 参见《最高人民法院关于加强刑事审判工作情况的报告——2019 年10 月23 日在第十三届全国人民代表大会常务委员会第十四次会议上》。

⑤ 例如，在贵州省大方县原县委书记张某时受贿案中，张某时自2003 年至2018 年担任大方县组织部部长、县长，任县委书记期间，先后收受84 人所送款项共计195.5 万元，为相关人员职务提拔、调整谋取利益；在广东省茂名市委原书记罗某国受贿、巨额财产来源不明案中，罗某国自1993 ~2011 年，单独或伙同其妻子邹某芳收受64 名党政领导干部、企业商人所送财物折合人民币共计2000余万元；在更为夸张的河南省开封市委原常委、市委组织部原部长李某林受贿案中，李某林自2003年11 月至2009 年2 月担任南阳市委常委、组织部长期间，利用职务便利，非法收受孙某、郑某等169 人的财物共计人民币629.2 万元、美金6 万元、英镑5000 元、银行卡14 万元、价值人民币4.8 万元的购物卡，为相关人员在职务晋升、调整等方面提供帮助。参见邓红阳：《开封原组织部长李森林受贿案因悔罪被从轻处罚判无期》，载《法制日报》2013 年9 月5 日，第3 版。

处罚为条件，换取行贿人主动交代办案机关尚未掌握的行贿犯罪事实，再以此突破受贿人的心理防线，进而获得受贿人的有罪供述。对此，1999 年最高人民法院、最高人民检察院印发的《关于在办理受贿犯罪大要案的同时要严肃查处严重行贿犯罪分子的通知》曾规定，在查处严重行贿、介绍贿赂犯罪案件中，既要坚持从严惩处的方针，又要注意体现政策。行贿人、介绍贿赂人具有《刑法》第 390 条第 3 款、第 392 条第 2 款规定，在被追诉前主动交代行贿、介绍贿赂犯罪情节的，依法分别可以减轻或者免除处罚；行贿人、介绍贿赂人在被追诉后如实交待行贿、介绍贿赂行为的，也可以酌情从轻处罚。上述规定也是司法机关在打击行贿犯罪中兑现政策的体现，以避免对行贿人打击过于严厉，而导致行贿人为自保而降低配合办案机关的积极性，或者拒绝对受贿人检举揭发，或者推翻之前证言造成证据不完善，或者不能配合办案机关进行调查取证，甚至与受贿人形成攻守同盟，直接毁灭重要物证、书证。也正因如此，为了有效查办受贿案件，办案机关在调查、侦查过程中对行贿人往往作出宽大处理甚至不作为犯罪处理的承诺，使相当一批行贿案件被“提前消化”。即便行贿案件被检察机关移送起诉，公诉机关也往往会综合考虑相关因素，建议法院对行贿人适用缓刑或免予刑事处罚，这种情形也被称为“严进宽出”。因此，依靠行贿人口供查办贿赂案件的模式不改变，这种超越法律底线的“中国式辩诉交易”就不可避免。①

（二）重受贿轻行贿的刑事司法政策扭曲

在《刑法修正案（九）》颁布前，2011 年《刑法》第 390 条第 2 款规定“行贿人在被追诉前主动交待行贿行为的，可以减轻处罚或者免除处罚”，这一规定带有强烈的刑事政策色彩，使得行贿“特殊自首制度”比同样为法定从宽处罚情节的自首、立功在减轻处罚的幅度上还要大。② 立法者的考虑，

① 参见龚堂华：《惩治行贿犯罪的现实困境及完善路径——以行贿犯罪司法适用为视角》，载《民主与法治》2018 年第 3 期。

② 直到 2015 年颁布《刑法修正案（九）》，才将此调整为“行贿人在被追诉前主动交待行贿行为的，可以从轻或者减轻处罚。其中，犯罪较轻的，对侦破重大案件起关键作用的，或者有重大立功表现的，可以减轻或者免除处罚”。

主要是为了打击受贿罪和瓦解受贿人与行贿人的同盟关系，因而在法定刑配置和从宽处罚等规定上，行贿罪与受贿罪均有相当的区别，这在一定程度上影响到了对行贿罪的从严惩处。① 以至于有观点认为当前的贿赂犯罪在刑事立法上从“严而不厉”演化为了“厉而不严”，在司法解释上则表现为在“定罪扩张”的同时又处于“量刑轻纵”两难境地。② 另外，在实践中对行贿犯罪的构成要件特别是“不正当利益”的理解还存在一定争议，辩方常以此为由作无罪辩护，一定程度上影响了对行贿犯罪的惩处力度和效率。同时，因行贿犯罪的成案比例较低，从同类案件平衡处理角度考虑，法院倾向于对部分行贿人判处缓刑。由于行贿案件的办理客观上还存在一定选择性，在部分行贿人未被追诉的情况下，已被追诉的行贿人往往以此为由请求司法机关对其从轻处罚，而为了钝化、平和选择性执法问题，使之更显公平，部分行贿案件也可能被从宽处理。况且行贿人谋取不正当利益的具体情形也会影响到刑罚适用，如有的行贿人仅是实施了影响程序公正的行为，则其行为较之既影响实体公正又影响程序公正的行为，从量刑情节上会予以考量。③ 此外，在不少贿赂犯罪中，行贿人系当地企业经营者和管理者，如将此类行贿人全部采取强制措施，有可能会对企业正常经营带来不利影响，在极端情况下还可能导致企业停产倒闭，大量人员失业，银行贷款损失等一系列社会问题。因此，办案机关在一般情况下会从维护社会稳定，保障经济发展的角度出发，对相关行贿人员慎用限制人身自由的强制措施，案件起诉到法院，有时还会建议法院慎判实刑。法院在判决时也会充分考虑上述因素，对这些企业经营者和管理者依法适用缓刑或免予刑事处罚。司法机关因对行贿人的政策兑现力度较大而饱受争议，并招致社会各界对行贿罪打击不力、轻纵犯罪的批评，④ 有

---

① 参见屈学武：《行贿与受贿应同罪同罚》，载《检察日报》2013 年 10 月 22 日。

② 参见杨安、陆旭：《论贿赂犯罪刑事法网的完善》，载《中国刑事法杂志》2014 年第 1 期；闫雨：《我国反贿赂刑法与〈联合国反腐败公约〉之协调》，载《社会科学家》2020 年第 5 期。

③ 参见高诚刚：《实证研究视角下“行贿从轻”的实效》，载《政治与法律》2016 年第 5 期。

④ 参见陈伟、熊波：《“收受型”贿赂犯罪双向对称性刑事政策之构建》，载《安徽大学学报（哲学社会科学版）》2018 年第 1 期。

学者认为对行贿者无原则底线的过度迁就，“非但不能收到好的社会效果，反而向社会公众传递出行贿行为非罪化或低风险的错误信号，使行贿人缺乏犯罪感，甚至无所顾忌地继续大肆行贿”①。

（三）行贿犯罪长期呈现查证与定罪两难

由于行贿人与受贿人之间处于利益捆绑状态，一旦案发很难不受到对方牵连，因而行、受贿双方被形象地称为“拴在一根绳上的蚂蚱”，并天然地具有订立“攻守同盟”的意识和自觉。一些不法人员为了规避法律制裁，掩饰权钱交易行为，不仅在行、受贿过程中呈现“一对一”的状态，而且在犯罪手段上不断翻新，方式日趋隐蔽，使行贿犯罪长期处于查证难、定罪难的态势。例如，行贿人以礼尚往来的名义掩盖的行贿行为，“以租为名”将房屋提供给国家工作人员长期使用而不将产权过户，“以借为名”将大额资金交给国家工作人员使用之后再“免除债务”，以“委托理财”或“合伙投资”为由代国家工作人员出资经营，将财物交给国家工作人员指定的特定关系人，安排国家工作人员的特定关系人到行贿人控制的企业任职并获得高薪，事先与国家工作人员签订民事合同之后再故意违约并支付高额违约赔偿金；有的行贿人与国家工作人员在赌桌上通过赌博这种娱乐方式将贿赂行为合法化，在不知不觉间完成了利益输送；还有的行贿人不直接给予国家工作人员财物，而是输送其他难以量化的财产性利益或非财产性利益，给予国家工作人员财物后该财物仍然交由行贿人保管、代持，并且约定日后国家工作人员可随时提取。行贿人与收受贿赂的人随着交往加深，会形成复杂的人际关系，而不是收钱办事的“一锤子买卖”。在请托事项上行受贿双方碍于面子也不会直接商定贿赂内容和数额，通常采用“请多照顾”“我不会忘了你的”等含糊的请托语言，彼此心照不宣。类似的请托语言在司法认定上有很大的困难，行贿人所说的“请多照顾”既可以理解为请求对方为其谋取不正当利益，也可以理解为单纯的“客套话”或者感情拉拢，没有具体的请求事项。

---

① 张勇：《“行贿与受贿并重惩治”刑事政策的根据及模式》，载《法学》2017年第12期。

而由于行贿犯罪的隐蔽性和复杂性，办案机关高度依赖言词证据，一旦在后续刑事诉讼过程中出现改变供述的情形，将导致案件陷入被动。同时，在实践中贿赂犯罪还存在一定犯罪黑数，相当一部分贿赂犯罪尚未被发现或进入刑事诉讼程序。此外，尽管相关司法解释已通过类型化的方式，界定了行贿罪中的不正当利益要件的范围，但在司法实践中仍较难把握，特别是难以回应层出不穷的新利益类型是否属于不正当利益以及如何评价不正当利益要件中的主观要素等难题，大量似是而非、模棱两可的“例外情形”正在冲击着行贿罪的堤坝，对现有的类型化解释构成挑战，在一定程度上制约了行贿罪的适用范围和惩处力度。

二、行贿犯罪的主要特点

（一）行贿犯罪高发领域日趋广泛，腐蚀围猎呈无孔不入之势

改革开放40余年来，我国社会主义市场经济得到极大发展，但市场诚信体制机制的完善还需要一个长期的过程才能完成，“花钱办事”“办事找人”的庸俗观念仍未禁绝，一些不法商人、投机分子挖空心思找门路、走捷径，并利用目前权力监管存在的漏洞大肆进行权钱交易。行贿人“围猎”是政治生态的一个重要“污染源”，在一些地方甚至出现了专门搜集官员喜好的“情报圈”。[①] 由于市场监管机制尚不完善，审批环节众多而又缺乏有效监管，行贿人因而有了可乘之机，一些公司在激烈的市场竞争中也容易投机取巧，进行商业贿赂。同时，行贿犯罪的发生领域从最初常见的工程建设领域逐渐扩展至公共权力集中，资金比较密集，市场竞争激烈的部门和行业，包括但不限于土地出让、交通能源、产权交易、矿山资源、政府采购、教育培训、金融、医药卫生、生态环保、组织人事、执法司法等各个领域。例如，在招标、政府采购等事项的评标或者采购活动中，投标人为谋取不正当利益，

① 参见曾明、廖瑾莹：《行贿围场：权力是如何被围猎的？——基于判决文书的扎根理论研究》，载《中南大学学报（社会科学版）》2018年第1期。

给予评标委员会、谈判小组、询价小组人员财物；施工企业向建设单位或设计单位行贿，通过变更设计增加工程量或提高价格等手段谋取不正当利益；在项目预决算中，施工单位通过向建设单位有关管理人员行贿，虚设项目，重复计算工程量以骗取工程款；在城镇房屋拆迁过程中，通过向评估人员以及代理机构人员行贿，抬高或压低评估价格以非法获利；在临床活动中，药品、医用设备、医用耗材等生产、经营企业或经销人员给予医疗机构和医务人员回扣或提成。特别是一些地方政府所属的投融资平台公司，其作为主要承担政府投资项目融资功能的经济实体，是资金、土地、股权等公共资源相对集中的“富集区”，也是行贿人通过贿赂手段违规融资担保、违规借款、违规举债投资等问题的“高发区”。此外，行贿人的身份也涵盖各个社会阶层，不仅包括私营企业主、各类商业经纪人，还包括律师①、高校知识分子②、党员领导干部，甚至有个别高级领导干部③也实

① 例如，在海南省高级人民法院原副院长张某慧受贿、行政枉法裁判、诈骗案中，有18名当地知名律师向张某慧行贿，参见兰琳宗：《张家慧案被曝37名行贿者：斩断徇私枉法利益链》，载中央纪委国家监委网站，访问时间2021年12月10日。在山东省济南市中级人民法院原副院长孙某一受贿案中，有24名律师向孙某一行贿，参见山东省济南市天桥区人民法院刑事判决书，（2021）鲁0105刑初79号。

② 例如，在中国石油大学（北京）石油天然气工程学院教授王某海贪污、行贿案中，王某海为感谢时任中石油科技管理部副主任、副总经理方某亮在协调调动工作，获取相关科研项目等方面提供的帮助，并进一步谋求方某亮在给予科研项目等方面提供便利，直接或通过方某亮之妻魏某萍，先后给予方某亮50万元。参见张宇：《中国石油大学教授王新海涉嫌贪污行贿受审当庭认罪》，载《北京晚报》2017年6月30日。

③ 例如，在辽宁省委原常委、政法委原书记苏某章行贿案中，2010~2011年，苏某章在选举辽宁省副省级干部、中共辽宁省委常委换届中，为获得推荐并当选辽宁省副省级干部、中共辽宁省委常委，直接或通过他人给予相关国家工作人员财物，共计折合人民币110万余元，参见孙航：《辽宁省委原常委、政法委原书记苏宏章一审获刑14年》，载《人民法院报》2017年5月20日，第3版；在辽宁省人大常委会原副主任李某科行贿案中，2009年上半年至2011年下半年，在中共辽宁省委民主推荐副省级领导干部人选期间，李某科先后为获得推荐成为辽宁省人民政府副省长人选、辽宁省人大常委会副主任人选，给予多名厅局级以上领导干部人民币87万元、美元11万元、面值人民币28万元的购物卡，共计折合人民币186万余元。参见孙航：《辽宁省人大常委会原副主任李文科受贿、行贿案宣判》，载《人民法院报》2018年9月14日，第3版；另据《人民日报》报道，2019年2月20日，军事法院依法对中央军委联合参谋部原参谋长房某辉受贿、行贿、巨额财产来源不明案进行了宣判，认定房某辉犯受贿罪、行贿罪、巨额财产来源不明罪，数罪并罚，决定执行无期徒刑，该案也是目前我国司法机关审理的职务级别最高的行贿案件。

施了行贿行为。而随着经济发展和国际商业活动竞争加剧，外国公司在华行贿问题一度颇受媒体关注，这也是行贿犯罪在司法实践中遇到的新情况和新问题。而无孔不入的行贿行为对社会经济生活以及相关行业造成了极大危害。例如，在药品和医疗器械行业发生的向医生行贿的行为，间接将相关成本转嫁到了患者身上，从而变相推高药价，给人民群众的生活增加了不必要的负担。在工程招投标领域发生的贿赂行为，行贿人在支付巨额贿赂后，往往会采取偷工减料等方式压缩建设成本，从而在工程质量上造成巨大隐患，危害人民群众的生命和财产安全。可以佐证的是，各地发生的重大工程质量事故，在责任倒查时往往能够发现在工程招投标过程中存在行贿犯罪的痕迹。而类似的山东高考“冒名顶替案”中的行贿行为，甚至演变为一场严重的公共舆论危机事件。可以说，行贿行为绝不仅在抽象意义上损害了社会公平正义，更在实质意义上危害到了社会诚信、道德伦理和市场秩序。

（二）输送利益的内容日益多样化，经济利益与政治利益交织

20世纪八九十年代，商品经济尚处于起步阶段，行贿人主要向国家工作人员贿送烟酒、家用电器和各类电子产品。进入21世纪后，随着经济的快速发展和商品市场的极大繁荣，行贿人开始给予国家工作人员大额现金、房产、汽车，后发展到给予国家工作人员及其特定关系人各种会员卡、消费卡（券）、购物卡（券）和其他有价证券。有的行贿人向国家工作人员提供股票、企业干股或红利，提供商业赞助安排其出国旅游、考察，提供资金供其进行高消费，帮助其子女入学就职，由其挂名领薪，以商业合作、入股分红的名义输送利益，通过赌博以及假借促销费、宣传费、广告费、培训费、顾问费、咨询费、技术服务费等名义给予财物或者提供交易、服务机会，优惠条件或者其他经济利益，而且在行贿金额上也越来越高，单笔行贿数额动辄

数百万元、千万元甚至过亿元。[①] 目前，行贿犯罪涉案数额在百万元以上的人数占比从2018年年初的约14%上升至2022年的47%。[②] 还有的行贿人不直接向国家工作人员送钱送物，而是以提供帮助的方式，帮助对方及其家属解决就业，提供服务，帮助留学，给予提拔，办理户口等。此外，行贿人所谋取的不正当利益，从传统的承揽工程项目，加快审批进度，企业经营发展等经济性利益，发展到试图捞取政治资本，在党政干部调整提拔，人大代表选举，农村基层群众自治组织选举，发展党员，获得政协委员推荐提名，加入工商联合会、青年联合会等特定社会团体，获得特定荣誉称号或其他表彰等方面谋取政治性利益。例如，在司法部原党组成员、政治部原主任卢某光行贿案中，法院判决即认定卢某光曾为违规入党等事项，请托多名国家工作人员提供帮助，先后多次给予上述人员财物。[③] 在"辽宁贿选案"中，在辽宁省第十二届人民代表大会第一次会议选举全国人大代表过程中，有45名当选的全国人大代表拉票贿选，有523名辽宁省人大代表涉及此案。[④] 由此可见，行贿犯罪的危害，已经从破坏市场公平竞争和正常的经营秩序，发展到败坏党的风气，损害党的形象，甚至挑战中国特色社会主义制度和中国共产党的执政底线。又如，曾先后担任大连市公安局局长，江苏省公安厅厅长，

---

① 在赖某民案中有3起受贿犯罪数额分别达到2亿元、4亿元、6亿元以上。参见孙航：《华融公司原董事长赖小民被执行死刑》，载《人民法院报》2021年1月30日，第1版；又如，在呼和浩特经济技术开发区党工委原书记李某平受贿案中，李某平利用职务便利为内蒙古东晟房地产开发有限责任公司法定代表人杨某东在承揽呼和浩特经济技术开发区投资开发集团有限责任公司拆迁工程方面提供帮助，于2009~2014年收受杨某东给予的财物共计5.778亿元。参见周群峰：《远超赖小民与赵正永之和国家级开发区书记涉案30亿背后》，载《中国新闻周刊》2021年第8期。

② 参见段相宇：《建立监检衔接机制　实现有效配合制约　5年来起诉贪污受贿等职务犯罪7.8万余人》，载《中国纪检监察报》2023年2月16日，第1版。

③ 参见孙航：《司法部原政治部主任卢恩光一审获刑十二年》，载《人民法院报》2018年10月31日，第4版。

④ 2017年3月28~30日，沈阳、鞍山、抚顺15个基层法院分别对辽宁41名涉拉票贿选人员作出一审宣判。审理法院综合考虑各案被告人的犯罪事实、犯罪情节以及悔罪表现等因素，对营口港务集团有限公司原董事长高某玉等41名被告人分别以破坏选举罪、贪污罪、受贿罪、行贿罪判处有期徒刑等刑罚。参见：沈寿文：《人大代表"贿选"的逻辑——"辽宁贿选案"的警示》，载《东方法学》2021年第1期。

江苏省委常委、政法委书记的王某科，为谋求职务晋升，先后多次以赠送“小海鲜”的名义，向公安部原党委委员、副部长孙某军行贿共计9731万余元。[①] 此类高级领导干部的行贿犯罪，是腐败分子在党内大搞团团伙伙，拉帮结派，培植个人势力，形成利益集团的集中反映，如果不予以严惩，将可能导致党内政治山头和政治圈子的滋生，进而危及党和国家的政治安全、政权安全。

（三）行贿手段日趋精致化、隐蔽化，利益输送往往已形成稳定格局

从司法机关办理的行受贿案件中可以发现，行贿人与国家工作人员之间往往是通过乡谊、同学、同事、战友等关系，形成稳定而密切的利益共同体。同时，行贿人多次行贿，一人连续腐蚀多名国家工作人员的现象较为突出。[②] 行贿人对有所求的国家工作人员投其所好、有求必应，有的在逢年过节、家居搬迁、子女升学等时机以礼尚往来的名义给予国家工作人员财物；有的通过看似合法的商业运作掩盖贿赂实质；有的在境内谋利，在境外送钱，或向领导干部指定的“代理人”支付好处；有的侧面迂回，选择领导干部的配偶、父母、子女甚至司机等突破；有的刻意认干亲，做家务，当厨师，拉近距离，密切关系，对领导干部及其亲属进行“感情投资”；有的在利益输送中化整为零，故意提高频次，降低单笔价值；有的打“擦边球”，将行贿“期权化”“长期化”；有的行贿人奉行“细水长流”“放长线钓大鱼”，平时对国家工作人员小恩小惠不断，通过赠送烟酒、购物卡、加油卡，以生病慰问、报销餐费、外出旅游等方式赢得领导干部好感信任，但并不要求兑现何种利益，直到关键时刻才提出请托事项；有的行贿人甚至早在国家工作人员

① 参见孙航：《江苏省委原常委、政法委原书记王立科受贿、行贿、包庇、纵容黑社会性质组织、伪造身份证件案一审宣判》，载《人民法院报》2022年6月18日，第1版。

② 例如，在震惊全国的厦门远华走私案中，赖某星走私犯罪集团首要分子为实施走私活动和谋取其他不正当利益，于1991～1999年，直接经手或指使犯罪集团成员先后向64名国家工作人员赠送钱款、房产、汽车等财物，折合人民币共计3912.89万元。参见欧阳铭琪：《厦门远华特大走私案》，载《人民法院报》2019年7月27日，第3版。

身为普通干部时就着手“围猎”，直到其成长为掌握一定权力的领导干部时才提出请托，以便真正有事相求时不需要搞针对性行贿；还有的行贿人对为自己提供过帮助的在职国家工作人员“保持静默”，但双方早已约定待国家工作人员退休后行贿人再给予贿赂。同时，行、受贿犯罪还滋生了专业的“经纪人”。例如，少数国家工作人员在办理各类行政许可、房地产开发和建筑企业资质认定、提取住房公积金、房屋产权交易、抵押以及办理机动车辆登记、检验、办理驾驶证、违法处罚、事故处理、社会保险、就业服务等业务过程中，为社会中介人员揽业务，办快件，违规操作并收受财物，或通过刁难、暗示、推荐、指定等方式，帮助有利益关联的社会中介人员进行有偿代理。而在此过程中，行贿人与受贿人心照不宣，充当了相关国家工作人员的“白手套”。随着经济社会发展，单位行贿犯罪问题逐渐凸显，在行贿案件中，2013～2017 年单位行贿案件占比约25%，2018～2022 年单位行贿案件约占 35%。[①] 此外，权钱交易行为更加隐蔽复杂：有的行贿人向被请托人出具“借条”“欠条”“协议”等，以民间借贷形式掩盖行贿行为；有的以委托理财、放贷生息、房产交易、合作投资等合法形式掩盖权钱交易；有的主动代持赃款赃物；有的巧立名目，以技术服务费、咨询费、顾问费、赞助费的名义或邀请出国考察等貌似合法的手段支付，或者在境外进行贿赂行为或将贿赂款打入受贿方在境外设立的账户，或者为被请托人赞助学术会议，出版学术著作。这些手段进一步增加了查处行贿犯罪的难度。

① 参见段相宇：《建立监检衔接机制 实现有效配合制约 5 年来起诉贪污受贿等职务犯罪 7.8 万余人》，载《中国纪检监察报》2023 年 2 月 16 日，第 1 版。

| 第二章 |

行贿犯罪的立法概览

回顾我国对于行贿犯罪的治理变迁，行贿犯罪的罪名不断增多，法网日趋严密，在立法上与国际反腐败犯罪立法日益接轨。[①]惩治行贿犯罪经历了一个从“重受贿轻行贿”到“零容忍”的演进过程,[②]或者说是从“不严不厉”到“又严又厉”的刑事政策的转变过程。[③]在定罪标准上，从单纯的“计赃定罪”进化为“数量+情节”的复合判断标准。[④]

一、行贿犯罪的罪名体系及其沿革

《刑法》涉及行贿犯罪的共有6个罪名，分别是行贿罪，对单位行贿罪，单位行贿罪，对有影响力的人行贿罪，对非国家工作人员行贿罪和对外国公职人员、国际公共组织官员行贿罪。此外，介绍贿赂，为贿赂犯罪牵线搭桥，提供行、受贿机会，也属于广义上的行贿犯罪范畴。具体如下：

（一）行贿罪

中华人民共和国成立后，行贿犯罪的立法经历了一个长期的演进过程。

---

① 参见张兆松：《我国贪污贿赂犯罪立法：历程、反思与前瞻》，载《法治研究》2020年第3期。

② 参见叶良芳：《行贿受贿惩治模式的博弈分析与实践检验——兼评〈刑法修正案（九）〉第44条和第45条》，载《法学评论》2016年第1期。

③ 参见孙国祥：《我国惩治贪污贿赂犯罪刑事政策模式的应然选择》，载《法商研究》2010年第5期。

④ 参见赵秉志：《贪污受贿犯罪定罪量刑标准问题研究》，载《中国法学》2015年第1期。

1952年4月，原中央人民政府公布《惩治贪污条例》（已失效），这是新中国第一部关于贪污贿赂犯罪的刑事法律，也是我国首次以立法形式规定行贿罪的相关定罪量刑标准。

1979年《刑法》第185条第3款规定，“向国家工作人员行贿或者介绍贿赂的，处三年以下有期徒刑或者拘役”，但这一时期的立法在行贿犯罪的罪名设置、构成要件和法定刑方面还较为简单粗疏，既没有规定具体犯罪数额，也没有划分量刑档次。①

1982年全国人民代表大会常务委员会《关于严惩严重破坏经济的罪犯的决定》（已失效）加重了受贿罪的惩罚力度，规定受贿罪最高刑罚为死刑。

1985年7月，最高人民法院、最高人民检察院印发的《关于当前办理经济犯罪案件中具体应用法律的若干问题的解答（试行）》（已失效）规定：“个人为谋取非法利益，向国家工作人员行贿或者介绍贿赂的，应按刑法第一百八十五条第三款追究刑事责任。”该规定在很大程度上提高了我国行贿罪的定罪门槛。

1988年1月，第六届全国人民代表大会常务委员会第二十四次会议通过的《关于惩治贪污罪贿赂罪的补充规定》（已失效），明确了“为谋取不正当利益”的主观要件，并将行贿罪的犯罪对象从之前的国家工作人员扩大至“集体经济组织工作人员或者其他从事公务的人员”，即包括国家工作人员和“准国家工作人员”，并将行贿罪的最高法定刑提高至无期徒刑，并处没收财产。

1997年《刑法》严密了行贿犯罪刑事法网，继续重申了此前关于行贿罪的立法内容，形成了较为完整的惩治行贿犯罪的法律体系。

2015年8月29日，第十二届全国人民代表大会常务委员会第十六次会议通过的《刑法修正案（九）》进一步加大了对行贿犯罪的打击力度，主要包括：第一，完善了行贿犯罪的刑罚结构，对行贿犯罪全面适用罚金刑，增

① 参见杨遇豪：《行贿罪司法控制策略的实证分析与省思——以106份刑事裁判文书为研究样本》，载《社会科学家》2020年第7期。

加了行贿犯罪的成本，使行贿犯罪的刑罚体系更加科学完备。[①] 第二，严格了对行贿犯罪从宽处罚的条件。1997 年《刑法》中的“行贿人在被追诉前主动交待行贿行为的，可以减轻处罚或者免除处罚”条款自实施以来，因在实践中把握标准不一，司法机关对行贿人的政策兑现力度较大而饱受争议，并招致了社会各界对行贿罪打击不力、轻纵犯罪的批评。[②]《刑法修正案（九）》进一步严格了行贿罪从宽处罚的条件，将上述条款修改为“行贿人在被追诉前主动交待行贿行为的，可以从轻或者减轻处罚。其中，犯罪较轻的，对侦破重大案件起关键作用的，或者有重大立功表现的，可以减轻或者免除处罚”。[③]

在实践中，由于同期判处的行贿案件数量与受贿案件数量相比严重失衡，行贿人未被追究刑事责任的比例过高，对行贿惩处偏弱的问题仍然存在，不利于切断行受贿犯罪因果链。为进一步适应反腐败斗争新形势的需要，对一些严重行贿情形加大刑事追责力度，2023 年 12 月 29 日，十四届全国人民代表大会常务委员会第七次会议通过的《刑法修正案（十二）》，进一步明确对一些严重行贿情形加大刑事追责力度，进一步明确释放受贿行贿一起查的政策信号，将党中央确定的重点查处的行贿行为在立法上规定从重处罚，具体包括 7 种情形：多次行贿或者向多人行贿的；国家工作人员行贿的；在国家重点工程、重大项目中行贿的；为谋取职务、职级晋升、调整行贿的；对监察、行政执法、司法工作人员行贿的；在生态环境、财政金融、安全生产、食品药品、防灾救灾、社会保障、教育、医疗等领域行贿，实施违法犯罪活动的；将违法所得用于行贿的。同时，1997 年《刑法》规定的受贿罪的第一档刑罚（2 年以下有期徒刑或者拘役），反而轻于行贿罪的第一档量刑（5 年

---

① 参见张兆松：《论〈刑法修正案（九）〉对贪污贿赂犯罪的十大重大修改和完善》，载《法治研究》2016 年第 2 期。

② 参见张远煌、彭德才：《贪污贿赂犯罪特别从宽处罚制度价值分析——以司法机关办案数据为基础》，载《河南大学学报（社会科学版）》2017 年第 1 期。

③ 需要注意的是，1997 年《刑法》第 164 条（对公司、企业人员行贿罪）第 3 款规定，“行贿人在被追诉前主动交待行贿行为的，可以减轻处罚或者免除处罚”，目前并无变化。

以下有期徒刑或者拘役），存在明显的轻重失衡。为此，《刑法修正案（十二）》调整行贿罪的起刑点和刑罚档次与受贿罪相一致。

（二）对单位行贿罪

1988 年第六届全国人民代表大会常务委员会第二十四次会议通过的《关于惩治贪污罪贿赂罪的补充规定》（已失效），明确规定国家机关、有关企业事业单位、社会团体可以成为行贿罪的对象。1997 年《刑法》在总则中正式对单位犯罪进行了规定，并设立了对单位行贿罪。2015 年 8 月，《刑法修正案（九）》第 47 条针对对单位行贿罪增设了“并处罚金”之规定。2023 年 12 月，十四届全国人民代表大会常务委员会第七次会议通过的《刑法修正案（十二）》，针对对单位行贿罪在原有刑罚的基础上，增加了一档“情节严重的，处三年以上七年以下有期徒刑，并处罚金”的刑罚。

（三）单位行贿罪

1985 年 7 月 18 日，最高人民法院、最高人民检察院发布的《关于当前办理经济犯罪案件中具体应用法律的若干问题的解答（试行）》（已失效），首次明确了单位行贿罪的构成要件，即“国家机关、团体、企业事业单位和集体经济组织为谋取非法利益而行贿，数额巨大，情节严重的，对其主管人员和直接责任人员应追究行贿罪的刑事责任”。1997 年《刑法》正式设立了单位行贿罪。2015 年 8 月，《刑法修正案（九）》第 49 条对单位行贿罪增设了对自然人“并处罚金”之规定。

在实践中，单位行贿与个人行贿相比法定刑相差悬殊，一些行贿人以单位名义行贿以规避处罚，导致案件处理不平衡，惩处力度不足。为此，2023 年 12 月，十四届全国人民代表大会常务委员会第七次会议通过的《刑法修正案（十二）》，将单位行贿罪的刑罚进行调整，由原来最高判处 5 年有期徒刑的一档刑罚，按照情节严重和情节特别严重分别调整为“处三年以下有期徒刑或者拘役，并处罚金”和“处三年以上十年以下有期徒刑，并处罚金”两档刑罚。

（四）对有影响力的人行贿罪

在行贿案件中，行贿人除直接向国家工作人员贿送财物以谋求不正当利益外，还往往通过腐蚀、拉拢国家工作人员的近亲属和与国家工作人员关系密切的人员，离职的国家工作人员及其近亲属或与离职国家工作人员关系密切的人员，通过上述人员对国家工作人员施加种种有形或无形的影响，以实现行贿人的非法意图。对此情形，1997 年《刑法》并未明确规定如何处理。2009 年 2 月，《刑法修正案（七）》第 13 条增设了“利用影响力受贿罪”，并作为《刑法》第 388 条之一。该罪名的设立，在一定程度上震慑了企图利用自身影响力进行受贿的不法分子，但由于行贿行为和受贿行为的对合关系，仅规制利用影响力受贿行为而不打击对有影响力的人的行贿行为，在惩治腐败的效果上仍然存在相应的缺憾。直到 2015 年 8 月公布的《刑法修正案（九）》增设“对有影响力的人行贿罪”，才解决了上述司法困境。这也是 2005 年第十届全国人民代表大会常务委员会第十八次会议决定批准加入《联合国反腐败公约》后，国内立法与公约有效衔接，履行国际法义务的体现。

（五）对非国家工作人员行贿罪

1952 年 4 月，原中央人民政府颁布《惩治贪污条例》，其中关于行贿罪的犯罪对象仅限于国家工作人员。1979 年《刑法》设置的行贿罪沿袭了《惩治贪污条例》关于行贿对象的规定。随着社会主义商品经济进程的加快，经济成分多样化，利益主体多元化，市场竞争日益激烈，行贿犯罪在一些行业、领域或单位较为严重，表现形式多种多样。1988 年 1 月，第六届全国人民代表大会常务委员会第二十四次会议通过并公布了《关于惩治贪污罪贿赂罪的补充规定》（已失效），其中第 7 条规定：“为谋取不正当利益，给予国家工作人员、集体经济组织工作人员或者其他从事公务的人员以财物的，是行贿罪。在经济往来中，违反国家规定，给予国家工作人员、集体经济组织工作人员或者其他从事公务的人员以财物，数额较大的，或者违反国家规定，给予国家工作人员、集体经济组织工作人员或者其他从事公务的人员以回扣、手续费的，以行贿论处。因被勒索给予国家工作人员、集体经济组织工作人员或者其他从事公务的人员以财物，没有获得不正当利益的，不是行贿。”该规定进一步扩大了行贿罪的犯罪对象范围，该罪的犯罪对象除了原本的“国家工作人员”外，又增加了“集体经济组织工作人员”这一类人员，从而将对非国家工作人员行贿纳入了行贿罪的规制范围。

1997 年《刑法》在第二编第三章“破坏社会主义市场经济秩序罪”中，专门规定了“对公司、企业人员行贿罪”，从而将对非国家工作人员行贿情形从行贿罪中独立了出来，并且对单位犯此罪也做了规定。

考虑到在实践中对国家工作人员和准国家工作人员以外的人员行贿的范围并不仅局限于公司、企业人员，2006 年 6 月，第十届全国人民代表大会常务委员会第二十二次会议通过的《刑法修正案（六）》，将对公司、企业人员行贿罪的主体扩大到公司、企业以外的其他单位的工作人员。2007 年 10 月 25 日，最高人民法院、最高人民检察院公布《关于执行〈中华人民共和国刑法〉确定罪名的补充规定（三）》，将《刑法》第 164 条的罪名相应地修改为对非国家工作人员行贿罪，取消了对公司、企业人员行贿罪的罪名。在此基础上，最高人民法院、最高人民检察院于 2008 年 11 月发布了《关于办理商业贿赂刑事案件适用法律若干问题的意见》，该意见进一步明确了对非国家工作人员行贿罪中的“其他单位”“公司、企业或者其他单位的工作人员”“财物”的含义和范围。2015 年 8 月公布的《刑法修正案（九）》第 10 条对对非国家工作人员行贿罪“数额较大”的情形也增设了“并处罚金”的规定。

（六）对外国公职人员、国际公共组织官员行贿罪

随着经济全球化趋势的加强，我国的公司、企业参与国际贸易活动也随之频繁，在实践中有些公司、企业为了在国际贸易活动中获取更多的利益而向外国公职人员、国际公共组织官员行贿，必然会极大地损害我国公司、企业在国际上的形象，破坏公平的国际贸易秩序，同时催生国际腐败现象的发生。①

① 参见闫雨：《我国反贿赂刑法与〈联合国反腐败公约〉之协调》，载《社会科学家》2023 年第 5 期。

目前，世界上一些主要发达国家以及部分区域性经济合作组织已经先后制定了规制海外贿赂行为的法律或公约。例如：1977 年 12 月 6 日，美国制定了全球第一部《反海外腐败法》（Foreign Corrupt Practices Act，FCPA）。德国、英国等国家也先后颁布了反海外贿赂的相关立法。此外，经济合作与发展组织（OECD）于 1997 年正式通过了《关于打击国际商业交易中行贿外国公职人员行为的公约》。2003 年 10 月，第 58 届联合国大会审议通过了《联合国反腐败公约》，该公约设置了“贿赂外国公职人员或者国际公共组织官员罪”，并规定企业向海外政府官员行贿应承担法律责任，同时将所打击的腐败犯罪的范围拓展至各类腐败问题。2005 年，我国批准加入《联合国反腐败公约》。2011 年 2 月 25 日公布的《刑法修正案（八）》第 29 条对《刑法》第 164 条新增了第 2 款“对外国公职人员、国际公共组织官员行贿罪”，该款在某种程度上可视为将《联合国反腐败公约》相关规定和精神落实，转化为国内法的举措。该罪名填补了我国反海外腐败犯罪刑事规制的空白，拉开了我国反海外腐败犯罪的序幕。

（七）介绍贿赂罪

1952 年《惩治贪污条例》（已失效）第 6 条第 1 款即规定，“一切向国家工作人员行使贿赂、介绍贿赂者，应按其情节轻重参酌本条例第三条的规定处刑……”在定罪处罚方面，介绍贿赂罪的法定刑参照当时的贪污罪。后在 1979 年《刑法》颁布时，介绍贿赂罪仍与行贿罪并列在同一条款并采取相同的法定刑。1985 年 7 月，最高人民法院、最高人民检察院颁布了《关于当前办理经济犯罪案件中具体应用法律的若干问题的解答（试行）》，其中第 2 条规定了介绍贿赂需要具备“为谋取非法利益”的主观要件。到 1997 年《刑法》颁布时，介绍贿赂罪成为单列条文，增加了“情节严重”的构成要件，并增加了“介绍贿赂人在被追诉前主动交待介绍贿赂行为的，可以减轻处罚或者免除处罚”的内容。2015 年 8 月公布的《刑法修正案（九）》第 48 条对介绍贿赂罪增设了“并处罚金”的规定。

二、行贿犯罪司法解释及司法文件

关于办理行贿犯罪案件，最高人民法院、最高人民检察院曾发布多个司法解释。同时，最高司法机关出于释法目的还制发了一系列司法解释性质文件，这些文件同样具有正式法源的地位。需要注意的是，新司法解释的颁布并不意味着旧司法解释的完全失效，只是在发生冲突的地方适用新解释。按照惯例，当一部司法解释出台后，最高司法机关的起草人会在适当时间发布对司法解释的“理解与适用”，详细阐述司法解释的主要条文内容，并就司法解释的制定背景、制定经过、征求意见的过程、起草中的主要考虑、适用范围、重点问题、时间效力等进行解读。这一形式对于加强对行贿司法解释的理解和把握具有十分重要的意义。在此，按照时间顺序列举如下：①

1. 1999 年 9 月，最高人民检察院发布《关于人民检察院直接受理立案侦查案件立案标准的规定（试行）》（高检发释字〔1999〕2 号），明确了行贿罪、对单位行贿罪和单位行贿罪等行贿犯罪的立案标准。

2. 2003 年 11 月 13 日，最高人民法院印发《全国法院审理经济犯罪案件工作座谈会纪要》（法发〔2003〕167 号），对行贿罪的犯罪对象即国家工作人员的范围予以明确。②

3. 2007 年 7 月 8 日，最高人民法院、最高人民检察院发布《关于办理受贿刑事案件适用法律若干问题的意见》（法发〔2007〕22 号）。尽管该

---

① 此外，最高人民法院负责审理职务犯罪的主管院领导、部门负责人所发表的关于审理行贿犯罪的有关文章，在某种程度上也构成了最高司法机关打击行贿犯罪刑事政策的重要组成部分。参见李少平：《行贿犯罪执法困局及其对策》，载《中国法学》2015 年第 1 期；裴显鼎：《关于审理商业贿赂犯罪案件的几个问题》，载《中国审判》2006 年第 7 期；王晓东：《新时代背景下惩治贪腐犯罪若干问题的思考——基于审判贪腐案件的实践展开》，载《法治研究》2018 年第 6 期；王晓东：《依法从严惩治腐败犯罪　实现职务犯罪审判工作高质量发展》，载《人民法院报》2021 年 10 月 14 日，第 5 版。

② 具体参见郭清国：《〈全国法院审理经济犯罪案件工作座谈会纪要〉的理解与适用》，载最高人民法院刑事审判第一庭、第二庭编：《刑事审判参考》2004 年第 4 辑。

文件是关于受贿犯罪的司法解释，但在客观上有助于了解行贿犯罪的形式和内容。

4. 2008年11月，最高人民法院、最高人民检察院发布《关于办理商业贿赂刑事案件适用法律若干问题的意见》（2008年11月20日施行，法发〔2008〕33号），将“商业贿赂犯罪”所涉及的行贿罪名予以明确，具体包括行贿罪、对非国家工作人员行贿罪、对单位行贿罪、介绍贿赂罪、单位行贿罪等罪名；明确了“公司、企业或者其他单位的工作人员”的范围；对向医疗机构中的医务人员，学校及其他教育机构中的教师，依法组建的评标委员会、竞争性谈判采购中的谈判小组、询价采购中询价小组的组成人员行贿的行为性质予以界定。同时，列举了行贿犯罪“谋取不正当利益”的具体情形，将行贿的“财物”范围扩展至财产性利益，并就贿赂与馈赠的界限进行了区分。①

5. 2009年3月12日，最高人民法院、最高人民检察院联合发布《关于办理职务犯罪案件认定自首、立功等量刑情节若干问题的意见》（法发〔2009〕13号），就职务犯罪案件中的自首，立功，如实交代犯罪事实，赃款赃物追缴等量刑情节的认定和处理问题，提出了具体意见。②

6. 2010年5月，最高人民检察院、公安部联合出台《关于公安机关管辖的刑事案件立案追诉标准的规定（二）》（公通字〔2010〕23号，已失效），明确了对非国家工作人员行贿罪，对外国公职人员、国际公共组织官员行贿罪的立案标准。

7. 2012年8月，最高人民法院、最高人民检察院发布《关于办理职务犯

---

① 具体参见徐盈雁：《最高人民法院、最高人民检察院有关部门负责人就〈关于办理商业贿赂刑事案件适用法律若干问题的意见〉答记者问》，载《检察日报》2008年11月25日，第3版；逄锦温：《〈关于办理商业贿赂刑事案件适用法律若干问题的意见〉的理解与适用》，载《人民司法》2008年第23期；韩耀元、王文利：《〈关于办理商业贿赂犯罪案件适用法律若干问题的意见〉解读》，载《人民检察》2008年第24期；牛克乾：《〈关于办理商业贿赂刑事案件适用法律若干问题的意见〉的理解与思考》，载《法律适用》2009年第4期。

② 参见刘为波：《〈关于办理职务犯罪案件认定自首、立功等量刑情节若干问题的意见〉的理解与适用》，载《人民司法》2009年第9期。

罪案件严格适用缓刑、免予刑事处罚若干问题的意见》（法发〔2012〕17号），对于规范行贿犯罪中的缓刑、免予刑事处罚等从轻、减轻处罚的法律适用问题，提出了具体指导意见。

8. 2012年12月，最高人民法院、最高人民检察院发布《关于办理行贿刑事案件具体应用法律若干问题的解释》（2013年1月1日施行，法释〔2012〕22号）（以下简称《行贿司法解释》），较为全面地对行贿罪的认定，立案标准，“情节严重”、“使国家利益遭受重大损失”及“情节特别严重”等量刑情节，从宽处罚条件等具体应用问题进一步作出规定，并对“被追诉前”“谋取不正当利益”等的具体含义作出了明确解释。①

9. 2016年4月18日，最高人民法院、最高人民检察院发布《关于办理贪污贿赂刑事案件适用法律若干问题的解释》（2016年4月18日施行，法释〔2016〕9号）（以下简称《贪污贿赂司法解释》），从数额、情节、贿赂对象等方面对行贿罪的相关问题进行解释。一是提高立案数额。该解释将受贿罪的立案起点从5000元提高到3万元，将行贿罪的立案起点数额从1万元提高到3万元，相比较而言，加重了对行贿罪的处罚。二是分别对《刑法修正案（九）》中的行贿罪的“情节严重”“情节特别严重”的具体情形予以明确。三是扩大贿赂对象的范围，认为贿赂犯罪中的“财物”，包括货币、物品和财产性利益，进一步扩大犯罪圈，加大对行贿罪的惩处力度。②

10. 2022年4月，最高人民检察院、公安部联合发布了修订后的《关于公安机关管辖的刑事案件立案追诉标准的规定（二）》，更新了对非国家工作人员行贿罪，对外国公职人员、国际公共组织官员行贿罪的立案标准。

---

① 具体参见陈国庆、韩耀元、宋丹：《〈关于办理行贿刑事案件具体应用法律若干问题的解释〉理解和适用》，载《人民检察》2013年第4期。

② 具体参见裴显鼎等：《〈关于办理贪污贿赂刑事案件适用法律若干问题的解释〉的理解与适用》，载《人民司法（应用）》2016年第19期；万春等：《〈关于办理贪污贿赂刑事案件适用法律若干问题的解释〉的理解和适用》，载《人民检察》2016年第10期。

三、办理行贿案件过程中的政策性文件

行贿犯罪治理是一项艰巨复杂的系统工程。为加大行贿犯罪惩治力度，中央各有关部门曾多次开展不同形式的行贿犯罪治理专项行动，并形成了一系列政策文件。尽管相关专项行动已经结束，但了解相关文件所体现的政策精神，有助于进一步理解和把握行贿犯罪的性质、特点和治理对策。

1. 1996 年 11 月，原国家工商行政管理总局发布《关于禁止商业贿赂行为的暂行规定》[国家工商行政管理局令（第 60 号）]，该规定将商业贿赂的定义明确为“经营者为销售或者购买商品而采用财物或者其他手段贿赂对方单位或者个人的行为”，并将商业贿赂的犯罪对象界定为任何符合条件的单位或者个人。

2. 1999 年 3 月，最高人民法院、最高人民检察院联合发布《关于在办理受贿犯罪大要案的同时要严肃查处严重行贿犯罪分子的通知》（高检会〔1999〕1 号）。

3. 2000 年 12 月，最高人民检察院发布《关于进一步加大对严重行贿犯罪打击力度的通知》（高检发反贪字〔2000〕34 号，已失效）。

4. 2006 年 2 月 8 日，中共中央办公厅、国务院办公厅印发《关于开展治理商业贿赂专项工作的意见》（中办发〔2006〕9 号）。

5. 2007 年 5 月 28 日，中央治理商业贿赂领导小组印发《关于深入推进治理商业贿赂专项工作的意见》（中治贿发〔2007〕3 号）。

6. 2007 年 5 月 28 日，中央治理商业贿赂领导小组发布《关于在治理商业贿赂专项工作中正确把握政策界限的意见》（中治贿发〔2007〕4 号）。

7. 2013 年 2 月，最高人民检察院发布《关于行贿犯罪档案查询工作的规定》（已失效）。

8. 2021年9月，中央纪委国家监委与中央组织部、中央统战部、中央政法委、最高人民法院、最高人民检察院联合印发《关于进一步推进受贿行贿一起查的意见》。[①]

9. 2022年12月，最高人民检察院印发《关于加强行贿犯罪案件办理工作的指导意见》。

① 参见《进一步推进受贿行贿一起查中央纪委国家监委会同多单位印发意见》，载《人民法院报》2021年9月9日，第1版。

| 第三章 |

关于行贿罪的司法认定

【法条链接】《刑法》第三百八十九条 为谋取不正当利益，给予国家工作人员以财物的，是行贿罪。

在经济往来中，违反国家规定，给予国家工作人员以财物，数额较大的，或者违反国家规定，给予国家工作人员以各种名义的回扣、手续费的，以行贿论处。

因被勒索给予国家工作人员以财物，没有获得不正当利益的，不是行贿。

一、行贿犯罪的管辖问题

问题1：行贿犯罪的管辖机关有哪些

行贿犯罪的管辖经历了不同的阶段和时期。在监察体制改革之前，行贿犯罪的管辖权分属于检察机关和公安机关。其中，人民检察院对行贿罪、对单位行贿罪、单位行贿罪、对有影响力的人行贿罪直接立案侦查。自2018年国家监察体制改革后，检察机关的反贪部门整体转隶至新成立的监察委员会，检察机关不再直接立案侦查相关行贿犯罪。依据《监察法》规定，监察机关对行贿行为进行调查；调查结束后将涉嫌行贿犯罪的调查结果移送人民检察院依法审查，提起公诉，实际上是以监察机关的调查程序取代了原来检察机关的侦查程序。同时，公安机关仍然保留了对非国家工作人员行贿罪和对外国公职人员、国际公共组织官员行贿罪的管辖权。

1. 根据《监察法实施条例》第26条的规定，监察机关依法调查行贿罪，对有影响力的人行贿罪，对单位行贿罪，单位行贿罪以及公职人员在行使公权力过程中实施的对外国公职人员、国际公共组织官员行贿罪，非国家工作人员受贿罪和相关联的对非国家工作人员行贿罪。

2. 根据《国家监察委员会管辖规定（试行)》（国监发〔2018〕1 号)、《公安部刑事案件管辖分工规定》的相关规定，公职人员以外的其他人员涉嫌对非国家工作人员行贿罪，对外国公职人员、国际公共组织官员行贿罪的，由公安机关管辖。

此外，根据《监察法》第 47 条第 3 款的规定，对监察机关移送的案件，人民检察院经审查，认为需要补充核实的，应当退回监察机关补充调查，必要时可以自行补充侦查。另根据《刑事诉讼法》第 175 条第 2 款的规定，人民检察院审查案件，对于需要补充侦查的，可以退回公安机关补充侦查，也可以自行侦查。因此，尽管检察机关并没有直接管辖行贿类犯罪的权力，但是在特定情形下，《监察法》和《刑事诉讼法》赋予了检察机关对监察机关和公安机关移送审查起诉的贿赂犯罪罪名的补充侦查权。

问题 2：行贿犯罪适用何种管辖原则

1. 监察机关“以人立案为主，以事立案为辅”的管辖原则

所谓“以人立案为主”，是指监察机关的管辖主要针对公职人员。在行贿类犯罪中，行贿人和受贿人至少有一方属于公职人员，才能由监察机关管辖。例如，同样是对外国公职人员、国际公共组织官员行贿罪和对非国家工作人员行贿罪，监察机关管辖行贿主体为公职人员的上述犯罪，而公安机关则负责非公职人员的上述犯罪。同时，监察机关的管辖侧重于被调查人的职务和行政级别，各级监察委员会按照干部管理权限对本辖区内的监察对象依法进行监察。如，国家监察委员会管辖中管干部所涉监察事项，省级监察委员会管辖本省省管干部所涉监察事项等。而《刑事诉讼法》规定人民法院审理案件主要根据案件性质及影响程度来确定级别管辖。因此，在监察机关审查终结移送检察机关审查起诉时，检察机关会根据《刑事诉讼法》相关案件

级别管辖规定向相应级别的法院提起公诉。其中，厅局级以上干部及重大、敏感的职务犯罪案件由中级人民法院作为一审管辖，其他职务犯罪案件由基层人民法院作为一审管辖。①

所谓“以事立案为辅”，是指如果监察机关在调查案件时发现有非公职人员，但所调查案件属于监察机关管辖罪名的范围，则仍然可以行使管辖权，即根据《监察法实施条例》第 46 条第 4 款的规定，监察机关调查公职人员涉嫌职务犯罪案件，可以依法对涉嫌行贿犯罪、介绍贿赂犯罪或者共同职务犯罪的涉案人员中的非公职人员一并管辖。

2. 公安机关的地域管辖原则

考虑到行贿案件中的大量行贿人为非国家工作人员，对于非国家工作人员涉嫌职务犯罪案件的侦查管辖问题，原则上以犯罪嫌疑人工作单位所在地的公安机关管辖为宜，如果由犯罪行为实施地或者犯罪嫌疑人居住地的公安机关管辖更为适宜，也可以由犯罪行为实施地或者犯罪嫌疑人居住地的公安机关管辖。

3. 互涉案件中的“监察优先”原则

在办理行贿案件过程中，经常出现监察机关与检察机关、公安机关互涉案件的情况，即行贿人既涉嫌职务犯罪，又涉嫌其他犯罪。例如，监察机关在办理某司法人员行贿案件过程中，发现该司法人员还涉嫌由检察机关管辖的枉法裁判罪；或者监察机关在办理某公司负责人在招投标过程中向国家机关工作人员行贿案件时，发现该公司负责人还涉嫌犯有公安机关管辖的串通投标罪或者对非国家工作人员行贿罪。

根据《监察法》第 34 条第 2 款规定，“被调查人既涉嫌严重职务违法或者职务犯罪，又涉嫌其他违法犯罪的，一般应当由监察机关为主调查，其他机关予以协助”。由此确定了互涉案件“监察为主”“监察优先”的管辖原则，区别于在刑事诉讼程序中长期以来办理普通刑事案件“主罪为主”的关

---

① 参见于同志：《刑法实务十堂课：刑事审判思路与方法》，法律出版社 2020 年版，第 258 页。

联案件管辖原则。[①]

2020 年 1 月 18 日，国家监察委员会与最高人民法院、最高人民检察院、公安部联合印发《关于加强和完善监察执法与刑事司法衔接机制的意见（试行）》，规定互涉案件一般情况下由监察机关和其他机关分别依职权立案，并以监察机关为主调查，其他机关予以协助。因此，按照“主罪原则”确定案件管辖后，监察机关以外的其他办案机关仍然对次罪有管辖权，仍然负责对次罪的侦查工作，只是在案件办理过程中要积极与监察机关沟通，做好协调配合工作。[②] 确定互涉案件的牵连管辖，除遵循“主罪原则”外，还要考虑案件发生的实际情况和诉讼经过，考虑是否有利于案件的侦破和证据的收集。“监察为主”的管辖前提应是主罪为职务犯罪，互涉案件管辖是以监察机关为主进行管辖而非由监察机关进行并案管辖。

此外，对于监察机关在调查其管辖犯罪时已经查明，但属于公安机关管辖的犯罪，检察机关可以依法追加起诉。对于监察机关移送起诉的案件，检察机关在审查起诉阶段发现漏罪，该罪属于公安机关管辖，但犯罪事实清楚，证据确实充分，符合起诉条件的，经征求监察机关、公安机关意见后，没有不同意见的，检察机关可以直接追加起诉；提出不同意见，或者事实不清，证据不足的，检察机关应将案件退回监察机关并说明理由，建议监察机关移送有管辖权的机关办理，必要时可以自行补充侦查。

二、关于行贿罪的构成要件

问题 3：如何理解“为谋取不正当利益”的主观要件

行贿罪在主观方面表现为，行为人为谋取不正当利益，在明知不能权钱

---

① 参见孟穗、冯靖：《监察调查与刑事诉讼的衔接问题研究》，载《河北法学》2019 年第 4 期。

② 参见董坤：《论监察机关与公安司法机关的管辖衔接——以深化监察体制改革为背景》，载《法商研究》2021 年第 6 期。

交易的情况下仍决意给予国家工作人员财物，以加速或拖延国家工作人员履行职务。[①] 从严格意义上来讲，“不正当利益”并不是一个精确的法律概念，而是一个兼有法律评价和道德评价的交叉概念。对此，可通过文义解释的方法，对刑法条文所规定的具体犯罪构成要件的名词、术语、概念以及文字间的逻辑关系进行分析。[②] 其中，“不正当利益”也可以分为“违法型利益”和“违背伦理道德型利益”。在“违法型利益”中，“违法”应作广义理解，即不仅包括违反国家法律法规、规章，还包括违反党和国家的政策。其中，政策既包括各类经过严格程序制定的党内法规文件，也包括在一定时期发布的针对特定事项的通知、决议、纪要、批示、讲话等。而“违背伦理道德型利益”则主要是指违背公平竞争、诚实信用、平等参与的社会价值观念所获取的利益，其中包括实体合法但程序违规的利益和实体、程序都合法但仍然有损社会公平的利益。

从立法沿革来看，1979年《刑法》关于行贿罪的规定没有设置“为谋取不正当利益”的要件。1985年，最高人民法院、最高人民检察院发布了《关于当前办理经济犯罪案件中具体应用法律的若干问题的解答（试行）》（已失效），增加了“谋取非法利益”作为行贿罪的构成要件，限缩了行贿罪的适用范围。1988年全国人民代表大会常务委员会《关于惩治贪污罪贿赂罪的补充规定》（已失效）明确将“谋取不正当利益”作为行贿罪的构成要件，1997年《刑法》延续了这一立场。关于“不正当利益”的具体内涵和范围，在司法实践中先后有3个文件予以界定：

1. 1999年3月4日，最高人民法院、最高人民检察院联合下发的《关于在办理受贿犯罪大要案的同时要严肃查处严重行贿犯罪分子的通知》第2条明确规定，“谋取不正当利益”是指谋取违反法律、法规、国家政策和国务院各部门规章规定的利益，以及要求国家工作人员或者有关单位提供违反法

---

① 参见马龙谭、全万：《行贿罪中“主动型行贿”的新阐释》，载《社会科学研究》2022年第5期。

② 参见魏东：《刑法解释方法体系化及其确证功能》，载《法制与社会发展》2021年第6期。

律、法规、国家政策和国务院各部门规章规定的帮助或者方便条件。

2. 2008 年 11 月 20 日，最高人民法院、最高人民检察院发布的《关于办理商业贿赂刑事案件适用法律若干问题的意见》第 9 条规定，“谋取不正当利益”，是指行贿人谋取违反法律、法规、规章或者政策规定的利益，或者要求对方违反法律、法规、规章、政策、行业规范的规定提供帮助或者方便条件。在招标投标、政府采购等商业活动中，违背公平原则，给予相关人员财物以谋取竞争优势的，属于“谋取不正当利益”。

3. 2012 年 12 月 26 日，最高人民法院、最高人民检察院发布的《关于办理行贿刑事案件具体应用法律若干问题的解释》第 12 条规定，行贿犯罪中的“谋取不正当利益”，是指行贿人谋取的利益违反法律、法规、规章、政策规定，或者要求国家工作人员违反法律、法规、规章、政策、行业规范的规定，为自己提供帮助或者方便条件。违背公平、公正原则，在经济、组织人事管理等活动中，谋取竞争优势的，应当认定为“谋取不正当利益”。

现有司法解释为行贿罪“谋取不正当利益”构建了一个同心圆式的递进判断层次，将行贿人的基本诉求以从核心到边缘，从“最不为法律和社会公序良俗所容”到“合乎人情但仍不容于法”的方式渐次展开，即从利益本身违法，取得手段违法，获得竞争优势不断向外推进。根据上述司法解释、司法解释性质的文件，“谋取不正当利益”可分为以下几类：

第一，“违法型”或“禁止型”利益，即只要行贿人通过向国家工作人员行贿所谋取的利益不符合由全国人民代表大会及其常务委员会所制定的宪法、法律，国务院制定的行政法规，各地方性法规，自治条例和单行条例，国务院各部门以及地方政府规章，党和国家制定的政策方针路线，就可以认定行贿人具有谋取不正当利益的主观目的。例如：（1）向负有食品、药品、安全生产、环境保护等行政执法和监督管理职责的国家工作人员行贿，以避免被有关部门查处违法行为或者在因违法行为被有关部门作出行政处罚时给予从轻、减轻处罚；（2）为免于履行法定义务，向有关国家工作人员行贿的，如为偷税、逃税向税务机关工作人员行贿或为逃避计划生育义务向计生部门工作人员行贿；（3）为非法获取需经法定审批、考核程序才能获得的资质、资格，向国家工作人员行贿的，如为获得采矿许可证、烟草专卖零售许可证而向矿产资源管理部门、烟草管理部门工作人员行贿；（4）因不具备法定资质和市场准入资格，为非法获取工程、项目的开发、承包、经营权，向有关主管部门工作人员行贿的；（5）向司法人员行贿，以谋求司法人员徇私枉法、徇情枉法的；（6）违反《公务员法》《党政领导干部选拔任用工作条例》等法律和规范性文件的规定，向国家工作人员行贿以“买官跑官”的。

在此需要注意的是，党和国家的政策范围较为宽泛，既包括各类经过严格程序制定的党内法规文件，也包括在一定时期发布的针对特定事项的通知、决议、纪要、批示、讲话等。有观点认为，相关司法解释中的“政策”不应当包含地方性政策。① 当然，也有观点支持将地方性政策纳入认定“不正当利益”的依据。② 本书认为，《行贿司法解释》第12条中的“政策规定”既包括中央政策，也包括地方性政策，但考虑到地方性政策的标准和尺度不易把握，在认定行贿犯罪所谋取的利益系违反地方性政策时，应当严格审查该地方性政策是否与相关法律法规、中央政策文件相抵触，该地方性政策是否通过政府信息公开制度予以公示。

第二，“程序不正当型”或“手段不正当型”利益，即行贿人要求国家工作人员为其谋取利益的程序、方式、途径不符合国家法律法规、规章、政策以及行业协会的规定。对于“手段不正当型”利益的判断标准，实际上是从判断行贿人一方行为是否正当转向以国家工作人员是否违背职务作为判断行贿人所谋取的利益是否正当的标准。③ 换言之，无论行贿人所谋取的利益本身是否合规，只要行贿人通过行贿手段要求国家工作人员采用不合规的方式或途径为其谋取利益，该利益就视为不合规的利益。即便所谋取的利益在

---

① 参见彭新林、范庆东：《关于完善行贿罪刑法规制的若干思考——以“为谋取不正当利益”为视点》，载赵秉志主编：《刑法论丛》第57卷，法律出版社2015年版，第79页。

② 参见冯新华：《“为谋取不正当利益”在司法实践中的界定》，载《人民检察》2010年第20期。

③ 参见车浩：《行贿罪之“谋取不正当利益”的法理内涵》，载《法学研究》2017年第2期。

实体上并未违反法律法规，只要违背了程序正义，存在程序瑕疵，就同样属于不正当利益。国家工作人员违反的法律、法规、规章以及政策的范围与上文阐述内容一致。例如，在丁某苗行贿案中，丁某苗为达到树立正面形象的目的，经与时任国务院扶贫开发领导小组办公室外资项目管理中心主任范某玉商议，由丁某苗向该中心进行捐款，由范某玉利用职务之便为丁某苗安排在有关表彰会上发言，在有关刊物上刊登慈善事迹等。为此，丁某苗先后38次给予范某玉财物共计折合人民币4000余万元。[①] 从表面上看，丁某苗所获得的在有关表彰会上发言，在有关刊物上刊登慈善事迹等机会，只是客观展示其本人和企业形象的一种渠道和方式，从理论上讲并不能因此直接获得经济利益，顶多是一种政治荣誉，反而需要为此付出不少额外的慈善成本。因而有观点认为，此种情况不宜认定为行贿罪。本书认为，通过行贿方式获得在官方主办刊物和表彰会展示形象的机会属于手段不正当，如果不对此类行为进行刑事违法性评价，会变相鼓励那些不通过正当努力而靠投机取巧获得荣誉的行为。另外，由于我国地域之间的差异性，各地方制定的行业规范难免会存在一些不同之处，有可能对行贿罪中的“谋取不正当利益”的认定产生影响，故行业规范应当限定于全国性行业协会在法律规定的范围内所制定的。

在“程序不正当型”或“手段不正当型”利益中，比较典型的是违反司法公正原则，向司法工作人员打探案情或者要求其加快案件办理进度。例如，在办理某企业涉嫌经济犯罪案件过程中，企业主私下会见执法司法人员并给予财物，表示对方只需“秉公执法”即可。有观点提出，被告人向有关人员提出的公正审理的请托，是一种要求有关执法人员在执法过程中注意执法方式，以保护企业合法权益的正当请求，并非为谋取不正当利益。在此，行为人的诉求看似并不违反法律规定，但其私下会见办案人员本身已经让执法司法人员陷入程序不正当的境地，客观上对办案人员施加了不正当的影响，干

---

① 参见何靖：《丁羽心一审获刑二十年》，载《人民法院报》2014年12月17日，第1版。

扰了正常的执法工作，这种形式上的违法性，亦属于谋取不正当利益的情形。此外，在投标过程中，违反程序公正原则，通过向招标代理机构及其工作人员、评标委员会成员行贿，诱使其违背义务泄露相关信息从而中标成功的，也属于违反正当程序的不正当利益。

第三，谋取竞争优势型利益。根据《行贿司法解释》第 12 条第 2 款的规定，行贿人通过向国家工作人员行贿要求国家工作人员在经济、组织人事管理等活动中违背公平、公正原则为其谋取竞争优势，也属于“谋取不正当利益”。其中，对于“组织人事管理”应作扩大理解，“组织人事管理”不仅包括常规的国家工作人员职务职级调整、提拔和单位内部的日常考核、评优评先，也包括事业单位的职称评聘，全国性学会会长、副会长的选举，两院院士以及国务院政府特殊津贴者的遴选等活动。[①] 在实践中，“竞争优势”这一概念具有一定抽象性、模糊性。“公平”不仅是社会主义市场经济的本质要求，也是整个社会主义现代化进程中的核心目标，如果不能保证各行各业和各个领域的公平秩序，那么现代化所取得的任何成果都将失去示范意义和应有价值。因此，只要行贿人在销售产品，提供服务和承揽工程等商业活动中，违背“条件公平、程序公平、机会公平”的要求，请托国家工作人员为其谋取竞争优势，就属于“谋取不正当利益”。只要竞争优势不是经营者利用自己的资金优势、技术优势、管理优势、业绩优势等而取得的，而是通过行贿并利用国家工作人员的职权取得的，就属于“不正当利益”。换句话说，“不确定利益＋手段的不正当性＝不正当利益”。[②] 例如，行贿人在项目招投标前找到国家工作人员谋取帮助，国家工作人员向相关人员推荐，参加评标的专家因而给行贿人所在公司倾向性地打出高分，客观上使其产生竞争优势的，就属于较为典型的“谋取竞争优势”的情形。同样，通过向国家工作人员行贿，并借助国家工作人员不正当行使职权，迫使其他投标参与人退出或

① 参见孙国祥：《行贿谋取竞争优势的本质和认定》，载《中国刑事法杂志》2013 年第 7 期。

② 参见王建超、薛莉莉：《漫谈行贿罪——基于对“谋取不正当利益”的分析》，载《犯罪研究》2011 年第 1 期。

放弃投标竞争的，也属于“谋取竞争优势”。为了提高中标率和中标量，在中标结果公布前通过国家工作人员提前获知厂家是否中标及废标的具体原因的，同样违反了招投标活动应有的公平、公正原则，应属于“谋取不正当利益”。

需要注意的是，“谋取不正当利益”仍然是行贿罪不可或缺的构成要件，不能因为扩大解释而将不正当利益要件彻底架空，也不宜将谋取不正当利益简单等同于行贿行为本身，不能认为只要实施了行贿行为，就必然属于手段不正当，否则将陷入循环论证的困境。行贿罪中的“不正当利益”主要是指财产性利益，即需要支付货币的物质性或非物质性利益，既包括财物，也包括商业机会等具有使用价值或交换价值，能够产生一定经济利益的类型。如果行为人所追求的是与其本人的人身合法权利密切相关的内容，除非遇有特殊情形，否则不宜苛求其在情势紧迫或被逼无奈的情况下，放弃对其人身权利的维护。换句话说，如果行为人为维护其人身基本权利而向国家工作人员提出请托，在此种情形下对行为人不具有犯罪的期待可能性。例如，行为人向公安机关户籍管理部门申请换发第二代身份证，跑了6趟，耗费了将近半年时间仍未办成，每次都被告知“需提交补充材料”“需要等待”，无奈之下，为争取早日领到新身份证，其向户籍科长行贿人民币1万元。[①] 在该案中，虽然行为人实施了行贿手段，但是其所谋取的利益与个人身份密切相关，并且这种利益之所以长时间没有实现，完全是由于国家工作人员的不担当、不作为、懒政怠政，因而不宜归入“不正当利益”的范畴。此类行为显然与典型的权钱交易存在差异，如果认定为谋取不正当利益，既不能得到社会公众的认可，也不符合一般社会价值观。

问题4：如何认定国家工作人员的范围

鉴于行贿罪的对象是国家工作人员，因而对于行贿罪主体身份的审查，

① 参见李少平：《行贿犯罪执法困局及其对策》，载《中国法学》2015年第1期。

应首先确定行贿对象是否系国家工作人员。在大多数情况下，国家工作人员的身份一目了然，甚至不证自明，但在实践中也会遇到行贿对象为党政机关工人编制人员、国有参股企业聘任人员、辅警、村委会主任、教师、医生等情形，上述人员属于国家工作人员还是非国家工作人员，涉及认定此罪与彼罪甚至罪与非罪的问题，因而有必要对此进行区分。根据《刑法》第 93 条的规定，国家工作人员是指“国家机关中从事公务的人员。国有公司、企业、事业单位、人民团体中从事公务的人员和国家机关、国有公司、企业、事业单位委派到非国有公司、企业、事业单位、社会团体从事公务的人员，以及其他依照法律从事公务的人员，以国家工作人员论”。① 按照上述规定，并参考 2006 年 4 月 9 日中共中央、国务院印发的《〈中华人民共和国公务员法〉实施方案》（中发〔2006〕9 号）的相关规定，国家工作人员具体分为以下 4 类：

第一类，国家机关公务员。根据《公务员法》的相关规定，公务员应当同时满足依法履行公职，纳入国家行政编制，由国家财政负担工资福利等条件。具体包括：中国共产党机关公务人员、人民代表大会及其常务委员会机关公务人员、人民政府公务人员、监察委员会公务人员、人民法院公务人员、人民检察院公务人员、中国人民政治协商会议各级委员会机关公务人员、民主党派机关和工商业联合会机关公务人员。②

此外，一些在特定期限内行使某种专属职权的非常设性机构，如县区政府为建设重大市政工程而依法设立的工程指挥部、拆迁指挥部，其性质仍然

---

① 《监察法》第 15 条：“监察机关对下列公职人员和有关人员进行监察：（一）中国共产党机关、人民代表大会及其常务委员会机关、人民政府、监察委员会、人民法院、人民检察院、中国人民政治协商会议各级委员会机关、民主党派机关和工商业联合会机关的公务员，以及参照《中华人民共和国公务员法》管理的人员；（二）法律、法规授权或者受国家机关依法委托管理公共事务的组织中从事公务的人员；（三）国有企业管理人员；（四）公办的教育、科研、文化、医疗卫生、体育等单位中从事管理的人员；（五）基层群众性自治组织中从事管理的人员；（六）其他依法履行公职的人员。”

② 具体参见中共中央、国务院印发的《〈中华人民共和国公务员法〉实施方案》（2006 年 4 月 9 日）。

属于国家行政机关，在该机构中从事公务的人员应认定为国家工作人员。①

第二类，在国有公司、企业、事业单位、人民团体中从事公务的人员。具体包括：

1. 在国有公司、企业从事公务的人员，即在国有独资、全资公司、企业中履行组织、领导、管理、监督等职责的人员。其中，国有公司是指公司财产属于国家所有的公司及国家控股的股份公司：国有企业，是指财产属于国家所有并从事生产性、经营性活动的企业。

2. 在事业单位从事公务的人员，即在国家为了社会公益目的，由国家机关举办的或者其他组织利用国有资产举办的教育、科研、文化、医疗卫生、体育等事业单位中，从事组织、领导、管理、监督等工作的人员。

3. 人民团体，是指各民主党派，工商业联合会，各级青年、工人、妇女等人民群众团体。

第三类，国有公司、企业、事业单位委派到非国有公司、企业、事业单位、社会团体从事公务的人员。其中：经党组织或者国家机关，国有独资、全资公司、企业，事业单位提名、推荐、任命、批准等，在国有控股、参股公司及其分支机构中履行组织、领导、管理、监督等职责的人员，应当认定为国家工作人员。具体的任命机构和程序，不影响国家工作人员的认定。经国家出资企业中的负有管理、监督国有资产职责的组织批准或者研究决定，代表其在国有控股、参股公司及其分支机构中从事组织、领导、监督、经营、管理工作的人员，应当认定为国家工作人员。但需要注意的是，如果只是经所在公司、企业的董事会或经理办公会研究决定，仅征求了公司党委的意见而不是由党委会议决定聘任，则不应当认定为国家工作人员。②

第四类，在法律、法规授权或者受国家机关依法委托管理公共事务的组

① 具体可参见周军、陈德日：《钱政德受贿案［第399号］——在国家机关设立的非常设性工作机构中从事公务的非正式在编人员是否属于国家工作人员》，载最高人民法院刑事审判第一、二、三、四、五庭主办：《刑事审判参考》（总第50辑），法律出版社2006年版。

② 参见孙国祥：《受贿罪构成要素在司法中的扩张与虚置》，载《南京大学学报（哲学·人文科学·社会科学）》2015年第4期。

织中从事公务的人员。其中包括：

1. 在依照法律、法规规定行使国家行政管理职权的组织中，对公共事务履行组织、领导、管理、监督等职责的人员，包括在具有公共事务管理职能的行业协会等组织中从事公务的人员，以及在法定检验、检测、检疫等机构中从事公务的人员。如在银保监会、证监会及其直属机构中从事公务的人员；疫情防控期间，在疾病防控机构、卫生防疫站及其他依法行使疫情防控行政管理职权的组织中从事公务的人员。

2. 在受国家机关委托代表国家机关行使职权的组织中从事公务的人员，如协助乡镇人民政府、街道办事处行使行政管理工作的基层群众性自治组织人员，包括村委会、居委会的主任、副主任和委员，以及其他受委托从事管理的人员，如在村党支部、村集体经济合作社、治安保卫委员会、村民小组和各种协会中的可能协助政府从事行政管理工作的人员。从事管理主要指：(1) 从事集体事务和公益事业管理的人员；(2) 从事集体资金、资产、资源管理的人员；(3) 协助人民政府从事行政管理工作的人员，包括从事救灾、防疫、抢险、防汛、优抚、帮扶、移民、救济款物的管理，社会捐助公益事业款物的管理，国有土地的经营和管理，土地征收、征用补偿费用的管理，代征、代缴税款，有关计划生育、户籍、征兵工作，协助人民政府等国家机关在基层群众性自治组织中从事的其他管理工作的人员。

3. 虽未列入国家机关人员编制但在国家机关中从事公务的人员，如：(1) 履行人民代表大会职责的各级人民代表大会代表，履行公职的中国人民政治协商会议各级委员会委员，依法履行审判职责的人民陪审员，依法履行法律监督职责的人民监督员，依法执行公务的合同制民警；(2) 虽未列入党政机关人员编制，但在党政机关中从事公务的人员；(3) 在集体经济组织等单位、组织中，由党组织或者国家机关，国有独资、全资公司、企业，国家出资企业中的负有管理监督国有和集体资产职责的组织，事业单位提名、推荐、任命、批准等，从事组织、领导、管理、监督等工作的人员；(4) 在依法组建的评标、谈判、询价等组织中代表国家机关，国有独资、全资公司、企业，事业单位，人民团体临时履行公共事务组织、领导、管理、监督等职责的人员。

问题5：行贿罪侵犯的法益是什么

关于行贿罪侵犯的法益，目前主流观点认为是“职务行为的不可收买性以及职务行为的公正性”[①]，或者是“国家工作人员职务行为的廉洁性”[②]，并由此衍生出诸如“公正性说”[③]、“廉洁说”[④]、“不可收买说”[⑤]、“国家经济管理的正常活动说”[⑥]、“国民信赖说”[⑦] 等多种理论。此外，还有学者提出，行贿罪侵犯了三重渐进式的差序法益：一是从与行贿人处于同等的资源竞争地位的平行社会一般人的视角出发，贿赂犯罪侵犯了其获取维系生存和自由发展的公共资源的机会公平性；二是从全体国民的视角出发，贿赂犯罪破坏了国民对于凭借自己实力获取相应公共资源的信赖利益；三是从国家的视角出发，贿赂犯罪累积性地侵犯了国家的根本制度。[⑧]

对于司法实践而言，行贿罪是较为典型的复行为犯，侵犯的法益也必然是复合法益。从行贿罪“权钱交易”的本质来讲，以上观点都能够在一定程度上反映行贿罪侵害的法益。从严厉打击行贿犯罪的角度来讲，尚不宜人为缩小行贿犯罪侵害法益的范围，更不宜非此即彼只选择其中某一种观点而排斥其他观点，只要是满足上述特征之一的行贿行为，即行为人的贿赂行为与国家工作人员的职务行为形成了明确的对价关系，就应当纳入刑事打击的范畴。

---

① 张明楷：《刑法学》（第6版），法律出版社2021年版，第1616页。

② 高铭暄、马克昌主编：《刑法学》（第7版），北京大学出版社、高等教育出版社2016年版，第629页。

③ 缪树权、张红梅：《贿赂犯罪的司法认定与证据适用》，中国检察出版社2014年版，第97页。

④ 阮齐林：《中国刑法学各论》，中国政法大学出版社2016年版，第505页。

⑤ 李辰：《行贿犯罪研究》，中国政法大学出版社2013年版，第27页。

⑥ 曲新久：《刑法学原理》（第2版），高等教育出版社2014年版，第361页。

⑦ 马龙、谭全万：《行贿罪中“主动型行贿”的新阐释》，载《社会科学研究》2022年第5期。

⑧ 参见李世阳：《论贿赂犯罪的差序法益构造》，载《政治与法律》2022年第8期。

问题6：行贿罪中“给予国家工作人员财物”中的“给予”包括哪些方式

关于在行贿罪中行为人贿送财物或输送利益的方式，除了常规的直接给予现金、转账或给予财物的方式外，还有以下几种较为特殊的给予方式：

1. 行贿人以明显低于市场价的价格向国家工作人员出售房屋、汽车；以明显高于市场价的价格向国家工作人员购买房屋、汽车等。其中，此处的市场价格包括商品经营者事先设定的不针对特定人的最低优惠价格。根据商品经营者事先设定的各种优惠交易条件，以优惠价格购买商品的，不属于行贿，且是否办理权属变更登记或是否借用他人名义办理权属变更登记，不影响行贿的认定。在认定以房屋、汽车等物品为对象的行贿时，应注意该种行为与借用的区分，结合行贿人购买或出售的涉案财物价格，涉案财物交易时的市场价格，涉案物品事先设定的优惠价，交易的形成、过程、结果等，重点审查：（1）国家工作人员是否实际控制、使用或处分涉案房屋、汽车等物品；（2）国家工作人员是否有办理权属变更手续的意思表示和行为；（3）行、受贿双方是否具有租借的合理事由及租借时间的长短；（4）国家工作人员是否有归还的条件、归还的意思表示及行为。行贿数额按照交易时当地市场价格与实际支付价格的差额计算。

2. 行贿人出资，与国家工作人员“合作”开办公司或者进行其他“合作”投资，或者在国家工作人员没有实际出资和参与管理、经营的情况下，行贿人以合作开办公司或者其他合作投资的名义向其输送“利润”。行贿数额的认定，以行贿人给国家工作人员的实际出资额为准。此外，合作投资出现亏损，由行贿人一方承担全部亏损的，应当视为行贿。例如，吴某钱向广州市政府原副市长曹某燎行贿案。2009年6月，在曹某燎的提议下，吴某钱、曹某燎之子曹某荣各出资人民币380万元，开办广府食艺。2010年上半年，广府食艺开张后因经营不善而亏损，后吴某钱陆续追加投入资金320万元。到2011年下半年，曹某荣见广府食艺亏损严重，难以继续经营，以其是公务员亏不起为由，要求吴某钱退回投资款。按曹某燎的要求，吴某钱以退股为名，分两次将380万元转到曹某荣银行账户。[①] 在该案中，曹某荣以380万元入股广府食艺直至以后亏损、清算并取回全额投资，曹某燎均知情并全程参与。按照正常的商业准则，股东应当履行出资义务并按照出资比例分摊风险。然而，在该案中，吴某钱投资高于曹某荣，在亏损清算之时却先由曹某荣取回全额380万元投资，亏损则由吴某钱承担，这并非正常的商业行为。曹某荣在该案中因其父亲曹某燎的职务便利而没有承担本应由其承担的损失，应视为其与曹某燎共同以曹某燎的职务条件获取了吴某钱输送的额外利益，应认定吴某钱的行为构成行贿罪。

对于以开办公司等合作投资名义行贿的，应重点审查：（1）行贿人是否实际出资或仅象征性出资。（2）行贿人是否参与实际经营管理，行贿人的出资额及所获得“利润”。（3）参与管理、经营，应当以能否影响企业的主要业务决策方向，是否处于核心业务的决策层为重要指标，或者以技术或者技术成果参与经营管理。如果仅是参与一般事务性或者劳务性工作，则不属于参与管理、经营。[②]

3. 行贿人以委托国家工作人员投资证券、期货或者其他委托理财的名义，在国家工作人员未实际出资的情况下，向国家工作人员提供“收益”，或者国家工作人员虽然实际出资，但行贿人向其提供的“收益”明显高于国家工作人员出资应得收益。行贿数额的计算，前一种情形，以行贿人向国家工作人员输送的“收益”数额为准；后一种情形，以行贿人向国家工作人员输送的“收益”数额与出资应得收益数额的差额为准。对于以委托国家工作人员投资理财名义行贿的，应重点审查：（1）理财产品出资比例，正常理财收益的情况，是否存在较大市场风险；（2）国家工作人员是否实际出资以及取得的收益数额；（3）如国家工作人员实际出资，应审查其获取的收益是否明显高于出资应得收益。

4. 行贿人通过赌博方式向国家工作人员输送利益，包括收受赌资，免除

---

① 参见广东省高级人民法院刑事裁定书，(2017) 粤刑终1535号。

② 参见白洁：《新形态贿赂犯罪疑难问题探讨》，载《法律适用》2018年第19期。

赌债，只输不赢，少赢多输等多种形式。这种赌博不是真正意义上的以“以偶然定胜负”的赌博，而是国家工作人员“必赢”，请托人等其他参赌人员“必输”的形式意义上的赌博。[①] 对于“赌博型”行贿与赌博活动、娱乐活动的界限，应当结合以下因素进行判断：（1）赌博的背景、场合、时间、次数；（2）赌资来源；（3）其他赌博参与者有无事先通谋；（4）赌博是否以正常的赌博规则进行；（5）赌博输赢钱物的具体情况和金额大小。

5. 行贿人以给国家工作人员的特定关系人安排工作为名，使特定关系人不实际工作而获取薪酬。对于以特定关系人“挂名”领取薪酬方式行贿的，应重点审查：（1）特定关系人是否实际工作，特定关系人参加的工作与实际领取的薪酬是否相当；（2）在计算行贿犯罪数额时，除了发放的工资外，单位为特定关系人缴纳的社会保险、公积金等也应一并计算在内。但需要注意的是，行贿财物的范围不宜无限扩张，如某上市公司负责人为感谢主管经贸工作的副市长的帮助，安排后者刚大学毕业的亲属到该上市公司入职，但并未吃空饷、挂名领薪的，此种情形不宜归入行贿。

6. 行贿人与国家工作人员之间约定以借为名提供借款而后又免除债务，或者与国家工作人员之间虚设债务并根据虚构的债务约定，向国家工作人员偿还欠款及利息。以免除债务，虚设债务的形式行贿的，涉及债权能否作为贿赂的标的物的问题。如果出借人与借款人双方既没有签订借款协议，也没有约定还款日期及利息，直至案发前借款人也没有归还的意思表示，则明显不符合民间借贷的正常习惯。对于此类行贿方式，应重点审查：（1）有无正当、合理的借款事由，借用时间的长短，借款去向；（2）双方平时关系如何，有无经济往来，出借方是否要求被告人利用职务上的便利为其谋取利益；（3）国家工作人员借款后是否有归还的意思表示及行为，是否有还款能力，借款时间长短，未归还的原因。

7. 在经济往来中，行贿人违反国家规定，给予国家工作人员以财物，数

---

① 参见最高人民检察院研究室编著，陈国庆主编：《新型受贿犯罪认定与处罚》，法律出版社2007年版，第45页。

额较大的，或者违反国家规定，给予国家工作人员以各种名义的回扣、手续费的，以行贿论处。例如，在药品、医疗器械、医用卫生材料等医药产品采购活动中，医药生产、经营企业或营销人员为谋取不正当利益，给予医疗机构中的国家工作人员财物；① 在招标的评标、政府采购活动等事项中，投标人为谋取不正当利益，给予依法组建的评标委员会、竞争性谈判采购中的谈判小组、询价采购中的询价小组中的国家机关或者其他国有单位的代表财物。对于此类行贿方式，应重点审查：（1）给予回扣、手续费的时间、行为、方式、过程、数额；（2）涉案回扣、手续费等的来源；（3）有经济往来的对方单位、人员情况，对方参与经济活动情况。

三、关于行贿犯罪的财物形式及范围

问题7：行贿罪中的“财物”包括哪些种类与形式

《刑法》第389条第1款规定，“为谋取不正当利益，给予国家工作人员以财物的，是行贿罪”。在实践中，对于行贿罪中的财物的形式与范围，先后有两个司法解释予以界定：一是2008年最高人民法院、最高人民检察院《关于办理商业贿赂刑事案件适用法律若干问题的意见》第7条规定，商业贿赂中的财物，既包括金钱和实物，也包括可以用金钱计算数额的财产性利益，如提供房屋装修、含有金额的会员卡、代币卡（券）、旅游费用等。具体数额以实际支付的资费为准。二是2016年最高人民法院、最高人民检察院

① 具体包括3种情况：（1）医药生产、经营企业或医疗机构在销售或者购买药品、医疗器械、医用耗材过程中采用以财物或者其他手段贿赂对方单位或者个人的行为。包括以“回扣”或假借“介绍费”“促销费”“宣传费”“广告费”“科研费”“统方费”“手续费”“酬劳费”“信息费”“佣金”“赞助费”等名义，或者以报销各种费用等方式，给付对方单位或者个人财物的行为；（2）医药生产、经营企业或营销人员在临床诊疗过程中以“开单提成费”“处方费”“新药推广费”“临床观察费”等名义给付医疗机构或相关人员现金和实物的行为，以及以提供国内外旅游、考察等名义给付医疗机构或相关人员财物以外的其他利益的行为；（3）医疗器械（医用耗材）生产、经营企业假借给医疗机构租赁、捐赠、投放设备等形式，捆绑销售耗材和配套设备等行为。

《关于办理贪污贿赂刑事案件适用法律若干问题的解释》（以下简称《贪污贿赂司法解释》）第 12 条规定，贿赂犯罪中的“财物”，包括货币、物品和财产性利益。财产性利益包括可以折算为货币的物质利益如房屋装修、债务免除等，以及需要支付货币的其他利益如会员服务、旅游等。后者的犯罪数额，以实际支付或者应当支付的数额计算。

认定行贿财物的范围，应当从我国国情出发，并充分考虑到办案的实际情况和需要。行贿财物必须具有使用价值或交换价值，能够产生或附随一定的经济利益。类似“语言贿赂”“精神贿赂”，都不属于行贿罪中的财物的范畴。[①] 根据上述司法解释的规定，财物除了相对明确的货币、物品外，还有财产性利益，财产性利益主要是指需要支付货币的物质性或非物质利益，具体包括以下几种：

1. 银行卡、购物卡、服务卡、公交卡、汽油卡、电话卡和网络充值卡以及各种会员卡、消费卡（券）、购物卡（券）和其他有价证券。贿送银行卡的，不论受贿人是否实际取出或者消费，卡内的存款数额一般应全额认定为行贿数额。使用银行卡透支的，如果由行贿人一方承担还款责任，透支数额也应当认定为行贿数额。

2. 资格或机会类利益，如会员服务和享受优惠的资格，上学或就医的资格，旅游、休假疗养的资格等。具体数额，以行贿人实际支付的资费为准。

3. 消费或服务类利益，如房屋装修、家政服务、美容整形、养生保健、体检服务。具体犯罪数额，以行贿人实际支付的资费为准。

4. 干股。所谓干股，是指未出资而获得的股份。其中，已经进行股权转让登记，或者相关证据证明股份发生了实际转让的，行贿数额按转让行为发生时的股份价值计算，所分红利按行贿孳息处理。股份未实际转让，以股份

---

① 根据《联合国反腐败公约》第 15 条的规定，“贿赂本国公职人员，各缔约国均应当采取必要的立法措施和其他措施，将下列故意实施的行为规定为犯罪：一、直接或间接向公职人员许诺给予、提议给予或者实际给予该公职人员本人或者其他人员或实体不正当好处，以使该公职人员在执行公务时作为或者不作为……”“财产”是指各种资产，包括物质的资产、非物质的资产，动产和不动产，有形的资产及无形的资产。

分红名义获取利益的，实际获利数额应当认定为行贿数额。

5. 带有特定符号意义的利益。如特殊汽车牌照、电话号码或游戏账号。[①] 这种特殊物品虽然没有统一或固定的市场价格，但由于特定群体的关注和需求，客观上广泛存在线上线下交易，且交易价格往往因人而异、因物而异。行贿人以此类物品行贿的，在计算行贿数额时，应当参考同类物品在同一时期在线上线下交易的实际价格。

6. 与人身权利、人格权紧密联系并需要支付货币的特殊利益，如债务免除，代孕、代养子女等。例如，2012 年 5 月至 2016 年 1 月期间，海特集团实际控制人关某为感谢财政部副部长王某安在申报两个项目过程中提供的帮助，在与王某安交往过程中王某安提起想要一个男孩并多次提到代孕信息时，按照王某安的要求，为其联系人工代孕中介，使王某安以人工代孕方式先后于 2015 年 9 月和 2016 年 1 月生育 2 名男婴，关某为此支付费用 346.45 万元。[②] 原卫生部 2001 年公布的《人类辅助生殖技术管理办法》规定，“医疗机构和医务人员不得实施任何形式的代孕技术”。对于此种违法代孕行为所产生的利益，尽管不能划归到财产性利益的范畴，但其在客观上确实满足了受贿人的特定需求，因而可归入非财产性利益。

在实践中，行贿犯罪的形式和手段层出不穷，一些新型财产性利益能否被视为财物，目前还存在争议，需要结合案件具体情况进行分析。例如，某大学教授为请托当地人事局局长安排其子就业，将一本尚未出版的书稿送与该领导，后该领导将此书稿作为个人学术成果出版。[③] 著作权是人身权与财产权的统一，能否计入财产性利益或者如何计算行贿数额，还有待进一步研究。又如，从事理财或者期货交易的行贿人，告知国家工作人员理财收益机会信息，促使国家工作人员借此获利的，由于因果链条较为复杂，相关利益

---

① 参见李本灿：《以情节为中心重构贿赂罪罪刑体系——兼评〈刑法修正案（九）〉（草案）贿赂罪定罪量刑标准的修订》，载《南京大学学报（哲学社会科学版）》2015 年第 4 期。

② 参见河北省张家口市桥西区人民法院刑事判决书，（2017）冀 0703 刑初 130 号。

③ 参见高铭暄、张慧：《论贿赂犯罪的贿赂“范围”》，载《法学杂志》2013 年第 12 期。

一般也不宜作为财产性利益认定。[①]

问题 8：行贿犯罪中的违禁品的价值如何认定

在一些行贿案件中，行贿人行贿的财物不仅包括常见的贵金属、珠宝玉器、字画，还出现了象牙制品、象骨、玳瑁、虎皮、犀牛角、抹香鲸牙、豹犬牙、蟒蛇皮制品、海马干、沉香木、天然红珊瑚等国家禁止销售的濒危野生动植物及其制品。[②] 对于此类物品的价值如何认定，存在两种意见：

第一种意见认为，对于此类禁止流通物品，由于没有合法的市场价格，价格认证机构一般也不接受对此类物品进行价格认证，且如果出具具体价格，会向社会传递一种违禁品可以交易的错误观念，故只能作为一般量刑情节认定。

第二种意见认为，虽然非法流通物在一般情况下不是从正规市场渠道购买，客观上不存在明确的市场价格，但考虑到此类物品能够表征一定的非法利益，属于财物的范畴，故应当采取合理的方式进行价值鉴定。

本书同意第二种意见，主要理由是：

1. 对于此类限制流通物或禁止流通物，考虑到国内尚无合法正规的鉴定此类物品的机构及人员，应聘请国家允许使用该类物品的相关单位和机构出具检测真伪的意见，以单位证明的形式对财物的属性进行评定，对于相应价值可作出估价或聘请一般鉴定机构作出评估，并根据行贿人、出售人的证言以及市场普遍认定的标准进行认定。

2. 对于贿送象牙制品的，2001 年原国家林业局《关于发布破坏野生动物

---

① 参见郭竹梅：《受贿罪司法适用研究》，法律出版社 2018 年版，第 250 页。

② 在实践中，象牙制品有部分是合法流通物，主要是 1981 年我国缔结《濒危野生动植物种国际贸易公约》前进口并保存的象牙，以及 2008 年我国为保护传统牙雕技艺，经《濒危野生动植物种国际贸易公约》常委会批准，从国外合法购买的官方库存象牙，我国同时施行“定点加工、定点销售、标识管理”制度，严格限定象牙及其制品的加工和销售场所，并进行逐一造册登记，此类象牙制品不属于违禁品。

资源刑事案中涉及走私的象牙及其制品价值标准的通知》（林濒发〔2001〕234 号），将破坏野生动物资源刑事案件中涉及走私的象牙及其制品的价值标准规定如下：一根未加工象牙的价值为 25 万元；由整根象牙雕刻而成的一件象牙制品，应视为一根象牙，其价值为 25 万元；由一根象牙切割成数段象牙块或者雕刻成数件象牙制品的，这些象牙块或者象牙制品总和，也应视为一根象牙，其价值为 25 万元；对于无法确定是否属一根象牙切割或者雕刻成的象牙块或象牙制品，应根据其重量来核定，单价为 41, 667 元/千克。按上述价值标准核定的象牙及其制品价格低于实际销售价的按实际销售价格执行。

3. 对于贿送犀牛角的，原国家林业局《关于发布破坏野生动物资源刑事案件中涉及犀牛角价值标准的通知》（林护发〔2002〕130 号）的相关规定，将破坏野生动物资源刑事案件中涉及的犀牛角的价值标准确定为：每千克犀牛角的价值为 25 万元，实际交易价高于上述价值的按实际交易价执行。

4. 对于其他珍贵动物制品的价值认定，根据最高人民法院、最高人民检察院、原国家林业局、公安部、海关总署《关于破坏野生动物资源刑事案件中涉及的 CITES 附录Ⅰ和附录Ⅱ所列陆生野生动物制品价值核定问题的通知》（林濒发〔2012〕239 号）文件，在价值核定上出现困难的，“县级以上林业主管部门、国家濒危物种进出口管理机构或其指定的鉴定单位应该协助”。

需要说明的是，行为人向国家工作人员贿送文物的，也同样面临价值如何确定的问题。很多文物因禁止交易，难以估价，或者虽具有很强的历史研究价值但缺乏实用性。对此，应参照国家文物局、最高人民法院、最高人民检察院、公安部、海关总署共同制定的《涉案文物鉴定评估管理办法》的规定，选取国家文物局指定的涉案文物鉴定评估机构和予以备案的文物鉴定评估人员，对涉案文物进行真伪鉴定和价格认定。如认定价格确有困难或者各方对文物鉴定价格存在较大争议，可具体根据文物珍稀级别、馆藏地点等认定其情节因素，对于贿送国家明文禁止私人收藏或私自交易的文物的，应从重处罚。

问题9：向国家工作人员提供“性贿赂”的，能否认定为行贿

【案例】 2009～2015年，晏某军先后担任广州市荔湾区宣传部部长、副区长、区长、广州市政府副秘书长，其间，他利用职务便利为广州十三行国际旅行社总经理郭某某提供帮助。2009～2015年，郭某某为被告人晏某军在广州市某五星级酒店支付的开房费、嫖资共计人民币125万余元。[①]

【解析】 近些年来，一些领导干部违反党的生活纪律，大搞“权色交易”“钱色交易”的新闻报道屡见不鲜，这被舆论形容为“性贿赂”。对于“性贿赂”能否入罪，存在以下两种意见：

第一种意见认为，“性贿赂”严重腐蚀了国家工作人员职务的廉洁性，极大地败坏了社会风气，在社会危害性上与普通行贿行为相比有过之而无不及，且符合严厉打击贿赂犯罪的世界各国反腐败立法潮流，[②] 故应当纳入刑法打击的范围。[③]

第二种意见认为，尽管“性贿赂”严重违背了社会伦理道德，且客观上腐蚀了国家公权力，败坏了社会风气，应当予以严厉谴责，但不宜对此予以刑事处罚。

本书同意第二种意见，主要理由是：

1. 从罪刑法定的角度来看，“性贿赂”本质是权色交易而不是“权钱交易”，不属于可以折算为经济价值的“财物”，不符合我国刑法对于行贿罪“计赃定罪”的定罪量刑方式。常见的“性贿赂”主要有两种形式：第一种是由行贿人本人为谋取不正当利益，直接向被请托人提供“性服务”，即“直接性贿赂”；第二种是由行贿人向第三方支付一定财物，再由第三方向被

---

① 参见广东省中山市中级人民法院刑事判决书，(2016) 粤20刑初74号。

② 《联合国反腐败公约》第15条、第16条将贿赂罪的对象规定为“好处”。《联合国打击跨国有组织犯罪公约》将受贿罪定义为：“公职人员为其本人或其他人员或实体直接或间接索取或接受不应有的好处，以作为其在执行公务时作为或不作为的条件。”

③ 参见彭文华：《性贿赂犯罪化的理性分析》，载《法治研究》2014年第4期；石巍、王德骧：《论我国腐败犯罪刑事立法之完善——以刑法修正案（九）为视角》，载《人民司法（应用）》2017年第16期。

请托人提供“性服务”，即“间接性贿赂”。第二种形式，与提供资金供他人旅游，子女留学，装修房屋等方式在用货币衡量方面并无区别，均可直接调取到支付金钱的证据，第二种“性贿赂”属于行贿罪中“财物”的范畴，且行贿人实际向第三人支付的数额即为行贿数额。但对于第一种“性贿赂”形式，无论如何做扩大解释，也不宜将性贿赂纳入“财物”的范畴，因而不符合行贿罪的客观构成要件。

2. 从司法实践操作层面来看，“性贿赂”不仅在客观上难以量化为具体的经济数额，而且其中还可能掺杂了情感因素，因而在罪与非罪、罪轻或罪重方面均缺乏明确标准，且在取证过程中还可能会涉及个人隐私。此外，考虑到在行贿罪中被索贿且未谋取不正当利益的行为，不属于犯罪，如行贿人以此作为辩解理由，则会出现难以区分是权色交易还是受到胁迫，甚至可能涉嫌强奸罪等较为荒唐的局面。另外，“身体”本身是不能作为商品或财物对待的，如果认可“权色交易”属于贿赂的一种，则可能导致对身体的物化甚至对人格尊严的践踏。

3. 从保持刑法谦抑性的角度来看，如将“性贿赂”纳入犯罪体系，容易混淆道德与法律的界限，将不正当两性关系与典型的贿赂行为混淆，可能导致不当扩大刑法打击面。需要说明的是，对“性贿赂”的行为不予入罪，并不意味着没有相应措施对其进行遏制。根据《中国共产党纪律处分条例》第120条之规定，搞权色交易或者给予财物搞钱色交易的，给予警告或者严重警告处分；情节较重的，给予撤销党内职务或者留党察看处分；情节严重的，给予开除党籍处分。同时，对于行贿人既有向被请托人贿赂财物，又有本人提供性服务的行为，在量刑时可将有关“性贿赂”的情节作为酌定从重处罚情节。

问题10：向国家工作人员提供商业机会的，能否认定为行贿

【案例】被告单位湖南省朝辉建设开发有限公司在常德市财政局原副局

长余某某的帮助下，在2009年常德市城建项目融资中融资成功，并获得工程项目。按照在此之前的承诺，该公司从中标的工程项目中分出1000万元工程量送给余某某承建，被告人廖某某和余某某商定，1000万元工程量的项目由该公司代为建设，按工程价款的15%送给余某某好处费150万元。余某某为掩盖其接受150万元贿赂款的事实，安排其好友杨某与被告人刘某某于2010年6月13日签订了一份项目分包协议，余某某与杨某约定，该150万元由杨某收取后暂时使用，余某某需要用钱时或退休后找杨某拿回。协议签订后不久，余某某即向被告人廖某某索要该款项，被告人廖某某、刘某某于2010年8月~2013年8月，先后7次向杨某支付贿赂款130万元。法院判决被告单位湖南省朝辉建设开发有限公司犯单位行贿罪，判处罚金人民币20万元；被告人廖某某犯单位行贿罪，判处有期徒刑1年，缓刑1年6个月；被告人刘某某犯单位行贿罪，判处有期徒刑1年，缓刑1年6个月。①

【解析】商业机会，是指某种商业业务的经营机遇。在商业机会转化为经营收益的过程中，不仅需要资金的投入，还需要人力等其他经营成本的支出。对于向国家工作人员提供商业机会的，能否认定为行贿罪，在实践中存在以下3种意见：

第一种意见认为，向国家工作人员提供商业机会后，该国家工作人员未付出实质性经营活动而获取收益或者所获取的收益明显高于相应经营活动应得收益的，应当认定为行贿。②

第二种意见认为，商业机会不能等同于财物或者财产性利益，不是我国《刑法》规定的行贿罪的犯罪对象。③ 如果将单纯提供商业机会的行为一律认定为行贿，则意味着本应由党纪规范的国家工作人员违规经商办企业活动，扩大化为行受贿犯罪，有违刑法的谦抑性。

---

① 参见湖南省石门县人民法院刑事判决书，(2017) 湘0726刑初87号。

② 参见罗开卷：《索取、收受商业机会行为的刑法评价》，载《人民法院报》2019年10月10日，第6版。

③ 参见陈新民：《商业机会可否认定为受贿罪中的财物》，载《中国检察官》2010年第7期。

第三种意见认为，向国家工作人员提供商业机会能否认定为行贿，应当结合商业机会盈利前景，市场进入门槛，国家工作人员是投入开发还是直接转让，投资项目是否需要特定资质等情况综合认定。

本书同意第三种意见，主要理由是：

1. 行为人向国家工作人员提供确定的、旱涝保收稳赚不赔的商业机会的，属于让渡具有高度确定性的预期利益，该商业机会应视为与行贿罪中的财物无异。例如在工程招标活动中，某企业负责人为承揽工程项目，向具体负责的国家工作人员承诺如竞标成功，则将工程施工量的10%直接交由该国家工作人员，此种情况该国家工作人员往往会将工程量直接转包，并获得巨额转让费用，该转让费用可以直接计算为行贿金额。有的名义上是从事某项事业，但实际上不需要额外投入即可获得巨额回报，这在矿产资源开发等垄断性行业较为常见。例如，某煤炭企业老板为感谢当地县长的支持，向其赠送若干业已探明储量的煤炭区块。在该案中，无论该县长是否实际开采煤炭，都已经获得了确定的贿赂，此种商业机会更近似于某种唾手可得的资源，是典型的权钱交易行为。如果该县长自己开采，客观上也存在一定的经营风险，但市场风险不影响财物属性本身的认定。反过来讲，行贿人向国家工作人员赠送房产尚且可能存在价格波动，但价格波动并不影响对其财物属性的认定，因而贿送开采矿产资源机会的行为亦可直接认定为贿送财产性利益。又如，在一些中心城区房源紧俏的地区，开发商通过违规操作将个别房源内定，不经过公证处摇号，直接将房号送予国家工作人员，国家工作人员再将该房号转卖获利。此种赠与房号的行为貌似是提供了一种商业机会，但实际上开发商提供房号后，国家工作人员无须付出成本即可赚取差价，获取收益，且转卖房号在短期内获利的可能性极大，即使未卖出，也可以自用或者放弃，均不存在财产损失风险，因此房号属于可期待可确定的利益。

2. 行为人向国家工作人员提供不确定性商业机会的，考虑到市场波动、经营能力等因素，应慎重入罪。如果一个商业机会存在经营风险，并不具有盈利的高度可能，利润的实现也并不完全依托国家工作人员的职务行为，同时最终获取的利润成分无虚高，与国家工作人员的实际出资额相匹配，就不能认为国家工作人员系“假投资真受贿”。例如，行为人向国家工作人员及其特定关系人提供某种经营资格资质，后续的经营由受贿一方自主决定并自负盈亏。此种经营资格资质能否认定为确定性的商业机会，应当结合其盈利前景，市场进入门槛，国家工作人员是投入开发还是直接转让，投资项目是否需要特定资质等情况严格把握。如行贿人所提供的商业机会存在一定市场风险，涨跌盈亏都较为常见，即使产生收益，还需要智力资源、人力资源、管理成本等诸多因素。也就是说，“不确定性”的商业机会只是一种获取利益的机会和可能，并非直接经济利益，无法折算成具体的、确定的金额，在转变成现实利益的过程中，也存在亏损的风险，因而不宜将此类商业机会归为贿赂。此外还需要交代的是，有观点认为，向国家工作人员的近亲属提供工作机会的，由于工作机会本身也意味着一定收益，因而工作机会也应属于财产性利益。[①] 本书认为，此种观点有过于扩张“财产性利益”之嫌，且即便此种工作机会可以通过工资报酬予以量化，但其中也凝结了个人的劳动付出，在没有充分证据证实“挂名领薪”的情况下，不宜将工作机会认定为财产性利益。

问题 11：行贿人多次小额行贿后才达到行贿罪入罪标准的，能否构成行贿罪

【案例】2017 年 6 月 17 日～2020 年 4 月 20 日，被告人李某良和辅警张某取得联系并达成过一辆超限超载货车给张某 100 元好处费的口头约定，由张某为被告人李某良的货车及所带货车超限超载逃避处罚，为李某良通过联合治超点、分流点提供便利。在此期间，张某被分配至公路巡逻民警大队吴家店中队和孝营超检站联合治超点工作，行使查缉超限超载货车及 312 国道

① 参见卢勤忠：《商业贿赂犯罪研究》，上海人民出版社 2009 年版，第 47 页。

十里河立交桥桥头分流点分流重载货车工作职责。被告人李某良通过微信红包、微信转账方式向张某行贿501笔，累计437,900元。法院经审理认为，被告人李某良为谋取不正当利益，多次给予国家工作人员以财物，其行为已构成行贿罪，遂判决被告人李某良犯行贿罪，判处有期徒刑2年6个月，并处罚金人民币10万元。①

【解析】 行贿数额是判断行贿罪法益侵害的重要标准，对于行贿罪定罪量刑具有基础性作用。对于行贿人多次小额行贿后才达到行贿罪入罪标准的，能否构成行贿罪，存在以下意见：

第一种意见认为，不应当认定为行贿罪。如果允许对多次小额犯罪数额累计的话，为了达到总额3万元的定罪标准，将低于100元甚至50元的财物加以累计也是可能的。那么，贿赂犯罪的数额标准就成了虚置的标准。②

第二种意见认为，尽管从表面上看，单笔行贿由于数额较少，确实达不到行贿罪的立案起诉标准，但不宜孤立看待每一笔数额，而是应将单笔数额纳入整体性的框架分析行受贿双方的心态和作案的特殊手段。行贿人多次小额行贿后才达到行贿罪入罪标准的，应当构成行贿罪。

本书同意第二种意见，主要理由是：

最高人民法院、最高人民检察院《行贿司法解释》第5条规定，多次行贿未经处理的，按照累计行贿数额处罚。该条实际上借鉴了《刑法》第383条第2款“对多次贪污未经处理的，按照累计贪污数额处罚”的规定。此处的“未经处理”，既包括达到定罪标准未受处理，也包括未达到定罪标准未受处理。③“处理”包括刑事处罚和党纪政务处分，依照有关规定，已经受过相关处理的原则上不再累计计算行贿数额。④ “多次”一般指多次向单人行

① 参见河南省信阳市浉河区人民法院刑事判决书，(2020)豫1502刑初375号。

② 参见黄伟明、李泽康：《受贿罪定罪数额标准与数额累计适用研究》，载《山东大学学报(哲学社会科学版)》2019年第5期。

③ 参见裴显鼎等：《〈关于办理贪污贿赂刑事案件适用法律若干问题的解释〉的理解与适用》，载《人民司法(应用)》2016年第19期。

④ 陈兴良：《贪污贿赂犯罪司法解释：刑法教义学的阐释》，载《法学》2016年第5期。

贿，“同时向多人行贿”虽然客观上也符合“多次”的要求，但鉴于司法解释对此种情形已经另有规定，且多次向单人行贿比一次向多人行贿的入罪门槛要高，因而在累计计算行贿数额时不宜混同适用。一般而言，行贿人贿送小额财物分为以下情形：

第一种情形：从一方面来讲，行贿人向同一名国家工作人员多次贿送小额财物，虽每次均未达到定罪标准，但累计后已经达到了行贿罪的入罪标准。若零敲碎打式地贿送小额钱款，且表面上虽是连续行贿，但实际上每次行贿均有具体的请托事项相对应，则可以归类为“一把一结”式行贿，即便累计数额达到行贿罪定罪标准，其法益侵害程度也较为有限，不宜作为犯罪处理。但从另一个方面来讲，如果行贿人为规避调查，基于同一个请托事由，采用“蚂蚁搬家”的方式，向同一个国家工作人员今天送一千元，明天送两千元，最后累计高达数万元甚至数十万元，而双方对这种“化整为零”的行贿方式心照不宣，那么，在这种情况下，如果不予处罚，就严重背离了严惩行贿犯罪的刑事政策精神。最高人民法院《贪污贿赂司法解释》起草人员提出，“行贿人长期连续给予受贿人财物，且超出正常人情往来，期间只要发生过具体请托事项，则可以把这些连续收受的财物视为一个整体行为”①。当然，上述论断的成立，需要行贿人针对特定的谋利事项在较短的时间内连续行贿，此种情形才值得纳入行贿罪的打击范畴。如果不是针对单一的特定事项，且系在较长的时间段内，每次只赠送国家工作人员一两千元甚至几百元，待累积到数十次才达到 3 万元以上，则更接近于人情往来，没有作为犯罪处理的必要。例如，行贿人为了自己的儿子（时年 10 岁）将来能够在找工作时得到某国家工作人员的帮助，每年定期向国家工作人员送礼金 3000 元，并连续赠送 10 年。即使双方对此心知肚明甚至有明确约定，也由于间隔时间过长，该行为已经不再是行贿犯罪中“掩人耳目”的手段而是演变成纯粹的“小额感情投资”和“人情往来”，对此亦没有刑事处罚的必要。也就是说，行

① 裴显鼎等：《〈关于办理贪污贿赂刑事案件适用法律若干问题的解释〉的理解与适用》，载《人民司法（应用）》2016 年第 19 期。

贿数额的累计应以请托行为的客观存在为前提，如果不存在上下级关系、行政管理关系或者并非出于谋取不正当利益的目的，那么行为人之间单纯的人情往来，年节拜贺中所送红包、礼金，因不具有行贿事实，不宜计入行贿数额。

第二种情形：行贿人以“人情往来”的名义，向多名国家工作人员先后给予小额财物，客观上虽显示出“多次”的特征，但实际上是“一对多”的状态。对此，可以从受贿人的角度来反向论证：在实践中，一些领导干部借家庭成员婚丧嫁娶之机大摆宴席，并收受到场人员赠送的礼金，虽然单笔数额往往不超过1000元，但是在总数上动辄达到数万元甚至数十、上百万元。从实际情况来看，这种借机“敛财”的行为，进入刑事司法程序的较少，多是被监察机关作为党内违纪行为予以处理。同理，这种“一对多”的赠送小额礼金的行贿行为，即便达到了行贿罪入罪标准，也不应认定为犯罪。主要理由是：行贿罪的成立，要求行贿人与国家工作人员之间在谋取不正当利益方面具有对应性、指向性和关联性，不同的权钱交易关系要求对应不同的行贿事实。如果“多对一”的收受礼金在实践中不作为受贿罪处理，则那种行为人为与多名国家工作人员搞好关系，给每个国家工作人员红白喜事都送1000元，最后累计达到3万元的“一对多”的赠送礼金，也不宜认定为犯罪，否则将明显扩大处罚范围。

第三种情形：行贿人为谋取不正当利益，向多名国家工作人员先后给予小额财物的。例如，某工程施工队老板为承揽某中学新建教学楼工程，在当年春节向该中学校长及4名副校长分别赠送礼金2000元。在此，行贿总额已经达到1万元，且行贿对象也超过3人，对此能否适用最高人民法院、最高人民检察院《贪污贿赂司法解释》第7条第2款行贿数额在1万元以上不满3万元，向3人以上行贿的规定？最高人民检察院法律政策研究室提出，《行贿司法解释》之所以规定“多次行贿未经处理的，按照累计行贿数额处罚”，正是为了解决行贿数额较小但多次行贿或向多人行贿均未达到行贿罪入罪数额标准的问题。[①] 因此，满足上述司法解释情形的应当纳入行贿罪的惩治范围。

第四种情形：行贿人分两个阶段行贿：前期给予小额财物时仅属于人情往来，或者缺乏足够证据证明存在谋取不正当利益的主观目的，后期才正式向国家工作人员提出自己的明确诉求，国家工作人员承诺提供帮助后，行贿人继续贿送小额财物，前后两个阶段的财物总额累计后才达到入罪标准的。虽然该行贿人也是针对同一谋利事项，向同一个国家工作人员行贿，但是在提出请托事项前给予的小额财物如果超过正常的人情往来界限，则应当纳入行贿的金额。因此，根据《贪污贿赂司法解释》第15条第2款规定，“国家工作人员利用职务上的便利为请托人谋取利益前后多次收受请托人财物，受请托之前收受的财物数额在一万元以上的，应当一并计入受贿数额”。作为对合犯罪，行贿罪同样应当确立上述标准，即行贿人为谋取不正当利益，在提出请托前后多次向国家工作人员行贿，且在提出请托之前贿送的财物数额在1万元以上的，该财物数额应当一并计入行贿数额。但是前期给予国家工作人员的财物未超过1万元的，根据最高人民法院刑事审判第二庭对《贪污贿赂司法解释》的解读，“未达到一万元数额标准的，意味着性质上不属于受贿（行贿），故不宜计入受贿（行贿）数额”[②]。

问题12：如何把握“交易型贿赂”案件中“明显高于或低于市场价格”的标准

【案例】内蒙古自治区扎兰屯市人民检察院指控，2010年7月至2014年7月，被告人康某某在担任被告单位凯基置业公司董事长及副总经理期间，为使企业在经营过程中得到关照，获取不正当利益，多次请托时任呼和浩特

① 参见陈国庆、韩耀元、宋丹：《〈关于办理行贿刑事案件具体应用法律若干问题的解释〉理解和适用》，载《人民检察》2013年第4期。

② 裴显鼎等：《〈关于办理贪污贿赂刑事案件适用法律若干问题的解释〉的理解与适用》，载《人民司法（应用）》2016年第19期。

市公安局副局长的冯某某（另案处理）提供帮助。2013 年 8 月 28 日，被告人康某某在明知冯某某欲将呼和浩特市天赋林溪小区的房屋卖给张某某的情况下，以房屋卖给张某某对冯某某影响不好为由，主动以 254.62 万元人民币的价格购买该房屋，截至案发时，因房屋未办理过户，尚有 10 万元人民币未支付。经内蒙古自治区价格认证中心鉴定，在被告人康某某购买上述房屋时，房屋市场价值为 213.3894 万元人民币，被告人康某某行贿 31.2306 万元人民币。2014 年 4 月，冯某某向被告人康某某提出自己和妻子金某想要购买一套房屋的想法，被告人康某某遂将彭某某委托其以 180 万元总价款销售的位于呼和浩特市赛罕区腾飞路东园二路香格里小区 X 室的房屋及车位出售给了冯某某，并出资为该房屋进行了部分装修。冯某某、金某陆续向被告人康某某支付购房款、车位款、装修费合计 135 万元人民币。后康某某委托他人为该套房屋进行了装修，合同约定工程造价为 26.6726 万元，实际支付 20 万元。为掩盖低价购买房屋的事实，金某要求康某某出具了一份收到 200 万元人民币购房款的虚假收条。经内蒙古自治区价格认证中心鉴定，冯某某购买上述房产时，楼房市场价值为 1,888,732 元、车库市场价值为 16 万元，楼房装修市场价值为 420,650 元。从楼房装修市场价值中扣除冯某某后期投入的装修款 153,924 元，被告单位内蒙古凯基置业有限公司行贿数额为 965,458 元。

辩护人提出，公诉机关关于购买天赋林溪房屋的事实认定有误，冯某某就该房屋卖给被告人康某某和卖给张某某的售价相当，应认定为正常的民事行为；彭某某委托被告人康某某售房时，正处于呼和浩特市房屋买卖较为低迷时，有价无市，以鉴定的房屋价格和售房差价计算行贿数额有客观归罪之嫌，对房屋及车位款应以市场价 180 万元作为参照标准，而不应以房屋评估价 188.8732 万元、车位 16 万元作为参照标准。

法院经审理认为，公诉机关能够证明被告人康某某阻拦冯某某以 240 万元向他人出售房屋，并以 254.62 万元的价格购买此房屋的相关事实，但因此房屋先以 240 万元的价格达成购房协议，故应以市场价 240 万元作为参照标准，不宜以鉴定意见中的 213.3894 万元作为参照价格，且 254.62 万元与 240

万元的购买价格不宜认定为明显高于市场价格。故对此起指控不予支持。对于被告人康某某以低价卖房方式行贿的事实，因辩护人所提 180 万元不能完全反映市场价格，应以评估价作为市场价格予以参照，故对该辩护观点不予支持。遂判决被告单位内蒙古凯基置业有限公司犯单位行贿罪，判处罚金人民币 100 万元；被告人康某某犯单位行贿罪，判处有期徒刑 1 年 3 个月。①

【解析】最高人民法院、最高人民检察院于 2007 年联合发布的《关于办理受贿刑事案件适用法律若干问题的意见》第 1 条规定了以交易形式行贿的性质认定与数额计算规则，但上述规定对于房产交易型行贿案件中市场交易价格的认定、交易时间的确定以及如何把握“明显高于或低于市场价格”等未做具体规定，实践中主要有以下两种意见：

第一种意见认为，对于房产交易型行贿案件，在判断是否“明显高于或低于市场价格”时，应一律以司法机关委托鉴定部门所做的市场评估价格为准。

第二种意见认为，对于房产交易型贿赂案件中的市场价格认定，应根据房产类型做不同处理。对于明显不合理高价或低价的判断，应以差价绝对值为基础，同时兼顾折扣率的高低，即首先考察是否存在巨额差价；其次则是考察差价是否异常，有悖于一般常理。

本书同意第二种意见，主要理由是：

1. 房产交易型行贿案件中，市场价格是确定行贿数额的关键。实践中，以房产交易形式（包括二手房交易和新房交易）行贿存在两种情形：一是作为买房人，以明显高于市场的价格出资购买被请托人所有的房产；二是作为售房人，以明显低于市场的价格，向被请托人出售行贿人所有的房产。对于二手房交易型贿赂案件中的市场价格，原则上应采信价格认定机构出具的价格认定结论书。但是，对于价格认定机构出具的价格认定结论书，应当进行实质审查，参考交易时间、地理位置、面积、户型、朝向、所在层数相同或较为相近的房产的实际成交价格，并在此基础上客观认定市场价格，尤其应

① 内蒙古自治区扎兰屯市人民法院刑事判决书，（2016）内 0783 刑初 125 号。

注意是否存在相反例证。例如，本案中被请托人在与行贿人订立房产交易协议之前，确实曾以高于评估价格的价格拟出售给他人，此种情况下就不宜再参照评估价格，否则对行贿人显失公平。而对于新房交易型贿赂案件中的市场价格，应以开发商针对不特定人员优惠折扣后的实际成交价格为标准，对此应查明开发商的优惠价格是否针对不特定对象，最低优惠价格是否附有条件，如果真实交易价格无法查明，而评估价格能够反映当时的市场行情，也可以采信评估价格。

2. 关于房产交易型行贿案件中“明显”高于或低于市场价格的认定，应从行贿罪权钱交易的本质出发，以一定差价数额为基准，兼顾实际差额比例，并根据社会观念、主观识别、政策立场，结合特点地区、特定时期的经济发展水平、房产市场的交易规则及差额所占涉案房屋价值总额的比例等多进行综合判断。司法实践中，关于如何判断“明显高于或低于市场价格”主要有以下几种观点：（1）相对比例说，即差价交易超过一定比例的，即属于明显偏离市场价格。这一观点的不足在于，司法实践中，房产成交价格动辄上百万元，尤其在大城市行贿人稍微让利几个点就会远超过一般行贿罪立案标准。如相对比例限定过高，则难以区分经营者特殊优惠价格与明显偏离市场价格的界限；如相对比例限定过低，又容易放纵行贿犯罪。（2）绝对数额说，即确立一个入罪标准，贿赂双方实际交易价格与市场交易价格的差额如果超过该标准，则认定为明显高于或低于市场价格。该标准虽易操作，但亦有可能不当扩大或缩小打击面，绝对数额设定太高，容易放纵行贿，在一些小城市或经济不发达地区，一套房产的价格仅为数十万元，行贿人哪怕仅让差价交易 3 万元，也不能就此认为不属于“明显低于市场价格”；绝对数额过低，又无法体现“明显高于或低于”的特征。因此，应当坚持数额比例结合说，即确定相对比例及一定数额标准，符合这两个标准则构成“明显”。例如，最高人民法院指导案例 3 号潘某梅、陈某受贿案中，即采用了数额 + 比例的综合认定方式来判断房产交易是否明显背离市场价格。

3. 关于房产交易型行贿案件交易时间的界定，一般应以商品房买卖合同成立时间为准。房产交易型行贿案件中，涉案房屋市场价格具有较大的波动性，以不同的时间基准计算交易时间犯罪数额相差悬殊。因此，准确界定交易时间将对行贿人的量刑起到至关重要的作用。司法实践中，对于房产交易时间的认定主要有以办理房屋权属登记时间为准和以房屋交付作为交易时间的标准两种观点。但是，将办理房屋权属登记或以房屋交付受贿人使用时认定为交易时间缺乏可操作性。司法实践中，有的受贿人收受期房后，转手倒卖给第三方，亦有受贿人收受房屋后并不办理房屋权属变更登记转而出租牟利。由于受贿人始终未办理房屋产权登记，按照上述观点则很难进行行贿数额计算。另外，根据《民法典》的相关规定，商品房在尚未过户登记但买受人已订立预售合同的情况下，买受人对于上述房屋虽无所有权但对出卖人享有债权，而债权本身亦为一种财产性收益，故商品房交付的时间和阶段只在一定程度上影响交易时间的认定。当事人之间订立有关设立、变更、转让和消灭不动产物权的合同，除法律另有规定或者合同另有约定外，自合同成立时生效；未办理物权登记的，不影响合同的效力。因此，房屋买卖合同成立时，受贿人与行贿人已经完全具备贿赂犯罪的意思表示，双方均明知签订合同为形式，贿赂为实质，行贿行为已经完成，危害结果也实际发生，因而应当认定为交易时间。

同时，在一些交易型受贿案件中还存在预先订立预售合同后又发生变更的情况，此时，因预售合同中行为人可以反悔，行贿犯罪的实质性危害尚处于待定状态，故一般不作为认定交易时间的标准。当然，订立商品房买卖合同只是合同正式成立的书面凭证，如果在订立合同之前买受人已经向出卖人陆续交付房款，而在首次交付房款与最终订立书面合同的时间段内房屋价格变动较大，则应以买受人首次交纳房款的时间作为交易时间。

问题 13：借贷型行贿的犯罪金额如何认定

【案例】被告人刘某忠系邵东邦盛置业有限公司法定代表人，被告人孙某香系该公司股东。2012 年 10 月，时任邵东县人民检察院检察长、邵东县优化经济发展环境工作领导小组成员陈某多次向被告人刘某忠、孙某香提出高息放贷的要求，为了使被告单位邵东邦盛置业有限公司在邵东县邦盛凤凰城项目引进、国有土地使用权出让、违法返还土地出让金和契税等方面谋取不正当利益，2012 ~ 2016 年，陈某累计借给刘某忠 170 万元，收受利息金额 3, 505, 080. 00 元。鉴定意见为：（1）根据 1991 年 7 月 2 日通过的《关于人民法院审理借贷案件的若干意见》（已失效）第 6 条的规定，民间借贷的利率可以适当高于银行的利率，但最高不得超过银行同类贷款利率的 4 倍，超出此限度的，超出部分的利息不予保护。此条款于 2015 年 9 月 1 日废止，故陈某借款 170 万元按照人民银行颁布的同期同类贷款基准利率的 4 倍计算，从 2012 年 10 月 6 日起计算至 2015 年 8 月 31 日止，陈某应获得的利息金额为 1, 230, 941. 67 元。（2）根据 2015 年 8 月 6 日通过的最高人民法院《关于审理民间借贷案件适用法律若干问题的规定》（已失效）第 26 条的规定，借贷双方约定的利率超过年利率 36%，超过部分的利息约定无效。故陈某借款 170 万元按照年利率 36% 计算，从 2015 年 9 月 1 日起计算至 2016 年 3 月 10 日止陈某应获得的利息金额为 323, 000. 00 元。（3）陈某实际借款给刘某忠所产生的利息高出民间借贷利息的金额为：3, 505, 080. 00 元 - 1, 230, 941. 67 元 - 323, 000. 00 元 = 1, 951, 138. 33 元。法院判处被告单位邵东邦盛置业有限公司犯单位行贿罪，判处罚金人民币 1300 万元，被告人刘某忠犯单位行贿罪，判处有期徒刑 2 年 6 个月，并处罚金人民币 600 万元；被告人孙某香犯单位行贿罪，判处有期徒刑 1 年 8 个月，并处罚金人民币 400 万元。[①]

【解析】以正常的民间借贷为掩饰，在平时没有经济往来或者没有急迫的借款需求的情况下，从国家工作人员处借贷资金并支付高额利息的，在实践中对此认定为行贿一般争议不大。认定此类犯罪的难点在于，如何把握高息的标准，目前有以下几种意见：

---

① 湖南省湘潭县人民法院刑事判决书，（2019）湘 0321 刑初 249 号。

第一种意见认为，高息的标准应以银行同期定期存款利率为准。理由是，银行同期定期存款利率系一般社会成员可以预见的可得收益，无论是否存在权钱交易均可正常获取，超出银行同期定期存款利率的才属于高息部分，应当认定为权钱交易的对价。

第二种意见认为，高息的标准应以银行同期贷款利率为标准。理由是，考虑到行、受贿双方尽管有权钱交易的事实，但也不能否认还有一部分事实客观上属于真实的民事借贷关系，因而应从国家工作人员放贷的角度，将国家法定贷款利率作为其可得收益的标准，超出该利率的部分才属于行贿金额。

第三种意见认为，高息的标准应以银行同期贷款利率的 4 倍为标准。理由是，鉴于民间借贷的利率普遍高于银行贷款利率，不能强求一般民事主体之间的借贷利率仅参照银行贷款利率的标准执行，而应根据 2020 年最高人民法院新修正的《关于审理民间借贷案件适用法律若干问题的规定》的有关规定，民间借贷的利率只要未超过合同成立时一年期贷款市场报价利率的 4 倍即属于合法，只有超出部分才能认定为行贿。

第四种意见认为，“民间借贷型”贿赂案件，可以分为“主动索取型”和“双方合意型”。对于前者而言，如果是国家工作人员主动要求行为人以高息借贷方式输送利益的，为方便计算可参照最高人民法院标准执行。而对于后者而言，考虑到各地区经济发展差异较大，民间借贷的供应和需求在不同时期也存在较大起伏，因而不宜以银行贷款利率作为参照，而应深入考察行贿行为发生时案发地的民间借贷情况，并以当地通行的民间借贷利率为标准。行贿人支付的利息明显高于一般银行贷款利率，但未超出案发地的民间借贷一般利率的，不宜认定为行贿。

对此，本书同意第四种意见，主要理由是：

1. 借贷型行贿案件仍然没有脱离权钱交易的本质，行贿人从国家工作人员处“借来”资金，并约定支付高额利息，如果仅以银行同期存款利率或贷款利率计算，考虑到我国当前民间投资、民间资金相互拆借的情况较为普遍，如果只要向国家工作人员支付利息就追究刑事责任，则有打击面过大之嫌。

在实践中，由于银行同期存款或贷款利率并不高，因此极少有行贿人仅按照此标准向国家工作人员支付利息。

2. 对于“主动索取型”高息借贷贿赂案件，行、受贿双方事实上均明知该借贷关系是建立在希望通过支付高额利息以收买国家权力的基础之上。换句话说，如果不是双方心知肚明的权钱交易关系，行贿人即便资金需求较大或者资金链紧张，也未必一定要从本就有所求的国家工作人员处借款，因而国家工作人员的高额利息回报本质上不是靠市场调节而是以权力依托。如将“高息”的认定门槛过分抬高，则容易出现轻纵行贿犯罪的情况。因此，可参照最高标准执行，即以银行同期存款利率的4倍作为标准。

3. 对于“双方合意型”贿赂案件，以案发当地的民间贷款利率作为认定高息的标准，将超出部分认定为行贿人支付的对价，符合刑法实质判断的要求，也能够对行贿犯罪的打击实现不枉不纵。如果确实无法查明或确定当地民间贷款利率，则以行贿人同期从其他人处借款的最高利率与行、受贿双方借款利率的差额来认定行贿数额，较为符合实际情况。

4. 如行为人根本没有资金借贷的需求，而是国家工作人员强行将个人资金出借给行为人，并收取高额利息，则应认定为行为人被勒索给予财物。对此，应结合是否存在谋取不正当利益的情况，慎重认定行贿金额。反之，如果系行为人采用“利滚利”方式进行借贷型行贿，即行为人对国家工作人员提供的借款按照一定的利率签订协议并计算利息，对前期借款本息结算后将利息计入后期借款本金并重新出具债权凭证，则无论初始按照何种利率计算，都应以最终收益与本金之差计算行贿数额。

问题14：行贿人向国家工作人员赠送其公司拟上市原始股，上市后股票价值大涨，但国家工作人员在超过限售期后未及套现被查处的，如何确定行贿金额？

【案例】某大型光伏发电企业实际控制人A在B市投资期间，为获得光伏发电国家补贴，找到B市主管工业的副市长C帮忙，并称自己的公司就要上市，愿意送给C一些原始股，等到公司上市后可抛售获利。C对此应允并帮助A获取国家新能源补贴3000万元，A为表示感谢，将公司价值10万元的原始股赠送给C并由C的妻子D代持。后该公司上市，按照证监会的规定，存在3年禁售期。3年期满当日，C手中的股票价格已涨至300万元，但C由于畏惧反腐形势，担心被有关部门察觉，因而始终没有套现，截至C被查处时其手中的股票已经价值500万元。

【解析】在该案中，行贿人向国家工作人员赠送其公司原始股，上市后股票价值大涨，但国家工作人员在超过限售期后未及套现便被查处，对此应如何确定行贿金额，在认定中存在四种意见：

第一种意见认为，行贿人在给予国家工作人员原始股时，行贿已经既遂，因而行贿金额应以既遂时的实际股票价格10万元为准。

第二种意见认为，鉴于行、受贿双方已经对原始股未来如何处置有明确约定，应当以股票禁售期满当日的市场价格300万元为准。

第三种意见认为，考虑到股票交易市场波动性较大，而国家工作人员尚未来得及实际套现，应当以其被监察委员会立案调查时对应的股票价格，即以500万元进行认定。

第四种意见认为，从有利于被告人的角度来看，应以股票禁售期满至案发期间股票交易价格的最低点认定行贿数额。

本书同意第四种意见，主要理由是：

1. 如果行为人所贿送的股票属于上市公司正常流通的股份，则应以行贿之日股票在证券市场成交的平均价格来计算受行贿数额。① 但是对于贿送原始股的情况而言，原始股存在末次增发价、上市发行价、市场交易价等多个价格，且相互之间差额较大。② 所谓原始股，是指尚未进入二级市场流通的

---

① 参见黄祥青：《收受干股类受贿犯罪的司法认定》，载《人民司法》2007年21期；最高人民检察院研究室编著，陈国庆主编：《新型受贿犯罪的认定与处罚》，法律出版社2007年版，第31页。

② 参见马云飞：《出资购买原始股的行为如何认定》，载《中国检察官》2020年第20期。

股票，一般有较大盈利空间，同时对认购资格有一定限制。目前，我国证券市场上的上市公司股份可以分为有限售条件的流通股和无限售条件的流通股。所谓限售流通股，是指 IPO 一定时期内（一般为 1 年或 3 年），上市公司非流通股东不得在二级市场销售所持的股份。《公司法》《证券法》之所以设置限售期，是为了避免原始股股东在短时间内集中抛售股票对市场带来下跌压力。由于股票市场波动较大，因而确定时间节点至关重要。

2. 考虑到行受贿双方对于原始股的处置有明确约定，一般不宜以原始股的初始价值认定行贿金额。换句话说，行受贿双方都清楚该案中的价值 10 万元的原始股远远满足不了权钱交易的对价要求，如果以此价值认定行贿金额，不仅不符合罪责刑相适应原则，而且也难以得到普通社会公众的认同。因此，此类贿送上市原始股的行贿犯罪，在解禁期满后出售时才能确定最终行贿价格。如果受贿人顺利转让股票，则以当时的实际转让价格认定并无争议。但如果始终未兑现，则需要结合主客观因素进行考察。同时，应考虑到证券市场股票价格波动较大，尽管一般而言原始股进入二级市场后均会升值，但具体升值到何种程度往往超出了原始股股东的控制，即便是公司控制人也很难左右股价，何况也不能排除股价持续走低的可能性。当然，无论最终认定哪个价格，对于行贿人而言，都在其行贿的概括认识范围内。

3. 行为人贿送的原始股上市后，价格往往受股票交易市场的影响而波动较大，具体以何种标准认定股份的升值溢价，最终认定行贿数额，是原始股型行贿案件中最复杂也是最易引发争议的问题。在该案中，在排除按照原始股价格认定行贿金额后，尚有两个固定的价格可以参考，一个是解禁期满当日的市场价格 300 万元，另一个是国家工作人员被查处当日的股票市场价格 500 万元。如以前者认定，根据行受贿双方的约定，以解禁日价格认定本无不可，但问题是从受贿人的角度来看，受贿人考虑到反腐形势紧张，未敢及时套现，已在事实上宣告不可能按照 300 万元的价格来认定。如以后者认定，这是调查机关立案调查的时间对应的价格，并不是受贿人自愿选择的股票交割时间所对应的价格，以此价格认定，则对被告人有失公平。因此，在无法确定具体交易价格的情况下，应采取审慎态度，从有利于被告人的角度，选取解禁期满后首个交易日至被调查日之间的最低市场价格来认定，这样的计算方式也更容易为各方所接受。①

问题15：行贿人向国家工作人员所送物品经鉴定为赝品的，如何认定行贿金额

【案例1】 某民营企业负责人A，为了获得参与B市国有企业混改资格，在得知B市国有资产监督管理委员会主任C热衷于艺术鉴赏后，特意从画廊购买了一幅署名为张大千的“清风鸣蝉”国画，实际支出50万元。A将该画送给C时，告知C该画出自名家之手，C对此十分满意。后C被监察机关调查，该画被扣押，经鉴定仅价值5000元。

【案例2】 被告人陈某辉为了在怀化市水务投资集团有限公司承揽工程项目，于2013年上半年的一天，在怀化市天龙御园小区曾某家中，送给时任怀化市水务投资集团有限公司董事长曾某一块江诗丹顿品牌男士手表。经湖南省收藏协会鉴定，该手表为仿制江诗丹顿男装腕表。法院经审理认为，虽然被告人陈某辉曾供认其送给曾某的江诗丹顿男士手表在购买时花了15万余元，但并没有购货发票或付款记录为证，且经鉴定该手表为仿制品。因此，对该笔行贿事实可不予认定。②

【解析】 近年来，行贿案件中经常出现案发后经鉴定贿赂物为赝品的情况，特别是对于字画、玉石类的“雅贿”，由于市场上鱼龙混杂、真伪难辨，即便是有多年鉴赏或收藏经验的艺术爱好者也难免买到赝品，对于一般消费者而言更是经常遇到陷阱。对于行贿人向国家工作人员所送物品经鉴定为赝品的，如何认定行贿金额，目前有两种意见：

---

① 参见于同志、胡锋云：《权股交易型贿赂犯罪认定新思路——兼论贿赂犯罪的形态变迁与法律规制》，载《中国法律评论》2022年第4期。

② 湖南省溆浦县人民法院刑事判决书，（2018）湘1224刑初65号。

第一种意见认为，应以相关部门认定的物品实际价值计算。此类物品购买或卖出的交易价格往往易受多种条件的影响而与其实际价值存在巨大差异，甚至出现以假乱真、以真作假的情况，应依据专门程序进行鉴定。如确系赝品，并无实际价值或价值过低的，相关行、受贿行为均不成立，对该笔行贿事实可不予评价。

第二种意见认为，认定贿赂物品的价值，应当综合考察物品来源、行受贿双方的主观认识内容以及行贿物品实际价值的大小来综合认定。如果能够证明行贿人有明确的购买凭证，且贿送财物过程中行受贿双方对涉案财物具有“价值”的认识高度一致的，即使案发后该物品被鉴定为赝品的，仍应以行贿人实际购入价格计算，但系行贿未遂；反之，如果不能证明财物来源或不能提供购买凭证，在案物品系赝品或者仿制品，价值过低的，可不作为行贿事实评价。

本书同意第二种意见，主要理由是：

1. 行贿人对于所贿送物品系赝品存在错误认识的，属于符合法定构要件的认识错误，不影响其主观故意的成立。犯罪对象在案发后的评价不应该成为阻却犯罪事实成立的必然条件，行贿人在行贿当时可能限于专业知识的欠缺无法辨别艺术品的真假，但其行贿当时的主观意图为贿送有价值的真品，犯罪行为已经完成，特殊犯罪对象的真伪不应该成为罪与非罪的标准。考虑到行贿人已经具有明确的为谋取不正当利益而给予国家工作人员财物的动机，并且实施了筹集资金、购买字画、贿送财物等一系列具体行为，其对权力交换的对价也具有明确的认知和心理预期，只是由于行为人意志以外的原因，导致贿送的财物为赝品。在此情况下，如对行为人一律出罪，既不利于惩治行贿犯罪，也不符合主客观相一致的原则。

因此，从行为无价值论的立场出发，应当对此类行为给以刑法意义上的否定评价，但在具体量刑时可以按照犯罪未遂予以从轻或减轻处罚。案例 1 中，从行贿人的角度来看，其实际支付了 50 万元购买字画，表示其行贿意愿为 50 万元；从受贿人的角度来看，其虽然不知道行贿人购买字画的具体价格，但其作为长期收藏艺术品的爱好者，其对于市面上此类物品的价格有相当明确的认知，故而应当按照行贿人实际购入价格认定行贿金额，但可认定为反正未遂。当然，如果行为人对所贿送的财物价值事先确实不明知，也没有在该财物上投入相应成本（如确系祖传或亲友赠送），或者如案例 2 中无法提供相应购买凭证的，如鉴定为赝品的，可不再就该笔行贿事实予以认定。

2. 从主客观相一致的原则来看，行贿人基于贿赂国家工作人员的主观动机，出资购买礼品送给国家工作人员，整个行贿过程是一个连贯的行为，不能孤立地看待其中某一个要素。实践中，之所以会对此类贿送赝品的行贿金额如何认定产生争议，正是由于对于贿赂犯罪中对行贿罪与受贿罪的处理，需对贿赂物的价值保持一致。如果以购买价认定，则显然对受贿人不利，因为其事先对所收受的物品价值并不一定知情，且收受物品的实际价值远低于其付出的“权力对价”；而如果以鉴定价值认定行贿金额，则又明显不符合行为人在行贿时的主观意愿，因为其已经实际付出了足够匹配职权的对价。至于所送物品是否产生使用价值，则是另外一个问题。之所以出现这种两难境地，主要是由于贿赂的标的物不是现金，而是需要折算成现金后的财物，而物品的特质与现金存在较大差别。有的物品自购买后便持续贬值，如汽车等消耗品；而有的物品则没有统一市场购买价，属于一物一议，如玉石、字画；有的物品本身真伪判断难度较大，需要借助鉴定机构的专业判断。因此，为方便此类案件的处理，应当确立一个处理标准，即如果能够证明行贿人有明确的购买凭证，且贿送财物过程中行受贿双方对涉案财物具有“价值”的认识高度一致的，即使案发后该物品被鉴定为赝品的，仍应以行贿人实际购入价格计算，但系行贿未遂；反之，如果不能证明财物来源或不能提供购买凭证，在案物品系赝品或者仿制品，价值过低的，可不作为行贿事实评价。

3. 实践中，如果行贿人是在国家工作人员的直接指示下购买物品，甚至是与国家工作人员共同购物过程中经后者同意而当场购买物品，再由行贿人送给国家工作人员，则无论涉案物品是否鉴定为赝品，均应以双方合意的购买价格作为犯罪金额，而不能简单地以财物实际价值是否达到入罪标准作为犯罪成立与否的依据。需要注意的是，实践中出现了一种十分隐蔽的行贿手段：行贿人在受贿人的明示或暗示下，主动到受贿人指定的场所、机构或者商家手中高价购买一幅“假字画”“假玉石”，再将该字画、玉石贿送给国家工作人员，以确保即便将来国家工作人员被调查，也能够以所收受的物品系赝品为由而难以定罪。之后，国家工作人员再将行贿人高价支付的费用，从其事先指定的场所、机构或者商家处提取现金。整个过程中，行、受贿双方对于充当贿赂媒介物的赝品心知肚明，对此种情形的行贿金额，应直接以行贿人实际支付的购买价认定。

4. 行贿罪是数额犯，行为人在行贿时不仅要认识到其正在实施行贿行为，还要认识到贿赂的价值，具体数额应当属于故意的认识内容。需要补充的是，在认定字画类行贿金额时，在保证字画为正品的前提下，若有购买时的原始发票等证据时，可按购买时的价格认定，若没有则应按照鉴定价格认定。如果购买时价格较高而鉴定价格较低，一般按照鉴定价格来认定。对于“雅贿”而言，鉴定价值只能反映物品的客观价值，不一定能反映行贿人和受贿人双方的主观故意。实践中，还存在一种较为特殊的行贿人主观认识低于鉴定价值的情形。例如，行贿人以 50 万元价格购买一幅字画，后送予受贿人并告知字画的具体价格。案发后，经鉴定该字画价值为 100 万元。在此情况下，由于实际鉴定价值远远超出了行贿人和受贿人的预期，行为人由于认识错误导致没有认识到贿送财物的数额，难以认定行贿人具有行贿 100 万元的主观故意，应根据主客观相一致和有利于被告人的原则，对行贿数额宜认定为原有的购买价格 50 万元。

问题 16：在行贿过程中支付的额外成本，是否计入行贿金额

【案例】2005 年以来，被告人程某兵与多人合伙经营电子游戏机室、电玩城。2007 年，程某兵与张某铭结识。张某铭先后任武汉市公安局治安管理局行动大队教导员、大队长，主管武汉市内重大涉毒涉黄等场所的打击处理

等工作。为维持与张某铭的关系，获得张某铭关照，2015～2018年，程某兵以借为名将2台小型汽车提供给张某铭及其家人长期使用。在张某铭占用上述车辆期间，两车的车辆保险费用、车船税合计人民币27,754.52元均由被告人程某兵支付。被告人程某兵因犯行贿罪，被判处有期徒刑9个月，并处罚金人民币10万元。[①]

【解析】在司法实践中，一些行贿人向国家工作人员贿送房产、汽车等大宗物品时，还要支付相应的税费。对于在行贿过程中产生的额外成本，是否应当计入行贿金额，还存在一定争议。在实践中存在以下三种意见：

第一种意见认为，行贿犯罪所支付的额外成本是附随于犯罪的一部分，从打击行贿犯罪的角度来看，不应从行贿金额中扣除。

第二种意见认为，从受贿人的角度来看，无论行贿人为准备行贿财物而额外支付多少成本，这部分支付都没有转化成为受贿所得，因此在认定行贿金额时也应当实事求是，将该部分额外成本予以扣除。

第三种意见认为，应当综合考察行贿案件的具体情况，特别是根据行贿财物与权钱交易关系的“距离”远近，来决定是否扣除行贿成本。

本书同意第三种意见，主要理由是：

在确定行贿数额时，一般应根据行贿人贿送财物或财产性利益的价值来判断。对于行贿人为了实现行贿目的而额外支出的费用是否应计入行贿数额，应确立一项基本的操作标准，即坚持主客观相统一原则，结合行贿人主观认识，国家工作人员有无对收受贿赂的具体要求以及额外支出费用的具体内容、性质、产生原因等因素综合分析。

1. 行贿产生的额外成本与行贿标的物密不可分的，如行贿人为国家工作人员子女安排“挂名领薪”所支付的必要的“五险一金”、代缴的“个人所得税”，或者行贿人向国家工作人员贿送房产、汽车所产生的车船税、购置税、契税，应当计入行贿数额。最高人民法院刑二庭法官会议曾专门研究

---

① 参见湖北省武汉市东西湖区人民法院刑事判决书，（2020）鄂0112刑初203号。

"行贿人支付的税费是否应计入受贿数额"这一问题，并主张如果有确切证据证实受贿人对税款部分明知，如行受贿双方对于税费已经明确达成合意由行贿人缴纳，根据主客观一致原则，可考虑将税费计入受贿数额。[①] 尽管有观点认为，受贿人没有实际收到行贿人代缴税额所对应的金额，因而应将税费从犯罪金额中扣除，但这显然没有注意到此处的税费与后续的行、受贿金额系"唇齿相依"的状态，受贿并不意味着必须"实得"，免除必要的税负、债务同样属于收受财物。因此，考虑到行、受贿的对合关系，在计算行贿数额时同样可参照上述纪要内容。需要注意的是，由于行贿人代缴或者代扣的税费已经上缴国家财政，在追缴受贿涉案赃款时应考虑这一情节。

2. 如果行贿产生的额外成本系受贿人明知且明确提出要求，则无论该成本是否合理或与行贿标的物联系是否紧密，都应计入行贿金额。例如，国家工作人员向行贿人索要一辆汽车，行贿人表示目前市面上该款汽车紧缺，需要向经销商加价 50 万元才能顺利提车，该国家工作人员表示同意，行贿人遂向经销商加价 50 万元购车并交付给受贿人。此时，行贿人的行贿数额就应当包括汽车的实际价值和 50 万元加价款。

3. 如果行贿产生的额外成本与行贿标的物并不具有必然联系，也不是在行贿犯罪中普遍发生的现象，属于行贿人为达到行贿目的的"偶然性"支出，则不宜计入行贿犯罪数额。例如，行贿人为了筹集行贿资金，不得不借高利贷，最后偿还的高额利息，属于行贿的非必要成本。又如，行贿人为送给国家工作人员一幅书画作品，经多方联系，找到国内某著名画家亲自作画，并支付 100 万元润笔费。行贿人在购画过程中乘飞机，住宿，宴请有关人员花费共计 3 万元，该 3 万元显然属于行贿成本而不是行贿金额本身。从受贿人的角度来看，处于对合关系中的受贿人并没有"享受"到该部分行贿成本所对应的价值，如将该部分成本计入行贿数额，则不利于合理划定行、受贿数额的认定边界，易产生扩大认定的风险。

---

① 参见段凰（整理）：《行贿人支付的税费是否应计入受贿数额》，载最高人民法院刑事审判第二庭编：《职务犯罪审判指导》第 1 辑，法律出版社 2022 年版，第 88 页。

4. 还有一种较为特殊的情形，是在行贿过程中行贿资金发生的损耗，如行受贿双方约定将行贿资金转账汇入受贿人指定的第三人公司名下，第三人公司再通过做假账的方式，将该笔资金扣除基本税款后再提现交给受贿人。在一些行、受贿链条复杂的案件中，还可能发生向指定企业支付“过桥费”“通道费”的情况，之后，涉案资金已经被“洗白”，行贿人再将涉案资金取走。考虑到在这一过程中发生的资金损耗，一般是在行贿犯罪既遂之后，且行贿人对于如何发生损耗实际上也并不关心，因而不宜从行贿金额中扣除。

综上所述，对于行贿支出的额外成本，应当判断属于行贿犯罪中的“必然支出”还是“偶然支出”，受贿人一方对于额外支出是否明知或提出明确要求，支出事项与行、受贿犯罪本身是否密切相关来综合分析，既做到依法认定，也兼顾合理公允。

四、关于行贿罪的定罪处罚

【量刑规定】根据《刑法》第 390 条之规定，对犯行贿罪的，处 3 年以下有期徒刑或者拘役，并处罚金；因行贿谋取不正当利益，情节严重的，或者使国家利益遭受重大损失的，处 3 年以上 10 年以下有期徒刑，并处罚金；情节特别严重的，或者使国家利益遭受特别重大损失的，处 10 年以上有期徒刑或者无期徒刑，并处罚金或者没收财产。

有下列情形之一的，从重处罚：（1）多次行贿或者向多人行贿的；（2）国家工作人员行贿的；（3）在国家重点工程、重大项目中行贿的；（4）为谋取职务、职级晋升、调整行贿的；（5）对监察、行政执法、司法工作人员行贿的；（6）在生态环境、财政金融、安全生产、食品药品、防灾救灾、社会保障、教育、医疗等领域行贿，实施违法犯罪活动的；（7）将违法所得用于行贿的。

行贿人在被追诉前主动交代行贿行为的，可以从轻或者减轻处罚。其中，犯罪较轻的，对调查突破、侦破重大案件起关键作用的，或者有重大立功表现的，可以减轻或者免除处罚。

【追诉标准】结合2016年颁布的《贪污贿赂司法解释》的规定，刑法对于行贿罪基本犯的设定，分为数额犯、数额加情节犯。[①] 具体而言，在行贿罪的基本入罪标准上，《贪污贿赂司法解释》修改了《行贿司法解释》的入罪门槛，即从向国家工作人员行贿数额在1万元以上调整至3万元以上。同时，行贿数额在1万元以上不满3万元，具有下列情形之一的，应当依照《刑法》第390条的规定以行贿罪追究刑事责任：（1）向3人以上行贿的；（2）将违法所得用于行贿的；（3）通过行贿谋取职务提拔、调整的；（4）向负有食品、药品、安全生产、环境保护等监督管理职责的国家工作人员行贿，实施非法活动的；（5）向司法工作人员行贿，影响司法公正的；（6）造成经济损失数额在50万元以上不满100万元的。

【司法解释对行贿情节严重的认定】根据《贪污贿赂司法解释》第8条的规定，犯行贿罪，具有下列情形之一的，应当认定为《刑法》第390条第1款规定的“情节严重”：（1）行贿数额在100万元以上不满500万元的。（2）行贿数额在50万元以上不满100万元，且有下列情形之一的：①向3人以上行贿的；②将违法所得用于行贿的；③通过行贿谋取职务提拔、调整的；④向负有食品、药品、安全生产、环境保护等监督管理职责的国家工作人员行贿，实施非法活动的；⑤向司法工作人员行贿，影响司法公正的。（3）其他严重的情节。此外，为谋取不正当利益，向国家工作人员行贿，造成经济损失数额在100万元以上不满500万元的，应当认定为《刑法》第390条第1款规定的“使国家利益遭受重大损失”。

【司法解释对行贿情节特别严重的认定】根据《贪污贿赂司法解释》第9条的规定，犯行贿罪，具有下列情形之一的，应当认定为《刑法》第390条第1款规定的“情节特别严重”：（1）行贿数额在500万元以上的。（2）行贿数额在250万元以上不满500万元，并具有以下情形之一的：①向3人以上行贿的；②将违法所得用于行贿的；③通过行贿谋取职务提拔、调整的；④向

① 参见黄丽勤、周铭川：《论〈刑法修正案（九）〉及司法解释对商业贿赂犯罪的新规定》，载《刑法论丛》2018年第2期。

负有食品、药品、安全生产、环境保护等监督管理职责的国家工作人员行贿，实施非法活动的；⑤向司法工作人员行贿，影响司法公正的。（3）其他特别严重的情节。此外，为谋取不正当利益，向国家工作人员行贿，造成经济损失数额在500万元以上的，应当认定为《刑法》第390条第1款规定的“使国家利益遭受特别重大损失”。

需要注意的是，在行贿罪的基本入罪标准上，2016年《贪污贿赂司法解释》修改了2013年施行的《行贿司法解释》的入罪门槛，即从向国家工作人员行贿数额在1万元以上调整至3万元以上。故在审理此类案件时应以2016年《贪污贿赂司法解释》为准，2013年施行的《行贿司法解释》关于行贿罪的入罪标准不再适用。

【对合犯的量刑均衡】《贪污贿赂司法解释》将行贿罪与受贿罪的起刑点均规定为3万元，而在《刑法修正案（十二）》实施前，刑法中受贿罪的量刑第一档为3年以下有期徒刑或拘役，而行贿罪的量刑第一档则为5年以下有期徒刑或者拘役。也就是说，在同一起行受贿案件中，如果行贿金额为3万元，则国家工作人员可能被判处3年以下有期徒刑或拘役，而行贿人反而可能面临5年以下有期徒刑或拘役的刑罚。显然，这与刑法罪责刑相适应原则不相符。为此，《刑法修正案（十二）》调整了行贿罪的量刑幅度，与受贿罪保持一致。同时，坚持“受贿行贿一起查”的刑事政策，并不意味着受贿罪与行贿罪“同等处罚”，对于贿赂对向犯不同罪名的定罪量刑仍然需要进行具体分析。[①] 在办理同一行受贿的对合犯罪案件中，对行贿罪的审理应慎重把握量刑幅度，在行贿行为没有特别明显的从重处罚情节的情况下，务必避免相同犯罪数额、相同犯罪情节的行贿罪的量刑重于受贿罪。

【关于罚金刑的适用】根据《贪污贿赂司法解释》第19条之规定，除贪污罪、受贿罪外，对刑法规定并处罚金的其他贪污贿赂犯罪，应当在10万元以上犯罪数额2倍以下判处罚金。因此，对于犯行贿罪的，应处于10万元以上犯罪数额2倍以下罚金。

---

① 参见张勇：《“行贿与受贿并重惩治”刑事政策的根据及模式》，载《法学》2017年第12期。

问题 17：如何把握“行贿特别从宽条款”与自首制度的区分标准

【案例】 2003～2015 年，被告人赖某昌为在其本人及朋友涉嫌刑事犯罪案件等事项上谋取不正当利益，多次向先后担任广州市公安局局长、广州市委常委、政法委书记的吴某行贿，共计人民币 234.925665 万元、港币 200 万元、新加坡元 1 万元、欧元 1 万元。2016 年 1 月初，广东省纪委将广州市公安局原局长吴某涉嫌受贿线索移交佛山市人民检察院，其中反映赖某昌涉嫌行贿。同年 1 月 29 日，广东省纪委将赖某昌移交佛山市人民检察院，同日，佛山市人民检察院对赖某昌涉嫌行贿罪立案侦查，并依法对赖某昌实施拘留；被告人赖某昌在被带回佛山市人民检察院立案侦查并作讯问笔录前，于 2016 年 1 月 12 日、1 月 23 日、1 月 27 日曾向佛山市人民检察院做过多份调查笔录，在前述调查笔录中其已主动交代了向吴某行贿的主要犯罪事实。法院审理过程中，被告人及其辩护人提出，赖某昌有被追诉前主动交代及自首的量刑情节。法院经审理认定，被告人赖某昌在被追诉前主动交代行贿行为，可以对其减轻处罚。因行贿人在被追诉前主动交代行贿行为，属于刑法分则规定的特别自首，其从宽幅度高于一般自首，故不再对其是否构成刑法总则规定的一般自首进行重复评价。遂判决被告人赖某昌犯行贿罪，判处有期徒刑 5 年 6 个月。①

【解析】 根据《刑法》第 390 条第 3 款之规定，行贿人在被追诉前主动交代行贿行为的，可以从轻或者减轻处罚。其中，犯罪较轻的，对调查突破、侦破重大案件起关键作用的，或者有重大立功表现的，可以减轻或者免除处罚。上述规定，在实践中也被称为“行贿特别从宽条款”。实践中，对于如何把握“行贿特别从宽条款”与自首制度的区分标准，还存在不同认识：

第一种意见认为，“行贿特别从宽条款”与自首制度没有本质区别，前者是后者在分则条款中的具体规定。如果办案机关掌握部分行贿线索后，行为人被动接受调查问询而交代行贿事实，不具有主动交代、主动投案的情节，

---

① 参见广东省珠海市中级人民法院刑事判决书，（2018）粤 04 刑初 89 号。

不能适用“行贿特别从宽条款”，只能认定为具有坦白情节。

第二种意见认为，“行贿特别从宽条款”与自首制度均是可以从宽处罚的法定情节，二者既有相同点又有不同点，在实践中应当注意不同条件下分别适用。

本书同意第二种意见，主要理由是：

1. 对“行贿特别从宽条款”的适用，不宜参照自首制度中主动投案的标准。如果将特别自首情形完全等同于自首情形，直接以是否主动投案作为认定“被追诉前主动交代行贿行为”的标准，其实是混淆了是否主动交代和交代时间节点两个概念。如按照这一逻辑，行贿罪特别从宽处罚制度只是多余的条款，一切因接受问询而交代的情形只有认定坦白情节的余地，同时也否定了特别从宽处罚条款的刑事政策意义。当行为人同时满足自首和被追诉前主动交代时，根据特殊法优于一般法的适用原则，应当认定符合分则的特殊宽宥条款情节，依据分则的规定量刑，而不再适用总则关于自首的规定，即对该情节在量刑时不应当进行重复评价。

2. 对“行贿特别从宽条款”的适用，不同于自首制度中办案机关立案后仍然成立自首的情形，一旦办案机关对行贿人立案调查，该条款即排除适用。自首是犯罪分子出于本人的意志将自己交付国家追诉，强调主动性和自愿性，而不考虑办案机关对犯罪行为是否已经立案。“被追诉前主动交代行贿行为”的成立，并非要求行为人在归案上的主动，而是在交代事实上的主动。实践中，如果办案机关在调查受贿犯罪过程中获得了行贿人行贿犯罪的整个证据链，足以认定行贿人的犯罪行为，那么行贿人则不能认定为“主动交代”行贿行为。否则，对行贿人在适用“行贿特别从宽条款”方面，将没有任何门槛可言，这显然不符合立法本意。从这一角度来说，坦白条款和“行贿特别从宽条款”也不具有同时适用的可能性。[①]

3. “行贿特别从宽条款”适用时犯罪人供述自己罪行时的态度是主动

① 参见周光权：《论刑法与认罪认罚从宽制度的衔接》，载《清华法学》2019 年第 3 期。

的，而坦白属于被动供述，坦白的犯罪人认罪时间晚，悔罪、悔改的程度也较前两者的犯罪人要低，因而在量刑的优惠幅度上也小于前者。一般情况下，监察机关对国家工作人员受贿犯罪进行调查时，会通知涉嫌行贿的当事人到案接受问询，“掌握线索”的程度决定办案人员对行贿人是询问还是讯问。因办案机关对“掌握行贿线索”的不确定性，正确区分“行贿特别从宽条款”和坦白的关键在于究竟是办案机关立案后传唤行贿人到案、对行贿人采取留置措施后行贿人被动如实交代，还是行贿人经通知到纪检监察机关说明情况时主动交代行贿行为。

4. 从预防犯罪、节约司法资源的角度来讲，“行贿特别从宽条款”确有其特定的正当依据，应当予以保留，但适用条件可适当从严掌握。[①] 例如，1997 年《刑法》中行贿人只要在被追诉前主动交代行贿行为，就可以减轻处罚或者免除处罚；但在《刑法修正案（九）》施行后，行为人在被追诉前主动交代行贿行为的，一般只能从轻或者减轻处罚，而只有至少满足“犯罪较轻”[②]、“对侦破重大案件起关键作用”、“有重大立功表现”三个条件之一的，才有可能被免除处罚。[③] 需要注意的是，《贪污贿赂司法解释》第 14 条中对“重大案件”的掌握标准，低于最高人民法院《关于处理自首和立功具体应用法律若干问题的解释》关于“重大案件”的认定标准。[④] 这一安排主要考虑的是提高行贿人配合办案机关侦破贿赂犯罪案件的积极性，且“更为

① 参见詹红星：《我国行贿罪的理论冲突和立法抉择》，载《时代法学》2021 年第 1 期。

② 根据《贪污贿赂司法解释》第 14 条第 1 款的规定，“犯罪较轻”是指根据行贿犯罪的事实、情节，可能被判处 3 年有期徒刑以下刑罚。

③ 具有下列情形之一的，可以认定为《刑法》第 390 条第 3 款规定的“对侦破重大案件起关键作用”：（1）主动交代办案机关未掌握的重大案件线索的；（2）主动交代的犯罪线索不属于重大案件的线索，但该线索对于重大案件侦破有重要作用的；（3）主动交代行贿事实，对于重大案件的证据收集有重要作用的；（4）主动交代行贿事实，对于重大案件的追逃、追赃有重要作用的。

④ 按照最高人民法院《关于处理自首和立功具体应用法律若干问题的解释》的规定，“重大案件”指可能判处无期徒刑以上刑罚的案件，以及在本省、自治区、直辖市或全国有较大影响的案件。而《贪污贿赂司法解释》第 14 条规定，“重大案件”是指根据犯罪的事实、情节，已经或者可能被判处 10 年有期徒刑以上刑罚的，或者案件在本省、自治区、直辖市或者全国范围内有较大影响。

符合社会的普遍认知”①。

问题18：监察机关立案调查前行贿人主动交代行贿行为，是否属于“被追诉前主动交代行贿行为”

【案例1】2012年，被告人胡某为了降低湘岳阳货1681号运输船的量方吨位，达到少交资源管理费的目的，找到湘阴县砂石局原票证室主任唐某并承诺好处费。在唐某的职务帮助下，县砂石局将1681号运输船的量方吨位从660吨下降到620吨，胡某从中获利12万元。2012～2014年，胡某以现金或银行转账的方式，共送给唐某人民币63,000元。2020年5月18日，湘阴县监察委对胡某涉嫌行贿犯罪的问题线索进行核查，电话通知胡某调查谈话，胡某供述向唐某行贿事实。2020年6月30日湘阴县监察委对胡某行贿犯罪立案调查，2020年7月2日，湘阴县监察委再次电话通知胡某，胡某主动到湘阴县人民检察院办案区接受讯问。法院认定被告人胡某经电话传唤后自动投案，成立被追诉前主动交代行贿行为，遂判决被告人胡某犯行贿罪，免予刑事处罚。②

【案例2】2016年4月至2017年11月，被告人陈某在承包河道疏浚工程、经营河沙生意过程中，为谋取不正当利益，向琼海市城投公司总经理助理、负责万泉河疏浚工程工作的符某和琼海市城投公司万泉河疏浚点项目现场组长周某行贿共计83.8万元。琼海市监察委员会根据掌握的陈某行贿的犯罪线索于2018年4月24日作出立案决定书，决定对陈某涉嫌行贿犯罪立案调查。陈某于2018年4月25日到案后如实供述自己的犯罪事实。被告人陈某辩称，其在被追诉前主动交代自己罪行，可以从轻或者减轻处罚。一审法院认为，“被追诉”的标志应当是立案决定的作出，琼海市监察委员会于2018年4月24日即作出立案决定书，被告人陈某的交代在后，不符合上述

---

① 刘山嫦：《解释论视角下的行贿罪特殊从宽处罚条款》，载《社会科学》2020年第5期。

② 参见湖南省湘阴县人民法院刑事判决书，（2020）湘0624刑初226号。

条款规定，遂判决被告人陈某犯行贿罪，判处有期徒刑2年6个月，并处罚金15万元。被告人陈某不服，提出上诉。二审法院裁定驳回上诉，维持原判。[①]

【解析】《行贿司法解释》第13条规定，被追诉前"是指检察机关对行贿人的行贿行为刑事立案前"。该司法解释于2012年颁布，随着2018年国家监察制度改革，原属于检察机关的反贪污贿赂工作职能统一划归监察机关，其中也包括对行贿犯罪的管辖。[②] 实践中，存在监察机关在查办有关受贿案件时，发现行贿线索后通知行贿人到监察机关说明情况，行贿人积极配合并如实交代后，监察机关随后予以立案的情况，对于此种情形是否属于"在被追诉前主动交代行贿行为"，实践中存在两种意见：

第一种意见认为，在我国现有政治体制和权力分工的格局下，监察机关作为政治机关在功能定位、机关属性、工作方式上不同于侦查机关，监察机关的调查程序也区别于侦查机关的侦查程序。由于刑法规定的是"被追诉前"而不是"被调查前"，因此对于行贿人主动交代犯罪事实的时间节点，在完成立法修订前，不宜将监察机关启动调查程序类推解释为刑事立案。部分刑事判决直接将《行贿司法解释》第13条中的"检察机关"替换为"监察机关"，此种解释不当缩小了该规定的适用范围。

第二种意见认为，过去检察机关反贪部门对行贿人刑事立案前，行贿人主动交代犯罪事实的，属于典型的"被追诉前"。[③] 而在监察体制改革后，由于贿赂犯罪的案件管辖主体从检察机关变更为监察机关，应当同样参照《行贿司法解释》的有关规定，即行贿人在监察机关立案调查之前所进行的交代，应当认定为"被追诉前"主动交代行贿行为。[④]

本书同意第二种意见，主要理由是：

---

① 参见海南省第一中级人民法院刑事裁定书，(2019) 琼96刑终52号。

② 参见安徽省铜陵市郊区人民法院刑事判决书，(2018) 皖0711刑初50号。

③ 参见赖早兴：《论"在被追诉前主动交待行贿行为"的认定及从宽处罚——基于141份行贿案刑事判决书的探讨》，载《江西社会科学》2022年第11期。

④ 参见孙国祥：《监察法从宽处罚的规定与刑法衔接研究》，载《法学论坛》2020年第3期。

1. 从“追诉”的内涵来看，根据相关司法解释规定，“被追诉前”在当时的语境下，特指检察机关反贪部门正式启动立案侦查程序前。2018 年监察体制改革之后，尽管刑事诉讼法尚未明确监察机关的追诉主体地位，但在职务犯罪案件办理实践中，监察机关所行使的审查调查权已经在事实上具有了一定的“追诉”功能和特征。不宜因为法律衔接方面的问题，就完全排斥特别从宽条款的适用。况且 2023 年 12 月颁布的《刑法修正案（十二）》，对第 390 条第 3 款新增加了“对调查突破”重大案件起关键作用的，可以减轻或者免除处罚的规定。这也说明立法机关事实上认可了追诉时段在特定条件下可以前置。

2. 从特别从宽条款的设立意义来看，其就是为了鼓励行贿人配合查处受贿犯罪，进而提高办案效率，最终实现更有效预防和惩治贿赂犯罪的目的。尽管有观点认为，如果把在监察机关启动调查措施之前主动交代理解为《刑法》第 390 条第 3 款规定的特别从宽制度，将和自首制度相互混淆，也就“丧失了其应有的刑事政策意义”[①]。但如果不将行贿人在监察机关立案前主动交代犯罪事实的情形视为“被追诉前”，则这一条款将失去存在的意义。总体上看，这一条款既明确了反腐败的基本立场，充分回应了民众要求加大对行贿罪处罚力度的要求，又兼顾了查办行贿案件的实际需要，以附条件地放弃对部分行为的处罚来集中司法资源实现对严重行贿行为的打击。[②]

3. 还有观点认为，根据 2009 年最高人民法院、最高人民检察院《关于办理职务犯罪案件认定自首、立功等量刑情节若干问题的意见》的规定，“犯罪事实或者犯罪分子未被办案机关掌握，或者虽被掌握，但犯罪分子尚未受到调查谈话、讯问，或者未被宣布采取调查措施或者强制措施时，向办案机关投案的，是自动投案。在此期间如实交代自己的主要犯罪事实的，应当认定为自首”。根据上述规定，如将“被追诉前主动交代”的节点一概限

---

① 张明楷：《行贿罪的量刑》，载《现代法学》2018 年第 3 期。

② 参见陈金林：《通过部分放弃刑罚权的贿赂犯罪防控——对〈刑法修正案（九）〉第 45 条的反思》，载《法治研究》2017 年第 1 期。

定在监察机关决定立案调查，一旦行为人在被采取留置措施之前主动向监察机关交代行贿行为，则难以区分行贿特别从宽条款和一般自首的界限。本书认为，在监察机关调查行贿案件环节，包括一般询问、决定立案、采取留置措施等若干时间节点，尽管一般自首的确可能发生在采取留置措施之前，但自首的成立仍然要求满足“主动投案”，即不能是办案机关工作人员到行为人单位、住宅将其带至办案机关接受询问。而对于行贿特别从宽条款而言，则无上述限制，无论行为人是主动到案还是被动到案，是单位领导或者家属陪同投案还是经电话通知到案抑或是被带至办案机关，均不影响其在立案调查前主动交代的成立，即均可以享受相应的量刑优惠。

4. 从办案的实际需要来看，在监察机关已经发现了行贿人的行贿犯罪线索的情况下，行贿人经通知到案后，主动交代全部行贿犯罪事实，客观上减少了贿赂犯罪的证据搜集难度，节约了办案资源，且实践中存在大量将“在监察机关立案调查前主动交代行贿行为”认定为“被追诉前主动交代行贿行为”的司法案例，因而也应当尊重司法实践形成的普遍做法。当然，如今后有新的法律或司法解释对此问题予以明确，则应按照有关规定执行。实践中，在交代时间的界定上应以监察机关出具的《立案决定书》上记载的日期为准，如立案日期与行贿人供述系同一天，在无相关证据证实先后关系时，应按照证据存疑有利于被告人原则，推定行贿人供述早于立案时间。

5. 需要注意的是，对行贿人适用特别从宽制度予以从轻处罚，不是毫无限度的，特别是在当前落实“受贿行贿一起查”政策的大背景下，更应严格把握从轻处罚的尺度。根据最高人民法院、最高人民检察院《关于办理职务犯罪案件严格适用缓刑、免予刑事处罚若干问题的意见》第 2 条第 4 项的规定，“犯有数个职务犯罪依法实行并罚或者以一罪处理的”，一般不适用缓刑或者免予刑事处罚。因此，如果被告人同时触犯行贿罪、对非国家工作人员行贿罪、对单位行贿罪等罪名或者被告单位同时触犯了单位行贿罪、对非国家工作人员行贿罪、对单位行贿罪等罪名，即使有其他从轻、减轻处罚情节，也不宜对被告人或者被告人单位直接负责的主管人员判处缓刑或者免予刑事处罚。

问题19：行贿人揭发对合犯的受贿犯罪，能否认定为立功

【案例】2008～2016年，被告人梁某荣为了在广东省封开县承接工程项目以及在工程款审批发放上获得便利，先后多次向时任封开县财政局局长、封开县副县长叶某甲贿送财物共计人民币66万元。被告人梁某荣在承接原封开县农业局相关工程项目时，为了得到时任封开县农业局局长明某的帮助和关照，主动许诺明某，每年拨付工程款后给予明某一定好处费。2013～2016年，梁某荣为了感谢并谋求继续得到明某的关照，方便以后承接原封开县农业局的工程，分多次向明某贿送人民币共计90万元。一审法院以被告人梁某荣犯行贿罪，判处有期徒刑5年，并处罚金人民币10万元。宣判后，被告人梁某荣提出上诉，理由是：梁某荣在被采取强制措施后，如实交代未被检察机关掌握的行贿叶某甲的大部分犯罪事实及行贿明某的全部犯罪事实，应当认定为立功并减轻处罚。二审法院经审理认定，梁某荣归案后供述叶某甲和明某受贿的犯罪事实，系梁某荣对自身行贿犯罪行为的如实供述，不符合《刑法》第68条关于“犯罪分子有揭发他人犯罪行为”的规定，不构成立功，遂裁定驳回上诉，维持原判。①

【解析】实践中，常有行贿人向司法机关提出，其在接受调查机关调查谈话期间，主动检举揭发了受贿人，为办案机关查处受贿犯罪提供了重要线索，应当构成立功。就对此如何认定，存在两种不同意见：

第一种意见认为，行为人因犯罪被采取强制措施后，在刑事诉讼过程中主动交代向有关公务人员行贿并检举该公务人员收受自己贿赂的犯罪事实，且办案机关根据行为人的检举揭发，查获了该公务人员的受贿犯罪的，应当认定为“立功”。②

第二种意见认为，如行贿人因涉嫌犯行贿罪接受调查或讯问时，交代对

① 参见广东省高级人民法院刑事裁定书，(2018)粤刑终671号。
② 参见高一飞、李一凡：《行贿人揭发对合的受贿犯罪应认定为“自首并立功”》，载《检察日报》2007年4月9日，第6版。

方的受贿事实包含在本应交代的本人犯罪事实中，不属于法律规定的“他人犯罪行为”或“其他案件的重要线索”，依法不能认定为立功。

本书同意第二种意见，主要理由是：

1. 从最高司法机关对于行贿人揭发对合犯罪的态度来看，根据最高人民法院2010年12月公布的《关于处理自首和立功若干具体问题的意见》的规定，“虽然如实供述的其他罪行的罪名与司法机关已掌握犯罪的罪名不同，但如实供述的其他犯罪与司法机关已掌握的犯罪属选择性罪名或者在法律、事实上密切关联，如因受贿被采取强制措施后，又交代因受贿为他人谋取利益行为，构成滥用职权罪的，应认定为同种罪行”。同时，根据《行贿司法解释》第7条第1款的规定，“因行贿人在被追诉前主动交待行贿行为而破获相关受贿案件的，对行贿人不适用刑法第六十八条关于立功的规定，依照刑法第三百九十条第二款的规定，可以减轻或者免除处罚”。因此，行为人供述的犯罪与司法机关已经掌握的犯罪在法律和事实上有密切关联的，所供犯罪不属于立功。

2. 从行贿人的交代行为是否具有法律义务性来看，《关于办理行贿刑事案件具体应用法律若干问题的解释》之所以排除了揭发对合犯罪构成立功的情形，主要是考虑到行贿与受贿属于对合犯，行贿人要如实交代自己的行贿行为，必然要涉及对方的受贿行为，具体包括行贿对象、时间、地点和贿赂款的来源。反过来，行为人检举揭发对方的受贿行为，实质上也是在交代自己的行贿行为。对此，可建立一个具有可操作性的区分标准：审查行为人的交代是属于可为或不可为的“自主行为”，还是带有法律强制性的“义务行为”。如系自主行为，则属于立功；如系义务行为，则仍属于必须如实交代的范围。

3. 从线索来源的合法性来看，立功情节的认定须以线索来源合法为前提。行贿人主动交代的受贿人犯罪线索，源自其在实施行贿犯罪过程中所获得的信息，而《刑法》和有关司法解释禁止通过违法手段获取案件线索以立功。如认定行贿人构成立功，则无异于使其从自己参与的不法行为中获得他罪的量刑利益，违背“任何人不得从自己违法行为中获利”的法理，不符合刑法设立立功制度的初衷。

因此，如实交代与检举揭发貌似两个行为，实为一个行为，即向办案机关陈述整个犯罪事实的行为，行贿人在被追诉前主动交代虽有助于相关受贿案件的侦破，但这种破案并非基于行贿人的检举揭发，仍属于如实供述自己犯罪事实的范畴，依法不能认定为立功。① 当然，如果行贿人揭发受贿人与其行贿无关的其他犯罪行为且查证属实，依照《刑法》第 68 条关于立功的规定，可以从轻、减轻或者免除处罚。

问题 20：如何适用行贿犯罪中的从重处罚情节

《刑法修正案（十二）》为行贿罪新增加了 7 种从重处罚情节。同时，相关司法解释也对行贿罪的罪状中“情节严重”和“情节特别严重”的具体情形进行了列举。但需要注意的是，上述情节如已经作为入罪或者升档情节适用，则不能再次适用于从重处罚情节，否则将有重复评价之嫌。实践中，在不涉及是否达到入罪标准或升档情节时，可以在办理行贿案件过程中，参照相关司法解释的精神对从重情节进行归纳。具体而言，行贿罪中的从重处罚情节主要包括：

1. 多次行贿或者向多人行贿的。一些领域多次行贿、向多人行贿现象突出，有的行贿人对公职人员竭力腐蚀，在此过程中精心编织起了权钱交易的利益网，严重破坏政治生态和社会公平正义。行贿人不择手段“围猎”党员干部，是当前腐败增量仍有发生的重要原因。伴随着反腐败力度不断升级，更多请托者为规避风险采取长期“围猎”的迂回方式，利用长年的情感羁绊驱使公职人员为其谋利。甚至一些不法分子提前“锁定”某些能力较强的年轻干部作为“成长股”“政治新星”，联手设置深度陷阱，进行“渗透”式

① 参见陈国庆、韩耀元、宋丹：《〈关于办理行贿刑事案件具体应用法律若干问题的解释〉理解和适用》，载《人民检察》2013 年第 4 期。

腐蚀，如若“围猎”不成功也所费不多，如若“围猎”得手则利益巨大。①最高人民法院、最高人民检察院《关于在办理受贿犯罪大要案的同时要严肃查处严重行贿犯罪分子的通知》第 3 条第 1 项规定，行贿数额巨大、多次行贿或者向多人行贿的属于严重行贿犯罪行为。这里的“多次”一般是指 3 次以上向同一人行贿。“多次”没有时间限定，不论时间长短，均应一并作为行贿罪处理。例如，在丁某苗行贿案中，2009～2010 年，丁某苗通过国务院扶贫开发领导小组办公室外资项目管理中心原主任范某玉谋取了不正当利益。为感谢范某玉的帮助，自 2009 年 6 月至 2010 年 9 月，丁某苗先后 38 次向范某玉行贿共计折合人民币 4000 余万元。② 又如，在郑某国行贿案中，郑某国于 1993 年通过时任原临汾地区某医院院长的秦某某调入该院工作。郑某国为感谢秦某某在对其职务提拔、工作中给予的支持、关照及后续职务提拔，1994～2017 年，先后 39 次送给秦某某人民币 52.5 万元。其行贿时间跨度长达 23 年，应当作为从重处罚情节处理。③

2. 国家工作人员行贿的。国家工作人员本应带头遵纪守法，如果国家工作人员也参与到行贿犯罪中，将不可避免地对当地政治生态、法治环境、营商环境等均造成严重破坏。特别是在市场经济中，一些国企工作人员依仗所在行业的特殊优势、垄断地位，在工程招投标、土地规划建设等领域肆无忌惮地进行行贿犯罪，腐蚀主管部门工作人员，却辩解其行贿是为公而不是为私，试图以其较为特殊的国企背景免于被追究刑事责任。《刑法修正案（十二）》对国家工作人员行贿明确从重惩处显示立法机关开始纠正这种重国企、轻民企的倾向。有观点认为，鉴于向党政机关领导干部行贿，拉拢腐蚀国家干部上，犯罪情节恶劣、危害后果严重，社会影响极坏，因而应将“向高级

① 参见李金哲：《年轻干部被“围猎”的诱因机理及治理路径研究》，载《岭南学刊》2022 年第 4 期。

② 参见岳磊：《“关系”视野下的中介腐败及其治理——基于丁书苗案件的个案考察》，载《郑州大学学报（哲学社会科学版）》2015 年第 5 期。

③ 参见太原铁路运输法院刑事判决书，（2020）晋 7102 刑初 9 号。

国家工作人员行贿”作为行贿罪“情节严重”的情形。① 本书认为，考虑到行贿罪的主要对象即为拥有一定职权的国家机关工作人员，特别是集中在职务级别较高的领导干部上，如果把这一群体不加区分均作为行贿罪情节严重的范畴予以惩处，则有打击面过大之嫌。而且无论是高级国家工作人员还是普通国家工作人员，行贿犯罪侵犯的法益并没有本质区别，如果人为划分等级也容易在社会上产生误解。何况何谓“高级国家工作人员”本身也不容易界定，且在中国特定的政治体制架构内，某些高级别领导干部收受贿赂后滥用职权的社会危害性，未必能够超过低级别国家工作人员实施同样行为的社会危害性。同时，在刑法修正案和司法解释已将向负有食品、药品、安全生产、环境保护等监督管理职责的国家工作人员以及向行政执法机关、司法机关中的国家工作人员行贿的行为认定为“情节严重”的情况下，由于上述人员中已经包含了高级国家工作人员，没有必要再将向高级领导干部行贿的行为重复认定为“情节严重”。

3. 在国家重点工程、重大项目中行贿的。根据 2011 年修订的《国家重点建设项目管理办法》的定义，国家重点工程、重大项目是指从国家大中型基本建设项目中确定的对国民经济和社会发展有重大影响的骨干项目，具体包括基础设施、基础产业和支柱产业中的大型项目，高科技并能带动行业技术进步的项目，跨地区并对全国经济发展或者区域经济发展有重大影响的项目，对社会发展有重大影响的项目，其他骨干项目。不法分子通过行贿手段承揽重点工程，会给工程质量造成重大隐患，甚至可能对国计民生、国家长远发展造成威胁，或产生较为恶劣的社会影响。例如，2013 年 4 月，秦某某在其担任河北创兴投资有限公司经理期间，为了帮助山东电力管道工程公司承揽石家庄市南水北调配套工程水厂以上输水管道工程正定段、元某—赵县管线管材制造 2 标段工程，从中获取服务费，请托时任石家庄市水务局局长兼石家庄市南水北调工程建设委员会办公室主任张某。张某利用职务便利，

---

① 参见钱小平：《贿赂犯罪情节与数额配置关系矫正之辨析》，载《法学》2016 年第 11 期。

指使其下属南水北调工程建设委员会办公室计划处处长兼项目评标委员会委员白某在评标过程中提供帮助，使山东电力管道工程公司顺利中标该项目。为此，秦某某于2013年5月将20万元人民币汇入张某提供的银行账户内。[①]又如，鲁某福在担任甘肃省地质工程有限责任公司青海分公司负责人期间，实施青海省玉树灾后重建西航水电站边坡治理工程施工项目时，向时任青海环境地质勘测局局长兼国土资源厅玉树地质灾害治理现场指挥部指挥长吴某禄行贿40万元。[②]

4. 为谋取职务、职级晋升、调整行贿的。这一点是考虑到通过贿赂买官卖官的行为严重违反党的组织纪律，严重败坏政治生态，司法机关办理的区域性腐败、系统性腐败乃至塌方性腐败案件往往与此有关。从社会危害性的角度来看，不要求行贿人实际谋取到具体职务，只要向受贿人提出请托就达到情节严重。同时需要注意，职务“调整”应当做扩大解释，实践中有的行贿人不是为了调整到新的岗位，而是出于种种考虑为了保留住原有的岗位，避免从重要、核心岗位调整至非核心岗位。例如，在T市公安局指挥中心副主任L某行贿案中，其曾被局党委先后两次酝酿提任T市公安警官学院副院长、T市民政局党组成员、纪检组组长等职务。其得知消息后，认为市局指挥中心副主任虽然是正处级岗位，但是“权力含金量”高于上述职务，因而请托时任局领导不要将其调走并行贿20万元。此种情况下行贿人“保留岗位”的要求表面上似乎并不符合“职务调整”的内涵，但应当客观看待当前组织人事领域中有关职务调整实践的丰富性和复杂性，相当一批行贿行为的发生正是为了不失去“含金量”较高的职位，此类行为在恶劣程度上与主动谋求职务调整、晋升并无本质区别，应当认定为行贿罪中情节严重的范畴。

5. 对监察、行政执法、司法工作人员行贿的。法治的公信力和权威性建立在公平之上，一旦监察、行政执法、司法工作人员被腐蚀进而作出不公正的裁判、起诉、强制措施，不仅损害国家工作人员职务的廉洁性，而且将损

① 参见河北省三河市人民法院刑事判决书，(2018)冀1082刑初184号。

② 参见青海省西宁市中级人民法院刑事裁定书，(2018)青01刑终79号。

害社会公平正义的根基，并对营造崇尚法治精神的社会氛围形成持久而深刻的侵蚀。《刑法修正案（十二）》之所以将向监察、行政执法、司法工作人员行贿单独作为一类从重处罚的情形，正是因为考虑到了司法腐败、执法腐败的极大危害性以及由此带来的严重后果，从而不断加大对执法人员行贿犯罪的查处力度，从源头上遏制腐败。例如，在云南孙某果案中，2005 年 6 月至 2008 年，昆明市五华区城管局原局长李某忠（孙某果继父）、孙某予（孙某果母亲）为达到通过再审让孙某果获得较轻刑罚的目的，先后多次请托时任云南省高级人民法院审判委员会专职委员、立案庭庭长田某及审判委员会专职委员、审判监督庭庭长梁某安对孙某果申诉再审立案及审理提供帮助，并分别向二人行贿。田某、梁某安接受请托后，为二人出谋划策，并在案件办理过程中徇私枉法，故意违背事实和法律，违反规定为孙某果申诉再审立案及审理提供帮助。2007 年至 2008 年年初，李某忠、王某彬请托时任云南省政府办公厅秘书二处副处长袁某，并向其行贿，为孙某果再审从轻处罚说情、打招呼。2019 年 12 月 15 日，云南省玉溪市中级人民法院对李某忠以徇私枉法罪、徇私舞弊减刑罪、受贿罪、行贿罪、单位行贿罪判处有期徒刑 19 年；对孙某予以徇私枉法罪、徇私舞弊减刑罪、行贿罪、受贿罪判处有期徒刑 20 年。该案曝光后，引发社会公众极大愤慨，司法防线层层洞穿，公职人员集体失守，造成十分恶劣的社会影响。

对于何谓“司法工作人员”，本书认为应当做扩大理解，即按照《刑法》第 94 条规定，将司法工作人员界定为具有侦查、检察、审判、监管职责的工作人员，而不是仅限于法官、检察官。需要注意的是，对“影响司法公正”应作客观化的理解，即要求行为人在向司法工作人员行贿的同时，应实际发生影响司法公正的结果。[①] 向司法人员行贿的事由应当与具体的司法案件办理存在因果关系，如果行贿的事由是为了谋取其他不正当利益，不存在破坏司法公平正义的危害性，一般不宜作为从重情节认定。例如，在昆明开尔科

---

① 参见裴显鼎、苗有水等：《〈关于办理贪污贿赂刑事案件适用法律若干问题的解释〉的理解与适用》，载《人民司法·应用》2016 年第 19 期。

技有限公司行贿案中，该公司在当地法院多媒体会议室信息化升级改造、IP地址管理系统采购过程中，为承建相关信息化建设项目，向法院系统多名主管行政后勤工作的副院长或其他司法工作人员行贿，[①] 由于上述业务与司法案件办理并无直接关系，故不应作为从重处罚情节。

6. 在生态环境、财政金融、安全生产、食品药品、防灾救灾、社会保障、教育、医疗等领域行贿，实施违法犯罪活动的。上述领域往往事关百姓民生福祉，贿赂行为看似“微腐败”，实则事关千家万户的切身利益，一旦发生行贿犯罪，不仅严重影响人民群众的获得感、幸福感、安全感，而且会对党和国家的威信、政府公信力和国家工作人员的声誉造成极大损害。例如，在食品卫生领域通过行贿国家工作人员而使降低食品安全标准或者使用有毒有害食品添加剂的行为不被查处，在教育领域向国家机关工作人员行贿以违规获得入学、保研资格或名额，通过向国家工作人员行贿等手段，为不符合条件人员违规申请租赁、购买廉租房，通过行贿养老保险人员违规办理因病或非因伤丧失劳动能力提前病退审批，这些现象仍然时有发生。此外，金融安全事关全社会发展稳定，为办理违法贷款、公司企业违规上市，向银行等金融机构、证券监管部门中的国家工作人员行贿的，不仅严重破坏了职务廉洁性，也造成了不良贷款上升及信用减值等问题，易引发金融风险。又如，在销售有毒有害食品罪中，部分人通过行贿手段，让检验检疫人员放松对生猪批发和屠宰的检验监督，逃避“瘦肉精”的检测，致使大量含有“瘦肉精”的生猪得以长期屠宰和流向市场，供人食用，严重威胁社会公众身体健康。再如，生物公司为推销疫苗，向防疫站、疾控中心工作人员行贿，造成疫苗使用中的巨大安全隐患。

7. 将违法所得用于行贿的。有观点认为，不要求违法所得全部或者大部分用于行贿，只要实施了相关行为即属于从重情节。本书认为上述观点过于偏激，如果行为人违法所得 100 万元，但向国家工作人员行贿的 100 万元中

---

① 参见云南省纪委监委案件审理室：《让“围猎者”付出代价——从开尔公司行贿案看受贿行贿一起查的政策把握》，载《中国纪检监察》2021 年第 21 期。

有 99 万元系合法收入，仅有 1 万元来自违法所得，也作为从重处罚情节评价，则打击面过宽。因此，违法所得用于行贿的数额应当达到一定比例，对于用于行贿的违法所得占比较小的，不宜认定为情节严重。实践中，可以根据个案情况结合违法所得的比例数和绝对数进行综合判断。

问题 21：如何理解贪污贿赂司法解释中"其他严重情节"和"其他特别严重情节"

《贪污贿赂司法解释》在规定行贿罪的"情节严重"和"情节特别严重"的条款中，设置了"其他严重的情节"和"其他特别严重的情节"。因此，关于行贿罪其他严重情节的认定，可以通过行贿行为对党和政府的形象、公信力和声誉、社会安全秩序、社会经济秩序、食品安全秩序、民众的安全感的损害程度进行判断。作为兜底条款，应与其他较为明确的情节具有罪量上的相当性。具体而言，应将行为性质、行为方式、行为对象、行为后果、行为特定场景等都纳入考量。[①]

1. 严重损害国家声誉形象，或者严重损害党和政府的公信力的。例如，2013 年 1 月，在辽宁省举行的十二届人大一次会议选举全国人大代表过程中，有 45 名当选的全国人大代表采用了各种手段拉票贿选，而当时投票的 619 名辽宁省第十二届人大代表中，有 523 名省人大代表牵扯到了贿选当中。2016 年 9 月 13 日，为查处辽宁贿选案，第十二届全国人大常委会表决通过，确定辽宁省 45 名第十二届全国人大代表当选无效。[②] 这是中华人民共和国成立以来查处的首个发生在省级层面，严重破坏党内选举制度和人大选举制度的重大案件，严重违反了组织纪律和换届纪律，是对我国人民代表大会制度的挑战，是对社会主义民主政治的挑战，是对国家法律和党的纪律的挑战，

① 参见唐子艳、程思绮：《贪污贿赂犯罪疑难问题探究》，载《中南民族大学学报（人文社会科学版）》2020 年第 5 期。

② 参见丁爱萍：《坚决查处辽宁拉票贿选案的警示意义》，载《人大建设》2016 年第 10 期。

触碰了中国特色社会主义制度底线和中国共产党执政底线，造成了极为恶劣的社会影响。又如，在赖某星走私犯罪集团首要分子赖某星走私普通货物、行贿犯罪一案中，赖某星为谋取不正当利益，直接或指使他人给予国家工作人员以财物，还在经济往来中，违反国家规定，给予国家工作人员以财物，向64名国家工作人员行贿，共计折合人民币3912.891694万元。海关、边防等部门国家工作人员被赖某星走私犯罪集团收买后，或违反规定批准设立海关监管点，或帮助搞假货物查验、假复出口核销，或违法开具海关保证函，或违规为走私提供过驳重量鉴定，或帮助截留关封，或对发现的走私活动不予查处，或对查扣的走私货物予以放行，或违规审批赴港单程证，或案发后帮助销毁证据或通风报信等。赖某星走私犯罪集团之所以能够长时间、大规模地在厦门地区进行走私活动，与上述国家工作人员被收买后，放弃监管、查处职责，放纵走私行为具有直接关系。该案被媒体称为“中华人民共和国第一经济大案”，引起国内外的广泛关注。

2. 引发严重舆情，造成公权力运行失范，严重冲击了社会公平正义的。例如，在组织、领导黑社会性质组织犯罪中，为寻求“保护伞”向国家工作人员行贿，并在有关公职人员的庇护下称霸一方、欺压百姓，引发社会公众强烈恐慌或不安全感，或严重危害社会治安。又如，通过行贿导致基层窗口腐败现象严重，侵害了人民群众切身利益，应作为从重情节。再如，勾结基层组织工作人员，通过行贿骗领补贴，并形成共生性腐败链条的。一些不法分子向基层组织工作人员行贿，以借机大肆套取、骗取涉农补贴资金，或者在征地拆迁过程中通过行贿基层组织工作人员违规提高补偿核定面积、补偿标准。此类基层腐败行为发生在离人民群众最近的基层一线，是群众最能直接感受到的，也是最为深恶痛绝的，这将导致人民群众对政府的信任下降，破坏干群关系，长此以往，将动摇党的执政基础，因而对上述领域发生的行贿行为应当作为从重处罚情节。

3. 因行贿致使对公共利益和人民群众生命财产安全造成严重损害或者产生恶劣社会影响的，或者在群体性事件和重大责任事故中向国家工作人员行贿的。保障人民群众的最大福祉是党和政府的基本目标，如果行贿犯罪对人民群众生命财产安全造成危害，将破坏党的执政基础，引发严重的社会危机。关于造成严重后果的具体内容，可参照最高人民法院、最高人民检察院《关于办理渎职刑事案件适用法律若干问题的解释（一）》第1条第1款的规定。[①] 例如，福建省泉州市鲤城区欣佳酒店业主杨某锵私自违法改建，在建筑内部增加夹层，从4层改为7层。为避开城管执法检查，杨某锵向时任常泰街道主要领导行贿1万元。为逃避消防检查，杨某锵向时任福建省泉州市消防支队后勤处战勤保障大队副大队长刘某礼行贿10万元。2020年3月7日晚7点5分，福建省泉州市鲤城区常泰街道南环路欣佳酒店发生坍塌事故，事故造成29人死亡。[②] 又如，2008年，刘某平、刘某杰、楚某葵共同承包湖南省湘潭县立胜煤矿的采矿权。因立胜煤矿采矿许可证到期，且存在越界开采行为，2009年4月，原湘潭县国土资源局责令立胜煤矿立即停产。为逃避监管部门监督检查，牟取不正当利益，刘某平等3人先后向时任湘潭县煤监局局长郭某洋、湘潭县国土资源局主管副局长谭某荣、湘潭市煤炭工业行业管理办公室安全生产科科长刘某松等人行贿80.5万元。2010年1月5日，立胜煤矿中间井三道暗立井因使用非阻燃电缆引发火灾事故。事故造成34人遇难，直接经济损失2962万元。后湖南省湘潭县人民法院以重大劳动安全事故罪、非法采矿罪、单位行贿罪，分别判处刘某平、刘某杰、楚某葵9年至6个月不等有期徒刑，并分别处罚金300万元。[③]

4. 曾因行贿被调查处理或者刑事追究后又行贿的。《贪污贿赂司法解释》将“曾因贪污、受贿、挪用公款受过党纪、行政处分的”“曾因故意犯罪受

① 具有下列情形之一的，也应当认定为“致使公共财产、国家和人民利益遭受重大损失”：（1）造成死亡1人以上，或者重伤3人以上，或者轻伤9人以上，或者重伤2人、轻伤3人以上，或者重伤1人、轻伤6人以上的；（2）造成经济损失30万元以上的；（3）造成恶劣社会影响的；（4）其他致使公共财产、国家和人民利益遭受重大损失的情形。

② 参见王阳：《国务院调查组认定泉州坍塌酒店系违法改建事故距离整治专项行动结束仅两天——根治形式主义守护生命安全》，载《法制日报》2020年7月16日，第2版。

③ 参见《最高人民法院公布三起危害生产安全犯罪典型案例》，载《人民法院报》2015年12月16日，第3版。

过刑事追究的”认定为《刑法》第 383 条第 1 款规定的“其他较重情节”。鉴于此，在行贿罪中上述情形同样可以作为“情节严重”的内容。同时，受到党纪、行政处分、刑事追究的事由应当限定为基于先前的行贿行为。此处的刑事追究，包括曾被检察机关作出不起诉决定或者免予刑事处罚等。

问题 22：如何理解行贿犯罪“数量加情节”的量刑标准

【案例】2001 年 7 月 15 日晚，被告人陈某 1 的弟弟陈某 2 因琐事持仿 64 手枪将一同吃饭的王某枪杀。2008 年 10 月 24 日，陈某 2 被抓获归案。陈某 1 请陈某 2 的朋友夏某 2 帮忙找关系，夏某 2 将此事告诉了在襄阳市樊城区人民检察院公诉科工作的妹妹夏某 1。2008 年 12 月 24 日，陈某 1 打电话约夏某 1 一起吃饭。夏某 1 向陈某 1 介绍了陈某 2 案件的案情，商定夏某 1 负责疏通关系，陈某 1 负责出钱。陈某 1 分 5 次存入夏某 1 中国银行卡现金共计 300,609.73 元，用于请托夏某 1 帮忙找关系，夏某 1 将其中的 20 余万元现金分别送给了承办、审核陈某 2 故意杀人案件的公安局、检察院、法院相关人员。2009 年 7 月 28 日，樊城区人民法院以陈某 2 犯过失致人死亡罪，判处其有期徒刑 5 年 6 个月。2018 年 8 月 9 日，夏某 1 在被襄城区监察委员会留置期间如实交代了为帮助陈某 2 逃避罪责，收受陈某 1 现金向有关人员行贿的事实。一审法院认为，陈某 1 的行贿行为导致陈某 2 由故意杀人罪轻判为过失致人死亡罪，严重影响司法的公正，且多名司法干部未受到刑事追究，应视为情节严重，判决被告人陈某 1 犯行贿罪，判处有期徒刑 7 年。被告人陈某 1 不服，提出上诉。二审法院认为，虽然陈某 1 的行贿行为导致陈某 2 由故意杀人罪轻判为过失致人死亡罪，严重影响司法的公正，但因陈某 1 行贿数额低于 50 万元，不应视为情节严重，遂对被告人陈某 1 改判为有期徒刑 5 年。①

【解析】刑法关于行贿罪的量刑设置了“数量加情节”的标准，对于只

① 参见湖北省襄阳市中级人民法院刑事判决书，(2019) 鄂 06 刑终 412 号。

有部分受贿数额所对应的行为符合“其他较重情节”、“其他严重情节”或者“其他特别严重情节”的情形，能否按照相关从严情节入罪或者升档量刑，存在两种意见：

第一种意见认为，刑法将行贿犯罪数额与各个档次的犯罪情节相并列，并且使用的修饰语是“其他较重情节”、“其他严重情节”与“其他特别严重情节”的表述，这说明立法将犯罪情节作为犯罪数额的上位概念来定义，并且将犯罪数额包括其中。因此，陈某1的行贿行为导致陈某2由故意杀人罪轻判为过失致人死亡罪，严重影响司法公正，应视为情节严重。

第二种意见认为，对于行贿罪的升档情节，必须满足基本门槛之后，才可以适用，而不是只要具备“造成严重后果”、“产生恶劣社会影响”或“影响司法公正”等情节，就一律升档量刑。

本书同意第二种意见，主要理由是：

1. 行贿本质上仍然是钱权交易的犯罪，无论是收受货币、物品还是财产性利益，都是以国家权力不可收买性的丧失为代价，体现的是以钱换权的交易特征，也从根本上动摇了国民对公权力廉洁公正运行的基本信赖。因此，钱权交易是贿赂犯罪的基本特征。有观点认为，立法以“犯罪情节中心制”的立法模式替代了“数额主导制”，将犯罪情节置于与犯罪数额平行的位置。[①] 实际上，行贿罪仍采用以数额为基本构成条件但兼顾情节的立法模式。[②]

2. 尽管《刑法修正案（九）》在将贿赂犯罪定罪量刑的具体数额标准改为抽象描述式的同时，提高了“情节”的地位，但结合《贪污贿赂司法解释》的内容，可以发现现行的贿赂犯罪仍然是数额主导制模式，数额在适用序位上优先于非数额情节，非数额情节在满足一定数额的前提下方可考虑。按照司法解释的内容，非数额情节对于数额仍然具有依附性，只有在满足特

---

① 参见戴萍、陈鹏飞：《论贪污、受贿罪罪刑体系的立法修改——以〈刑法修正案（九）〉为视角》，载《时代法学》2016年第4期。

② 参见蔡道通：《论受贿罪加重情节的地位及其解释立场》，载《法律适用》2018年第19期。

定数额的前提下，非数额情节在行贿行为定罪量刑中才承担“升档”功能。换言之，现行的贪污贿赂犯罪中的情节，并不是单纯的情节，而是以一定的数额为基础的“其他情节”。

3. 在数额与情节的双重标准中，数额是行贿犯罪社会危害性的外在表现，在判断犯罪的法益侵害性时具有基础性作用，而情节只是起到补充性作用。① 因此，在办理具体案件时，应当综合全案具体情况，权衡各种情节，从而决定是否入罪或者升档量刑。同时，对于是否达到“影响司法公正”的程度，应当坚持客观性判断和实质性审查，围绕行为人向司法人员行贿后，司法人员是否通过职权对司法进行干涉，是否实际发生了影响司法公正的后果，并达到了对被告人减轻罪责或者使无辜的人遭受追究的程度。② 如果行为人行贿后，司法人员并没有违背职责，而是按照正常法律程序办理，则不宜认定行贿人具有从重、加重处罚的情节。

问题 23：行贿人向国家工作人员行贿，促使国家工作人员违规给国家参股企业减免土地出让金、契税等，在认定造成公共财产损失时，国有股份所对应的减免数额是否应予扣除

【案例】 2008 年 8 月，H 公司到 T 市经济技术开发区洽谈投资铜箔项目。时任 T 市开发区管委会主任的崔某某代表开发区管委会，与 H 公司签订协议书，约定 H 公司在 T 市开发区建设电解铜箔项目，项目土地挂牌价与实际出让价之间的差价部分由开发区管委会另行补偿，且该项目由 T 市开发区管委会下辖的 X 投资有限责任公司占 20% 股份。2009 年 8 月，H 公司通过招拍挂程序以 3100 万元的价格拍得一块工业用地。后崔某某明知国家禁止返还土地

---

① 参见周光权：《论受贿罪的情节——基于最新司法解释的分析》，载《政治与法律》2016 年第 8 期。

② 参见王晓东：《贪污贿赂、渎职犯罪司法实务疑难问题解析》，人民法院出版社 2020 年版，第 161 页。

出让金，未经T市开发区管委会会议研究或上报审批，擅自决定由开发区财政局于2009年8月返还H公司用地差价部分契税85.552万元、土地出让金2138.8万元，共2224.352万元。2016年，H公司被法院裁定宣告破产。其间，H公司法定代表人李某向崔某某行贿200万元。

【解析】关于行贿人向国家工作人员行贿，促使国家工作人员违规给国家参股企业减免土地出让金、契税等，在认定造成公共财产损失时，国有股份所对应的减免数额是否应予扣除，存在两种不同意见：

第一种意见认为，行贿人通过行贿手段，促使国家工作人员违反国有资产管理规定，在国有单位之间肆意划拨国有资产或以国有资产对外增加投资等，属于严重违反财经纪律、行政法规的行为，但如果没有造成国有资产损失则不宜作为刑事犯罪处理。因此，在计算公共财产损失数额时，应当从有利于被告人的角度对国有股份对应损失数额予以扣除。

第二种意见认为，在认定行贿所造成的公共财产损失时，不能只关注是否有国有资本参股的问题，而应全面整体考量，否则就会错误地认为领导干部只要为国企滥用职权，就可以不以犯罪论处。因此，行为人通过行贿使国家工作人员违规给国家参股企业减免土地出让金、契税等，在认定造成公共财产损失时，国有股份所对应的减免数额不应予以扣除。

本书同意第二种意见，主要理由是：

1. 认定行贿罪造成的公共财产损失，应当坚持损失是具体的而非抽象的观点。首先，从《刑法》、司法解释规定及其精神来看，作为滥用职权罪成立要件的公共财产损失应当是具体的而非抽象的，应明确到某一个特定主体。在案证据显示，案发时T市政府已经实行土地出让金“收支两条线”管理制度，H公司缴纳的土地出让金按照规定应由市财政局统一管理和支配，而被告人擅自决定将土地出让金直接返还给H公司并向市财政局申请将上述土地出让金全额拨回，客观上侵害了市级财政的整体利益。其次，对于国有资产的损失不宜单纯理解为财物在物理意义上的毁损、灭失，未经法定程序或正当事由的财产流转以及财政资金未能“专款专用”亦有可能造成国有资产的损失。如果不顾土地出让金的基本用途而返还给企业，则很可能会导致其他财政资金被挤占、挪用，在客观上亦会造成公共财产、国家利益受到损失的结果。因此，在计算国有资产损失时，应当避免以是否实际毁损、灭失为标准而人为缩小财产损失的范围。最后，对于第一种意见所提“在计算公共财产损失数额时，应当从有利于被告人的角度对国有股份对应损失数额予以扣除”，有利于被告人原则一般适用于查明事实和证据审查、判断方面。本案中崔某某违规决定返还的土地出让金和契税数额确定，国有持股的比例确定，并不涉及事实认定问题，而主要是一个法律适用问题。因此，对于本案中公共财产损失的认定，应当结合案件的具体情况进行分析，而不宜适用“有利于被告人”原则。

2. 对于“国有资产”同样不宜进行抽象解释，而应结合具体情况并区分不同主体，以准确甄别和客观把握国有资产的范畴。首先，由于我国当前财政体制实行“分灶吃饭，分级所有”的模式，即中央与地方之间、地方不同层次的国家机关、国有企业、事业单位之间均为独立核算的法人，因此不同国有主体之间的资产不能随意置换，即使进行流转也应当遵循必要的法定程序。尽管从宏观角度和整体意义上看，上述单位的全部资产和收入均属于国有资产或全民所有财产，但在实际运行中仍然需要根据监管、运营主体的不同来确定国有资产的具体负责单位。不能简单将国有资产在不同国有主体之间的流转视为“左口袋倒右口袋”，或者认为只要最终所有权属于国家，则无论怎样分配都不会造成国家利益的损失。该案中，虽然违规返还土地出让金可能使国有参股企业中的国有股份在一定程度上受益，但客观上不仅造成了市级财政的损失，也导致国家既出让了国有土地使用权，又丧失了对该笔土地出让金和契税的占有、控制，由此产生的国有资产损失不宜一概予以扣除。其次，国有资产和公司法人财产并非同一概念。国有公司入股 H 公司代表的是国有股东利益，但入股完成后的经营活动实际上是公司行为，且因 H 公司并非国家绝对控股或相对控股的公司，国家投入相应资产后，不能完全决定或支配公司经营利润的分配，国有资产账面仅反映具体投入的数额，而不反映相应资产的损益，在合资企业解散或破产前，相应国有资产权益也无法实现。因此，不宜将公司利益等同于（国有）股东利益。最后，公司中的国有股份系T市开发区管委会为完成招商引资任务而对H公司入股，并约定H公司3年后回购国有股份，有关证人证言亦证明T市开发区管委会当时并非为赚取投资利益。而该公司最终亦未按约定回购国有股份，且因该公司破产，客观上造成了相应国有资产的损失。故就本案而言，减免土地出让金、契税与国有资产的增、损之间没有必然的因果关系。

3. 从案件处理效果来讲，不宜将国有股份对应的土地出让金从公共财产损失数额中扣除。首先，根据相关法律和政策规定，在社会主义市场经济中国有企业和民营企业是平等参与经济活动的市场主体，对于国有企业和民营企业应当一视同仁，实行平等保护、同等对待原则。在计算犯罪数额或者犯罪行为造成的财产损失时，不宜根据企业性质或是否包含国有股份而区别对待，本案中H公司违规获取土地出让金和契税，应当视为整体上造成了国家损失，不宜将国有参股部分从民营企业中扣除并单独评价。其次，不能因为土地出让金返还的对象是纯民营企业，就将其违规获得的土地出让金全部认定为公共财产损失；而对于国有参股企业，就将国有股份抵扣。最后，国有参股企业的实际经营状况较为复杂、多样，除本案直接持股的情形外，还存在交叉持股、多重持股、间接持股、股份代持等情形，如不加区分地将国有股份对应的公共财产损失予以扣除，将可能面临无法准确认定国有股份对应数额的难题。

综上，行贿人向国家工作人员行贿，促使国家工作人员违规给国家参股企业减免土地出让金、契税等，在认定造成公共财产损失时，国有股份对应的减免数额可不予扣除。同时，考虑到国有资产相关问题的政策性较强，司法实践中国有资产或财政资金流转的情况复杂、多样，对于是否造成公共财产损失及损失数额，仍需进一步结合案件的具体情况予以准确认定。

问题24：行贿行为中存在犯罪竞合的情形应如何处理

【案例】被告人周某甲系湖南省祁东县某现代农业科技生态园董事长，2012年12月24日，周某甲被确定为湖南省第十二届人民代表大会代表候选人。周某甲为得到出席衡阳市第十四届人民代表大会第一次会议的代表的支持，谋取竞选优势，确保当选省人大代表，在湖南省衡阳市第十四届人民代表大会第一次会议期间，按照每个市人大代表5000元的标准分装了518个信封，并在每个信封外装订上印有“周某甲董事长、湖南省十一届人大代表、湖南省劳动模范”等字样的名片，分别送至衡阳市第十四届人民代表大会第一次会议各代表团在衡阳市林隐假日大酒店、神龙大酒店驻地有关参会人员房间，周某甲上述共计送出现金259万元。2013年1月2日，周某甲当选为湖南省第十二届人大代表。事后，衡阳破坏选举案揭露，2013年12月28日，湖南省第十二届人民代表大会常务委员会第六次会议发布公告，确认由衡阳市第十四届人民代表大会第一次会议选举产生的周某甲等56名湖南省第十二届人大代表当选无效。法院判决被告人周某甲犯破坏选举罪，判处有期徒刑2年3个月。①

【解析】对于行贿中存在犯罪竞合的情形如何处理，存在以下两种意见：

第一种意见认为：该案中，破坏选举和行贿是两个独立的行为，侵犯了两种法益，行为人向人大代表行贿的行为既构成行贿罪，同时也构成破坏选举罪，应予以数罪并罚。

第二种意见认为，行为人以贿赂的手段妨害人大代表自由行使选举权，对其行为以破坏选举罪单独评价即可，否则有重复评价之嫌。

本书同意第二种意见，主要理由是：

1. 行贿行为同时触犯其他罪名的，一般应按照牵连犯的性质数罪并罚。所谓牵连犯，是指犯罪的手段行为与目的行为、原因行为与结果行为分别触犯不同罪名，符合数个犯罪构成，侵犯了多重法益。对于牵连犯，除法律明

---

① 参见湖南省岳阳市中级人民法院刑事裁定书，(2014)岳中刑二终字第75号。

确规定从一重罪处罚的以外，一般都应予以数罪并罚。根据《行贿司法解释》第 6 条的规定，“行贿人谋取不正当利益的行为构成犯罪的，应当与行贿犯罪实行数罪并罚”。也就是说，由于行贿人给予国家工作人员财物的目的是谋取不正当利益，在此过程中常常伴随着其他次生犯罪。例如，为了骗取国家土地补偿款而向有关国家工作人员行贿，或者为了销售假冒伪劣产品、走私、偷税、非法经营而向有关国家工作人员行贿，或者行贿人套取公款后用于行贿。上述情形中行为人均实施了前后两个行为（一个是行贿行为本身，另一个是“为谋取不正当利益”的客观行为），侵犯了不同的法益，予以数罪并罚并无争议。

2. 行贿行为本身就属于其他犯罪的构成要件的，则形成行贿罪与其他犯罪的想象竞合，原则上应当从一重罪处断。所谓想象竞合，是指同一行为触犯数个罪名，是罪过和危害行为的交叉重叠，是实质上的一罪。想象竞合犯中，手段与目的、原因与结果之间存在密切的联系，且为行为人主观所认识，侵犯的客体具有同一性，侵犯的法益没有超出主行为所侵犯的法益范围，主行为的罪质、危害、法定刑罚明显重于前后行为。因此，对于想象竞合的犯罪，出于罪刑相适应和刑事政策考虑，可按照从一重处断原则，仅按主行为的罪名和刑罚从重处理就能对数个行为做出全面的评价，无须数罪并罚。根据《刑法》第 256 条的规定，在选举各级人民代表大会代表和国家机关领导人员时，以暴力、威胁、欺骗、贿赂、伪造选举文件、虚报选举票数等手段破坏选举或者妨害选民和代表自由行使选举权和被选举权，情节严重的，处 3 年以下有期徒刑、拘役或者剥夺政治权利。从上述破坏选举的罪状中可以发现，其本身就包含了行贿手段。因此，以贿选手段竞选人大代表的，既符合行贿罪的构成要件，又符合破坏选举罪的构成要件，似乎构成法条竞合。但一般而言，法条竞合侵犯的是单一法益，而想象竞合侵犯的是复合法益。因此，以行贿手段破坏选举构成了想象竞合关系而非法条竞合关系。鉴于本案中，破坏选举罪与行贿罪在数额较大的幅度内法定刑相同，则应当从手段和目的的牵连关系出发，充分考虑到本案中行为人的最终目的在于通过行贿当选人大代表，因而应当以其目的行为作为主行为，即以破坏选举罪追究其刑事责任，就足以对其行为作出全面评价，故无须数罪并罚。[1] 同理，投标人为了中标而向招标项目负责人行贿的，尽管表面上符合串通投标罪与行贿罪的构成要件，但由于实质上只存在一个行为，属于想象竞合犯，故可以择一重罪处理。但是，如行为人既行贿招标人，又串通其他单位围标，则应以行贿罪和串通投标罪数罪并罚。[2]

3. 需要注意的是，并非所有符合一罪构成要件的行为，同时构成另外一罪的，都必然择一重罪处理，如果相关司法解释有明确规定，则应当按照司法解释的规定办理。例如，行为人以赌博方式向国家工作人员行贿的，宜参照最高人民法院、最高人民检察院《关于办理赌博刑事案件具体应用法律若干问题的解释》的有关规定，即通过赌博或者为国家工作人员赌博提供资金的形式实施行贿、受贿行为，构成犯罪的，依照刑法关于贿赂犯罪的规定定罪处罚。又如，行为人挪用公款进行行贿时，符合《刑法》第 384 条所规定的“挪用公款归个人使用，进行非法活动的”情形的，构成挪用公款罪。按照最高人民法院《关于审理挪用公款案件具体应用法律若干问题的解释》第 7 条第 2 款关于“挪用公款进行非法活动构成其他犯罪的，依照数罪并罚的规定处罚”之规定，该种情形下对行为人使用公款行贿的行为，应当以挪用公款罪和行贿罪数罪并罚。因此，如果行为人实施的数行为超出了一个罪名规定构成要件，侵害了两个不同种类性质的法益，两个法益之间不存在包含关系，必须适用两个法条才能充分评价行为人实行行为的，则应数罪并罚。

问题 25：法院能否在检察机关指控事实的范围内，直接增加指控罪名

【案例】2016 年 5 月 26 日，被告人吴某庆等五人各出资 75,000 元成立

① 参见王芳：《破坏选举罪中“贿选”若干法律问题探讨》，载《中国刑事法杂志》2014 年第 6 期。

② 参见黄燕：《行贿并串通投标应数罪并罚》，载《人民司法 · 案例》2016 年第 26 期。

恩平市华英职业技术培训学校。学校开办后，被告人吴某庆得知国家为加快提升劳动者职业技能水平，促进劳动者稳定转移就业，对符合条件的培训教育机构组织学员参加免费培训，学员经考核合格后，培训教育机构可申领培训补贴。被告人吴某庆与被告人陈某光、周某瑶、李某基、伍某仪商议后一致同意以学校作为平台免费培训申领补贴赚钱。在时任恩平市人力资源和社会保障局局长吴某的帮助下，2016 年 6 月 14 日学校与恩平市人力资源和社会保障局签订了《劳动力技能晋升培训协议》，由学校组织学员参加电焊工、汽车美容等免费培训，在学员取得相关证书后，学校从中申领国家技能晋升培训补贴。签订协议后，被告人吴某庆提议并经全体出资人同意，通过向人社部门工作人员提前获取试卷和答案，指使学校工作人员将答案修改为合格分数段后分发给学员在考试中抄袭，或者向在场的人社部门工作人员、考评员、督导员发放红包以达到放松监管的目的，考评员没有按实操考核的时间要求对学员进行考核，对没有提供考试用具的项目或没有完成的项目均打分通过。五被告人利用学校的办学资质在实施上述培训期间，共招收汽车美容学员 5382 人，缴纳鉴定费 538, 200 元，通过上述培训手段申报得 5078 人的国家补贴合计 8, 124, 800 元；共招收焊工学员 528 人，缴纳鉴定费 126, 720 元，通过上述培训手段申报得 254 人的国家补贴 558, 800 元。两项培训扣除缴纳的鉴定费后，五被告人通过考核作弊获取证书后骗取国家技能补贴共 8, 018, 680 元。为感谢恩平市人力资源和社会保障局局长吴某在学校开办过程中给予的帮助以及开展业务过程中给予的关照，被告人吴某庆提议并经全体投资人同意将学校赚取的利润平分为 6 份送 1 份给吴某。五被告人从学校套现后经被告人吴某庆送给吴某共 350, 000 元，并送公司干股折值 415, 416 元。

针对上述犯罪事实，检察机关指控各被告人犯行贿罪。一审法院经审理后，分别以诈骗、行贿罪对各被告人判处刑罚。宣判后，检察机关提出抗诉，认为本案依据《刑法》第 389 条第 1 款、第 390 条第 1 款之规定，以行贿罪一罪对各被告人的所有犯罪行为已作出全面的评价，再以诈骗罪对被告人的行为予以评价，违背了禁止重复评价的原则。原审判决在原公诉机关的指控罪名之外增加了诈骗罪的罪名，超越了刑事审判权行使的范围，侵犯了上诉人的辩护权，属于适用法律错误。二审法院经审理认为，原审判决并未超出原公诉机关指控范围，程序合法，符合法律规定，遂驳回抗诉，维持原判。①

【解析】对于法院能否在检察机关指控事实的范围内，直接增加指控罪名，存在不同意见：

第一种意见认为，我国刑事诉讼法并未对人民法院能否径行增加公诉机关指控罪名作出明确规定，法院径行增加罪名有违控审分离、不告不理、被告人有权获得辩护等刑事诉讼原则。

第二种意见认为，当人民法院经审理查明检察机关指控的犯罪事实已构成两个罪名，但公诉机关由于认识上的不同，没有对被告人以两个罪名起诉时，人民法院依据查明的案件事实，在充分保障被告人诉讼权利的前提下，可在起诉罪名之外直接认定被告人还构成其他犯罪。

本书同意第二种意见，主要理由是：

1. 对于牵连犯的处理，并不局限于作为“处断的一罪”的单一处理方式，在有法律和司法解释明确规定的情况下，仍然要按照相关规定认定罪数。所谓处断的一罪，是指原本各自独立符合数个犯罪构成，本应数罪并罚，但鉴于行为人具有牵连意图或数个犯罪之间具有牵连关系，司法机关在实践中往往从一重罪评价。上述罪数处理方式固然是司法实践中的通行做法，但也并非不存在争议，特别是将数罪简单处理为一罪，有违罪责刑相适应原则和罪行全面评价原则。而且，严格来说，牵连犯应当是类型化的，骗取国家培训补贴后，又向有关国家工作人员行贿，实际上并没有必然的惯常联系，不是一种固定的类型化关系，能否评价为牵连关系也不无疑问。根据《行贿司法解释》第6条的规定，行贿人谋取不正当利益的行为构成犯罪的，应当与行贿犯罪实行数罪并罚。本案中，五被告人利用学校的培训平台及国家技能

① 参见广东省江门市中级人民法院刑事裁定书，（2021）粤07刑终118号。

培训补贴制度，弄虚作假、形式化、走过场地开展培训，在汽车美容以及焊工培训项目上，通过贿赂考评员用作弊的方式使学员通过考试获取技能证书，最后得以申领国家专项技能培训补贴。通过考试作弊取得技能证书骗取国家技能培训补贴的行为，已经构成诈骗罪。根据上述司法解释的规定，对各被告人应当以诈骗罪、行贿罪数罪并罚。

2. 所谓“不告不理”原则，是指在刑事诉讼中只能由检察院启动刑事追诉程序，人民法院不得自行立案受理或裁判刑事案件。但是，不告不理原则只是在刑事案件的发起上发挥作用，并不能限制审判机关在定罪量刑方面的决定权和主导权。如果把不告不理原则单纯理解为“检察机关怎么诉，人民法院就得怎么判”，则显然过于机械地适用这一原则，也不符合以审判为中心的刑事诉讼理念。因此，在人民法院确认了检察机关指控的基本事实成立的前提下，对于案件事实本身如何定性、如何适用法律，则是审判权的固有组成部分，并不受检察机关原有指控罪名的约束。根据最高人民法院《关于适用〈中华人民共和国刑事诉讼法〉的解释》第 295 条第 1 款第 2 项的规定，对第一审公诉案件，人民法院审理后，对于起诉指控的事实清楚，证据确实、充分，但指控的罪名不当的，应当依据法律和审理认定的事实作出有罪判决。根据该项解释，人民法院可以依职权变更检察机关起诉的罪名。从文义解释的角度来看，变更当然意味着可能将轻罪名调整为重罪名，或者将单一罪名调整为多罪名。但需要注意的是，人民法院无论如何调整，针对的都是检察机关指控的犯罪事实，并没有自行增加新的案件事实，因而没有违背不告不理原则。

3. 为了避免人民法院直接变更人民检察院指控的罪名影响被告人辩护权的有效行使，在法院审理认定的罪名与指控的罪名不一致的情况下，人民法院应当先行建议人民检察院变更指控的罪名。在检察院拒不接受人民法院建议调整指控罪名的情况下，人民法院可以直接行使更改人民检察院指控罪名的权力。本案中，公诉机关以行贿罪对五被告人提起公诉，法院经审理认为五被告人的行为可能构成诈骗罪、行贿罪，再次开庭组织控辩双方围绕五被告人的行为构成行贿一罪还是诈骗、行贿二罪进行辩论，审判程序合法。只要检察机关起诉了犯罪事实，即使没有指控相应的罪名，审判机关在程序上保障了被告人、辩护人充分行使辩护权的基础上，也可以增加罪名。本案中，法院就公诉机关起诉书指控的犯罪事实进行审理后，认为起诉指控的事实清楚，证据确实、充分，但指控行贿罪一罪不当，依据法律和公诉机关指控的犯罪事实，对被告人判处诈骗罪和行贿罪，并未超出公诉机关指控的范围，程序合法，符合法律规定。

当然，当案件事实超出起诉事实或者发生重大变化而导致罪名变更时，由于起诉效力已难以涵盖人民法院认定的案件事实，根据不告不理和控审分离的原则，均须经公诉机关变更、补充起诉程序，并对新事实调查、辩论后才能变更。

五、关于行贿罪的司法适用难点

问题 26：如何区分“人情往来”与行贿犯罪的界限

【案例】被告人徐某与安徽省技术进出口股份有限公司、安徽出版集团有限责任公司原董事王某关系密切。王某以安徽省技术进出口股份有限公司的资金帮助徐某垫资成立安徽省安泰科技股份有限公司，并决定由安徽出版集团有限责任公司并购、控股安徽省安泰科技股份有限公司，使徐某个人股权价值大幅增长。2001～2015 年，徐某先后多次在王某的办公室等地，以王某出国、孩子上学、过生日、指导工作、父母生病等事由，送给王某人民币共计 64, 000 元、购物卡 15, 000 元、美元 2000 元；为王某报销补牙费用、其他个人费用 49, 295 元。包含 2015 年、2016 年，王某的父母先后因病住院，徐某两次前往医院看望，并给予王某现金共计 4000 元。2017 年 6 月 5 日，被告人徐某接办案机关通知后到案接受调查。被告人辩称其和王某之间是人情往来关系。法院经审理认定，除因徐某孩子上学，王某给付少量人情款 3000

元之外，未见双方之间还有其他人情往来，而徐某以王某出国、孩子上学、过生日、指导工作等理由给付王某的钱款，明显与王某给付的人情款在金额上不对等，亦不符合常理。遂判决被告人徐某犯行贿罪，判处有期徒刑 8 个月，缓刑 1 年。①

【解析】随着行贿手段的花样翻新，新型行贿日益增多，许多行贿人抱着侥幸心理，借“同乡”“同窗”“好友”之名行行贿之实，并辩解给予国家工作人员财物系“人情往来”。《贪污贿赂司法解释》将国家工作人员收受具有特定上下级或管理关系的人员给予的 3 万元以上的礼金、红包的行为，拟制为“为他人谋取利益”，解决了受贿罪长期以来的司法适用难题。这是一种有条件地将情感投资行为入罪的方式，以此作为对情感投资问题处理的解决方案。② 但对于行贿罪而言，能否参照适用上述条款还存在一定争议，因而仍需要结合具体案情进行分析。由于行为人给予财物和获取利益在时间和空间上间隔比较长，介入了“感情”这一因素，公共资源分配与金钱之间的对价关系并未直接显现，至于在以后是否有明确的请托事项并不确定，只是具备侵犯机会公平性的可能。对此，能否认定为行贿罪，还存在一定争议：

第一种意见认为，中国是一个人情大国，逢年过节、红白喜事、乔迁新居、升学就业、参军入伍、住院就医等，往往存在“礼尚往来”“关系走动”的空间，如打击面过宽，则与我国几千年的人情文化和人情社会的文化传统不相符合，还可能导致社会生活与司法实践的混乱。③

第二种意见认为，尽管人情往来、感情投资类的行为将权钱交易对价关系模糊化，但实践中并非不可认定，况且“感情投资”的危害性不亚于即时性权钱交易。④ 对于如何区分谋取不正当利益与“人情往来”的情形，应当

---

① 参见安徽省合肥市蜀山区人民法院刑事判决书，（2019）皖 0104 刑初 44 号。

② 参见陈兴良：《为他人谋取利益的性质与认定——以两高贪污贿赂司法解释为中心》，载《法学评论》2016 年第 4 期。

③ 参见高铭暄、张慧：《论受贿犯罪的几个问题》，载《法学论坛》2015 年第 1 期。

④ 参见李琳：《论“感情投资”型受贿犯罪的司法认定——兼论受贿罪“为他人谋取利益”要件之取消》，载《法学论坛》2015 年第 5 期。

从行贿人与受贿人的双重视角来审视二者的差异，其中包括给予利益、好处的时间节点和交往程度、数额大小。[1]

本书同意第二种意见，主要理由是：

1. 从双方关系是否具有平等性上来看，“人情往来”需要双方具备长期交往的基础和一定的感情因素，仅因某个项目审批而结识显然不具有人情基础。此外，双方的交往还应保持在一个大致平等的关系幅度内，而不是基于权力基础所建立的交往关系，如具有上下级关系的下属或者具有行政管理关系的被管理人员，则往往具有一定的利益诉求，不属于平等关系。例如，根据《贪污贿赂司法解释》第13条第2款的规定，“国家工作人员索取、收受具有上下级关系的下属或者具有行政管理关系的被管理人员的财物价值三万元以上，可能影响职权行使的，视为承诺为他人谋取利益”。在办理行贿案件过程中，可以参照上述规定的精神理解何为“具有明显的利益诉求”。此处的行政管理关系，指基于广义的法律、法规、规章所确认的监管关系。[2]此外，还应注意即使是亲属关系，也不宜一概认定为具有平等关系。如果行贿人虽然与某国家工作人员系亲属关系，但双方财产关系各自独立，其为谋取不正当利益向该国家工作人员赠送财物的行为，仍然超出了平等交往的范畴，应当认定为行贿。反之，如亲属间是出于增进亲情目的而在逢年过节期间赠送财物，且与请托、谋利行为的发生时间缺乏明显的关联性、对应性或非出于明显功利目的，则不宜认定为行贿。

2. 从赠送礼金时是否有明确的请托事项上来看，实践中往往存在行受贿双方“心知肚明”“心照不宣”的情形，“礼金”不过是赠送者收买“公权力”的社交策略。[3] 例如，某企业老板在中秋节期间向具有相关审批权的国

---

① 最高人民法院、最高人民检察院《关于办理商业贿赂刑事案件适用法律若干问题的意见》曾提出，贿赂与馈赠的界限应当结合以下因素判断：(1) 发生财物往来的背景，如双方是否存在亲友关系及历史上交往的情形和程度；(2) 往来财物的价值；(3) 财物往来的缘由、时机和方式，提供财物方对于接受方有无职务上的请托；(4) 接受方是否利用职务上的便利为提供方谋取利益。

② 参见周光权：《刑法客观主义与方法论》，法律出版社2013年版，第331页。

③ 参见孙国祥：《“礼金”入罪的理据和认定》，载《法学评论》2016年第5期。

家机关工作人员贿送礼金，仅提出请该国家工作人员今后对其公司“多多关照”，在此情况下，给予财物和请托、承诺谋利事项之间具有明显的关联性、对应性，应认定为具有明确的请托事项。如果只是纯粹的“感情投资”，既没有表征“谋取不正当利益”的目的，也没有反映行为人谋取了不正当利益，则行为人不应构成行贿罪。对于行贿人而言，如果前期的所谓“感情投资”中并没有提出“谋取不正当利益”的请求，但后来提出了“谋取不正当利益”的请求，则前面的所谓“感情投资”能够与后来的“谋取不正当利益”相关联的，其涉案数额应前后一并认定。① 又如，律师在其代理某一案件后或者其代理的案件正在进行审理执行时，以节假日为借口，与司法人员进行接触或者给予财物，则可以推定其具有“谋取不正当利益”的目的和行为。

3. 从所送财物是否具有双向性及价值上大致对称性来看，所谓“礼尚往来”必须具有双向性，在年节期间馈赠给对方礼金，要求在类似的情境中对方也回赠等价的财物，这是其区别于贿赂犯罪中的“权钱交易”的重要特征。《礼记·曲礼》曾有言：“往而不来，非礼也；来而不往，亦非礼也。”因此，如果只有单方的利益输送，而对方从未有过回馈或者为了掩饰行受贿关系而选择给予少量不对等的财物，均属于行贿。一般而言，所谓“正常往来数额”并无确定或统一标准，需要根据当地的社会风俗习惯和经济发展水平来确定。有些地方虽然经济条件落后，但是民间礼金畸高，甚至动辄过万，对此也不宜一概认定为超出正常往来的范畴。反之，如果已经明显超出当地通行标准，且无其他特别原因予以合理解释，又存在谋利事项，则不属于正常的人情往来。② 此外，从赠送财物时是否具有一定公开性来看，在具体的送钱方式方面，人情往来具有公开性，这种公开性表现为不避讳、不隐瞒，如在婚宴现场将礼金公开登记在礼簿上；贿赂则具有隐秘性，通常在办公室、住所等“一对一”环境下进行。

---

① 参见孙国祥：《“受贿行贿一起查”的规范化法治化路径》，载《中国刑事法杂志》2023 年第 4 期。

② 参见于同志：《刑事实务十堂课：刑事审判思路与方法》，法律出版社 2020 年版，第 261 页。

综上，这种所谓的人情往来，实际上是一种对价关系模糊化的“感情投资”，[①] 行受贿双方希冀遮蔽、掩饰甚至弱化直接的贿赂与职务行为之间的对价，先在日常的生活、工作往来中铺设一条名为感情的利益输送通道，在对感情进行投资后就算之后提出请求时没有一同给予财物，国家工作人员也不会拒绝。对于“人情往来”和“感情投资”的性质判断，应当借助法益的功能，从公共权力廉洁性和社会一般成员对公平竞争的信赖感出发，超越“不正当利益”要件中主观要素的限制，只要行贿行为客观上使社会一般人对获取公共资源的信心、预期与判断产生了动摇、怀疑，就应当将破坏上述法益的行为纳入行贿罪惩处的范围。

问题 27：商业贿赂条款中的行贿犯罪，是否需要具备谋取不正当利益的要件

【案例】 被告人陈某系湖南大华国际广告有限公司（以下简称大华广告公司）董事长，在承接中国移动通信集团湖南有限公司（以下简称湖南移动公司）的广告业务过程中，于 2007 年春节至 2011 年春节期间，先后分 5 次共送给时任湖南移动公司党群部主任黄某人民币 850,000 元。黄某受贿案发后，被告人主动向办案机关投案，并交代了上述犯罪事实。被告人陈某辩称，在代理湖南移动公司广告业务过程中其没有谋取不正当利益，广告合同的签订经过了招投标，有些合同是因为中标的第一名主动放弃才使第二名的大华广告公司中标。大华广告公司参与投标程序合法，不符合行贿罪的犯罪构成要件。法院经审理认为，被告人陈某属于在经济往来中，违反国家规定，给予国家工作人员以财物，数额较大，构成行贿罪，遂判处被告人陈某有期徒刑 1 年，并处罚金人民币 10 万元。[②]

---

① 参见车浩：《贿赂犯罪中“感情投资”与“人情往来”的教义学形塑》，载《法学评论》2019 年第 4 期。

② 参见湖南省郴州市中级人民法院刑事判决书，(2018) 湘 10 刑终 417 号。

【解析】《刑法》第389条第2款规定，在经济往来中，违反国家规定，给予国家工作人员以财物，数额较大的，或者违反国家规定，给予国家工作人员以各种名义的回扣、手续费的，以行贿论处。实践中，该条款也被称为“商业贿赂条款”。由于该条款中并未直接规定主观要件，因而对于该条款是否要求具备谋取不正当利益的要件，还存在一定争议：

第一种意见认为，谋取不正当利益是所有行贿犯罪的必备要件，虽然刑法未明确规定商业贿赂条款是否需要具备谋取不正当利益的要件，但从立法精神上推断也应具备。[①] 仅在经济往来中给予国家工作人员财物或回扣、手续费，而没有谋取不正当利益的，依法不构成行贿罪。

第二种意见认为，从文义解释的角度来看，尚不能推断出商业贿赂条款是否具备谋取不正当利益的主观要件。而从体系解释的角度来看，立法者专门规定了该条款就是考虑到此类犯罪的特殊性，而并非忽略或否定主观要件中的认识和意志要素，只是不再强调主观要素的重要性，只要在经济往来中给予对方回扣、手续费就视为谋取不正当利益。

本书同意第二种意见，具体理由是：

1. 从罪刑法定的角度来看，《刑法》第389条第2款即商业贿赂条款是刑法关于行贿罪的“拟制”条款，[②] 具有独立的构成要件意义，区别于普通行贿罪条款，不要求以谋取不正当利益为构成要件。对于行贿罪中的“特殊条款”，如果仅从条文内容上来分析，很难直接判断行为人是否具有谋取不正当利益的主观动机。对此，可通过体系解释的方法，考察刑法规定及其立法背景，将具体的刑法条文置于整个犯罪体系框架内进行分析，并对刑法条文所蕴含的法律逻辑进行延伸，而又不超出刑法条文语义的射程。[③]《刑法》关于单位行贿罪的规定中，也同样有类似的经济往来行贿条款。

---

① 参见赵煜：《惩治贪污贿赂犯罪实务指南》（第3版），法律出版社2019年版，第717页。

② 参见薛进展：《贿赂犯罪“经济往来”系列条款是法律拟制规定》，载《检察日报》2008年3月25日。

③ 参见贾银生：《刑法体系解释之解释规则的反思、重构与展开》，载《西南政法大学学报》2020年第6期。

2. 从体系解释的角度来看，《反不正当竞争法》对于商业贿赂行为的认定，也没有规定“为谋取不正当利益”的要件。当然，没有特别规定主观要件，并不代表行为人在实施商业贿赂行为时不存在任何主观认识。如果行为人完全没有认识到自己给予国家工作人员回扣、手续费，或者误以为给予的回扣、手续费只是针对市场一般主体的折扣、佣金，则不存在违法性认识或属于具体的事实认识错误，不应当认定为犯罪。

3. 从立法出台的时代背景来看，1997 年《刑法》设立该条款时，正值我国社会主义市场经济初步建立之时，国家对商业领域的监管措施还不够到位，一些商品经营者经常以各种名目的回扣、手续费为幌子，向有关国家工作人员大肆输送非法利益，并严重败坏了社会风气和市场秩序。为进一步治理商业贿赂，彻底遏制经济腐败的不正之风，同时考虑到增设“谋取不正当利益”的要件将增加论证上的难度，为避免人为抬高行贿罪的入罪门槛，故而《刑法》第 389 条第 2 款对此类发生在特定的经济往来活动中的行贿行为设置了区别于普通行贿罪的构成要件，即没有专门强调“谋取不正当利益”的构成要件。当然，这并不意味着对“谋取不正当利益”的消解或者否定，因为《刑法》已经对此设定了两个前置性条件，即“在经济往来中”和“违反国家规定”，因而也不必担心“谋取不正当利益”要件被该条款架空。因此，行为人不论是否为谋取不正当利益，只要在经济往来中违反国家规定给予国家工作人员以财物或者各种名义的回扣、手续费，且数额为 3 万元以上，均构成行贿罪。

问题 28：如何理解“被勒索给予国家工作人员以财物”

【案例】被告人何某新从事房屋中介工作。2013 年下半年，被告人何某新得知长沙市天心区南湖片区棚户区进行改造，需要向市场购买大量二手房进行产权调换，于是被告人何某新找到南湖公司征拆部经理喻某、部门主管李某请求帮忙介绍业务，并允诺给予金钱回报。在 2013～2015 年，南湖公司征拆部经理喻某、部门主管李某利用职务上的便利，总共从被告人何某新处购买三批共80余套二手房进行产权调换。2014年四五月的一天，被告人何某新与南湖公司第二批40套二手房交易完成之后，为感谢喻某帮忙，按照喻某提出的每套1万元的回扣标准要求，被告人何某新于2014年5月20日左右在长沙市天心区白沙路送给喻某现金人民币40万元。被告人何某新对公诉机关指控的犯罪事实无异议，但辩称40万元系喻某主动提出和索要的，系索贿，其不应承担刑事责任。法院对该辩解意见未予采纳，判决被告人何某新犯行贿罪，判处有期徒刑1年6个月，并处罚金人民币2万元。①

【解析】《刑法》第389条第3款规定，"因被勒索给予国家工作人员以财物，没有获得不正当利益的，不是行贿"。由于行贿案件中被索贿是法定出罪情节，不少案件中行贿人以被国家工作人员索贿为由，辩解自己无罪，给行受贿关系的认定增加了一定困难。对于本案中是否存在索贿情节，存在两种意见：

第一种意见认为，对于索贿的认定，应从字面意义上理解。只要国家工作人员首先提出给予财物的要求，就是索贿。在加大打击行贿犯罪的背景下，不应在索取的基础上另外附加其他条件。②

第二种意见认为，对索贿应从实质上理解，而非形式化地认为只要张口要钱即成立索贿，而不考虑行贿人的反应和态度。索贿必须达到必要的强制程度，迫使对方给付财物才能认定，因此本案不存在索贿情节。③

本书同意第二种意见，理由是：

1. 从文义解释的角度来看，所谓"勒索"，在语义学上带有一定身体和心理上的强制性，往往是逼迫他人并使对方就范，刑法中的敲诈勒索罪即利用被害人的恐惧心理而迫使被害人交付财产。因此，为充分体现对行贿犯罪的打击力度，对于"索贿"的认定应严格把握其内涵，不宜将国家工作人员

---

① 参见湖南省长沙市天心区人民法院刑事判决书，(2017)湘0103刑初717号。
② 参见陈洪兵：《职务犯罪罪名精释与案例百选》，法律出版社2023年版，第216页。
③ 参见孙国祥：《贪污贿赂犯罪研究（下）》，中国人民大学出版社2018年版，第956页。

首先提出给予财物的情形一概认定为索贿。特别是当行贿人本来就有行贿意图时，即便受贿人首先提出要求，鉴于行贿人与受贿人之间属于“一拍即合”“互相利用”的情形，不能仅因受贿人主动提出就轻率认定为索贿。

2. 从目的解释的角度来看，认定索贿需要满足主动性、交易性和强迫性三个要件：一是受贿人在主动要求行贿人给付财物的同时，往往以如对方不答应则不会再为行贿人谋取利益为要挟，并积极地主导权钱交易进程；二是行贿人与受贿人之间处于严重不对等的利害关系，并在受贿人的明示或暗示下，基于担心受贿人利用职权损害其利益或导致无法获得预期收益的心理，相对被动地按照受贿人的要求给付财物；三是在此过程中行贿人在心理上受到一定强制，这种强制虽然不要求达到构成敲诈勒索罪的程度，但至少应带有一定不情愿、不认可的主观心态。因此，只有符合国家工作人员先提出财物要求，国家工作人员采取了一定方式，给请托人施加压力，以及请托人从内心深处不愿意给予财物的条件时，才构成索贿。①

3. 从体系解释的角度来看，考虑到当前行贿犯罪仍然形势严峻的背景，应当对行贿罪中的出罪条款从严把握，不宜过分扩张索贿的内涵，以避免索贿条款成为行贿人的“避风港”，动辄以“对方先提出索贿要求”为由主张无罪。有观点认为，把索贿解释为带有胁迫性质的“强要财物”，要求对他人形成心理强制甚至是造成极度痛苦的这种观点，限缩了索贿的适用范围，偏离了刑法关于索贿条款的含义及立法意图。② 但同样不能忽视的是，即便可能存在限缩索贿适用范围的情况，也是基于刑法本身合目的性解释的结果。因而对诸如对方先提出索贿要求的辩解，应严格审查和仔细甄别受贿人向行贿人所提出的给予财物的要求是否严重超出了行贿人的心理预期、是否对行贿人造成了强大的心理压制，如果尚未达到上述程度，则一般情况下不宜认

---

① 参见陈伟、熊波：《“多次索贿”犯罪情节的认知及其规范化适用——基于〈关于办理贪污贿赂刑事案件适用法律若干问题的解释〉第1条的立法检视》，载《法律适用》2017年第13期。

② 参见段剑良：《从两个层次把握索贿的认定》，载《检察日报》2021年9月7日，第7版。

定为索贿。[1]

4. 实践中，对于以下情形一般不宜认定为索贿：（1）国家工作人员主动向行贿人提出借款，行贿人应允后在借款之初即决定不再要回该款项的，可以认定行贿人在心理上并不具有排斥和抗拒的态度，对此不宜认定为索贿；（2）国家工作人员虽系主动提出借款，但行贿人曾向受贿人催要过该款项，或受贿人曾主动归还过部分款项的，不宜认定为索贿；（3）受贿人向行贿人提出给付财物的要求后，未再以明示或暗示的方式施加其他胁迫或刁难，行贿人亦承诺支付的，不宜认定为索贿；（4）行贿人主动提出对受贿人进行感谢，仅由受贿一方确定行贿具体金额，且该数额未超出行贿人预期范围的，不宜认定为索贿。

问题 29：被索贿后实际谋取到不正当利益的，是否构成行贿罪

【案例】 被告人范某瑞为办理混凝土搅拌站相关手续，找到时任青海省德令哈市委常委、副市长的张某让其帮忙协调，张某利用其职务便利，在科力达公司没有获取混凝土生产资质的情况下，允许混凝土搅拌站先行生产混凝土。后范某瑞得知德令哈有轨电车项目中需要大量混凝土，于是让张某出面帮忙，张某便找到北京城建集团德令哈有轨电车项目部负责人周某 1，明示周某 1 在项目中照顾一下科力达公司，让有轨电车项目使用科力达公司生产的混凝土。2017 年 6 月 8 日，科力达公司与北京城建轨道交通建设工程有限公司德令哈分公司签订了《预拌混凝土买卖合同》，使科力达公司成为德令哈有轨电车项目混凝土独家供应商。其间，科力达公司因在没有获取混凝土生产资质的情况下生产销售混凝土，被有关部门下发了执法建议书，责令其停止生产销售混凝土（未整改），后经张某再次出面协调，2017 年 11 月 10 日，科力达公司混凝土搅拌站取得建筑业企业资质证书。2018 年，在张某帮

---

[1] 参见王晓东：《贪污贿赂、渎职犯罪司法实务疑难问题解析》，人民法院出版社 2020 年版，第 122 页。

助下，被告人范某瑞在德令哈工业园区内，以先建设后招标的形式承揽了德令哈工业园环境综合整治项目和德令哈综合产业园区孵化基地一期、二期环境整治项目等5个项目，合同价总计1.51亿元。2017年1月，张某以在西安购房为由向范某瑞索要500万元，范某瑞将500万元转入其提前给张某办理的陈某2名下的建设银行卡中，由张某情人李某刷此卡购买了西安市曲江新区延展路463号华侨城天鹅堡一处房产。2017年2月，张某欲支付其在海南省三亚市半山半岛购买的房产的房款，以“亲友资金周转紧张”需要用钱为由向被告人范某瑞索要600万元，并要求范某瑞将该款转至半山半岛售房处李某2的交通银行账户。2017年3月9日、3月27日范某瑞分两次将600万元转账至李某2的交通银行账户。2017年9至10月，张某先后以急需归还其朋友借款、前往北京办事需要用钱为由，陆续向范某瑞索要395万元，范某瑞将筹措到的335万元转入张某指定的银行账户。一审法院以被告人范某瑞犯行贿罪，判处有期徒刑11年，并处罚金100万元。宣判后，范某瑞以其被国家工作人员索贿，不构成行贿罪为由提出上诉。二审法院经审理认定，被告人范某瑞在办理科力达公司预拌搅拌站手续及承揽项目等事宜中为谋取不正当利益，多次给予国家工作人员以财物1435万元，情节特别严重，虽被索贿但具有谋取不正当利益的情形，其行为构成行贿罪。遂裁定驳回上诉，维持原判。①

【解析】根据《刑法》第389条第3款的规定，因被勒索给予国家工作人员以财物，没有获得不正当利益的，不是行贿。因此，欠缺被勒索要件的，不符合该条款的规定。但行贿案件中还有一种较为常见的现象，即虽然被勒索给予国家工作人员财物，但又实际谋取到了不正当利益，对此是否认定为行贿罪，目前有两种意见：

第一种意见认为，对于虽然被索贿但实际谋取到了不正当利益的情形如何处理，刑法并未明确规定。考虑到“没有获得不正当利益”属于客观要素

① 参见青海省海西蒙古族藏族自治州中级人民法院刑事裁定书，(2022)青28刑终8号。

的范畴，这与作为主观要素的“为谋取不正当利益”是否能够画等号，还存在一定争议。[①] 在被国家工作人员利用职权索贿的情况下，不宜苛求行为人必须拒绝国家工作人员的索贿要求，特别是在招投标领域，如果参与投标的企业资质符合法律规定，但仍然被主管人员索贿，不能仅因中标成功且存在权钱交易行为就否定其谋取利益的正当性，因而不应认定为行贿罪。

第二种意见认为，对于虽然被索贿但已经谋取到不正当利益的行为，是否具有“谋取不正当利益”的主观动机在所不论。刑法关于行贿罪的构成要件设定是完整的，不能人为割裂或单独予以理解。对此，行贿人均应有明确认知，其仍然向国家工作人员行贿不过是顺水推舟的行为，因而对其被索贿后实际谋取到不正当利益的情况，应当认定为行贿罪。

本书同意第二种意见，主要理由是：

1. 从贯彻罪刑法定原则来看，根据《刑法》第389条第3款规定，“因被勒索给予国家工作人员以财物，没有获得不正当利益的，不是行贿”，该条款也被称为“行贿出罪条款”。也就是说，立法机关对于依法不认定为行贿罪的情形已经预先设置了两个条件，分别为“被勒索给予国家工作人员以财物”和“没有获得不正当利益”，上述规定是完整的、缺一不可的，不能人为割裂或单独予以理解，缺少任何一个条件都会影响出罪的结论。

2. 从行贿人主观认知来看，行贿人即使被国家工作人员“勒索”财物，其行贿行为也仍然没有超出“意志自由”和自我答责的范畴。所谓的“勒索”，并没有达到足以对行贿人精神意志构成强制的程度，行贿人仍然具有选择给予对方财物或者拒绝给予的权利。对任何理性人而言，其既然意图谋取不正当利益，都会衡量成本与收益的对价关系。如果成本过高，也就不会有后续的行贿行为。对于不正当利益的获得，只要行为人认识到其与行为人给予国家工作人员财物的行为之间存在因果关系，就足以证明行为人至少存在间接故意的心态。例如，因醉酒驾车被交警查处后，民警借机向行为人勒

① 参见彭新林：《我国腐败犯罪刑法立法完善建议》，载《法学杂志》2021年第3期。

索财物，行为人亦出于急于脱身的考虑给予了民警财物的，该情形中虽存在索贿情节，但行为人显然对其醉驾违法行为未被查处系不正当利益是具有明确认识的，此种情况下仍然向国家工作人员行贿，不过是顺水推舟的行为。

3. 从是否具有犯罪期待可能性来看，即便被国家工作人员索贿，也并非没有任何救济途径。一方面，行贿人可以选择放弃对不正当利益的诉求，以免于受到国家工作人员的刁难。另一方面，行贿人在明知国家工作人员索贿的情况下，也可以选择向有关部门投诉举报，而不是曲意迎合、逆来顺受。在从事市场经营活动过程中，因被相关国家工作人员借故吃拿卡要而行贿的，可作为特殊量刑情节酌情予以从轻处罚，但并非绝对意义上的出罪事由。不能允许既腐蚀了干部，又客观上享受到了行贿带来的收益。因此，在分析行贿人具体目的时应本着实事求是的态度，“综合考察其情势的可期待性、行为的可避免性、动机的可谴责性，综合判断其责任程度，看其是出于无奈还是贪婪、看其行为是可以谅解还是不可宽宥，考察其法益侵害是否达到需要以刑法制裁的程度，进而决定对此类行为是否入罪”①。

问题 30：施工方为了顺利结算工程款而给予国家工作人员财物的，是否属于“谋取不正当利益”

【案例】2012 ~2013 年，被告单位夏溪园林公司先后在甘肃省 E 市承包施工 F 县若干工程，并委派公司副总经理、股东谈某某为以上工程项目部负责人，负责工程项目的实施管理、工程核算、工程款催收等与工程相关的事宜。因夏溪园林公司资金周转困难，夏溪园林公司通知项目部负责人谈某某尽快催收工程款。在谈某某多次催要、相关部门给付额度不大的情况下，谈某某向夏溪园林公司法定代表人、董事长史某汇报并协商，由谈某某代表夏溪园林公司向时任 F 县委书记刘某请求帮助解决，具体事宜由谈某某负责实

① 王政勋：《贿赂犯罪中“谋取不正当利益”的法教义学分析——基于语义解释方法的考察》，载《法学家》2018 年第 5 期。

施。谈某某先后4次向刘某送现金65万元，该65万元全部为夏溪园林公司业务拓展备用金。法院经审理认为，被告单位夏溪园林公司和被告人谈某某为顺利结算工程款向时任F县委书记刘某给付65万元的行为并未谋取不正当利益，也不属于以违反公平公正的原则去谋取竞争优势，其所谋取的工程款系依照民事法律和合同约定所应得的合法利益，被告单位和被告人的行为不构成犯罪。[①]

【解析】实践中，行为人为结算工程款而给予国家工作人员财物的，是否属于谋取不正当利益，存在以下两种意见：

第一种意见认为，贿赂的本质是一种权钱交易，不管是为了谋取不正当利益还是为了谋取正当利益，贿赂行为本身客观上均侵害了国家工作人员或非国家工作人员职务行为的不可收买性，都具有社会危害性。通过给相关国家工作人员送钱的方式来换取顺利结算工程款，属于明显的手段不正当，既然手段不正当，所获取的利益也必定是不正当的。

第二种意见认为，工程款本来就是施工单位付出劳动后应得的报酬，且受法律保护，其获得的利益属于“应得利益”，[②] 行为人追讨工程款是履行债权人的权利，即便其为此给予国家工作人员财物，也不宜认定为谋取不正当利益。

本书同意第二种意见。理由是：

1. 从坚持罪刑法定原则的角度来看，那种认为只要手段本身不正当，则目的不可能正当，即行贿犯罪中根本不存在“正当利益”空间的观点，在逻辑上失之偏颇。这种观点将“谋取竞争优势”的解释推向了一个极端，依此逻辑，只要是未实际到手的利益，即便是绝对、必然的，都存在谋取竞争优势的土壤和条件，因而可能被认定为谋取不正当利益，这样一来，实践中可以被认定为正当利益的情形将极为少见。对此，在司法裁判层面保持合理的解释边界，以避免单纯客观归责而导致行贿罪“为谋取不正当利益”要件的

① 参见甘肃省成县人民法院刑事判决书，（2017）甘1221刑初142号。

② 参见夏伟、王周瑜：《对行贿罪中不正当谋取利益的理解》，载《人民司法》2015年第13期。

空洞化。从正当性角度来看，利益可以分为确定性利益和非确定性利益，或分为应得利益与待定利益。在谋取不正当利益时应当以存在优势竞争、资源博弈为前提，存在竞争和博弈，则表明行为人所谋取的利益一般为不确定利益。而依法或依程序必然归属于行为人的利益，则很难认定行为人谋取的是不正当利益。因此，不加甄别对行贿行为“一刀切”式的处理，并不能使行为本身得到全面、客观评价。

2. 从坚持刑法谦抑性的角度来看，行贿罪系故意犯罪，在扩张不正当利益外延的同时，也应确定合理边界。较之受贿罪，行贿罪有其自身的独立性，虽然为他人谋取的利益种类并不影响受贿罪的基本构成，但谋取利益的性质对行贿罪的构成却具有决定性的意义。根据《公务员法》的规定，国家工作人员应当清正廉洁，公道正派，忠于职守，勤勉尽责。但实践中，并非所有国家工作人员都能做到履职尽责，加之中国“人情社会”的传统和部分地区和行业仍然一定程度存在“不给钱不办事”的不良风气，一些国家工作人员甚至吃拿卡要、冷横硬推、故意懈怠放慢履职进度，一些行贿行为的发生与行为人的主观愿望是相背离的，客观上确实存在“为正当利益”而被迫支付“加速费”的情形，[①] 行为人递送财物很大程度上是基于对国家工作人员能否公正履职的不信赖。因此，应从我国实际国情出发，不宜不加甄别地一味扩大打击面，而应当保持刑法的谦抑性。[②] 也就是说，谋取竞争优势应当以存在竞争为前提，存在竞争则表明行为人所谋取的利益一般为不确定利益，而谋取已经确定的利益，很难说谋取了竞争优势。

3. 从实现案件社会效果的角度来看，如果将催要工程款而送钱的行为认定为谋取了竞争优势，进而构成行贿犯罪，不符合普通民众朴素的法感情。否则，按照上述论证逻辑，农民工为讨薪而不得已向用工单位负责人送礼的行为，也将得出与其他讨薪农民工之间存在竞争关系，因而属于“谋取了竞争优势”的荒谬结论。因此，在分析行贿人具体目的时应当本着实事求是的

---

① 参见于同志：《刑事实务十堂课：刑事审判思路与方法》，法律出版社2020年版，第297页。

② 参见张明楷：《刑法学》（第5版），法律出版社2016年版，第1230页。

态度，“综合考量行贿人谋求不减少可不减少之正当利益的客观情势、主观动机等，考察其情势的可期待性、行为的可避免性、动机的可谴责性，综合判断其责任程度，看其是出于无奈还是贪婪、看其行为是可以谅解还是不可宽宥，考察其法益侵害是否达到需要以刑法制裁的程度，进而决定对此类行为是否入罪”[①]。现实中，确定性利益之所以从“不正当利益”中剥离出来，是因为客观上确实存在依据正当程序必然获得的确定性利益，此种情况下发生行贿往往是由于国家工作人员怠于兑现相对人的确定性利益。例如，施工方为顺利结算工程款而被迫给予工程发包方财物的，因工程款本来就是施工单位与发包方在施工合同中的明确约定，受法律保护，其获得的利益属于“应得利益”，不属于谋取不正当利益。当然，如果发包方需要偿还多个施工方的工程款，即在债务人一方存在并列关系或者债务受偿的先后次序，某个施工方通过行贿方式改变了受偿顺序，或者本来双方已经约定了明确的付款日期，而施工方通过行贿希望提前支付工程款，则主观上具有谋取竞争优势等不正当利益的故意，应当认定为行贿罪。[②]

问题31：村干部为解决与邻村的土地争议而贿送财物的，是否属于“谋取不正当利益”

【案例】辽宁省兴城市海滨乡王屯村与海滨村存在土地权属的历史性争议，合计251.45亩。2007年12月，王屯村委会因土地承包经营权纠纷将海滨村委会起诉至法院，经一审判决认定海滨村委会将争议土地返还给王屯村委会；后海滨村委会不服提起上诉，二审法院驳回上诉，维持原判。海滨村委会不服二审判决申请再审，经辽宁省高级人民法院裁定：指令葫芦岛市中级人民法院再审。后经葫芦岛市中级人民法院审理，认为“双方当事人争议

---

① 王政勋：《贿赂犯罪中“谋取不正当利益”的法教义学分析——基于语义解释方法的考察》，载《法学家》2018年第5期。

② 参见孙国祥：《“加速费”、“通融费”与行贿罪的认定——以对“为谋取不正当利益”的实质解释为切入》，载《政治与法律》2017年第3期。

土地的使用权属仍处于不明确状态，须由行政部门依法予以确认”，于2009年4月14日作出裁定撤销原一、二审判决，驳回王屯村委会的起诉。被告人赵某志担任王屯村党支部书记兼村委会主任期间，为使王屯村与海滨村争议土地归王屯村所有，于2011年11月给付海滨村委会主任孙某10万元，又于2011年12月1日给孙某写了一张10万元的欠条。被告人赵某志为使海滨村党支部书记邵某同意争议的土地归王屯村所有，2011年12月赵某志陆续给付邵某人民币91万元。2012年3月20日，邵某违反民主议事规则，在未召开村民代表大会的情况下与赵某志签订了《海滨乡王屯村和海滨村土地权属争议和解协议书》就两村争议土地权属达成一致。该协议达成后，海滨村将其中112.7亩水田返还给王屯村。被告人辩称，其不存在谋求不正当利益，不构成犯罪。法院经审理认为，涉案土地权属属于尚不确定的权益，采用暗箱操作方式向非国家工作人员行贿，属于谋取不正当利益，遂判决被告人赵某志犯对非国家工作人员行贿罪，免予刑事处罚。①

【解析】本案中，村干部为解决本村与邻村土地争议而贿送财物的，是否属于谋取不正当利益，在认定中存在以下两种意见：

第一种意见认为，村民委员会属于基层自治组织，村干部维护本村村民的合法利益是其职责所在，尽管解决争议过程中给予了对方好处，但索回的土地归村民集体所有，因此为村民争取权益不属于“谋取不正当利益”。

第二种意见认为，村干部以贿赂方式解决土地争议，未穷尽行政和司法救济途径，存在程序不当，属于谋取不正当利益，已构成对非国家工作人员行贿罪。

本书同意第二种意见，主要理由是：

1. 从行为期待可能性的角度来看，如果行为人在谋取利益的过程中并未穷尽其他救济手段，则为集体利益而行贿不能作为责任阻却的事由。在行贿案件中，往往有被告人及其辩护人坚持行为人是基于公共利益、集体利益、

---

① 参见辽宁省兴城市人民法院刑事判决书，(2018) 辽1481刑初197号。

单位利益而不是个人利益行贿，因而所谋取的不应属于“不正当利益”。如果单纯从行为人的身份、行贿的过程、背景来看，也很难判断该利益本身是否属于“不正当”的范畴。这些辩解往往游移在法律的模糊地带，并带有浓厚的本土特色、时代背景和语境化特征，甚至某些意见乍听起来还颇具“合理性”。但是，由于行为人并非不具有其他救济渠道，不能仅因谋利事项本身的性质而忽略其手段的不正当性。换句话说，只有在行为人已经穷尽各种正当手段之后，仍然无法实现合理诉求，迫不得已行贿的，才可以作为责任阻却事由。例如，某施工企业在承揽省道建设过程中，附近村民以索要赔偿为由多次阻挠施工，该企业虽屡次报警但解决效果仍不理想，该企业负责人不得已联系到该镇党委书记，请其帮助解决道路施工纠纷并贿送财物，后纠纷得到妥善解决。考虑到施工企业是在寻求救济无果后才通过行贿手段解决纠纷，故不宜认定为谋取不正当利益。

2. 从司法裁判的价值导向上来讲，不应树立遇事不找法、办事靠行贿的错误观念。在行贿犯罪中，“谋取不正当利益”是指行贿人谋取违反法律、法规规章或者政策的利益，或者要求对方违反法律、法规、规章、政策、行业规范的规定提供帮助或者方便条件。此处所谓“不正当利益”应做广义解释，即不仅包括利益本身性质不正当，而且包括取得利益的手段不正当，因此不正当的利益也应包括通过不正当手段获取的不确定的合法权益。《土地管理法》第 14 条规定，“土地所有权和使用权争议，由当事人协商解决；协商不成的，由人民政府处理。单位之间的争议，由县级以上人民政府处理；个人之间、个人与单位之间的争议，由乡级人民政府或者县级以上人民政府处理。当事人对有关人民政府的处理决定不服的，可以自接到处理决定通知之日起三十日内，向人民法院起诉。在土地所有权和使用权争议解决前，任何一方不得改变土地利用现状”。本案中，王屯村与海滨村对两村存在的土地争议，通过当地法院民事一审、二审及再审判决后确定该争议土地通过诉讼途径不能予以解决，应由当地行政部门进行确权。由于涉案土地权属应属于尚不确定的权益，被告人赵某志在通过正常途径未能解决的情况下，仅出于所谓为公而不是为私的目的，通过行贿方式解决两村土地争议，并不具有正当性，属于“谋取不正当利益”。

3. 应从行贿人谋取的利益在客观上是否可能损害他人合法权益的角度来判断行为的有责性。一般情况下，行贿犯罪往往缺乏具体的受害人，行贿人向国家工作人员行贿至多只是侵犯了国家工作人员职务行为的不可收买性这一抽象法益，而实际获取的利益基本上惠及自身，与他人无关。但如果行为人通过行贿谋取利益的行为同时侵害了他人的合法权益，无论其如何辩解所谋取的利益具有正当性，也都已经具备了法益侵犯的紧迫性和刑事处罚的必要性。通过对不正当利益要件中主观与客观要素的再解释，能够初步满足全面审查行贿罪构成要件的需要。但司法实践中，审理行贿犯罪最易混淆和难以判断的往往是那些处于不正当利益涵摄范围较为边缘的事实，因而对那些边际性事实是否属于不正当利益，还需要确立更为详细的判断标准。也就是说，即便在初始判断行为人所谋取的利益为不正当利益时存在困难，也可以通过观察案件中是否有相对方的具体利益受损，来确定行为人所谋取的利益是否正当。本案中，行为人通过行贿获得争议地块，虽然尚不属于市场竞争活动中获取竞争优势，但客观上必然损害了邻村集体土地所有权这一合法权益及其附属的权利主张，因而可以直接归入不正当利益的范畴。

问题32：事业单位为保留自收自支权力而给予国家工作人员财物的，是否属于谋取不正当利益

【案例】2002年9月，被告单位大连市建设工程交易中心属自收自支事业单位，主要职责是为大连市建设工程招投标提供服务，按照规定收取交易服务费。被告人季某奎于2012年3月担任大连市建设工程交易中心主任。2013年5月23日，大连市政府决定将大连市建设工程交易中心从行政主管部门剥离，隶属于市公共资源交易管理办公室，同年6月18日前完成人员调转、任免及机构编制、职责设定等工作。季某奎为了大连市建设工程交易中

心保留自收自支的性质，向时任市公共资源交易管理办公室主任、公共资源交易中心组建协调小组办公室主任的刘某1提出请托，刘某1要求季某奎提供人民币50万元作为办事费用，季某奎表示同意。2013年6月18日，季某奎按约定从大连市建设工程交易中心银行账户中提现50万元送给刘某1。公共资源交易中心组建后，大连市建设工程交易中心单位性质不变，与原行政主管部门的关系不变，更名为产权交易部，挂靠公共资源交易中心，实行双重管理。一审法院经审理认为，被告单位大连市建设工程交易中心和被告人季某奎没有谋取不正当利益，不构成单位行贿罪。宣判后，检察机关提出抗诉。二审法院经审理认为，被告单位争取保留自收自支的单位性质，实质上追求的是为了继续保留本单位的财务相对独立性，该请托事项是不确定的利益，属于不正当利益，遂判决季某奎犯单位行贿罪，判处有期徒刑2年，并处罚金10万元。被告单位大连市建设工程交易中心犯单位行贿罪，判处罚金10万元。①

【解析】本案中，事业单位为保留自收自支权力而给予国家工作人员财物的，是否属于“谋取不正当利益”，存在以下两种意见：

第一种意见认为，保留事业单位自收自支权力只是机构改革过程中一项正常的利益表达，行为人的诉求即便客观上对交易中心有利，也是该事业单位本来就具有的职能，并非创设新的非法利益，为“维持竞争优势”而给予国家工作人员财物的，不构成行贿罪。②

第二种意见认为，行为人谋取涉案利益的手段，超出了原有的利益边界，且为维持竞争优势而行贿的行为同样具有刑法评价上的不正当性，属于刑法意义上的不正当利益。

本书同意第二种意见，主要理由是：

1. 从谋取不正当利益的边界来分析，属于利用不正当手段谋取超出特定

① 参见辽宁省高级人民法院刑事判决书，(2017)辽刑抗50号。

② 参见蔡士林：《为“维持竞争优势”而给予财物的行为定性——行贿罪保护法益的视角》，载《江西社会科学》2018年第7期。

政策允许的利益范畴。实践中，有被告人辩称其谋求的本来就是相对方承诺给予的正当利益，或者其原本就拥有相关正当权利基础。对此，应当审查行为人的诉求是否超出其原有的正当利益边界。例如，一些地方政府为招商引资，往往会承诺给予企业不同程度的政策优惠，但如果投资商通过行贿后，获得了超过当地掌握的最大优惠限度的土地出让金、契税或者其他奖励、优惠政策，亦属于谋取到了不正当利益。也就是说，即使行为人拥有先前地方政府承诺的相关可得利益，但如果其诉求超出了该范围之外，仍然属于不正当利益。本案中，在当地机构编制部门已经明确要求交易中心转隶为市公共资源交易管理办公室下属部门的情况下，行为人试图通过行贿手段保留其原单位经济自主权，并通过人为干预的方式，改变了此前市政府已经作出的有关决议，因而属于不正当利益。

2. 从谋取不正当利益的类型来分析，不仅获得竞争优势属于谋取不正当利益，谋求维持既往的竞争优势同样属于谋取不正当利益。任何竞争优势都不是一成不变的，而是存在一些未知的变数，若行贿人在存在一定竞争优势的情况下，为了维持其原本的竞争优势而向国家工作人员行贿，其也应当属于“谋取不正当利益”，所以该条款中谋取竞争优势既包括向国家工作人员行贿取得竞争优势，也包括向国家工作人员行贿来维持行贿人所享有的竞争优势。在这里，竞争优势是决策者对综合竞争力权衡比较的结果，这种比较的过程往往只存在于决策者的主观中，并无具体明确的规则，有自由裁量、酌情决定的空间，由决策者“酌定”，无论作出何种结果都不违背法律法规等规则，酌定结果的公正性完全取决于职务人员内心评判时的公正性。①

3. 除了从行贿人的角度来判断其是否谋取竞争优势外，还可以将国家工作人员违背职务的特性纳入行贿罪“谋取不正当利益”这一构成要件的解释之中，如果国家工作人员在请托事项上具有相应的自由裁量空间，则可以认

---

① 参见张旭、徐贞庆、李成：《以行贿行为谋取“正当利益”问题探究》，载《北京警察学院学报》2023 年第 6 期。

定存在真实的竞争优势。① 例如，在本案中是否保留事业单位自收自支的权力，存在很大的政策解读和适用空间，因而可以归类为竞争优势的范畴。同时，此种将“谋取竞争优势”扩张至“维持竞争优势”的文义解释方式，并不会令人产生“突兀之感”。本案中，被告人争取保留自收自支的单位性质，实质上追求的是继续保留本单位的财务相对独立性，保留本单位内部财务的支配主导权甚至自主权。这种事业单位往往带有政府背景，其参与市场活动不是简单的“公平竞争”，而是带有“政府背书”的半公半私的经济行为，因而财务自主权意味着巨大的经济利益乃至政治利益。因此，意图保持这种自主权，也就意味着追求不对称的市场竞争优势，应认定为具有谋取不正当利益的主观动机。

问题33：向存在情人关系的国家工作人员请托并给予财物的，是否构成行贿罪

【案例1】2017年，长沙普罗科环境装备分公司天津区域销售经理安某霏与天津市滨海新区原环境局环境卫生管理处处长宋某有相识并确定情人关系，同年12月，安某霏为使其就职的长沙普罗科环境装备分公司顺利中标滨海新区环境局3T挤压式垃圾运输车项目，向宋某有请托，宋某有遂利用职务之便，采取预设环卫设备指标的手段使该公司顺利中标，并指示下属提前履行审批手续，快速结算该项目购车款。2017年12月25日，安某霏因该项目获得其公司给予的提成款人民币65万元，为感谢宋某有帮助及继续维持双方关系，被告人安某霏欲将提成款中的人民币50万元送予宋某有，但宋某有仅收受了人民币5万元。另宋某有为了和其保持情人关系，曾在其购买静海区团泊镇美湖澜苑×－×－×室别墅时给其出资60万元。法院判决：被告人

---

① 参见李子瑜、王振华：《行贿罪中“谋取竞争优势”的本质探寻——以行贿罪保护法益为视角》，载魏昌东、顾肖荣主编：《经济刑法》（第22辑），上海社会科学院出版社2023年版。

安某霏犯行贿罪，判处有期徒刑 6 个月。并处罚金人民币 10 万元。①

【案例 2】2007 年，时任中国光大银行太原分行行长助理的被告人王某 1 与王某 2 相识。2009 年七八月，王某 1 与王某 2 确定情人关系，双方约定各自办理离婚手续后结婚。王某 1 还把其银行卡交给王某 2，将工资、奖金等收入转入该银行卡中供王某 2 使用。2009 年年底至 2010 年年初，王某 1 向王某 2 请托，为其在职务提拔中谋取不正当利益，后王某 2 利用担任中央汇金投资有限责任公司综合部光大股权管理处主任、光大银行董事一职所形成的便利条件，分别向中共光大银行委员会书记、光大银行董事长唐某，中共光大银行委员会副书记、纪委书记林某请托，为王某 1 在职务晋升中谋取了不正当利益。其间，王某 1 分多次给予王某 2 钱款共计人民币 189.5 万元。2010 年 9 月，王某 1 向朋友借款 120 万元，汇入由王某 2 掌握的其名下的银行卡中。王某 2 应王某 1 的要求，将该款汇入王某 2 母亲的账户后提取了现金。2009 年 2 月至 2010 年 11 月，光大银行济南分行下属支行在办理两笔业务过程中违规操作，造成 16.7 亿元资金损失风险（以下简称“齐鲁事件”）。2010 年 12 月，公安机关调查相关案件时，“齐鲁事件”风险爆发，光大银行随即开展调查工作。时任中共光大银行济南分行委员会副书记（主持工作）的王某 1 面临被追究相关责任的风险。王某 1 遂向王某 2 请托向唐某、林某及中国银行监督管理委员会股份制银行部处长孙某说情，在“齐鲁事件”的处理中对其免予或从轻追责。王某 2 应王某 1 的请托，帮助王某 1 向上述人员说情，并将其参加相关会议得知的“齐鲁事件”的调查处理信息实时告知王某 1。2012 年 1 月，王某 1 因“齐鲁事件”受到通报批评，扣减绩效工资 3 万元的问责处理。2011 年 8 月，王某 1 向王某 2 转账 30 万元；同年 10 月，王某 1 向王某 2 转账 40 万元。2011 年和 2012 年，王某 1 先后两次起诉离婚，但均以撤诉告终。2012 年 9 月，王某 1 向他人借款 230 万元，通过转账方式给予王某 2。2012 年 10 月，王某 1 与王某 2 结束情人关系。

---

① 参见天津市滨海新区人民法院刑事判决书，(2019) 津 0116 刑初 91 号。

一审法院对公诉机关上述指控未予认定（另有检察机关指控的介绍贿赂犯罪事实予以认定）。宣判后，检察机关提出抗诉，认为原判未认定王某1给予王某2共计420万元钱款的事实，属于认定事实有误。本案中，王某1与王某2的确曾存在情人关系，但在王某1已有银行卡交由王某2使用的情况下，仍多次从客户、朋友处大额借款给予王某2；王某1两次起诉离婚均以撤诉告终，二人财产也未混同；王某1给予王某2钱款的方式也与其他特定关系人存在明显差异，情人关系的存在并不排斥权钱交易的存在，属于“多因一果”的因果关系。现有确实充分的证据证明王某1应对全部指控事实承担责任。

二审法院经审理认为，王某2受财行为与王某1请托事项之间的对应关系并不清晰、明确，不能排除二人以结婚为目的的共同生活的合理怀疑。倘若最终王某1与王某2结为夫妻，双方间的财物往来就会成为二人的共同财产，那么二人会成为真正的利益共同体，对外可视为一人，不存在权钱交易。在王某1给付王某2钱款的真实原因问题上，根据现有证据不足以排除合理怀疑，得出具有唯一性的结论，事实上无论是一审判决还是检察机关都采取了自相矛盾的认定标准。最后，由于王某2按照约定先与前夫离婚，后王某1在王某2的压力下曾两次起诉离婚，直至2012年6月王某1在保证书中仍承诺尽快娶王某2为妻，二人存在长期的同居生活、个人财产混同的情况，应当考虑二人具有重组家庭的计划和感情基础。在此情形下，情人一方为另一方在事业提拔和责任追究方面建言献策、通风报信、出面斡旋有关领导，虽有违纪之嫌，但确属人之常情。王某2与王某1主观上并未将其视为一种交易，而是情感因素驱使下的自愿付出，因此不属于对国家工作人员职务行为廉洁性的收买。综上，王某1给予王某2共计609.5万元钱款的行为不应认定为行贿。①

【解析】行为人向存在情人关系的国家工作人员提出请托，并给予财物

① 参见北京市高级人民法院刑事判决书，(2018)京刑终62号。

的行为如何认定，目前存在两种意见：

第一种意见认为，行受贿双方虽具有情感关系，但情人关系的存在并不排斥权钱交易的性质，行贿人给予与其具有情人关系的国家工作人员钱款，仍然是基于职务便利为行贿人谋取了不正当利益，因而应以行贿罪追究其刑事责任。

第二种意见认为，鉴于行贿人与国家工作人员之间存在情人关系，已经失去了评价为权钱交易性质的基础，不宜认定行贿罪。

本书同意第二种意见，主要理由是：

1. 向具有情人关系的国家工作人员请托并给予财物的行为如何认定，最重要的是看行为人与国家工作人员之间是否具有“同财共居”的关系。行贿罪的本质是不同利益主体之间的权钱交易，保护法益是国家工作人员职务行为的不可收买性。实践中，行为人向具有近亲属关系或者其他特定密切关系的国家工作人员提出请托，并给予财物的行为，能否认定为行贿罪，一直存在较大争议。如果行为人和国家工作人员之间虽然系近亲属关系，但已经分别组建家庭或虽然共同居住，但各自有财产来源与经济收入，对各自财产有独立的处置权，在财产法律关系上都是独立的个体，则即便是特定关系人给予国家工作人员财物，也可以构成行贿罪。否则凡是亲属关系、情人关系就可作为阻却贿赂犯罪成立的理由，有轻纵犯罪之嫌，也有违罪刑相适应的刑法基本原则；反之，如果行为人与国家工作人员现实中具有某种共同财产关系，即使国家工作人员收受财物也可视为共同占有，则不宜认定行为人构成犯罪。当然，如果是国家工作人员直系近亲属，无论行为人是否与国家工作人员之间同财共居，都不宜认定为行贿罪。例如，某市委书记利用职务便利为自己经商的儿子谋取到了某大型工程建设项目，事后其子为市委书记购买别墅一套，尽管形式上也符合行贿的构成要件特征，但实践中司法机关一般不作为行、受贿犯罪处理，而是对国家工作人员以滥用职权罪处理。

2. 从有利于被告人的角度来讲，对于行为人与国家工作人员之间同时存在金钱往来和感情基础的，结合双方的交往情况、经济往来情况、请托事项与收取财物的对应关系等多方面因素，应慎重认定行为人构成行贿罪。上述案例中，试图从给予财物与请托事项在具体发生时间的先后顺序中，判断二者的对应关系既无必要，也很困难，而被告人与国家工作人员之间存在相互给予或者赠与财物的情况，不能排除二人为同居生活而存在财产混同的情况。在此情形下，情人一方为另一方提供帮助，虽有违纪之嫌，但确系事出有因。同时，根据主客观相一致的原则，具有情人关系的行为人与国家工作人员之间，在主观上也未必将给予财物的行为视为一种权钱交易，而是情感因素驱使下的自愿付出，因此不属于对国家工作人员职务行为廉洁性的侵犯。①

3. 需要注意的是，家庭成员或者国家工作人员的其他特定关系人身份，并不当然阻却行贿罪的成立。刑法对行贿主体身份并未做特殊规定，若亲属间行、受贿行为的事实清楚、证据确实充分，同样可以成立贿赂犯罪。特别是一些家庭成员虽在血缘关系上属于近亲属，但是已经分别组建家庭，各自都有独立的经济收支及资产，在财产法律关系上均属于独立个体。在这种情况下，行为人利用国家工作人员的职务便利谋取到了不正当利益，再打着亲情的名义给予亲属钱款，且远远超出了正常的亲情馈赠和人情往来的限度，应当认定为行贿罪。例如，在《人民司法·案例》2021 年第 32 期刊登的雍某对非国家工作人员行贿罪一案中即提出父子关系不能阻却对合型贿赂犯罪的成立。父亲利用儿子职务便利后给予儿子钱款的行为，由于父与子均系成年人，分别组建家庭，各自有经济来源，对各自财产有独立处置权，在财产法律关系上都是独立个体，依法认定分别构成对非国家工作人员行贿罪与非国家工作人员受贿罪。

问题 34：如何评价事先无约定而事后给予国家工作人员财物的行为

【案例】2012 年年初，中共依兰县委常委会组织乡镇干部换届，在人选

① 参见朱锡平、石魏、段凰：《王甲受贿案——收受情人款项的性质认定》，载最高人民法院刑事审判第一、二、三、四、五庭编：《刑事审判参考》（总第 130 辑），人民法院出版社 2022 年版。

酝酿阶段，时任依兰县委书记赵某提名高某任依兰县达连河镇党委书记。经过一系列干部任免程序，高某担任达连河镇党委书记。2012 年春节后的一天，被告人高某为感谢赵某对其工作调整，送给赵某人民币 30 万元。法院审理过程中，高某辩称其没有与赵某约定贿送财物，属于“事后行贿”，故其行为不构成行贿罪。一审法院认定被告人高某犯行贿罪，免予刑事处罚（有立功表现）。[①]

【解析】对于此类国家工作人员为行贿人谋取利益时双方并未有过权钱交易的意思表示，但事后行为人为感谢国家工作人员的帮助，趁年节给予国家工作人员大额财物的行为应当如何认定，目前存在以下两种意见：

第一种意见认为，行为人与国家工作人员并无明确约定，国家工作人员履职过程也并未违反法律和程序，仅在事后行贿，不可能产生为谋取不正当利益的主观动机。事先无约定的行贿行为，无法认定特殊不正当利益的获取与事后行贿之间的因果关系。[②] 从受贿人一方的角度来看，如果没有事先约定，行为人就不可能具有收受贿赂的认识，更不可能具有将职务行为置于不公正裁量之下的危险，因而行贿人给予财物与谋取利益之间很难建立准确的对应关系。[③]

第二种意见认为，从侵犯法益的角度来讲，无论是“事前行贿”还是“事后行贿”，二者都侵害了国家工作人员的职务廉洁性。从主观恶性和社会危害性的角度来看，行为人为尚未获取的不正当利益给予国家工作人员财物，与为已获取的不正当利益给予国家工作人员财物并无本质区别，因而确有追究刑事责任的必要。

本书同意第二种意见，主要理由是：

行贿犯罪无论千变万化，终归不离“权钱交易”的本质。尽管传统的类

① 参见黑龙江省佳木斯市郊区人民法院刑事判决书，(2017) 黑 0811 刑初 126 号。

② 参见王志：《无约定的事后给付型“行贿”的法律适用》，载《江苏警官学院学报》2018 年第 1 期。

③ 参见黎宏：《贿赂犯罪的保护法益与事后受财行为的定性》，载《中国法学》2017 年第 4 期。

型化解释难以评价“事后行贿”中的主观要素，但如果从“权钱交易”的角度进行分析，则可迎刃而解。一般而言，凡是打着“人情往来”或者“感情投资”旗号的行贿行为，往往是在行贿人有求于国家工作人员的情况下发生的，即使没有明确表示，双方对此也心知肚明，即先有“为谋取不正当利益”，后有“给予国家工作人员财物”。而“事后行贿”的情形则是先有国家工作人员正常履职，后有行贿人给予财物。也就是说，如果仅从行贿罪的基本构成要件来看，“事后行贿”并不属于典型的行贿罪。因而应当对“事后行贿”的情形进行区分。

1. 从行为人谋取不正当利益的角度来看，在事先没有和国家工作人员提出请托的情况下，国家工作人员几乎不太可能会违规操作帮助其谋取不正当利益，因而事后行贿往往是针对国家工作人员正常履职的情况。《贪污贿赂司法解释》第 13 条第 3 项规定，履职时未被请托，但事后基于该履职事由收受他人财物的，也属于为他人谋取利益，构成受贿罪。对于“事后受贿”的精神是否同样可以适用于“事后行贿”，有观点认为，只有为谋取尚未获得的不正当利益，给予国家工作人员财物的行为才有法益侵害性，理由是“事先无约定的行贿行为，无法认定特殊不正当利益的获取与事后行贿之间的因果关系”。[①] 还有观点认为，如国家工作人员暗中主动帮忙，客观上为行为人谋取了不正当利益，行为人知晓后主动以财物感谢的，因为其行贿行为没有事前直接与谋取不正当利益相勾连，不能认定为行贿。[②] 本书认为，上述观点对于谋取不正当利益与行贿行为之间的关系在理解上过于简单化。对此，应当从行贿行为侵害的法益入手，将相关谋取利益的行为和动机嵌入刑法所保护的相关法益之中。

2. 从侵犯法益的角度来讲，“事后行贿”的行为同样“破坏了国民对于

---

① 参见王志：《无约定的事后给付型“行贿”的法律适用》，载《江苏警官学院学报》2018 年第 1 期。

② 参见孙国祥：《行贿谋取竞争优势的本质和认定》，载《中国刑事法杂志》2013 年第 7 期。

凭借自己实力获取相应公共资源的信赖利益”,[①] 足以令人怀疑行为人并非通过正当途径取得公共资源。事前无约定的权钱交易看似没有破坏规则，一切都是“顺理成章”“顺水推舟”，但事实上这种较为隐蔽的方式，遮蔽了权力被腐蚀的真相，如果不加以追究将会极大纵容腐败的滋生，特别是对那种已经形成“潜规则”或者“卖官鬻爵”成风的行业、地区和系统，当地主要领导在常委会或党组会上以“集体研究”的名义表决通过人事问题后，新调整提拔的干部会像“流水线作业”一般轮流到主要领导家中奉上“礼金”以表示感谢。在此过程中，貌似一切提拔都是经过严格的组织程序考察，行受贿双方在组织公示前也没有明确的约定，但是这种事后感谢的风气在当地是“公开的秘密”，严重败坏了一个地方的政治生态。又如，某律师在代理案件过程中胜诉，其为“避嫌”并未在案件审理过程中与主审法官有过私下接触，但在案件结束以后，其按照“惯例”主动联系主审法官并向其送上礼金表示感谢。对于上述行为，具有明显的社会危害性，绝不能以“事前没有约定”为由不予处罚，且根据相关规定，即便是正常的任免程序和司法程序，在事后给予有关人员财物也同样违反了组织原则和审判原则。事前无约定的行受贿行为看似建立在正常履职的基础上，但实际上，“事后行贿”是在行贿人给予财物与利用公权力谋取利益之间建立了准确的对价关系，只要行贿人意识到此种对价关系的存在，无论是其准备“提前购买”公权力还是事后对公权力进行酬谢，从权钱交易的角度来看，并无本质差别。更何况对于行贿人而言，他们向国家工作人员行贿往往不只是“一锤子买卖”，而是抱着“日后还有用得着的地方”的想法和动机。

3. 从不正当利益作为客观要件的角度来看，即“为谋取不正当利益”不仅包括事前的作案动机，也包括事后的客观行为所体现的主观认知。张明楷教授指出，“为谋取不正当利益”既可以解释为主观要素，也可以解释为客观要素。[②] 也就是说，从权钱交易的角度来分析“事后行贿”，应当超越以往

① 参见李世阳：《论贿赂犯罪的差序法益构造》，载《政治与法律》2022 年第 8 期。

② 参见张明楷：《刑法分则的解释原理（上）》，中国人民大学出版社 2011 年版，第 394 页。

那种仅从行贿人的认知来判断是否具有谋取不正当利益动机的模式，不再强调把“为谋取不正当利益”当然置于“已经实际谋取到不正当利益”之前，不再机械要求先有行贿动机后有行贿事实，而是把行贿人的主观动机抽象化，重新建构一个行贿罪主—客观要素的认定模式，将主观认知、主观动机进行整体性的评价。行贿人与国家工作人员之间事先是否有约定，仅反映行贿人主观恶性的大小和社会危害程度的不同，并不影响行贿罪的成立。因此，无论事前、事中、事后的行贿行为，只要行为人基于权钱交易的本质，给予财物与获取不正当利益的对价关系客观存在，且发生行贿的原因与国家工作人员履行职务密切相关，就应当认定为行贿罪。这样的解释方式，既没有超出行为人本人的主观认知范畴，也符合行、受贿犯罪对价关系一致性的逻辑。

4. 对于国家工作人员在职时为行为人谋取利益，事先双方没有约定国家工作人员离职后给予其财物的，行为人待国家工作人员离职或退休后给予其财物的，则不宜按行贿罪来处理。贿赂犯罪本身具有很强的复杂性，如不加甄别对行贿行为“一刀切”式的处理，并不能使行为本身得到全面、客观评价，特别是在定性缺乏足够依据的时候，更应当慎重处理有关争议问题。根据最高人民法院、最高人民检察院《关于办理受贿刑事案件适用法律若干问题的意见》的相关规定，国家工作人员利用职务上的便利为请托人谋取利益之前或者之后，约定在其离职后收受请托人财物，并在离职后收受的，以受贿论处。上述规定也就意味着，国家工作人员如果与行贿人没有明确约定离职后收受财物，则不宜以受贿论处。黎宏教授曾就此举例：某商人在外地经商时遭人构陷，身陷囹圄。主审法官在审理过程中，秉公执法，最终顶住压力判决该商人无罪。该商人重获自由后返回家乡，与法官再无交集。多年后，其偶然得知法官退休后身患重病，经济拮据，晚景凄凉，遂托人送给法官 20 万元现金作为治疗费用。[1] 该案中，行为人的举动显然与典型的权钱交易存在差异，如认定为行贿罪，既不能得到社会公众的认可，也不符合一般社会价值观。

① 参见黎宏：《贿赂犯罪的保护法益与事后受财行为的定性》，载《中国法学》2017 年第 4 期。

问题35：为延长退休年龄提出请托，是否属于“谋取不正当利益”

【案例】行贿人A系该省某省属重点企业党委书记、董事长并马上年满60岁。该省委组织部对省属国有企业负责人的退休年龄曾有内部规定，即可以延长至63岁退休，且根据以往相关企业负责人退休情况来看均符合该惯例。行贿人A为保险起见，仍然请托某省领导B，以避免其在60岁时被组织部门安排退休。B表示应允，A为表示感谢送给B 10万美元，后A如愿延迟至63岁退休。

【解析】行为人为延长退休年龄提出请托，是否属于谋取不正当利益，目前有两种意见：

第一种意见认为，考虑到该省组织部门本就有相关干部人事退休年龄的工作惯例，且在其本人符合条件的情况下，不宜将行贿人的请托事项认定为谋取不正当利益。

第二种意见认为，尽管当地存在国企领导人员延迟退休年龄的惯例，但是否延迟退休属于组织掌握事项，个人为此请托他人干预过问，与“跑官要官”无异，明显违反党纪规定，属于谋取不正当利益。

本书同意第二种意见，主要理由是：

1. 从请托事项的背景来看，我国领导干部退休制度最早源自1982年2月中共中央作出的《关于建立老干部退休制度的决定》，同年4月国务院作出《关于老干部离职休养制度的几项规定》，将领导干部退休制度确立为党和国家干部人事管理工作中的基本制度。领导干部在职期间，享有组织提供的工资、奖金、补贴、住房、用车等各类保障以及政治待遇、医疗待遇，并伴随着一定的社会地位和社会影响力。根据一些地方组织人事部门的规定，部分高等院校、科研院所、医院等事业单位，或中央和地方企业中干部如确因工作需要、具有高级职称或者特殊技能的领导干部，经过组织批准，可以延迟退休，但一般不得超过法定退休年龄3～5年。表面上看，请托延长领导干部退休年龄与“要待遇”之间并无直接关联，但在我国特殊的政治语境下，领导干部退休制度是一项严肃而敏感的政治议题，个人为延长退休年龄而请托，属于对领导干部退休制度的破坏。

2. 从行为人的主观动机来讲，行贿人所谋求的是一种包含待遇和地位的特殊利益。延迟退休年龄在当时的情境下并不属于绝对确定的事项，也正因如此其才请托省领导为其说情打招呼，这实际上是一种变相的“跑官要官要待遇”的行为。所谓的行为人符合延迟退休的条件，只是组织考察和作出决策时的一个必要条件，但并不代表基于此种情形就必然能够兑现。因此，行贿人 A 所谋取的利益不仅破坏了党的组织人事制度，还谋取了延长个人政治待遇、职权和地位的竞争优势，应当认定为具有谋取不正当利益的主观目的。因此，在打击行贿刑事政策转向的形势下，由于现有司法解释提供的类型化判断标准和传统司法实践对于行贿罪要件的理解，难以规制层出不穷、隐秘多变的行贿行为，有必要对不正当利益要件予以适度的司法扩张，以避免行贿罪的犯罪圈受到不必要的限制。

3. 从行为人的违法性上来讲，根据《关于新形势下党内政治生活的若干准则》的规定，“坚决禁止向党伸手要职务、要名誉、要待遇行为，坚决禁止向党组织讨价还价、不服从组织决定的行为”。《中国共产党纪律处分条例》第 84 条也规定在干部选拔任用工作中，对说情干预、跑官要官行为应当追究相应责任。尽管根据当地的干部人事政策行贿人 A 有机会延迟退休，但仍需要经过组织的严格审批程序，而不是个人违反程序擅自请托过问。当然，违反党内法规能否直接等同于违反法律法规，还值得进一步研究，但行为人所追求的延迟退休事项，即使在事后确定性地兑现，也仍然属于谋取竞争优势。

综上，司法实践中大量行贿案件的被告人以其不具有“为谋取不正当利益”的主观动机或所谋取的利益不属于“不正当利益”为由，主张其行为不符合行贿罪的基本构成要件。这使得法官往往陷入两难情形：一种是单纯“客观归责”，只要行为人客观上实施了行贿行为，是否具有谋取不正当利益的犯罪动机在所不问，但这也在事实上架空了行贿罪的构成要件；另一种是由于缺乏对“不正当利益”要件的具体判断标准，不敢或者不会运用司法解释的相关条文，以至于限制了行贿罪的适用范围。因此，如果单纯考察行为人所谋求的利益本身，很难判断是否属于不正当利益，但如果从所请托事项的历史背景、政策规定入手，则更容易判断行贿罪中的主观要素。

问题36：为谋求地方领导为企业开发项目“站台”的，是否属于“谋取不正当利益”

【案例】2000年左右，被告人刘某某因工作关系认识时任A市领导的詹某某。2012年，刘某某实际控制的被告单位A市某某典当有限责任公司投资开发市体育馆某某球场改造项目，因不具备相关资质，遂与A市某某房地产开发有限公司达成协议，借用该公司资质联合开发该项目。在体育馆某某球场改造项目施工过程中，从2012年10月至2013年7月先后7次被A市住建局、质监局以未办理施工许可证擅自开工建设下达责令停工整改和督办通知书，并处以罚款。为此，被告人刘某某邀请时任A市市委书记詹某某对该项目调研，詹某某应允。后A市市委市政府统一安排市领导开展重大项目督办调研时，詹某某选择到刘某某投资开发的A市体育馆球场改造项目进行现场调研。此后，该项目边开发建设边补办相关手续，市住建局作出的相关行政处罚并未实施。为感谢詹某某在项目建设上提供的支持和帮助，詹某某以A市某某典当有限责任公司名义，通过存款付息、现金支付等方式向詹某某行贿800万元。

被告人刘某某的辩护人的辩护意见是：刘某某并未从詹某某处谋取不正当利益。作为地方党委一把手，为了推动重点项目进展而进行现场调研、督促落实，完全是其职责所在、分内之事，将此认定为对特定对象的支持和帮助，以及谋取不正当利益，明显不当。同时，无论是领导干部还是普通群众，与人交往过程中总会有亲疏远近，个人喜好，一句对熟人朋友的客观评价和推介，怎么就成了领导干部对特定对象的支持和帮助？怎么就成了谋取不当利益？更何况，詹某某2019年4月8日的交代材料中明确陈述：“某某球场项目我自始至终没有插手和打招呼，只是市委市政府统一安排的重大项目督办调研时作为一个点我带市级相关领导到现场去调研过。”“我很少给刘某某帮忙，很多时候都是他策划好的项目或谋划好的项目或谋划好的事，拿来听我的意见，我最多是帮他把把关，完善一下方案，指点一下路径，人家就能把事情办成，也不需要我给谁打招呼、托关系。”因此，在谋取不正当利益这一构成要件缺失的情况下，行贿罪名不能成立。法院经审理，未采纳辩护意见，判处被告单位A市某某典当有限责任公司犯单位行贿罪，判处罚金20万元；被告人刘某某犯单位行贿罪，判处有期徒刑6个月，并处罚金12万元。①

【解析】本案的争议焦点在于，为谋求地方领导为企业开发项目“站台”的，是否属于“谋取不正当利益”。对此，目前有两种意见：

第一种意见认为，作为地方党委一把手，为了推动重点项目进展而进行现场调研、督促落实，是其职责所在、分内之事，其对项目进展也并未起到任何作用，自始至终也没有插手和打招呼，将此认定为对特定对象的支持和帮助以及谋取不正当利益，明显不当。

第二种意见认为，行为人请托当地党政主要领导视察项目，其目的就是让领导为其“站台”“撑腰”，在客观上干预有关部门对项目的行政处罚，为行为人规避处罚提供了便利条件，因而应当认定为谋取不正当利益。

本书同意第二种意见，主要理由是：

1. 从实质解释的角度来看，请托领导干部视察企业项目，是一种隐蔽的谋取竞争优势或规避行政执法调查、处罚的手段。当地党委政府主要领导人员到企业以考察、调研、参加开工仪式等方式为企业“站台”，事后企业负责人再向领导人员行贿。此种方式看似属于正常的政府活动，但在当代中国特定的政治语境下，地方党委政府主要领导的调研活动带有一定“风向标”意义，客观上会帮助相关企业获得更多的媒体报道、社会关注和政府部门的

① 甘肃省环县人民法院刑事判决书，(2021) 甘1022刑初260号。

重视，是一种无形的“广告”或者“绿色通行证”。一旦当地主要领导视察过某项目，也就意味着党委政府对该项目的肯定，不仅可以免于受到行政执法部门的刁难，还可能获得大量政府的政策优惠、资源倾斜和资金支持，甚至在办理金融机构贷款方面都会源源不断地得到扶持，从而在市场竞争中获得明显高于同类企业或项目的优势。因此，对于一些实践中新型的谋取利益的方式，在难以判断是否属于“不正当利益”时，可从实质解释的角度，在遵循罪刑法定原则的前提下，以法益保护为中心，即使某些行为尚未进入刑法规范的视野，但只要客观上具有法益侵害性并值得科处刑罚，就应当通过扩大解释的方式予以入罪。①

2. 从体系解释的角度来看，对不正当利益的范围进行适度扩张是必要的。

适用何种刑法解释方法，应当取决于特定的刑事政策和惩治犯罪的实际情况，而不应机械适用刑事理念。适当的扩张解释不仅不会造成刑事司法的滥用，而且能够起到有效规制犯罪的作用。从我国惩治贿赂犯罪的立法和司法状况来看，近年来对于贿赂犯罪的构成要件在整体上一直处于扩张状态。例如，贿赂犯罪中的“国家工作人员”的范围、“财物”的范围、“利用职务上的便利”中“职务”的范围，都在 1997 年《刑法》的基础上，通过最高司法机关发布的司法解释或司法文件发生不同程度扩张。有观点提出，德日刑法就没有设置“为谋取不正当利益”的要件，只要效仿此种立法模式，就可以一劳永逸地解决行贿罪面临的困境。但问题是，面对当下大量发生并亟待解决的行贿案件，“法官不应拒绝审判案件”，审判人员不应也不能无休止地等待立法的修订，这种放弃灵活运用刑事解释方法以扩大犯罪体系的适用空间，而一味迷恋修订法律并寄希望于“毕其功于一役”的做法，本身就是思维惰性和缺乏法律智慧的表现。因此，对行贿罪“不正当利益”要件予以适度的司法扩张，能够真正从司法层面解决过去对行贿犯罪过于轻纵的弊端，

① 参见李风林：《刑事司法解释方法的困境与出路》，载《人民司法》2020 年第 22 期。

改变以往“打击行贿犯罪依附于受贿犯罪”的格局。[①]

3. 从填补刑法漏洞的角度来看，法官不应也不能对实践中存在的一些带有争议的情形放弃审判职责。面对办理行贿案件遇到的诸多操作难题，有观点提出，与其受制于标准模糊的“不正当利益”要件，不如直接从刑法中删除这一要件。[②] 在刑法尚未作出调整之前，审判机关应当从司法层面主动作为，在贯彻“受贿行贿一起查”的刑事政策背景下，应主动顺应惩治行贿犯罪新形势、新任务，树立积极主义的刑法观，在坚持罪刑法定原则的前提下，分别对不正当利益要件中的主观要素和客观要素进行再解释，对行贿罪不正当利益要件的内涵作出更为精准清晰的界定。适度扩张不正当利益的内涵，将过去长期处于模糊状态的某些“不正当利益”情形划进犯罪圈，以加大对行贿罪的惩处力度，并从司法裁判的角度解决行贿罪适用面狭窄的难题，以回应当前办理行贿案件出现的诸多问题和质疑，也有助于裁判文书论证说理的精细化。

对于在特定的政治和社会语境下，行为人所谋求的目标或实施的行为隐含了垄断性利益或竞争性优势的，应当认定具有谋取不正当利益的主观动机。因而对此种双方有明确约定的“站台”，应当按照《行贿司法解释》第 12 条第 2 款的规定，视为行贿人通过向国家工作人员行贿要求国家工作人员在经济活动中违背公平、公正原则为其谋取竞争优势，即属于“谋取不正当利益”。

问题 37：共同行贿案件中，是否可以按照个人实际行贿数额认定

【案例】被告人马某 1、马某 2、马某 3 共同出资 60 万元购得约 0.8 亩宅基地，修建一栋约 1000 平方米砖混结构的二层楼房。后因道路施工计划被征用拆迁该房屋。被告人马某 1 等 3 人为提高拆迁征占补偿标准，经介绍认识

① 参见刘仁文：《论行贿与受贿的并重惩处》，载《中国刑事法杂志》2022 年第 3 期。
② 参见王军明：《中国行贿罪的刑事立法困境及其完善》，载《当代法学》2019 年第 1 期。

了庞某川，并请托庞某川打听马某1等人房屋拆迁补偿情况，后庞某川与李某军、李某国二人共谋在拆迁工作中对马某1等人修建的房屋拆迁认定方面予以照顾。2016年12月，马某1等3人依据出资比例共同凑足20万元现金交给庞某川，庞某川收到20万元现金后，与李某军、李某国将贿赂款分别按照9.5万元、8.5万元、2万元分配。对此，马某1辩护人提出应按3被告人各自出资的份额进行行贿数额的认定，法院经审理认定，3被告人为多获取房屋拆迁补偿款，商议后共同出资20万元实施行贿行为，属于共同犯罪，且3被告人作用相当，不宜区分主从犯，应以20万元作为共同犯罪数额认定，随后结合自首及认罪认罚等情节，分别判处马某1等3人7个月有期徒刑。[①]

【解析】对于上述共同行贿犯罪，在对被告人分别定罪量刑时，是按照全部的行贿数额作为量刑标准，还是分别按照各自实际行贿数额认定，存在不同意见：

第一种意见认为，共同犯罪中的犯罪数额一般都是按照个人参与的全部犯罪数额认定，个人实际参与数额仅作为量刑情节考虑。认定行贿犯罪中的共同正犯基本等同于主犯，既然是共同实行犯罪行为，地位又相当，则不宜区分主从，应将全部行为人均认定为主犯，并在量刑时按照全部的行贿数额进行认定。

第二种意见认为，共同行贿案件中各行贿人的犯罪数额，原则上应当以其参与的共同行贿的总额计算。但如果所谋取的不正当利益能够分割或者分属于不同主体，具有较强的个人属性或者个别化特征的，或者行贿对象明确具体，但在出资金额上缺乏意思联络的，可以考虑按照各自的行贿数额认定。

本书同意第二种意见，主要理由是：

1. 实践中，司法机关在处理共同犯罪案件时，基本上是在认定全部犯罪数额的基础上，再区分各被告人在共同犯罪中的地位、作用，这也符合“部分实行全部责任”的共同正犯处罚原则。具体到共同行贿案件，各行贿人基

---

① 参见青海省民和回族土族自治县人民法院刑事判决书，(2020)青022刑初69号。

于共同的犯罪故意，共同出资向国家工作人员贿送财物，行贿过程是一个密不可分的整体，而不是个人行贿金额的简单叠加。即便是行贿人出资比例和数额十分明确，也不能就此认定各行为人只需对自己的行贿部分负责。由于在侵害法益和后续获得不正当利益方面各行贿人所发挥的作用在实质上具有同一性，应当对全部行贿数额承担责任。有观点认为，各行贿人的出资比例决定了将来在获取不正当利益时的分配比例，因而按照全部行贿金额来认定个人犯罪数额，对于出资较少的行贿人而言似乎不够公平。但需要看到的是，行贿一方所赎买的权力是有对价的，尽管这个对价不合法，但是对于行受贿双方而言这一对价是默认的结果。缺少任何一个份额，权钱交易的过程都无法完成，至少无法顺利完成。特别是对于公司股东商议行贿而言，公司所获得不正当利益和股东最终按照出资比例获得收益之间，属于行贿犯罪既遂后的利益二次分配问题，并不影响对行贿金额的判断。对于行贿出资是否按照一定比例，或者是否有明确金额或者份额，并不影响按照总额认定。因此，共同行贿案件中各行贿人的犯罪数额，原则上应当以其参与的共同行贿的总额计算。当然，如果出资比例悬殊，说明所起作用和地位不同，可以在认定共同犯罪时区分主从犯，对出资较少的按照从犯处罚。

2. 对于共同行贿案件中，所谋取的不正当利益能够分割或者分属于不同主体，具有较强的个人属性或者个别化特征的，可以考虑按照各自的行贿数额认定。例如，两名男子相约去嫖娼，结果被公安人员在扫黄行动中当场抓获，为了免于受到行政处罚，二人商议分别出资10万元，送给当地派出所所长。由于二人各自有不同的利益诉求，只是在特定的事项上暂时达成行贿合意，是一个较为松散的利益联盟，没有必要强求按照行贿总额承担责任。还有一种特殊情形是，共同行贿的行为人在内部已经约定，在收买国家工作人员时，采取“各负其责，各个击破”的策略，分别针对不同主体贿送财物，且资金来源由个人负责。此种情形下，则按照各自行贿金额认定为宜。例如，某医药代表团队商定，为了拿下当地人民医院的药品采购代理权，几名医药代表分别联系该院一名科室主任进行“重点公关”，行贿人之间并不清楚对方的出资金额和比例。在这种情况下，虽然各行贿人有共同实施犯罪的故意，但由于行贿对象明确具体，在出资金额上缺乏意思联络，按照各被告人实际行贿数额处罚更能实现罪刑相适应的，以各自出资认定犯罪金额更为妥当。

3. 在处理共同行贿案件时，应当注意刑罚跨档所可能引起的行受贿犯罪量刑不均衡问题。例如，甲、乙二人共同经营一家娱乐场所，甲向乙提议，为感谢当地公安局局长丙在避免治安管理处罚等方面提供的帮助，为其购置价值 50 万元的汽车一辆。二人分别出资 25 万元现金购买汽车一辆交于丙。该案中，如果对各行贿人分别按照共同行贿数额认定，根据 2016 年《贪污贿赂司法解释》第 8 条的规定，行贿数额在 50 万元以上不满 100 万元，但具有向司法工作人员行贿影响司法公正等情形，应当认定为《刑法》第 390 条第 1 款规定的“情节严重”，即行贿人的法定刑档次将升格至 5 年以上 10 年以下年有期徒刑。而对于受贿人而言，其受贿金额为 50 万元，按照司法解释的规定，也是在 3 年以上 10 年以下有期徒刑进行量刑。对于此种情况，尽管行为人的行贿犯罪金额由于相互之间密不可分，所谋取的不正当利益具有同一性，不宜按照个人实际出资金额分别计算，但在量刑时仍然要充分考虑行受贿的量刑均衡问题，对同一起贿赂犯罪中的行贿犯的量刑原则上不得重于受贿犯。

问题 38：行为人推荐国家工作人员出资购买本公司可能升值的原始股，应当如何定性

实践中，一些企业主在公司上市前夕，会预留出一部分原始股的份额，作为“人情”推荐给予其关系密切或者对其有帮助的国家工作人员，后者在出资购买原始股后，在上市后能够获得巨额利润。对此，是否能认定为行贿，存在以下三种意见：

第一种意见认为，行为人推荐购买原始股表面上是一种投资行为，但由于公司原始股是市场中的稀有资源，本身就有着极高的盈利可能性，因而本

质上仍然属于利益输送，应以国家工作人员购买股票当日的成交价格扣除成本后，认定为行贿数额。

第二种意见认为，行为人推荐国家工作人员出资购买原始股，应认定为行贿。但行贿金额不能仅以购买时的价格为基准，而应选取股票禁售期后首个交易日的最低成交价为基准，减去国家工作人员的实际出资后的差额，即为行贿金额。[①]

第三种意见认为，行为人推荐国家工作人员出资购买本公司可能升值的原始股，国家工作人员实际出资的，现行司法解释并未规定为犯罪，且从刑法的谦抑性的角度来看，不宜认定为行贿。

本书同意第三种意见，主要理由是：

1. 对行为人推荐国家工作人员出资购买原始股行为的定性，不宜突破现有司法解释的规定。根据2003年最高人民法院印发的《全国法院审理经济犯罪案件工作座谈会纪要》规定，行为人支付股本金而购买较有可能升值的股票，由于不是无偿收受请托人财物，不以受贿罪论处。2007年最高人民法院、最高人民检察院《关于办理受贿刑事案件适用法律若干问题的意见》规定，国家工作人员利用职务上的便利为请托人谋取利益，收受请托人提供的干股的，以受贿论处。在这里，从最高司法机关的解释精神可以得知，对国家工作人员未出资而获得股份的行为定性为贿赂，与此相对应的就是国家工作人员实际出资的，则不属于受贿行为。如果将实际出资行为也一并认定为犯罪，不仅大大扩张了处罚范围，而且也基本上架空了上述司法解释的明确规定。尽管有观点认为，当前不少国家工作人员钻法律空子，在公司上市前突击购买原始股并在上市后获取巨额收益，不应机械适用司法解释规定，而应坚持以实质论认定行为性质。[②] 但对于任何行为而言，是否认定犯罪并不

---

① 参见胡东林、王菊芬、徐敏：《论公司上市前“突击入股”行为的司法认定》，载最高人民检察院第三检察厅编：《职务犯罪检察专题研究与办案指引》，中国检察出版社2023年版。

② 参见胡锋云等：《论出资型拟上市原始股受贿案件的认定》，载最高人民检察院第三检察厅编：《职务犯罪检察专题研究与办案指引》，中国检察出版社2023年版。

取决于行为本身的动机是否为了“钻法律空子”，而是要看其法益侵害性是否足以达到刑法评价的程度。考虑到国家工作人员实际出资购买原始股，在法益侵害性程度上与未出资购买而收受干股的行为有着较为明显的区别，因而应当慎重入罪。

2. 证券投资行为本身存在一定市场风险，不能将一般投资行为与“空手套白狼”式的利益输送混为一谈。况且市面上也有大量实例证明，购买原始股不一定能够稳赚不赔，原始股开盘即跌破发行价的企业也不在少数，甚至一些市场普遍看好的在上市前表现优异的绩优股，也屡屡在上市后表现不佳。另外，法律并不禁止国家工作人员投资购买股票、证券、保险等金融产品。只要国家工作人员购买资金的来源合法，且实际支付了相应的对价，即便是股票在上市后升值，其收益也同样应受到法律保护。尽管行为人和国家工作人员在达成购买股票的约定时，可能内心都认为该股票升值空间较大，但说到底这仍然是一种市场投资行为，没有人能百分之百保证原始股的未来走向，况且实践中也曾经发生过不少投资者购买原始股后反而股票下跌的情形。因此，这本质上只是行为人给国家工作人员介绍了一个有可能盈利的商业机会，但并不能排除其中的投资风险，与国家工作人员分文不出而坐享其成或者行为人替国家工作人员先行垫资购买股票待股票升值后再扣除垫资并送给国家工作人员的情况有着明显区别。如果将此类行为入罪，就会出现一个悖论，即只有当国家工作人员购买的股票升值时才能认定行为人构成行贿，而当股票下跌时则不能认定行贿或者属于行贿未遂，这种将是否构成犯罪的标准依附于不确定的市场因素的做法显然是不适当的。

3. 对于推荐国家工作人员购买原始股的行为，应本着刑法谦抑性的原则，区分好罪与非罪、违纪违法与职务犯罪的界限。有观点认为，只要国家工作人员在行为人的推荐下，认购了行为人公司的原始股并获得巨额收益，无论国家工作人员是否真实出资，都属于权力变现和权钱交易。本书认为，对此种行为当然应作否定性评价，但否定性评价并不代表应当受到刑法意义上的谴责。国家工作人员在请托人的积极促成下购买股票，这本身就意味着有可能影响公正执行公务，因此当然属于违纪行为。但这在本质上，与某开发商将开发的房产按照正常市场价格销售给被请托的国家工作人员并无区别，即便该国家工作人员买房后房价大涨，那也属于房地产市场的溢价，而不是开发商以明显低于市场交易价格的方式“半卖半送”向国家工作人员输送利益。因此，即便在严厉打击行贿犯罪的政策背景下，仍应对此类尚存在较大争议的问题保持谦抑性，给职务违法违纪行为的处理保留一定空间。

当然，如果行为人除了单纯推荐国家工作人员购买本公司原始股外，还有其他评价要素，例如该国家工作人员本身从事证券监督管理工作，掌握大量外界难以知晓的专业信息，甚至本人就是该原始股上市的操盘者，或者行为人是通过内幕交易、泄露内幕信息等方式将原始股上市前后的重要信息告知国家工作人员，使得国家工作人员购买原始股时已经明显脱离了投资的本质，而完全演变为知晓底牌后的暗箱操作，则原始股上市后所获得的收益不能认定为归因于正常的市场收益，而属于双方进行利益输送的手段、完成权力变现的工具和掩盖权钱交易的道具，应当以行贿罪论处。

问题 39：行为人邀请国家工作人员参与投资项目并代为出资，获利后用利润抵扣国家工作人员出资的，是否属于行贿

【案例】2004 年，被告人邱某明在经营广东省阳山县七拱镇合上二级水电站和七拱西路水电站期间，为感谢时任阳山县七拱镇委书记黄某安、时任阳山县七拱镇镇长叶某才在七拱镇西路水电站增容改造工程中提供帮助，以帮助垫付投资款并以分红抵扣垫资款的名义，承诺将西路水电站 80 千瓦干股给予黄某安、将 70 千瓦干股给予叶某才，但黄某安、叶某才不参与西路水电站的盈亏。2012 年 1 月，被告人邱某明以回购股份的名义，向叶某才行贿 359, 626. 50 元。2015 年 4 月，被告人邱某明以回购股份及支付分红的名义，向黄某安行贿 743, 470 元。法院经审理认为，从收益的来源来看，黄某安、叶某才最终取得电站的收益，主要是邱某明以“回购”的形式给予的金钱，

这个“回购”的金额由邱某明决定，也没有进行退股的法定结算程序，无任何评估，“回购”只是贿赂实现的方式。遂判决被告人邱某明犯行贿罪，判处有期徒刑5年。宣判后，被告人不服提出上诉，二审法院驳回上诉，维持原判。[①]

【解析】 实践中，如果请托人直接赠送国家工作人员干股，或者以投资证券、期货或者其他委托理财的名义邀请国家工作人员投资，但国家工作人员在未出资的情况下仍然获得利润或分红，属于较为典型的行贿行为。但如果请托人邀请国家工作人员参与投资项目并代为出资，获利后用利润抵扣国家工作人员出资的情形，是否属于行贿，则存在一定争议：

第一种意见认为，根据2007年7月8日最高人民法院、最高人民检察院《关于办理受贿刑事案件适用法律若干问题的意见》的规定，国家工作人员有实际出资的，或者对于借款后进行投资，通过实际参与管理和经营，获取了相应投资比例的投资收益，则不能认定为受贿，应以违纪处理。因而请托人一方也不构成行贿罪。[②]

第二种意见认为，行为人邀请国家工作人员参与投资项目并代为出资，获利后用利润抵扣出资的，并非国家工作人员实际出资，应视为行为人对其的无偿赠与。国家工作人员并未实际参与投资项目经营管理的，行为人属于以合法形式掩盖非法目的的行贿行为。

本书同意第二种意见，主要理由是：

1. 从国家工作人员出资的来源来看，应当严格区分一般投资借款和变相行贿的界限，并对相关资金来源的形式从严掌握。2007年最高人民法院、最高人民检察院《关于办理受贿刑事案件适用法律若干问题的意见》第3条第2款规定，国家工作人员利用职务上的便利为请托人谋取利益，以合作开办公司或者其他合作投资的名义获取“利润”，没有实际出资和参与管理、经营的，以受贿论处。在这里，“没有实际出资”不仅包括自始未出资的典型

---

① 广东省清远市中级人民法院刑事裁定书，(2019) 粤18刑终227号。

② 参见白洁：《新形态贿赂犯罪疑难问题探讨》，载《法律适用》2018年第19期。

情形，也包括先出资随后立即撤资或者先由请托人垫资再用利润抵扣等特殊情形。有观点认为，请托人的垫资只是一种普通的投资借款，之后以利润抵扣的行为在客观上意味着国家工作人员已经偿还了垫资，因而不宜认定为行贿犯罪。此种观点，陷入了形式化理解行贿犯罪的怪圈。如果真是借款性质，则双方必然会有关于借款的协议、利息和其他权利义务的设定，否则仅凭口头协议就由请托人垫付大额资金，显然不合常理。况且，如果允许以利润抵扣出资的行为不入罪，将会极大纵容此类假借合作投资名义实施行受贿犯罪的行为。

2. 从行贿犯罪的类型化分析来看，在合作投资领域比较常见的形式是“代为出资型行贿”“直接获利型行贿”，这在相关司法解释中有明确规定。但除此之外，有行贿人与国家工作人员之间为掩盖行、受贿犯罪，采用国家工作人员要求请托人代为垫资，事后以利润折抵的方式，意图混淆借款投资行为和行贿行为的界限，还有的是形式上由国家工作人员真实出资，但仅数日之后，请托人就将出资如数返还国家工作人员，并仍然定期向其支付分红。这些行为都属于合作投资领域中的一种新型行贿手段，即“虚假出资型行贿”。无论行为人如何辩解，其意图向国家工作人员无偿输送利益的动机和行为都是一致的。

3. 从是否承担经营风险的角度来看，表面上国家工作人员在“合作投资”赚取利润后，抵扣了先前的出资，似乎有别于典型的“空手套白狼”式的行受贿行为，至少在形式上也满足了国家工作人员真实出资的要求。如果不加以深究，此类行为多数都会作为违纪行为处理。但问题是，国家工作人员所谓的“出资”时间，并不是在合作投资之前完成，而是在合作投资已经取得了实际利润之后，才以倒序或者追认的方式，让国家工作人员取得了先前并不曾真实投入的出资资格。而整个过程中可能产生的市场风险，国家工作人员却没有承担。因此，行为人基于国家工作人员的特定身份和超然地位，使后者享受了毫无风险的经营利润的，应当视为打着合作投资幌子的变相行贿行为。

问题40：行为人为谋取不正当利益，向冒充国家工作人员的不法人员行贿而被骗，应当如何定性

【案例】 2018～2019年，时任安徽省滁州经济技术开发区党工委书记、管委会主任盛某龙为谋求职务调整，托人引荐，在北京结识了冒充中央党校教授“陈岩”的程某，主动送上200万元，以补其购房资金缺口。2019年3月，盛某龙担心组织正在调查其违纪违法问题，遂找到冒充中央党校教授的“陈岩”帮忙找人托关系询问情况，“陈岩”表示在北京找人办事需要费用。之后，盛某龙以找北京一位教授办事为由向某民营企业老板索取60万元，并安排他人将存有60万元的两张银行卡送到北京交给“陈岩”，“陈岩”将钱款转账至其真实身份程某账户后故意与盛某龙失联。法院判决被告人盛某龙犯受贿罪，判处有期徒刑10年6个月，并处罚金人民币100万元。[①]

【解析】 实践中，有不少国家工作人员“官迷心窍”，为谋取职务调整提拔不惜铤而走险，结交政治骗子。而一些社会不法分子也看准此种心态，故意招摇撞骗，让行为人误认为自己是神通广大的高级领导干部，从而为谋取不正当利益，将财物给予招摇撞骗者。对于此类为买官被骗的案件，是否构成行贿罪，存在以下两种意见：

第一种意见认为，行为人虽然在行为对象上产生了认识错误，但该事实认识错误阻断的是行贿既遂状态的完成，并不能阻却行贿罪的成立。行为人买官被骗，虽然基于认识错误“所托非人”，但在其认识因素中属于国家工作人员，主观上具有谋取不正当利益的故意，给予财物的行为完全符合刑法关于行贿罪的罪状所规定的犯罪构成要件，从行为无价值论的角度来看，其行为应当受到刑法的苛责，即便不能构成未遂，也至少属于行贿预备阶段。

第二种意见认为，考虑到行为人请托的对象不是国家工作人员，即便行为人基于非法动机实施了贿送财物的行为，但客观上不会侵犯到国家公务人

① 参见安徽省池州市中级人民法院刑事判决书，(2019)皖17刑初6号。

员的廉洁性，其行为不具有侵害法益的紧迫危险，不符合法益侵犯性的客观要求，对此可不作为犯罪处理。

本书同意第二种意见，主要理由是：

1. 从是否具有法益侵害的紧迫危险的角度来看，“客观不能犯”不具有法益侵害的紧迫性，不属于刑法必须调整的范畴。所谓不能犯，是指犯罪分子已经着手实行犯罪，由于其所使用的工具、方法不当或所侵害的对象不存在，使得犯罪无论如何也不能得逞。对于行为人为谋取不正当利益，向冒充国家工作人员的不法人员行贿而被骗，考虑到行为人请托的对象不是国家工作人员，即便行为人基于非法动机实施了贿送财物的行为，但客观上不会侵犯到国家公务人员的廉洁性，本质上缺乏实现犯罪的可能性，因而其行为不具有侵害法益的紧迫危险性。诚然，会有观点反驳，如不对此种行为进行处罚，这种由主观不法引导下的行为必然会影响到人们对规范有效性的信赖，似乎意味着变相鼓励行为人，如此一来规范的意义势必荡然无存。在这里，本书并不否认“花钱买官”行为的违法性，但具有违法性与是否具有法益侵害的紧迫性是两个概念。如果一个行为不是偶然地而是绝对地无法造成社会危害，只有主观犯罪动机，就不符合法益侵犯性的客观要求，尚不足以具备处罚必要性。

2. 从结果无价值论在司法实践中应用的角度来看，“客观不能犯”区别于一般的未遂犯，不具有刑事意义上的可罚性。所谓结果无价值论，是指对侵害或危害刑法所保护的利益（法益）这一结果所进行的否定性评价，即认为违法性的本质在于侵害或者威胁法益，以结果为中心考虑违法性问题的理论。不能犯之所以不可罚，是因为该行为不成立未遂犯。未遂犯的处罚根据在于行为造成了法益侵害的紧迫危险，但不能犯并没有造成这种危险。① 对于一般未遂犯而言，虽然由于行为人意志以外的因素没有实现既定的犯罪目标，但至少只要条件充分仍然存在实现犯罪的可能性，因而仍然具有可罚性。

① 参见张明楷：《刑法学》（第6版），法律出版社2021年版，第454页。

但在本案中，行为人虽有行贿的主观故意，企图通过给予他人财物、实现请托事项，但由于行贿对象本身不是国家工作人员，根本不具有实现请托事项的职务便利，即使收受了行为人给付的财物，也不可能利用不存在的职务便利为其谋取利益，公职人员的职务廉洁性也就不可能被侵犯。应当警惕那种直接将行为人心理的、主观的要素作为客观事实，或者将行为人所计划实施的内容作为客观事实的倾向。[①] 因此，从刑法客观主义的立场出发，应受刑法惩罚的是行为人的具体行为，而不是行为人的主观动机或者抽象的人身危险性，在违法性的判断中考虑主观要素，会导致主观归罪的结果。[②]

3. 从目前司法实践中的普遍做法来看，对于行贿买官被骗的行为一般不另作处罚。对此类现象不进行刑法意义上的评价，司法机关的主要考虑是：行贿买官的主体基本上都具有国家工作人员身份，其用于行贿的巨额资金往往来路不正，多数都是收受企业主的贿赂或者直接指令企业主将钱款转给中间人，因而直接以受贿罪处罚，更为便宜操作，且从行受贿犯罪的对合关系来讲，一方构成行贿罪则意味着另一方也会相应构成受贿罪。而在行为人为谋取不正当利益，向冒充国家工作人员的不法人员行贿而被骗的情形中，招摇撞骗的犯罪分子显然不打算也不可能利用职务便利为行为人谋取利益，故而只能构成诈骗罪而非受贿罪。既然不存在对合犯的关系，也就意味着花钱买官被骗无法构成行贿罪，否则在逻辑上将不能自洽。

问题 41："以旧换新式"的行贿犯罪中，犯罪金额如何计算

【案例】2013 年年初，被告人田某欲在黑龙江省绥化市明水县投资建设物流园。2013 年 4 月，被告人田某筹措资金成立明水县恒运物流有限公司作为投资主体。2013 年 9 月，明水县人民政府与明水县恒运物流有限公司签订《明水县工贸运服产业园项目协议书》。2014 年 1 月，时任明水县长洪某让田

① 参见张苏：《不能犯的危险构造与司法判断》，载《法律适用》2014 年第 9 期。

② 参见黎宏：《行为无价值论批判》，载《中国法学》2006 年第 2 期。

某联系购买一辆奥迪轿车，田某通过其朋友在长春一家销售汽车公司联系了一辆碰撞试验的奥迪轿车，该车款50万元由洪某支付。该车开回一个月左右，因质量问题，洪某将该车退回给田某。2014年3月初，田某又支付人民币61.6万元为洪某购买了一辆奥迪轿车。法院认定被告人田某犯单位行贿罪，判处有期徒刑1年，缓刑2年。①

【解析】该案中，行为人为谋取不正当利益，向国家工作人员行贿的定性自无争议，但对于行为人先后赠送两辆汽车的行为，行贿数额应当如何计算，存在以下四种不同意见：

第一种意见认为，行为人针对同一请托事项，连续送给国家工作人员两辆车，受贿人归还前一辆轿车的行为是受贿既遂后对财物的处置，不影响对行、受贿事实的认定。因此，贿送的两辆汽车均应认定为行贿既遂。

第二种意见认为，行为人的行贿是"以新换旧"，受贿人主观上也只有收受一辆车的动机，故应认定最后一辆车为行贿既遂，而对于行为人送出的前一辆车可不再评价。

第三种意见认为，考虑到行为人的行贿行为是以旧换新的折抵行为，因此应当将旧车的鉴定价值和送出新车与旧车时的差价，合计为行贿数额。

第四种意见认为，根据主客观相一致原则，行、受贿双方的标的物均为一辆车，而不是同时贿送和收受两辆车，至于以旧换新过程中产生的汽车价值贬损，应当作为行贿的一部分与最终贿送的新车价值相加。

本书同意第四种意见，主要理由是：

1. 从主客观相一致原则的角度来看，行为人与国家工作人员之间对于贿送车辆的基本事实在认识上是一致的。尽管形式上行为人先后交给国家工作人员两辆车，但实质上国家工作人员并没有同时占有两辆车的故意，国家工作人员退还前一辆汽车，也不属于为掩饰犯罪而退还的行为，因而只需将最后一辆新车作为行贿的基本标的物即可。当然，如果国家工作人员不是短期

---

① 参见黑龙江省伊春市新青区人民法院刑事判决书，(2020) 黑0724刑初49号。

内更换，而是在收受前一辆车后长期使用，直至接近报废期才要求行贿人再更换一辆新车，则属于较为典型的连续行、受贿行为。此时，即使国家工作人员将旧车退还给行贿人，前一行贿也已经既遂，在计算行贿金额时应将前后贿送的两辆车的价值都计入。

2. 同一行贿人针对同一请托事项，贿送汽车后又更换另外一辆新车并收回前车的，在行为定性及受贿数额认定上要充分体现刑法的谦抑性，实事求是予以认定。有观点认为，“以旧换新式”行贿，与贿赂犯罪中常见的以小换大、低买高卖等交易型行、受贿犯罪的基本特征相同。本书认为，二者既具有一定相似性，也有一定区别。在计算行贿金额时，既不是前后两个标的物的价值之差额，也不是简单的二者相加。原因在于，在一般的交易型行贿中，所谓以小换大、低买高卖，至少受贿人一方是要象征性支付一定成本的。但是在“以旧换新式”行贿中，无论是新车还是旧车，都是行贿人一方所付出的成本，故而不能简单以二者差额来计算行贿金额。同时，从对合犯的角度来审查，即可发现无论行贿人一方先后送出多少辆车，只要受贿一方最终手中只有一辆车，就不能以简单求和的方式来计算行贿金额。

3. 从全面评价犯罪行为的角度来看，行为人贿送的前一车辆被退还后，所贬损的价值，应当视为行贿价值并计入整体的行贿金额中。有观点认为，既然行为人只是打算送给国家工作人员一辆汽车，那么整个过程中所产生的任何费用都应该由行为人自行承担，或者该部分贬损的价值只是行贿行为的成本。本书认为，所谓行贿成本，应当是行为人为完成行贿犯罪而额外支付的费用，如果该费用本身就包含在行贿标的物中，则不属于行贿成本。例如，行为人送给国家工作人员价值 100 万元的金条，一年后黄金市场价格下跌，涉案金条贬值为 90 万元，并不能认为贬损的 10 万元变成了行贿成本。何况从客观上来看，受贿人一方已经实际享用了旧车的使用价值，自收受至归还的时间段内的价值理应计入行贿金额。因此，在计算行贿金额时，应当将新车的价值与归还旧车过程中发生的贬值合计为犯罪金额。

问题42：如何把握行贿罪中的“禁止重复评价原则”

【案例】贵州省威宁县炉山镇孔家沟煤矿隶属于贵州鸿熙矿业有限公司，被告人金某辉为该煤矿的实际控制人。孔家沟煤矿安全生产许可证到期前后经威宁县安全生产监督管理局检查，存在多处安全隐患和问题。因孔家沟煤矿安全生产许可证已于2017年2月24日到期，2017年9月29日被威宁县安全生产监督管理局决定对其停止审批火工品。被告人柯某军为使该煤矿借整改之名非法生产的情况能躲避煤矿安监部门查处，于2017年10月至11月分别送给威宁县煤矿安全监督管理局工作人员共计185,000元。2017年12月13日，孔家沟煤矿在非法生产过程中，发生瓦斯爆炸，致6人死亡、2人重伤、13人轻伤、5人轻微伤。后经鉴定：该事故造成的损失为9,044,975元。一审法院以被告人柯某军犯行贿罪，判处有期徒刑6年，并处罚金人民币20万元；犯重大责任事故罪，判处有期徒刑5年。总和刑期有期徒刑11年，并处罚金人民币20万元；决定执行有期徒刑10年6个月，并处罚金人民币20万元。检察机关与被告人柯某军分别提出抗诉、上诉，认为原判在重大责任事故罪中已将造成直接经济损失9,044,975元的情节作为定罪量刑情节对柯某军提档判处有期徒刑5年，又将经济损失中的近300万元医疗费、抢险救援费等费用作为量刑情节对柯某军行贿罪判处有期徒刑6年，系对同一定罪量刑情节重复评价，属于适用法律不当。二审法院对该抗诉、上诉理由予以驳回。①

【解析】根据《行贿司法解释》第6条的规定，行贿人谋取不正当利益的行为构成犯罪的，应当与行贿犯罪实行数罪并罚。本案中，被告人为躲避煤矿安监部门查处，向国家工作人员行贿，其行为依法构成行贿罪；其在明知管理的煤矿存在多处安全隐患和问题的情况下，仍违反安全生产规定，导致发生重大安全事故，依法构成重大责任事故罪。此外，我国刑法对于贿赂犯罪中发生的渎职犯罪或其他犯罪，所持基本立场是数罪并罚。本案中，对

① 参见贵州省毕节市中级人民法院刑事判决书，(2020) 黔05刑终151号。

于因行贿造成重大安全事故，在追究其重大责任事故罪、行贿罪时，是否可以将事故导致的经济损失作为行贿罪的升档情节，存在两种意见：

第一种意见认为，在重大责任事故罪中已将造成直接经济损失作为定罪量刑情节，对被告人提档判处有期徒刑5年，不应再作为行贿罪的升档情节，否则将有对同一定罪量刑情节重复评价之嫌。

第二种意见认为，法律将因行贿造成国家利益经济损失作为量刑情节考量，使其明显区别于行贿未使国家利益遭受经济损失的情形，对于行贿人而言是一种威慑与惩戒。因此，对于因行贿造成国家利益遭受特别重大损失的，重大责任事故罪还具备其他升档情节的，将造成国家利益遭受特别重大损失作为两罪的升档量刑情节，不违反法律规定，不属于重复评价。

本书同意第二种意见，主要理由是：

1. 如果抛开“使国家利益遭受特别重大损失”这一情节不论，凭借其他情节仍然能够单独成立重大责任事故罪或升格处罚，而该情节又构成行贿罪的，两罪之间系原因与结果关系的牵连犯，予以并罚，不属于重复评价。刑法中的重复评价，是指将一个定罪或者量刑的事实反复进行评价。重复评价主要分为两种情形：一种是同一事实、情节既在定罪中作为入罪条件被使用，又在量刑中被再次评价；另一种是同一事实、情节既在构成此罪中被评价，又因构成彼罪被再次评价，或者同一事实在量刑中被反复评价。此时，这种层层加码的评价方式，将对被告人产生明显不利的量刑后果，违背了罪责刑相适应原则，因而重复评价在刑法解释和适用上应该被禁止。

2. 如果“使国家利益遭受特别重大损失”这一情节已经在行贿罪入罪或升格法定刑中发挥了作用，再将该情节以相关犯罪认定，此时该情节被评价了两次，则违反禁止重复评价原则。换句话说，在行贿罪的情节加重犯中，如果加重的前提是数额没有达到更重一档的法定刑，因为加重情节的出现，符合了加重法定刑适用的条件，进而法定刑“提档升格”，此时就不能进行重复评价。需要注意的是，国家工作人员不以个人占有为目的，滥用职权，用监督、管理的公共财物向他人行贿，同时构成行贿犯罪和渎职犯罪的，应数罪并罚。因此，如遇有此类情况，可直接按照《贪污贿赂司法解释》的规定予以数罪并罚。但由此导致“公共财产、国家和人民利益遭受损失的”，既是行贿罪的从重处罚或者升档量刑条件，同时也构成滥用职权犯罪的入罪条件的，则应当根据实际情况，在数罪并罚的同时注意避免相关情节重复评价。

3. “使国家利益遭受特别重大损失”这一情节已经在行贿罪入罪或升格法定刑中发挥了作用，但该情节虽符合其他犯罪的构成要件，但其他犯罪又同时具备若干选择性量刑情节，不依赖于该情节入罪的，亦不违反禁止重复评价原则。本案中，根据《贪污贿赂司法解释》第 9 条的规定，为谋取不正当利益，向国家工作人员行贿，造成经济损失数额在 500 万元以上的，应当认定为《刑法》第 390 条第 1 款规定的“使国家利益遭受特别重大损失”，即应当判处 10 年以上有期徒刑或者无期徒刑。同时，根据最高人民法院、最高人民检察院《关于办理危害生产安全刑事案件适用法律若干问题的解释》第 7 条的规定，造成死亡 3 人以上或者重伤 10 人以上，负事故主要责任的或造成直接经济损失 500 万元以上，负事故主要责任的，对相关责任人员，处 3 年以上 7 年以下有期徒刑。本案中，被告人向国家工作人员行贿 185,000 元，同时违反安全生产规定，导致发生重大安全事故，造成 6 人死亡、2 人重伤、13 人轻伤、5 人轻微伤，经济损失 9,044,975 元。由此可以看出，对于被告人所犯两罪，“使国家利益遭受特别重大损失”是行贿罪升格处罚的构成要件，但在重大责任事故罪中是选择性要件，还有其他情节可以满足升格量刑的要求。因此，就本案而言，不存在量刑情节重复评价的问题。

六、行贿罪的犯罪形态

问题 43：如何判断行贿罪的既遂标准

【案例】2011 年下半年，恩施市建国房地产开发有限公司法定代表人张某国欲将位于利川市王家湾三组的1620平方米的土地办理户名为王某、张某国的国有土地使用权证。张某国找到时任利川市国土资源局谋道国土资源所的工作人员黄某后，黄某同意为其办证，并要求张某国支付人民币30万元用于疏通关系。因该地块地理位置特殊，黄某告知张某国5年内该地块不能交易和贷款，并与张某国约定5年后再支付该笔款项。一审法院认为，张某国未给黄某支付的30万元属于未发生的事实，应不予追究。宣判后，检察机关提出抗诉，认为张某国与黄某已经达成行贿的合意，且张某国已取得国有土地使用权证，谋取了不正当利益，已处于行贿行为的着手阶段，因案发这一客观因素导致30万元没有送出，应当认定为犯罪未遂。辩护人提出，未支付给黄某的30万元是附条件的行贿，只有拿到真实合法有效的国有土地使用权证后才支付这30万元，该承诺是虚假的、不真实的，不能作为行贿未遂的依据。二审法院经审理认为，根据我国刑法理论，犯罪既遂与未遂区别的标志就是犯罪人所实施的行为是否具备了《刑法》分则所规定的犯罪的全部构成要件。也就是行贿人已经着手实行了给付财物的实行行为，并以谋取不正当利益为目的即为行贿罪的既遂。如果行为人已经着手实行行贿行为，但由于意志以外的原因而没有得逞，则是行贿未遂。因此相对而言，行贿罪的既遂与未遂的标志就是给予是否完成，给予完成即为既遂，未完成则是未遂。本案中，张某国为办理户名为王某、张某国的国有土地使用权证，由张某国给予黄某人民币30万元。张某国具有行贿谋取不正当利益的主观故意，同时也谋取了不正当利益，取得了国有土地使用权证，只是因为约定的给付期限未到及案发，使得30万元未交付，属于意志以外的原因没有得逞，其行为应属于行贿未遂。因此，检察机关的抗诉理由成立。原判认定张某国没有实际给付30万元，可视为贿赂未进行，属认定事实错误。①

【解析】关于行贿罪既遂的认定标准，实践中争议较大，目前主要有以下几种意见：

① 参见湖北省恩施土家族苗族自治州中级人民法院刑事判决书，(2019) 鄂28刑再3号。

第一种意见主张“给予说”，即只要行贿人实施给予国家工作人员财物的行为，即可认定行贿既遂。主要考虑是：行贿罪保护的客体系国家工作人员的职务廉洁性，即只要行贿人主观上为谋取不正当利益，将一定数额的财物交给国家工作人员，客观上就侵犯了国家工作人员的职务廉洁性，其行贿行为就构成既遂，而不论国家工作人员是否收受财物或者是否实际谋取到不正当利益。

第二种意见主张“谋利说”，应以行贿人是否实际谋取到不正当利益，作为行贿既遂标准。理由是，犯罪是否既遂应当以犯罪行为人所追求的犯罪目的是否实现为标准，行贿人向国家工作人员行贿的最终目的是利用国家工作人员的职务来谋取不正当利益，而不是以给予国家工作人员财物为目的，所以应当以行贿人谋取不正当利益的目的达到作为行贿罪既遂的标准。

第三种意见主张“区分说”，应该根据请托与行贿的先后顺序来确定既遂标准。(1）对于请托人为了谋取不正当利益，事先给予财物，之后谋取不正当利益的，以是否给予财物为既遂标准；(2）对于国家工作人员先为请托人谋取不正当利益，请托人之后给予财物的，以请托人是否获得不正当利益为既遂标准。理由是：行贿罪的法益是复杂法益，行为人不论是先给付贿赂，还是先获得不正当利益再事后行贿，都侵害了本罪的客体，只要符合其中任何一种情况，就是既遂。

第四种意见主张“转移说”，即应以行贿人实际给予国家工作人员财物，且国家工作人员实际收受财物，作为行贿既遂标准，但不要求行贿人所谋取的不正当利益客观上已实现。理由是，行贿罪侵犯的法益是国家工作人员的职务不可交换性，只要行贿人与国家工作人员之间形成这种“权钱交易”关系，行贿罪就构成既遂，行贿人是否实际获得不正当利益不影响行贿罪既遂的认定。况且从行贿罪的构成要件来看，只要求行贿人具有谋取不正当利益的主观故意，而并不要求受贿人实际上为行贿人谋取了不正当利益。

本书同意第四种意见，主要理由是：

1. 行贿犯罪的成立标准与既遂标准是两个不同范畴的法律概念，前者是后者的最低刻度，后者是前者的完满状态。因此，犯罪既、未遂是在已经构成犯罪的基础上讨论犯罪是否得逞、客观危害结果是否出现。行贿罪与受贿罪所侵犯的都是国家工作人员职务行为的不可收买性，只是因为“主体身份不同、行为内容不同而导致侵犯的程度不同而已”。[①] 典型的行贿罪既遂，应当为行贿人请托国家工作人员为其谋取不正当利益，且实际给予了国家工作人员财物，即“作为贿赂物的财物已经从行贿人手中转移到受贿人控制之下”之时，[②] 构成行贿罪既遂。但实践中发生争议的，往往是只具备其中某个特征或者情节，因而需要分别讨论。根据《联合国反腐败公约》规定，贿赂行为可以分为提议给予、许诺给予、实际给予三种行为方式，只要满足其中任何一个环节即可构成行贿罪，但至于满足哪些环节才能构成既遂则需要具体分析。但有一点确定的是，行贿犯罪是不可逆的。受贿人一旦接受了行贿的财物，在预感到可能败露或案发前，主动将财物交还给行贿人的，此时给予行为早已经完成，即使后来归还，也不影响行贿罪既遂的成立。

2. 根据我国刑法理论，区别犯罪既遂与未遂的标志就是行为人所实施的行为是否具备了《刑法》分则所规定的犯罪的全部构成要件，即行贿人是否已经着手实施了给付财物的实行行为。较为典型的行贿未遂，系国家工作人员当面退还。但对于国家工作人员当时没有发现或由于其他原因没有退还，但事后及时退还或上交，或者国家工作人员知晓特定关系人收受贿赂后及时退还或上交等情形，究竟认定为行贿罪既遂还是未遂还存在一定争议。[③] 一般而言，为谋取不正当利益给予国家工作人员财物，只要财物已经转移至国家工作人员或者其亲属的控制之下，行贿罪便已既遂。[④] 如行贿人已经着手向国家工作人员实施行贿行为，而行贿行为未得逞的原因是行贿人意志以外的原因所导致的，则构成行贿罪未遂。因此，行贿罪的既遂与未遂的标志就是

① 参见张明楷：《法益初论》，中国政法大学出版社2003年版，第628页。

② 参见高铭暄、陈璐：《〈中华人民共和国刑法修正案（八）〉解读与思考》，中国人民大学出版社2011年版，第96页。

③ 参见马涛、樊京京：《单方面认定行贿罪问题研究》，载《人民检察》2022年第14期。

④ 参见张明楷：《刑法学》（第6版），法律出版社2021年版，第1619页。

给予国家工作人员财物是否完成，给予财物完成即为既遂，未完成则是未遂。

3. 考虑到如果行贿人仅作出贿赂财物的意思表示，国家工作人员对此不知情或明确表示拒绝，实质上没有侵犯到国家工作人员的不可收买性和职务廉洁性，对此认定为犯罪既遂，不符合刑法的谦抑性。如果将行贿人实际获取到不正当利益作为认定行贿罪既遂的标准，将明显提高行贿罪既遂标准的门槛，影响对贿赂犯罪的整体打击效果，也与当前严惩行贿犯罪的政策精神不一致；对于国家工作人员先为请托人谋取不正当利益，请托人之后给予财物的，除非双方在谋利前已经有明确约定，否则对于事先无约定的先谋利后贿赂情形，如以请托人获得不正当利益为既遂标准，则有客观归责之嫌。实践中，因意志以外的原因而行贿未遂，大致有以下几种：从国家工作人员的角度来看，其未按照行贿人给付财物的提请作出接受财物的允诺，或暂时接受又退还或及时上交有关部门表明不具有接受财物的意志；从给付手段的角度来看，由于行贿人对于给付方式或者给付内容产生认识错误，使行贿标的不能完成交付；从第三人的角度来看，双方达成了贿送财物的合意，但在完成交付前即案发。需要注意的是，行贿和受贿行为系对合关系，但行贿罪与受贿罪之间并非必然对应，行贿罪有独立的犯罪构成要件，认定行为人是否构成行贿罪，并不以是否存在受贿犯罪为前提条件，而是以刑法规定的犯罪构成要件为依据。

4. 行贿罪中的“给予”的内涵包括两方面：一是请托人所给予财物的所有权发生了变动或者财物在空间上发生了位移；二是请托人和国家工作人员对前述变化都表示认同。因此，只要行贿人将财物交付给国家工作人员，无论国家工作人员是否为行贿人实际谋取到不正当利益，都侵犯了行贿罪所保护的法益，即“行贿行为完全可以在不依赖受贿行为的前提下实质地侵犯法益”。[①] 实践中，越来越多的行贿人基于成本、风险、代价等因素的考虑，不采取当场交付贿赂的方式，而通常是先提出给予贿赂的表示，根据对方的反

---

① 参见黄明儒、王振华：《行贿罪刑罚处罚完善论——以单一制理论和刑罚根据论为视角》，载《刑法论丛》2019 年第 1 期。

应再行约定贿赂数额、时间及条件，最后实施交付，故给予财物可以包括请托、约定和交付三个环节。因此，司法实践中认定行贿罪，需要行贿人向国家工作人员表明具体的请托事项，从而使行贿人给予国家工作人员的财物与国家工作人员职务之间形成交换关系，所以在认定行贿罪既遂时除了需要行贿人将财物交付给国家工作人员之外，还必须向国家工作人员表明其请托事项。向国家工作人员实施的行贿行为未得逞，则包括国家工作人员拒绝接受贿赂、被他人阻止未能成功贿送财物、尚未送出财物即案发被查处等情况。例如，以现金、银行卡、金银首饰、珠宝玉石、古玩字画等实物行贿的，尚未支付或仅支付一部分资金的，则未支付部分应认定未遂。

问题 44：由行贿人为国家工作人员代持贿赂财物的，能否成立犯罪未遂

【案例】2011 年，被告人蒋某宝请托时任贵阳北控水务有限责任公司董事长蒲某和时任贵阳北控水务有限责任公司客户发展处处长时某，在其承接供水管道安装工程的验收、移交中提供帮助，并承诺感谢。蒲某和时某分别答应帮忙，后蒋某宝挂靠贵州顺和建筑工程有限责任公司承接供水管道安装工程。2012 年，蒋某宝与时某商定，按照供水管道安装工程结算金额的 10%作为“好处费”送给蒲某和时某，两人各占 5%，时某将该比例告知蒲某，蒲某表示同意。后蒋某宝准备将“好处费”拿给蒲某和时某，二人表示先由蒋某宝代为保管。在蒲某的安排下，时某为蒋某宝挂靠贵州顺和建筑工程有限责任公司承揽的贵阳市宏益房地产公司、中天城投集团、贵阳万科房开公司等房开项目的供水管道安装工程验收和移交提供了帮助。截至 2020 年 8 月，蒋某宝承接的供水管道安装工程结算金额人民币 2.6 亿余元。2015 年 3 月、12 月，被告人蒋某宝在贵阳银行以自己名义开设银行账户专门分别为时某、蒲某保管“好处费”，并把相关情况告知时某和蒲某。后蒋某宝根据工程结算情况，将“好处费”陆续存入相关银行账户。案发前，蒋某宝往代蒲某保管的账户存入“好处费”共计 1284.3 万元，往代时某保管的账户存入

"好处费"共计1361.46万元。其间，蒲某和时某分别安排蒋某宝从代为保管的银行账户中支取部分用于购买商铺和其他消费。一审法院判决被告人蒋某宝犯行贿罪，判处有期徒刑11年，并处罚金人民币60万元。宣判后，被告人蒋某宝以为受贿人代管财产系未遂为由，提出上诉。二审法院经审理认为，蒋某宝为蒲某、时某保管受贿款账户的行为，不同于常规的单纯的行受贿行为，蒲某、时某对各自分得多少钱、已用了多少钱、用多少钱共同购买商铺进行出租、自己该收多少租金等情况均是清清楚楚，明明白白，蒋某宝以自己名义分别为二人开设账户代为保管的行为已经是行受贿行为完成后的一个新的委托保管和受委托保管的行为，因此，尚在代为保管账户上的受贿款不能认定为犯罪未遂，遂驳回上诉，维持原判。①

【解析】实践中，有不少行、受贿案件中行贿人与国家工作人员为掩盖犯罪，常由国家工作人员一方委托行贿人继续保管财物，等国家工作人员需要时再取走。例如，行贿人贿送的财物系房屋、汽车等不动产或需要登记的动产，则双方约定暂不办理过户登记手续，而是仍然由行贿人代持。对此，是否成立行贿犯罪的犯罪未遂，存在以下两种意见：

第一种意见认为，无论以何种方式代持，行贿人均已完成了行贿犯罪。受贿人对行贿人具有制约力，虽没有对财物形成物理上的控制或形式上的占有，但并不改变其对财物具有现时的控制力，也应认定为一种占有的形式。至于后续与国家工作人员之间协商代为保管赃物，只是犯罪既遂后对财物的进一步处置，不影响对既遂状态的认定。

第二种意见认为，贿赂犯罪本身具有很强的复杂性，对行贿行为"一刀切"式的处理，并不能使犯罪行为得到全面、客观的评价。实践中，行、受贿犯罪往往没有固定的"格式"和套路。行贿人贿送财物后，受贿人提出由行贿人继续代为保管所送财物且待受贿人需要时再取走的，由于存在行贿人事后反悔或者届时无法兑现约定的可能，应视为行贿未遂。但如果行贿人所

① 参见贵州省贵阳市中级人民法院刑事裁定书，(2022) 黔01刑终49号。

贿送的财物，只是名义上的代持，事实上仍然为受贿人所实际控制，则可以认定为行贿既遂。

本书同意第二种意见，主要理由是：

1. 应实质把握行贿犯罪的既遂标准，刑法意义上的既遂标准有别于民法意义上的“登记主义”形式要件。随着近年来反腐败高压态势的形成，行受贿双方为规避调查，以往那种明目张胆将房产、汽车过户到受贿人名下的情形已经极为少见，大部分情况都是由行贿人秘密代持。因此，以房屋、汽车等不动产或需要登记的动产行贿的，不以涉案财物实际过户为既遂标准，而坚持实质化标准认定此类贿赂犯罪。① 只要受贿人实质上支配了该房屋、汽车，就构成行贿罪既遂。例如，行贿人向某国家工作人员赠送一套别墅，但始终没有办理房屋过户手续，该国家工作人员考虑到反腐败形势紧张，亦未入住别墅，且为掩人耳目还催促行贿人住进去，但又和行贿人明确约定，要求行贿人将来寻机将房产出售后把房款交给国家工作人员，且可扣除行贿人先行装修的成本。对此，尽管该国家工作人员未通过过户或入住等方式控制涉案房屋，但考虑到行、受贿双方已经就涉案房产的后续处置达成了明确约定，应当认定为行贿既遂。

2. 从行贿人的角度来讲，行、受贿犯罪的既遂标准并不完全对应。行贿人代为保管贿送财物期间，受贿人通过定期听取汇报、行贿人设置单独账户予以保存赃款等方式，在客观上确保受贿人已经控制或支配了该财物的，涉案赃款在行贿人处保持较为稳定的“代管”状态，应视为行贿既遂。受贿人为了逃避法律制裁，在收受行贿人的财物时故意通过行贿人“代持”的形式避免办理权属变更登记、形式上的交付等，如一概不作为受贿罪既遂处理，无疑有放纵犯罪之嫌。故在判断受贿犯罪完成形态时，无论受贿对象是动产、不动产还是其他财产性利益，应在行、受贿双方主客观相一致的基础上，综合判断受贿人是否实际取得了财物的控制权。例如，行贿人送给某国家工作

---

① 参见曹坚徐、灵菱：《以实质化标准认定收受房屋型受贿犯罪》，载《检察日报》2017 年 5 月 7 日，第 3 版。

人员一套位于海南三亚的别墅，为掩人耳目，行受贿双方约定房产登记在行贿人妻子名下，受贿人每年仅春节期间携家人入住该别墅一周，平时则长期无人居住。尽管受贿人对涉案房产的使用时间较短，但并不能否认受贿人一方已经实质控制涉案房产，故应当认定行贿既遂。

3. 从有利于开展后续涉案财物追缴和处置的角度来看，认定行贿未遂有利于追缴赃款。若认定行贿犯罪既遂，理论上应由受贿方承担退赃责任，但受贿人实际未取得财物，若仍要求其承担退赃责任，则有失公平。反之，若认定行贿未遂，从而向行贿人追缴赃款则更具有合理性，也更符合实际情况。[①] 例如，行贿人表示赠与受贿人一间商铺，该商铺登记在行贿人名下代为保管。后经受贿人同意后出租给他人并由受贿人按时收取租金。虽然本案形式上商铺所有权仍归属于行贿人，没有进行法律上和实体上的交付，但是受贿人已经在事实上对商铺进行处分和收取孳息，则应认定为行贿既遂。

综上所述，在认定行贿罪的既遂标准时，应当围绕是否侵犯国家工作人员职务廉洁性这一法益，从实质解释的角度适当扩大认定范围，无论财物或财产性利益是否已经实际交付或登记过户，只要行、受贿双方达成合意，不是完全捕风捉影的贿赂，或者确实是出于意志以外原因未能送出财物，且有证据证明受贿人已经实际掌控行贿财物的，就应认定为犯罪既遂。[②]

问题 45：行贿人表达了送钱贿赂的意思表示，但长期未实际兑现，属于犯罪未遂还是预备

【案例 1】茂名市博汇投资有限公司总经理黄某某请托茂名市原常务副市长杨某亮，利用职务便利为博汇投资有限公司提供帮助，黄某某向杨某亮承

---

① 参见陆婉芸：《行贿人“代持”型受贿的既未遂形态认定》，载《上海法学研究集刊》2022年第3卷。

② 参见雷一鸣：《犯罪未完成形态处罚范围的规范依据与判断路径》，载《国家检察官学院学报》2018年第5期。

诺待该项目完工后，给予杨某亮人民币500万元，并出具了向杨某亮借款500万元的借据一张。直至杨某亮被办案机关调查，黄某某仍未向杨某亮给付500万元现金。[①]

【案例2】国家工作人员A帮助建筑企业负责人B承揽工程后，B在一次饭局上向A表示准备送100万元表示感谢，此后B长期未兑现承诺，彼此再无提及此事。A因其他案件被调查后，主动交代了上述行贿事项。

【解析】行为人表达了送钱贿赂的意思表示，但长期未实际兑现，此种情形如何定性，存在以下三种意见：

第一种意见认为，此种情形属于犯罪未遂，行为人与国家工作人员就贿赂问题进行了沟通，彼此都有贿赂的意思表示，虽然行为人长期未兑现送钱的承诺，但并未明确提出今后不再送钱的意思表示，后因案发无法兑现贿赂行为是其意志以外的原因所致，因此属于犯罪未遂。

第二种意见认为，此种情形应当属于行为人思想上的犯意流露，在作出准备贿赂的意思表示后，客观上长期没有着手实施送钱的行为，因此只能认定犯意流露，不构成犯罪。

第三种意见认为，对于行为人表达了送钱贿赂的意思表示，但长期未实际兑现的，应当区分不同情形对待。如果行贿人表达意思模糊，而国家工作人员当时也没有明确表态，可以归类为犯意流露，没有处罚的必要；如果是行为人表达了送钱贿赂的意思表示，但长期未实际兑现支付款项，则不仅是犯意流露，而是进入了着手准备的阶段，只是由于未来得及兑现即案发，应认定为犯罪预备，可以比照既遂犯从轻、减轻处罚或者免除处罚。

本书同意第三种意见，主要理由是：

1. 应当严格区分单纯的犯意流露和许诺行贿之间的界限。所谓犯意流露，是指行为人在实施犯罪活动以前，通过口头或者书面方式，单纯表达自己的犯罪意图。例如，行为人为了承揽工程，向妻子提出，要想拿下工程必

① 广东省广州市中级人民法院刑事判决书，(2011)穗中法刑二初字第84号。

须得花钱找人才能办成。在此时，行为人仅是把行贿的想法告诉了他人，但是并没有为此准备行贿的资金或者联系国家工作人员，则不属于刑法意义上的着手实施犯罪，因为刑法并不惩罚思想犯。而所谓许诺行贿，则是指行为人为谋取不正当利益，与国家工作人员就给予和接受贿赂达成协议或约定，且行贿人已经得到不正当利益，而贿赂并未实际交付。[①] 在案例 1 中，行为人向国家工作人员不仅明确表达了行贿的意愿，并得到了国家工作人员的认可，而且还为此提供了借据，以便于日后兑现行贿，明显超出了普通的犯意流露的范畴，具有刑事惩罚的必要性。而在案例 2 中，行贿人本意并非真正地想送钱，在特定的场合表达送钱感谢的语言，只是应付场面的客套话，因此事后也没有任何着手准备行为，而相应的国家工作人员也对此不置可否，则应当认定属于犯意流露，没有处罚的必要。

2. 对于许诺行贿的定性，应当根据是否为单纯的口头许诺、行贿人和受贿人沟通细节意思表示以及是否着手犯罪来判断。如果只是单纯的口头许诺行贿，应当属于犯罪预备阶段；而以出具借据的方式许诺可预期利益的行为，则构成犯罪未遂。所谓行贿预备状态，主要是指行贿人为实施行贿犯罪而在筹集行贿资金、联络行贿中间人、商议确定行贿时间及沟通方式、搜集和打探拟行贿对象相关个人信息等方面积极进行准备，但因意志以外原因未能继续实施行贿犯罪的阶段。一般而言，最常见的行贿预备状态是行贿人将行贿款交给中间人，并委托中间人转交给国家工作人员，但中间人私自将行贿款予以“侵吞”，并谎称已经转交的情形。[②] 由于行贿没有进入实质性寻找国家工作人员并给付财物的实施阶段，因而尚不属于未遂状态。因此，行为人是否着手实施贿赂行为，以及究竟是为犯罪制造条件还是已经进入具体的实施阶段，是判断构成犯罪未遂还是犯罪预备的基本标准。对于口头许诺行贿而言，行为人在主观上有向国家工作人员行贿的故意，客观上是在为其达到行

① 参见陈昊、王志远：《许诺行贿司法处理方式的本土化选择》，载魏昌东、顾肖荣主编：《经济刑法》（第 21 辑），上海社会科学院出版社 2022 年版。

② 参见刘炯：《犯罪预备行为类型化研究》，载《中国刑事法杂志》2011 年第 10 期。

贿目的而制造条件，之所以未能进一步实施行贿行为，并非其主观原因所致，而是由于案发所致。如果行为人除了表达意思模糊的感谢之外，并没有任何进一步的行动表明其有兑现行贿承诺的迹象，或者有准备款项、进行资金计划安排等为行贿创造条件的客观行为，则应当认定为犯意流露。

3. 有观点认为，既然行为人已经谋取到了不正当利益，又对给其提供帮助的国家工作人员承诺要行贿，结果长期未兑现的，其主观恶性比普通行贿还要严重。因此，凡是许诺行贿的，考虑到已经谋取到不正当利益，又在客观上与国家工作人员达成了贿赂协议，应当效仿受贿犯罪既遂标准的“前置化”，直接认定为行贿既遂。上述说法，显然过分夸大了许诺行贿的社会危害性，而且在类比上也并不具有合理性，混淆了犯罪成立与犯罪既遂标准的关系。尽管行贿人向受贿人表达送钱感谢的意思表示，可以被视为是一种着手实施犯罪的客观行为表现，但毕竟和真正将财物送给国家工作人员还有不小的距离。行贿犯罪的既遂标准，应当围绕权钱交易的本质来构建，而不是仅关注是否谋取到不正当利益。行为人就贿赂事项主动与国家工作人员进行沟通，并初步达成协议，例如本案中出具了借据，就是着手实施贿赂犯罪的环节之一。如果按照正常的逻辑发展，下一步行贿人就会按照此前出具的借据筹集资金给予国家工作人员，只是由于意志以外的原因未能完成犯罪。行贿人是否会按期履行给付义务仍不确定，如行贿人在此期间遭遇破产、倒闭或者死亡，可能导致无法履行约定。况且，即便双方私下签署了书面协议或出具了凭证，但由于受贿人取得债权的行为是一种违法犯罪行为，不具备民事行为的实际要件，以这种方式取得债权的行为是无效民事行为。这就决定了在民事法律范围内，受贿人不敢主张也无法实现这种权利。[①] 因此，在此种情况下行为人出具借据，也只能是为行贿制造条件，而达不到一般犯罪未遂的标准。

---

① 参见陆婉芸：《行贿人“代持”型受贿的既未遂形态认定》，载《上海法学研究集刊》2022年第3卷。

问题46：行贿人向国家工作人员赠送银行卡后，又通过挂失补卡或者通过存折取走卡内资金的，应当如何定性

【案例】2009年1月，被告人孙某某为调回乌兰浩特市内工作并得以晋升，通过朋友张某某的引荐，在乌兰浩特市委原书记赵某某（已判刑）办公室，孙某某向赵某某表明来意后，便将装有个人简历和存有人民币20万元银行卡的信封放在赵某某的办公桌上，后孙某某离开。至2009年3月乌兰浩特市调整干部，孙某某得知未被调回市内工作，其妻赵某甲于2010年1月，用此银行卡一体的存折将20万元人民币全部支取。被告人孙某某在突泉县人民检察院立案前主动向纪检部门和检察机关交代了向赵某某行贿20万元的犯罪事实。法院对被告人孙某某犯行贿罪，判处有期徒刑3年，缓刑3年。①

【解析】对于行贿人向国家工作人员赠送银行卡后，又通过挂失补卡或者通过存折取走卡内资金的，应当如何定性，实践中存在以下五种意见：

第一种意见认为，行为人行贿后又收回钱款，系对先前行贿行为的实质性撤销，从有利于被告人角度来讲，行为人不构成任何犯罪。

第二种意见认为，行贿人送出银行卡后，行贿犯罪已告既遂。至于其事后偶然发现银行卡内仍有余额遂取走，考虑到该钱款本来就是其送出的，其“收回”行贿款，属于行贿罪的事后不可罚行为，仅以行贿罪处罚即可。

第三种意见认为，行为人应当以行贿罪和诈骗罪数罪并罚。行为人采取挂失补卡的方式，实际上就是欺骗了银行工作人员，使得自身继续拥有对银行卡的控制权，只是被骗对象和受害人不是同一人。

第四种意见认为，行为人应当以行贿罪和侵占罪数罪并罚。银行卡不同于现金，送出现金则行贿人完全丧失了对现金的占有，但是送出的银行卡，则行为人仍然保留了一定的控制权，至少可以凭借知晓的密码和身份证进行挂失。行为人将银行卡挂失，并将卡内资金据为己有，侵犯了国家工作人员

---

① 参见内蒙古自治区突泉县人民法院刑事判决书，(2014) 突刑初字第51号。

对涉案款项的占有，应当评价为侵占罪。

第五种意见认为，行为人应当以行贿罪和盗窃罪数罪并罚。行为人完成行贿后，未经国家工作人员同意，以秘密方式取走银行卡内资金，使受贿人丧失了对原有银行卡的控制权和使用利益，而行贿人相应地获得了对银行卡的占有及其使用利益，符合盗窃罪的构成要件。

本书同意第五种意见，主要理由是：

1. 一般情况下，行贿环节的“黑吃黑”现象极少发生。因为无论是基于起码的人情世故，还是行贿人谋取不正当利益的现实需要出发，行贿人几乎都不可能明目张胆地取走银行卡内资金。但在一些“一把一结”的贿赂犯罪中，即使出现“黑吃黑”的现象，受贿人也会投鼠忌器、自知理亏，而无可奈何。此外，实践中还有三种情形：一是行贿人在完成行贿后，发现受贿人迟迟不提供帮助，或者提供了帮助但是没有达到预期效果，行贿人因感到事成无望遂取走卡内钱款。这与主动向受贿人索要贿赂款，并无本质区别；二是国家工作人员收受银行卡后，因畏惧调查或无暇使用，或因案发未来得及使用，导致银行卡长期处于冬眠状态。行贿人无意中发现卡内尚有余额，遂将卡内资金取走；三是行贿人送给国家工作人员的银行卡，是以行贿人的亲友或者其企业员工等第三人的名义所办理的，第三人意外通过手机短信提示或自行查询等方式得知卡内尚有巨额资金，遂在行受贿双方均不知情的情况下将卡内资金取走。

2. 行贿犯罪是行为犯，行为一旦作出即不可撤销，除非行贿人自始即有欺骗国家工作人员的动机，否则不存在通过抽回银行卡内资金即可实质性撤销行贿行为的可能。行为人给予国家工作人员财物的行为，已经侵犯了职务行为的廉洁性，构成了行贿罪既遂，其在送出银行卡后，又以挂失的方式把卡内的钱款取走的行为，并不是简单地撤回行贿，而是在依法构成行贿罪的基础上，在国家工作人员不知情的情况下，通过秘密手段使受贿人丧失了对原有银行卡的控制权，而行贿人相应地获得了对银行卡的占有及其使用利益，具备盗窃罪中占有和丧失财产的同一性特征，符合我国盗窃罪的构成要件。

需要注意的是，盗窃罪所侵犯的法益不要求一定是合法的所有权。例如，贪污、贿赂所得的赃物在家中被入室盗窃的犯罪分子盗窃走的，不能因为财物本身的非法属性，就对实施盗窃的行为人免予处罚。行为人通过挂失取款行使的不是法律上的权利，而是利用银行卡自身的物理属性。其后来挂失取款的行为系行贿行为完成后另起犯意，因而应当对其抽回银行卡的行为另行评价为盗窃罪。

3. 行贿人以挂失方式抽回银行卡内资金的行为，不符合侵占罪和诈骗罪的构成要件。侵占罪的犯罪对象为行为人代为保管的他人财物或者他人的遗忘物、埋藏物，行为人在实施侵占行为之前，已经控制他人财物，其特征是将自己控制的财产不法“占为己有”。有观点认为，我国对银行卡实行实名制，无论银行卡由谁实际持有并使用，银行卡的权利义务都由申领人承受，卡内资金在法律形式上都处于申领人的控制之下。因此，国家虽持有银行卡并掌握银行卡的密码，但卡内资金仍然处于银行卡申领人的控制之下。[①] 但问题是，上述观点只在行为人将银行卡借用给他人的场合才能成立，而当行为人明确是将银行卡送给他人或者出售给他人之后，就意味着丧失了合法的占有权利。同时，构成诈骗罪的要点在于，行为方法为“虚构事实或隐瞒真相”，然后被害人陷入错误认识而对自己财物作出处分。本案中，行为人本人就是银行卡的申领人，其通过存折取现的方式取走钱款，并没有欺骗银行工作人员，而且受贿人一方也并没有由此陷入何种错误认识，更谈不上基于此而错误处分自己的财产。因此，认定行为人以秘密手段窃取财物，较为符合实际情况。

4. 银行卡内资金属于动产，但银行卡的交付转让并不意味着卡内资金的绝对转移。[②] 实践中，还存在一种极为特殊的情形，即行贿人在行贿前就先

---

① 参见王德录、刘晓辉：《曹成洋侵占案［第 936 号］——将银行卡借给他人使用后，通过挂失方式将银行卡内的他人资金取走的行为如何定性》，载最高人民法院刑事审判第一、二、三、四、五庭主办：《刑事审判参考》（总第 95 集），法律出版社 2014 年版。

② 参见段凰：《银行卡受贿犯罪既未遂的司法认定》，载《人民司法》2022 年第 19 期。

为自己办好网上银行，将银行卡送给受贿人后立即将钱转出供本人使用，受贿人长期没有发现自己收受了一张空卡，行贿人的这种行为导致受贿人持有银行卡并掌握密码后，只是以为自己收受了卡中的巨额存款，实际上卡中存款在行贿人离开后就被迅速转出。这种情况下，由于行贿人压根没有行贿的主观故意，受贿人也没有基于错误认识处分过财物，因而不符合行贿罪或诈骗罪的构成要件，而更接近一种受贿人由于对银行卡内资金的控制不具有排他性，实质上被行受贿双方共同支配银行卡内资金的状态。[①] 故对此种情形中的行贿人，可以结合案件具体情形处以侵占罪或盗窃罪。

问题 47：当行贿人既有行贿既遂部分又有未遂部分，且涉及跨量刑幅度的，应当如何处理

【案例】2014 年 5 月，安徽中医药大学在安徽中医学院中西医结合医院的基础上，组建成立安徽中医药大学第三附属医院（以下简称三附院）。2015 年 9 月，被告人程某组建创伤外科团队，与三附院签订了合作协议，协议约定了创伤外科中心为双方共同管理，程某为中心主任，并约定医用耗材应由三附院统一采购、出入库，计入成本等。2016 年 3 月，程某向三附院时任院长的何某提出自行采购外科耗材，何某同意，但要程某给其耗材款的 15%，程某答应。2016 年 5 月 31 日，创伤外科中心正式运营，程某团队自行采购耗材，按省医保目录和统一采购平台的最高限价内将耗材出售给患者，而后程某从江西涛涛商贸有限公司、南昌市韵兵贸易有限公司和合肥妙应医疗科技有限公司开具发票到三附院报销，因不符合三附院关于耗材采购的规定未能报销，何某同分管院长、财务科长打招呼，组织召开党政联席会确定外科耗材由该三家公司供货，而后外科耗材发票在三附院得以报销。被告人程某为感谢何某在耗材采购、报销等方面的关照及谋求今后对其继续关照，

---

① 参见孙浩：《收受银行卡未实际使用的受贿犯罪既未遂研究——从对银行存款的控制方式切入》，载《人民司法》2022 年第 19 期。

于2017年3月至2018年2月，向其行贿87.3756万元，尚有115.7265万元未给付。一审法院认为，程某实际向何某行贿款为既遂，尚未给付的为未遂。对于犯罪未遂部分，可以比照既遂犯从轻处罚，判决被告人程某犯行贿罪，判处有期徒刑6年，并处罚金30万元。宣判后，被告人程某不服，以量刑过重为由提出上诉。二审法院经审理认为，对行贿罪名中有既遂事实又有未遂事实，虽法律目前没有明确的规定，但根据刑法以及相关的司法解释和当前刑事审判实践，可以将既遂数额与未遂数额相加而作为犯罪数额来量刑，再考虑被告人坦白、认罪悔罪、退赃及未遂事实等从宽情节，依法从轻或减轻处罚。故对于本案中程某行贿数额共计203.102177万元，其中既遂87.3756万元，未遂115.7265771万元，应以203.102177万元对应幅度量刑，属于情节严重，应在5年以上10年以下量刑（根据1997年《刑法》的量刑档次），然后确定未遂部分犯罪事实所应减少的刑罚量，即综合考虑未遂部分115.7265771万元的犯罪事实在全部犯罪事实中的比重，以及考虑其具有坦白、退赃等从宽情节，一审判决对其判处有期徒刑6年，并处罚金30万元符合法律规定。遂裁定驳回上诉，维持原判。①

【解析】司法实践中，行贿犯罪存在一种较为特殊的情形，即部分财物已经贿送给国家工作人员，还有部分财物因行为人意志以外原因未能及时贿送。对于此种既遂与未遂部分并存的情形，特别是二者总和可能涉及跨档量刑的，应当如何处理，存在以下四种意见：

第一种意见认为，犯罪既遂应当是“部分既遂，全案既遂”，因此应以行贿既遂部分为基准量刑，对于未遂部分作为从重情节认定。

第二种意见认为，对于单一犯罪事实的数额犯，应以既、未遂累计的总数额作为全案的犯罪数额，进而确定全案的法定刑幅度，将未遂部分作为未遂情节对全案适用。

第三种意见认为，应分别衡量既遂和未遂部分数额所对应的法定刑幅度，

---

① 参见安徽省芜湖市中级人民法院刑事裁定书，(2019) 皖02刑终351号。

按照择一重处理的原则，确定全案适用的法定刑幅度。

第四种意见认为，对于此类同一案件中同时存在既遂、未遂情形的，应当全面考察案件的既遂、未遂和犯罪总额所可能对应的量刑幅度，在符合罪刑相当原则的基础上，通过反复比较、衡量，确定较为适宜的刑罚梯次和量刑幅度。

本书同意第四种意见，主要理由是：

1. 实践中，司法机关对于贿赂犯罪的量刑，在既、未遂并存且均单独构成犯罪的情况下，一般不会单独考虑未遂部分在全案中的比例，而是采用既遂与未遂总额相加的方式确定法定刑幅度，再在总额基础上考虑未遂情节的比重，比照既遂犯决定是否从轻或者减轻处罚。在这一过程中，未遂部分基本上是作为量刑情节对待的，是在法定刑幅度、量刑起点以及基准刑确定之后对未遂情节的评价。该案中，对于同时存在既遂、未遂如何量刑的问题，一、二审法院采用了不同的量刑方法，但得出的结论是一致的。一审法院是将既遂和未遂部分分别量刑，并以法定量刑较重的情节确定量刑幅度，将法定量刑幅度较轻的情节酌情考量，即行贿既遂 87.3756 万元在 5 年以下有期徒刑量刑［《刑法修正案（十二）》前行贿罪的量刑档次分别为 5 年以下有期徒刑或者拘役、5 年以上 10 年以下有期徒刑、10 年以上有期徒刑或无期徒刑］，行贿未遂 115.7265771 万元部分对应的法定刑幅度为 5 年以上 10 年以下有期徒刑，二者合并后仍然在 5 年以上 10 年以下有期徒刑量刑。二审法院则是以既遂和未遂之和 203.102177 万元对应的法定刑为基准，再根据未遂情节确定从宽处罚幅度。

2. 2010 年 3 月最高人民法院、最高人民检察院《关于办理非法生产、销售烟草专卖品等刑事案件具体应用法律若干问题的解释》第 2 条第 2 款规定："销售金额和未销售货值金额分别达到不同的法定刑幅度或者均达到同一法定刑幅度的，在处罚较重的法定刑幅度内酌情从重处罚。"2011 年 4 月最高人民法院、最高人民检察院《关于办理诈骗刑事案件具体应用法律若干问题的解释》第 6 条规定："诈骗既有既遂，又有未遂，分别达到不同量刑幅度的，依照处罚较重的规定处罚；达到同一量刑幅度的，以诈骗罪既遂处罚。”上述司法解释，为行贿犯罪既有既遂又有未遂的处罚提供了重要参考，且绝大部分情况下，无论是采用犯罪总额为基准确定对应的法定刑幅度，才考虑未遂部分的比例决定是否从轻或减轻处罚，还是分别对既遂和未遂部分确定法定刑幅度之后择一重处罚，在结论上应当是一致的。但需要注意的是，如果既遂与未遂部分总和涉及量刑幅度跨档的，应当综合全案情节决定是否对未遂部分适用减轻处罚，以避免量刑失衡。例如，行贿既遂 5 万元且未遂 495 万元，如果分别对既遂和未遂部分进行量刑，则既遂 5 万元对应的量刑幅度为 3 年以下有期徒刑或拘役，未遂 495 万元如减轻处罚对应的量刑幅度为 3 年以下有期徒刑或拘役，即在这一量刑模式下可能判处 3 年以下有期徒刑或拘投。但如采用犯罪总额量刑模式，既遂与未遂部分之和为 500 万元，对应的法定刑幅度为 10 年以上有期徒刑或者无期徒刑，即使减轻处罚也仍然在 3 年以上 10 年以下有期徒刑量刑，显然二者相比采用总额量刑模式更为适宜。

综上，对于行贿犯罪中既有既遂又有未遂的，应当全面考察案件的既遂、未遂和犯罪总额所可能对应的量刑幅度，在符合罪刑相当原则的基础上，通过反复比较、衡量，确定较为适宜的刑罚梯次和量刑幅度。如果分别量刑，则应以法定量刑较重的情节确定量刑幅度，将法定量刑幅度较轻的情节酌情考量，即未遂数额法定量刑幅度重就以未遂部分确定量刑幅度，既遂部分作为量刑情节酌情考量；反之，则以既遂部分确定量刑幅度，未遂部分作为量刑情节酌情考量。其中，如果犯罪既遂部分与未遂部分分别对应不同法定刑幅度，应当先决定对未遂部分是否减轻处罚，确定未遂部分对应的法定刑幅度后，再与既遂部分对应的法定刑幅度进行比较，选择适用处罚较重的法定刑幅度，并酌情从重处罚。如果既、未遂部分还涉及跨档量刑的，为稳妥起见，宜将既遂和未遂部分的总和为依据确定基准刑，再根据未遂部分的比例确定从轻、减轻处罚幅度。需要注意的是，此时对未遂部分是否减轻处罚的评价限定于未遂部分，而非扩展到包括既遂部分在内的全案犯罪事实，能够避免既认定全案既遂又将未遂部分作为全案未遂情节的情况。

问题48：行贿人贿送房产上设定抵押，并由行贿人负责还贷，案发时尚未偿还完毕的部分，司法机关应当向行贿人还是受贿人追缴

【案例】2006～2011年，被告人占某进担任湖北省红安县原县长田某（已判刑）的专职司机。2011～2017年占某进筹建东上店加油站的过程中，田某在占某进的请托下，多次以向红安县相关部门领导打招呼的形式，为加油站的建设提供便利。2018年5月，占某进为感谢田某在建设加油站事宜上的帮助，通过按揭方式以其亲属陈某1的名义购置武汉保利大都会一套房产，共计价值4,406,683元。购房合同签订后，占某进告知田某。2018年11月后，田某因害怕被查出，多次要求占某进将该房屋处理掉。截至2019年6月30日，占某进及其家人为该套房产实际支付首付款、装修款及月分期还款共计1,901,665.29元。法院经审理认为，被告人占某进行贿房产中，其已经支付的房屋首付款1,153,148元、装修款563,535元、2018年8月30日至2019年6月30日的月银行按揭款184,982.29元，共计1,901,665.29元，属犯罪既遂；房屋剩余贷款本金2,505,017.71元，因本案案发受贿人田某无法实际收受，系因行、受贿双方意志以外的原因未得逞，属未遂，故公诉机关认定其行贿行为全部是未遂的公诉意见，不予采纳。遂判决被告人占某进犯行贿罪判处有期徒刑5年，并处罚金人民币100,000元。①

【解析】实践中，对于行贿人使用按揭方式贷款买房向国家工作人员贿送房产，并由行贿人负责按期还贷，至案发时贷款尚未还清的，考虑到尽管房产送出后被受贿人实际占有，但部分价值仍然客观上归银行所有，即便受贿人在案发前需要变现，也只能获得扣除未偿还贷款后的剩余部分，因而对于贿送设定抵押贷款的房产的，应当将案发时行贿人支付的首付与偿还的贷

① 湖北省英山县人民法院刑事判决书，（2020）鄂1124刑初20号。

款本金认定为既遂，尚未偿还的贷款部分认定为未遂，已偿还的利息为行贿犯罪成本不计入犯罪数额。上述观点，目前在实务界已经成为通行做法，争议不大。[①] 但对于后续未遂部分所对应的房产价值，应当向行贿人还是受贿人追缴，仍存在较大争议，目前存在以下三种意见：

第一种意见认为，鉴于行、受贿犯罪是对合犯罪，且本案中国家工作人员收受别墅并实际占有，应当认定为既遂。既然是受贿既遂，也就不存在全案部分既遂、部分未遂的情形，因而应当责令受贿人退赔。

第二种意见认为，既然涉案别墅在设定抵押时，已经征求了受贿人的同意，因此在追缴涉案财产的不足部分时，应当由受贿人和行贿人共同负责退赔。

第三种意见认为，如果让受贿人退缴尚未取得的财产，定罪量刑的时候将该部分作为价值计算，在追缴的时候又计算一次，有违“罪刑责相适应”原则，故应当向行贿人一方追缴。

本书同意第三种意见，主要理由是：

1. 从犯罪既、未遂的角度来看，如果是行、受贿双方协商，行贿人因资金不足，难以一次性支付全部购房款的，受贿人同意行贿人采用按揭贷款买房的方式，则受贿人自始控制的房屋产权就是受到限制的，不能及于全部产权。客观上，受贿人与办理抵押的银行之间对涉案房产共同构成“按份共有”。另外，行贿人于行贿前在自己出资购买的财物上设定担保物权，抵押权人有优先受偿权，也可以通过诉讼程序对涉案财物主张权利。如果受贿人在案发前，打算将房产出售，也只能获得扣除尚未偿还贷款的部分。

2. 从有利于执行的角度来看，由于双方约定涉案房产由行贿人每月偿还银行利息，如果责令向受贿人追缴尚未偿还的房款，则意味着行贿案件查处越早，受贿人一方需要退缴的比例越大，这既不严肃也不科学。从主客观一

① 参见孙浩：《于某岩受贿案［第1524号］——国家工作人员收受未还清银行抵押贷款房产的既未遂认定》，载最高人民法院刑事审判第一、二、三、四、五庭编：《刑事审判参考》（总第134辑），人民法院出版社2023年版。

致的角度来看，行贿人自愿逐月还贷，意味着行贿不是一次性完成的，而是渐进式的。既然双方对此无异议，也基本符合职权与贿赂的等价交换。从符合双方约定和预期的角度来看，即便这一进程被意外打断，也应按照上述趋势和模式继续由行贿人支付。何况涉案财产在行贿前是以行贿人的名义借款作抵押的，此时抵押人是行贿人而不是受贿人，故受贿人也无须为他人的抵押承担责任。

3. 从行、受贿“等价交换”的惯例来看，通常情况下，行、受贿案件中国家工作人员付出的是权力及其滥用所带来的收益，其相应预期的对价是行贿人提供的财物，对于行贿人的成本—收益的计算也大致如此，且二者基本上保持对等状态。如果行贿人未经受贿人同意，将已经送出的房产进行抵押的，在国家工作人员被查处时，应保护善意第三人的权利，追缴不足部分应由行贿人补齐。即便是行贿人通过向第三人借款的方式，一次性购入房产送给国家工作人员后，行贿人在案发时是否仍然在偿还借款，也在所不论。因此，行贿人无论是一次性付款还是按揭贷款，其与受贿人达成的约定都是赠送一套房产，至于如何支付并不是受贿人所关心的，不应将由此产生的差别全部由受贿人一方承担。

问题49：行为人赠送国家工作人员干股但未过户，国家工作人员尚未实际分红即案发的，如何认定行贿金额

【案例】2006年年底至2007年，被告单位蓝鸽公司在广州市白云区民营科技园进行厂房建设时，为得到时任白云区委书记谷某某（已判刑）的帮助，解决该公司与施工方发生的纠纷以及施工过程中出现的质量问题，由蓝鸽公司法定代表人张某向谷某某贿送在该公司内部确定价值为人民币100万元的股权（共82.6万股）。截至案发，尚未以分红形式给予谷某某股权利益。法院审理过程中，辩护人提出，行贿100万元股份的行为不应以单位行贿罪论处，该行为属于股权未转入型的干股型行贿行为，也没有以分红形式

给予谷某某股权利益，不具有刑法评价意义，不应追究刑事责任。法院判决被告单位蓝鸽集团有限公司犯单位行贿罪，判处罚金40万元；被告人张某犯单位行贿罪，判处有期徒刑2年6个月，缓刑3年。①

【解析】干股是指未出资而获得的股份。对于行为人赠送国家工作人员干股但未过户，国家工作人员尚未实际分红即案发的，如何认定行贿金额，存在以下两种意见：

第一种意见认为，考虑到涉案股权一直未实际转让，也始终未分红，不符合最高人民法院、最高人民检察院《关于办理受贿刑事案件适用法律若干问题的意见》中对干股的相关规定，亦不符合行贿罪“给予财物”的客观方面构成要件，故对该行贿数额没有认定的必要，不应当成立行贿罪。②

第二种意见认为，从主客观相一致的角度来看，行为人提出赠送股权，受贿人也表示接受，双方对股权所对应的价值均有心理预期，不管后期股权价值涨跌，均应按照赠送股权时的价值认定行贿金额。只是由于案发而未能完成股权转让，即意志以外的原因未能得逞，属于行贿未遂，但并不影响行贿金额的认定。

本书同意第二种意见，主要理由是：

1. 司法解释未规定的情形，并非意味着不构成犯罪，而是应当从实质审查的角度进行判断。最高人民法院、最高人民检察院《关于办理受贿刑事案件适用法律若干问题的意见》第2条规定，“……国家工作人员利用职务上的便利为请托人谋取利益，收受请托人提供的干股的，以受贿论处。进行了股权转让登记，或者相关证据证明股份发生了实际转让的，受贿数额按转让行为时股份价值计算，所分红利按受贿孳息处理。股份未实际转让，以股份分红名义获取利益的，实际获利数额应当认定为受贿数额”。结合上述规定，本案中行贿的干股既没有过户，也没有分红，表面上不属于上述司法解释规

---

① 参见广州市荔湾区人民法院刑事判决书，(2014) 穗荔法刑初字第174号。

② 参见孟庆华编著：《新型受贿犯罪司法解释的理解与适用》，中国人民公安大学出版社2012年版。

定的任何一种情形，似乎如何认定都有逻辑上的障碍。但实际上，行、受贿双方围绕股权所产生的犯罪动机、犯罪故意和客观行为都是真实存在的，权钱交易的本质没有发生变化，不能因为司法解释未明确就轻易出罪。

2. 对于干股类行贿犯罪，如果既未过户也未分红的，按照赂送干股时的价值认定行贿金额，并不会造成量刑失衡。有观点认为，按照《关于办理受贿刑事案件适用法律若干问题的意见》的规定，赂送干股后虽未过户但有实际分红的，以实际获利数额作为行受贿犯罪金额。而如果未来得及分红即案发的，反而要以全部干股的价值认定行贿金额，显然不合理。例如，赂送价值800万元的干股，分红100万元，则行贿金额为100万元；如果未分红的，反而认定行贿金额800万元，对被告人明显不公平。实际上，认定犯罪是否既遂与认定犯罪金额是两个不同概念，对于行为犯而言，即使犯罪过程因行为人意志以外的原因而未遂，也并不影响犯罪金额的认定。干股类行贿犯罪的既遂标准，一般认为是以过户登记或实际分红为标志。行、受贿双方就干股股份或者分红达成一致协议的，由于意志以外的原因，尚未实际转让的，也未参与分红的，构成行贿罪未遂，犯罪数额应当以行为人初始送给国家工作人员时的干股价值计算。按照上述观点所举出的例子，行贿既遂100万元的量刑，与行贿未遂800万元减轻处罚的量刑，并不见得前者就一定轻于后者。当然，在量刑时注意此类细节，保持适度的平衡也有助于更公平地处理案件。

3. 从后续涉案财产追缴的角度来看，行贿人送出的干股构成行贿未遂时，以行贿人送出干股时的价值认定行贿金额，在执行追缴工作时更具有可操作性。首先需要明确的是，在认定行贿干股的价值方面，与干股在案发时的实际价值并无必然关系。有观点认为，因股份价值随着市场、企业经营等因素变化而变化，如公司已进行资产评估，干股价值应以评估后的净资产价值为基础进行计算。实际上，这种做法看似简单易操作，但明显偏离了行贿犯罪作为行为犯的基本特征。由于股权价值的日常波动性，涨跌幅度往往并不受行贿人主观上的控制，而是带有很强的随机性。如果仅仅因为案发时干股价值为零，就认定行为人赂送干股不构成犯罪，那么如果案发时干股暴涨上百倍，按照上述逻辑则意味着行为人可能会被判处无期徒刑，这显然是不严肃也不公平的。因此，摒弃那种以随机产生的价值为基准确定行贿金额的做法，而是以确定性较强的、初始的干股价值计算，是更为合理的认定方式。

七、行贿罪的追诉时效

问题 50：行贿犯罪中的追诉时效如何适用从旧兼从轻原则

【案例 1】某金属制造公司法定代表人甲为谋求税收优惠，于 2019 年 1 月向当地税务局原局长乙行贿 20 万元。2024 年 2 月，甲因涉嫌行贿犯罪被监察机关立案调查，《刑法修正案（十二）》于 2024 年 3 月 1 日起施行。

【案例 2】某房地产公司法定代表人丙为办理土地性质变更，于 2019 年 4 月向当地规划与自然资源局原局长丁行贿 20 万元。《刑法修正案（十二）》于 2024 年 3 月 1 日起施行，2024 年 5 月，丙因涉嫌行贿犯罪被监察机关立案调查。

【解析】按照 1997 年《刑法》的规定，行贿 20 万元对应的法定最高刑为 5 年有期徒刑，追诉时效为 10 年。而按《刑法修正案（十二）》的新规定，行贿 20 万元对应的法定最高刑则为 3 年有期徒刑，追诉时效为 5 年。本案的争议焦点是，行贿 20 万元的行为是否超过追诉时效：

第一种意见认为，按照"实体从旧，程序从新"的原则，对于追诉时效应当一律从新，《刑法修正案（十二）》将行贿罪第一档的法定最高刑由 5 年改为 3 年，该罪的追诉期由原来的 10 年降低为 5 年。据此规定，应以新的追诉时效即 5 年来判断是否还有刑法溯及力。上述两个案例中，对行为人立案调查时均已超过追诉期。

第二种意见认为，追诉时效应当坚持从旧兼从轻原则，既然上述两个案例的行贿行为均发生在《刑法修正案（十二）》颁布前，因此均应以修正前的刑法规定，即以旧的追诉时效 10 年来判断是否还有刑法溯及力，故两个案例均没有超过追诉期。

第三种意见认为，行贿犯罪追诉时效的认定应当以监察机关立案调查时的法律规定为依据，法院在审理过程中无须对追诉时效再次审查。因此，上述两个案例应按照立案调查时分别对应的刑法予以适用：案例 1 中，该案件于 2024 年 2 月立案调查，《刑法修正案（十二）》尚未实施，因此应当适用原法律规定，即追诉时效为 10 年，该案件不存在已过追诉时效的情形；案例 2 中，该案件于 2024 年 5 月立案调查，《刑法修正案（十二）》已经实施，则应当适用新的法律规定，即追诉时效为 5 年，该案件已过追诉时效。

本书同意第三种意见，主要理由是：

1. 追诉时效是依照法律规定对犯罪分子追究刑事责任的期限，在追诉时效期限内，司法机关应当依法追究犯罪分子刑事责任。根据《刑法》第 87 条规定，法定最高刑不满 5 年的，追诉时效是 5 年，法定最高刑 5 年以上不满 10 年的，追诉时效是 10 年。《刑法修正案（十二）》中行贿罪的第二档刑期和第三档刑期的法定最高刑相较原规定没有发生变化，但第一档刑期的法定最高刑相较原规定的有期徒刑 5 年变更为有期徒刑 3 年，追诉时效也相应发生变化，即从 10 年降为 5 年。因此，这就涉及一些根据原有刑法规定尚未超过追诉期限的行贿行为，反而根据新的刑法规定有可能已经超过追诉时效。对于涉及新旧刑法调整的，在定罪量刑方面适用从旧兼从轻原则，一般争议不大，但是对于追诉时效能否一律适用从旧兼从轻原则还有不同意见。例如，上述两个案例在同样遇到新旧刑法交替的情况下，就分别适用了从旧和从新两个不同的规则。之所以会有如此差别，主要是立案调查的时间节点不同。2017 年 2 月 13 日最高人民法院《关于被告人林少钦受贿请示一案的答复》（［2016］最高法刑他 5934 号）中规定，“对于法院正在审理的贪污贿赂案件，应当依据司法机关立案侦查时的法律规定认定追诉时效。依据立案侦查时的法律规定未过时效，且已经进入诉讼程序的案件，在新的法律规定生效后应当继续审理”。该答复精神确立了一项规则，即追诉时效与立案时间密切相关：如果案件立案时未超过当时法律规定的追诉时效，在追诉程序中颁布实施了新的法律，无论新的法律对行为是否超过追诉时效作出规定，都沿用原有的追诉时效规定，这也是案例 1 的做法；反之，如果案件立案时，原有的追诉时效规定已经被新颁布的刑法调整的追诉时效规定所取代，则应当适用新的追诉时效规定，这也是案例 2 的做法。

2. 从旧兼从轻原则的适用并不是绝对的，而要结合案件的具体情况来判断追诉时效究竟能否溯及既往。有观点认为，面对新旧立法的冲突，并不能总是说“新法是依据新的社会条件而制定，故新法总是优先于旧法而适用的”，需要警惕立法变化给行为人带来的“突然袭击”，并坚持有利于被告人原则。① 还有观点认为，最高人民法院的上述答复，将时效制度与定罪量刑人为割裂，以单纯的“从旧”而不“从轻”进行旧法适用，不仅偏离了《刑法》总则的规定，也极易对被告人的人权造成侵害。② 表面上看，最高人民法院的相关答复，确实没有按照从旧兼从轻的原则适用追诉时效规定。但仔细分析会发现，对于调查机关立案后才出现刑法调整追诉时效规定的，实际上立案之时就已经意味着原有追诉时效的“冻结”，之后新的追诉时效规定对调查机关立案前的行为已经不再发挥影响。表面上看，这似乎对被告人“不够公平”，但从行为人自身的预期来讲，假设其是一名标准的“理性人”，其在实施犯罪时所预见到的追诉时效是 10 年，如果其在追诉期限内被办案机关启动追诉程序，则无论后续刑法如何调整，例如将原本 10 年的追诉期限升高为 20 年或者降为 5 年，都与已经进入刑事程序的行为人无关，沿用原有的 10 年追诉期也没有违背其当初的犯罪预期。否则，如果一味追求有利于被告人，那么对于已经投入大量办案资源的办案机关和被破坏的法益而言又何尝公平？毕竟刑法调整追诉时效规定，对于所有人和部门而言都是无法预测的。况且，有利于被告人原则在刑事司法领域本来也不是普适概念，而只是证据存疑时有利于被告人，如遇到法律争议或者其他场合，不宜一味追求有利于

---

① 参见姜涛：《刑法溯及力应全面坚持从旧兼从轻原则》，载《东方法学》2019 年第 4 期。

② 参见陈伟：《法定刑调整后的追诉时效问题及其澄清——以最高人民法院“答复”为中心的考察》，载《环球法律评论》2018 年第 2 期。

被告人的效果。

3. 最高人民法院的有关答复在刑法追诉时效方面，确立一项新的原则即"调查机关立案时间节点主导下的从新兼从旧"原则。对于《刑法修正案（十二）》生效以前的相关犯罪行为，如果修正后的刑法与原刑法规定的追诉时效期限均已超过，适用原刑法的规定，不再追诉；如果修正后刑法与原刑法规定的追诉时效期限均未超过，适用原刑法的规定，应当追诉；如果原刑法规定的追诉时效期限已经超过，而修正后刑法规定的追诉时效期限尚未超过，适用原刑法的规定，不再追诉；当原刑法规定的追诉时效期限尚未超过，而修正后刑法规定的追诉时效期限已经超过时，应当视监察机关立案调查时间节点来确定是否应当继续追诉：如果立案前刑法已经修正的，则应当适用立案时的新法，认定案件超过追诉时效；如果立案后刑法才修正的，则应当适用立案时的旧法，认定案件尚在追诉期限内。因此，法定刑调整后导致的追诉时效变动问题，不仅需要从刑法时效制度中的"法律变更效力不溯及既往"来进行分析，还要从司法程序运行中的追诉时效制度的程序意义和程序构建性中进行研判，进而达到追诉时效制度的刑法与刑事诉讼程序交错适用的效果。①

问题 51：行贿罪的主刑和附加刑能否在新旧刑法中交叉适用

【案例】被告人何某为感谢江苏省南通监狱民警李某、王某帮其舅舅罗某在劳动改造岗位调整、计分考核等方面给予关照，以及希望和感谢李某、王某违反规定帮其传递信息、物品，于2010年至2014年间，先后13次向李某、王某行贿，合计人民币248,000元。一审法院认定被告人何某犯行贿罪，判处有期徒刑1年6个月，并处罚金人民币10万元。宣判后，检察机关以判决对被告人何某并处罚金不当为由提出抗诉。二审法院经审查，认为何某的行贿行为发生在《刑法修正案（九）》施行前，而在《贪污贿赂司法解释》

① 参见杨继文：《法定刑调整后追诉时效的刑法与刑诉交错适用》，载《浙江社会科学》2019年第5期。

施行后裁判，依法应当适用1997年《刑法》和《贪污贿赂司法解释》，不应判处罚金，遂撤销原判，改判何某犯行贿罪，判处有期徒刑1年6个月。[①]

【解析】《刑法修正案（九）》颁布以前，刑法对行贿罪没有设置罚金刑。《刑法修正案（九）》对行贿罪在主刑未变的情形下增加了罚金刑，《贪污贿赂司法解释》又进一步明确了罚金的数额，从而让行贿犯罪分子受到经济上的严厉制裁。这一立法变化，使行贿罪的刑罚从单一主刑转变为主刑、附加刑同时科处。对于《刑法修正案（九）》实施之后的犯罪行为，并处罚金并无争议，但对于《刑法修正案（九）》实施之前的犯罪行为，特别是行贿案件新法规定的主刑有利于被告人，但附加刑不利于被告人的，能否适用罚金刑还存在一定争议：

第一种意见认为，主刑和附加刑不能分割，主刑对被告人有利的新法就应当适用，同时适用新法的附加刑。不能说主刑用新法从而减轻了，同时附加刑又用旧法而不用判处罚金，这种混合适用新旧刑法确实是最有利于被告人的，却违背了刑法的整体性和权威性，也缺乏立法上的充分依据，况且适用《刑法修正案（九）》有关并处罚金刑规定，总体上并没有加重对行为人的刑罚。因此，对行为人应当适用《刑法修正案（九）》及《贪污贿赂司法解释》判处罚金。

第二种意见认为，从有利于被告人的角度出发，可以将主刑与附加刑分开适用，主刑适用新法，附加刑适用旧法不判处附加刑。与1997年《刑法》关于行贿罪处罚的规定相比较，《刑法修正案（九）》因增设罚金刑而处罚更重。本案中，何某的犯罪行为均发生在《刑法修正案（九）》规定之前，《刑法修正案（九）》实施前后均有相应的司法解释，新的司法解释提高了认定行贿行为情节严重的标准。因此，对何某的行为应当在适用旧法即1997年《刑法》，而在适用司法解释上则应当适用新解释，不应再并处罚金。

本书同意第二种意见，主要理由是：

---

① 参见江苏省高级人民法院刑事判决书，(2018) 苏刑抗1号。

1. 对于《刑法修正案（九）》对行贿罪增设罚金刑之后，发生在修正案实施前的行贿犯罪行为，表面上看涉及主刑、附加刑能否分开适用，而本质上则是旧法和新司法解释能否交叉适用的问题。《刑法修正案（九）》施行之前，1997 年《刑法》对行贿罪规定了三档量刑，前两个刑档没有财产刑，而 2015 年 11 月 1 日施行的《刑法修正案（九）》在基础法定刑未修改的情况下对行贿罪前两档均增设了罚金刑，因而新法重于旧法。本案中，按照犯罪行为发生时的 1997 年《刑法》及 2013 年《行贿司法解释》的规定，何某向他人行贿数额计人民币 248,000 元属情节严重，应当判处 5 年以上 10 年以下有期徒刑；若按照 2016 年《贪污贿赂司法解释》的规定，因其行贿数额未达到 100 万元以上，不符合情节严重的情形，仅能判处 5 年以下有期徒刑或者拘役。也就是说，本案在主刑上适用《贪污贿赂司法解释》对被告人更为有利，仅是在罚金刑上才涉及 1997 年《刑法》和《刑法修正案（九）》如何适用的问题。显然，由于 1997 年《刑法》没有规定罚金刑，发生在《刑法修正案（九）》之前的行贿行为当然应当适用 1997 年《刑法》，对行为人不判处罚金。因此，关于行贿罪的新旧刑法交替，由于新旧刑法对于主刑没有变化，因此也就谈不上主刑适用新法、罚金刑适用旧法，而仅仅是主刑适用新解释、罚金刑适用旧法，并没有违反刑法法条意义上的统一性。

2. 在坚持从旧兼从轻的原则下，适用修正前的刑法和适用新的司法解释并不矛盾。有观点认为，同时适用旧法和新解释，这本身就割裂了作为整体的法律适用。但是，刑事司法解释是最高司法机关就刑事审判和检察具体应用刑事法律的问题作出的解释，刑法的效力高于刑事司法解释，司法解释仅是对刑法的解释，并没有调整、改变刑法。例如，2016 年《贪污贿赂司法解释》既包含对 2015 年《刑法修正案（九）》增设的罚金的解释，也包含对行贿罪尚未被修改的原条文的解释，比如关于“情节严重”“情节特别严重”“财物”的解释；反之，2013 年《行贿司法解释》不仅有对 1997 年《刑法》原有条文的解释，也有对《刑法修正案（九）》未变动条文的解释，比如关于“谋取不正当利益”“被追诉前”的解释，因而仍然具有效力。实际上，

2016年《贪污贿赂司法解释》仅是调整了2013年《行贿司法解释》的具体定罪量刑标准，并没有全面取代、废止《行贿司法解释》。因此，对《刑法修正案（九）》施行之前的行贿行为，即使是在《贪污贿赂司法解释》施行后进行裁判，首先考虑的依然是在从旧兼从轻原则下选择旧法的基础上，再以新解释提高了行贿罪定罪量刑数额情节标准而选择适用新解释。这两者并不矛盾，恰恰体现了罪刑法定原则下禁止溯及既往的裁判理念。

3. 对于《刑法修正案（九）》增设的罚金刑的适用，在涉及行贿罪和贪污、受贿罪上存在较大区别。有观点认为，并处罚金是贪污贿赂犯罪的法定刑构成中不可拆分的一部分，不具有独立的溯及力，主刑、附加刑分别适用新、旧法是对刑法条文完整性的侵害，同时也违背了罪刑法定原则。① 从法定刑的性质来看，在同时规定有主刑和附加刑的情况下，二者是一个有机整体。适用某一法律条文，必须做到完整适用，而不能割裂开来。如果主刑用新法，附加刑用旧法，新法旧法同时适用，则违背了从旧兼从轻原则，造成法律适用上的混乱。② 本书认为，上述观点对于解释贪污罪、受贿罪是适用的，但是这一逻辑并不能适用于行贿罪，主要理由是：《刑法修正案（九）》对于贪污罪、受贿罪的修订模式与对行贿罪的修订方式并不完全相同。从刑法修正案的前后条文表述来看，行贿罪的基本罪状并没有发生较大变化，仅增加了罚金刑的设置。③ 但是对于贪污罪、受贿罪而言，则基本罪状发生了

---

① 参见周维平、段凰：《李明辉受贿案——刑法修正案（九）施行后，二审在减轻犯受贿罪被告人主刑的同时，能否加重财产刑》，载最高人民法院刑事审判第一、二、三、四、五庭主办：《刑事审判参考》（总第106集），法律出版社2017年版。

② 参见臧德胜：《周爱武、周晓贪污案——贪污特定款物的司法认定以及新旧法选择适用时罚金刑的判处》，载最高人民法院刑事审判第一、二、三、四、五庭主办：《刑事审判参考》（总第106集），法律出版社2017年版。

③ 1997年《刑法》第390条第1款规定，对犯行贿罪的，处5年以下有期徒刑或者拘役；因行贿谋取不正当利益，情节严重的，或者使国家利益遭受重大损失的，处5年以上10年以下有期徒刑；情节特别严重的，处10年以上有期徒刑或者无期徒刑，可以并处没收财产。《刑法修正案（九）》第45条将《刑法》第390条第1款修改为："对犯行贿罪的，处五年以下有期徒刑或者拘役，并处罚金；因行贿谋取不正当利益，情节严重的，或者使国家利益遭受重大损失的，处五年以上十年以下有期徒刑，并处罚金；情节特别严重的，或者使国家利益遭受特别重大损失的，处十年以上有期徒刑或者无期徒刑，并处罚金或者没收财产。"

重大变化。[①] 通过对比可以发现，对于贪污罪的修改已经完全改变了其量刑幅度和档次，与行贿罪的修订模式存在较大区别。因此，在贪污罪、受贿罪中出现新旧刑法交替现象时，可以按照从旧兼从轻的原则“一体适用”刑法法条，即如果适用新刑法处罚较轻的，则也应当同样适用罚金刑，这种做法是符合法律规定的。但对于行贿罪而言，则并不适用上述规则。从最高人民法院《贪污贿赂司法解释》相关起草人发表的文章来看，也认可上述做法。[②]

当然，如果行贿行为延续到《刑法修正案（九）》施行之后，则应当适用修正后的刑法予以判决。另外需要提示的是，根据最高人民法院《关于在裁判文书中如何表述修正前后刑法条文的批复》的规定：有关刑法条文经过修正，引用修正前的条文，表述为“1997 年修订的《中华人民共和国刑法》第××条”。

---

① 以贪污罪为例，1997 年《刑法》第 383 条规定，对犯贪污罪的，根据情节轻重，分别依照下列规定处罚：(1) 个人贪污数额在 10 万元以上的，处 10 年以上有期徒刑或者无期徒刑，可以并处没收财产；情节特别严重的，处死刑，并处没收财产。(2) 个人贪污数额在 5 万元以上不满 10 万元的，处 5 年以上有期徒刑，可以并处没收财产；情节特别严重的，处无期徒刑，并处没收财产。(3) 个人贪污数额在 5000 元以上不满 5 万元的，处 1 年以上 7 年以下有期徒刑；情节严重的，处 7 年以上 10 年以下有期徒刑。而经过《刑法修正案（九）》调整之后，修改为“对犯贪污罪的，根据情节轻重，分别依照下列规定处罚：（一）贪污数额较大或者有其他较重情节的，处三年以下有期徒刑或者拘役，并处罚金。（二）贪污数额巨大或者有其他严重情节的，处三年以上十年以下有期徒刑，并处罚金或者没收财产。（三）贪污数额特别巨大或者有其他特别严重情节的，处十年以上有期徒刑或者无期徒刑，并处罚金或者没收财产；数额特别巨大，并使国家和人民利益遭受特别重大损失的，处无期徒刑或者死刑，并处没收财产……”

② 参见裴显鼎、苗有水、刘为波、王珅：《〈关于办理贪污贿赂刑事案件适用法律若干问题的解释〉的理解与适用》，载《人民司法（应用）》2016 年第 19 期。该篇文章提出，对于 2015 年 10 月 31 日以前实施的行贿罪，一般适用旧法新解释。由于《刑法修正案（九）》对行贿罪增加规定了罚金刑并对行贿罪规定了更加严格的从宽处罚适用条件，故一般应当适用修正前刑法。同时，由于《刑法修正案（九）》未对行贿罪的基础法定刑作出修改，本解释有关行贿罪的主刑判罚标准可以溯及修正前的行贿罪刑法规定，较之于前述《行贿司法解释》，适用本解释对被告人有利的，适用本解释规定。

第四章

关于对单位行贿罪的司法认定

【法条链接】《刑法》第三百九十一条第一款　为谋取不正当利益，给予国家机关、国有公司、企业、事业单位、人民团体以财物的，或者在经济往来中，违反国家规定，给予各种名义的回扣、手续费的，处三年以下有期徒刑或者拘役，并处罚金；情节严重的，处三年以上七年以下有期徒刑，并处罚金。

一、对单位行贿罪的构成要件

问题52：对单位行贿罪中“国有公司、企业、事业单位和人民团体”的具体范围

在我国，“单位”并不是一个严格意义上的法律概念，但在政治、社会生活中却扮演极为重要的角色。在最初的语境下，“单位”一词的使用带有浓厚的计划经济色彩，即并非所有的组织都可以叫作“单位”，通常只有带有一定“公共性质”或“集体性质”的机构才属于“单位”，例如国家机关、事业单位、社会团体和国家企业等。而随着改革开放后市场经济的兴起，计划经济年代“包办一切”的集体色彩逐渐褪去，“单位”的外延才逐步扩展至依法设立的合资经营、合作经营企业和具有法人资格的独资、股份制公司、企业等组织。

本罪侵犯的法益应为国有单位公务行为的廉洁性。国有单位要想行使其公共权力，就必须借助内部的国家工作人员代表其行使职务行为。此时国家工作人员不再是对外的独立法人主体，而是在国有单位集体意志支配下开展工作的，是在代表单位行使职务行为。所以，对单位行贿罪的犯罪客体应为国有单位公务行为的廉洁性。

1. 国有公司、企业。有观点认为，刑法上的国有公司、企业仅指全部资本为国有的公司、企业，即国有独资公司、企业，其他国有参股、控股性质的公司、企业由于还存在非国有股份，因而不宜认定为刑法意义上的国有公司、企业。本书认为，2009 年 5 月 1 日实施的《企业国有资产法》第 5 条规定，"本法所称国家出资企业，是指国家出资的国有独资企业、国有独资公司，以及国有资本控股公司、国有资本参股公司"。根据国家统计局《关于对国有公司企业认定意见的函》（国统函〔2003〕44 号）中对国有企业、国有控股企业、国有参股企业的定义，广义的国有企业是指具有国家资本金的企业，可分为三个层次：纯国有企业（包括：国有独资企业、国有独资公司、国有联营企业）、国有控股企业（包括：国有绝对控股企业、国有相对控股企业）、国有参股企业。国有绝对控股企业是指在企业的全部资本中，国家资本（股本）所占比例大于 50% 的企业。国有相对控股企业是指在企业的全部资本中，国家资本（股本）所占的比例虽未大于 50%，但相对大于企业中的其他经济成分所占比例的企业（相对控股）；或者虽不大于其他经济成分，但根据协议规定，由国家拥有实际控制权的企业（协议控制）。国有参股企业是指具有部分国家资本金，但国家不控股的企业。

根据最高人民法院、最高人民检察院 2010 年 11 月 26 日联合公布的《关于办理国家出资企业中职务犯罪案件具体应用法律若干问题的意见》相关规定，国有公司、企业包括国有独资公司、企业和国有控股、参股公司、企业。其中，国有独资公司是指国家单独出资、由国务院或者地方人民政府授权本级人民政府国有资产监督管理机构履行出资人职责的有限责任公司。此外，还有一类较为特殊的行使一定行政管理职能的总公司，例如盐业总公司、烟草总公司、铁路总公司，往往是由行政机关单位在历次行政体制改革过程中演变而来的。总之，对于是否属于国家出资企业难以清晰界定的，应遵循“谁投资、谁拥有产权”的原则进行判断。企业注册登记中的资金来源与实际出资不符的，应根据实际出资情况确定企业的性质。企业实际出资情况不清楚的，可以综合工商注册、分配形式、经营管理等因素确定企业的性质。当然，对于国家机关能否作为行受贿犯罪主体，无论是学术界还是实务界，都存在较大争议，[①] 本书在对单位行贿罪一章中将专门讨论这一问题。

2. 事业单位。事业单位是指国家为了社会公益目的，由国家机关举办或者其他组织利用国有资产举办的，从事教育、科技、文化、卫生等活动的社会服务组织。在过去很长一段时间内，事业单位与行政机关之间的界限并不明确，“政事不分”的现象较为普遍。特别是在历次行政机构改革过程中，一些被裁撤的部局委办转型为行业管理协会，作为国务院和地方各级政府的直属事业单位，仍然代行了相当一部分行政管理职能。[②] 1996 年，中央机构编制委员会《关于事业单位机构改革若干问题的意见》印发，启动了事业单位改革，要求遵循政事分开的方向，将事业单位承担的行政管理职责原则上交归行政机关。根据中共中央、国务院《关于分类推进事业单位改革的指导意见》的有关规定，按照社会功能将现有事业单位划分为承担行政职能、从事生产经营活动和从事公益服务三个类别。其中，法律、法规授权的具有公共事务管理职能的事业单位，使用事业编制，并由国家财政负担工资福利，经审批确定的事业单位为“参照公务员法管理单位”。[③] 根据职责任务、服务对象和资源配置方式等情况，将从事公益服务的事业单位细分为两类：承担义务教育、基础性科研、公共文化、公共卫生及基层的基本

---

① 参见陈洪兵：《我国贿赂犯罪体系的整体性反思与重构——基于法治反腐的使命》，载《法治研究》2014 年第 12 期。

② 如轻工业部、纺织工业部撤销后，分别组建中国轻工总会、中国纺织总会，主要职能是搞好行业规划，实施行业政策，进行宏观指导和为企业提供服务。参见罗干：《关于国务院机构改革方案的说明——在第八届全国人民代表大会第一次会议上》（1993 年 3 月）。

③ 参见中共中央组织部《参照〈中华人民共和国公务员法〉管理的单位审批办法》（2020 年 3 月 3 日）。

医疗服务等基本公益服务，不能或不宜由市场配置资源的，划入公益一类；承担高等教育、非营利医疗等公益服务，可部分由市场配置资源的，划入公益二类。

从事业单位的具体范围来看，根据中共中央组织部于2020年3月发布的《参照〈中华人民共和国公务员法〉管理的单位审批办法》的有关规定，事业单位既包括中共中央、国务院直属事业单位，中央纪委国家监委机关所属事业单位，中共中央工作部门、办事机构、派出机构所属事业单位，以及国务院组成部门、直属特设机构、直属机构、办事机构、部委管理的国家局所属事业单位，也包括省、自治区、直辖市党委、政府直属事业单位，纪委监委机关所属事业单位，党委、政府工作部门所属事业单位，还包括人大常委会机关、政协机关、审判机关、检察机关、各民主党派机关和工商联机关所属事业单位。根据中央组织部、原人事部《关于印发参照公务员法管理的党中央、国务院直属事业单位名单的通知》（组通字〔2006〕33号），批准16家党中央、国务院直属单位列入参照《公务员法》管理范围，具体包括：党中央直属事业单位机关6个（中央党校、中央编译局、中国外文局、中国浦东干部学院、中国井冈山干部学院、中国延安干部学院），国务院直属事业单位机关8个［中国地震局及其省级地震局、中国气象局及其市（地）级以上垂直管理机构、国务院发展研究中心、国家行政学院、原中国银行业监督管理委员会及其派出机构、中国证券监督管理委员会及其派出机构、原中国保险监督管理委员会及其派出机构、国家电力监管理委员会及其派出机构］，中华全国供销合作总社，国务院组成部门代管或直属的副部级事业单位机关2个（全国老龄工作委员会办公室、中国地质调查局）。①

此外，根据《事业单位登记管理暂行条例》第3条的规定，“事业单位经县级以上各级人民政府及其有关主管部门（以下统称审批机关）批准成立

① 根据2018年3月中共中央印发的《深化党和国家机构改革方案》，组建新的中央党校（国家行政学院）、中央党史和文献研究院，作为党中央直属事业单位。组建中央广播电视总台，作为国务院直属事业单位。

后，应当依照本条例的规定登记或者备案。事业单位应当具备法人条件”。第6条规定：“申请事业单位法人登记，应当具备下列条件：（一）经审批机关批准设立；（二）有自己的名称、组织机构和场所；（三）有与其业务活动相适应的从业人员；（四）有与其业务活动相适应的经费来源；（五）能够独立承担民事责任。”登记管理机关对于准予登记的或者予以备案的事业单位发给事业单位法人证书。因此，事业单位法人证书是事业单位法人资格的唯一合法凭证。如未申请登记或者备案的事业单位，不能成为本罪的犯罪对象。

3. 人民团体。人民团体在我国具有特定的政治内涵，是指按照其各自特点组成的从事特定的社会活动的全国性群众组织。这类组织往往是党和政府联系人民群众和社会各界人士的纽带和桥梁，带有浓厚的统战性质和公共关系协调职能。人民团体不完全等同于社会团体，根据国务院《社会团体登记管理条例》的规定，社会团体除包含人民群众团体外，还包括政治团体（如八大民主党派）、社会公益团体（如儿童福利基金会、环境保护基金会）、文艺和学术团体（如楹联学会、诗词学会、化学学会），而只有人民团体才属于刑法意义上的对单位行贿罪的犯罪对象。根据2000年12月1日民政部《关于对部分团体免予社团登记有关问题的通知》（民发〔2000〕256号），参加中国人民政治协商会议的人民团体主要包括：中华全国总工会、中国共产主义青年团、中华全国妇女联合会、中国科学技术协会、中华全国归国华侨联合会、中华全国台湾同胞联谊会、中华全国青年联合会、中华全国工商业联合会；经国务院批准可以免予登记的社会团体有：中国文学艺术界联合会、中国作家协会、中华全国新闻工作者协会、中国人民对外友好协会、中国人民外交学会、中国国际贸易促进会、中国残疾人联合会、宋庆龄基金会、中国法学会、中国红十字总会、中国职工思想政治工作研究会、欧美同学会、黄埔军校同学会、中华职业教育社。同时，根据中共中央组织部、原人事部下发的《工会、共青团、妇联等人民团体和群众团体机关参照〈中华人民共和国公务员法〉管理的意见》，上述人民团体和群众团体机关中，除工勤人员以外的机关工作人员，列入参照《公务员法》管理范围。需要注意的是，人民团体一般属于公益性质，日常运行由财政保障，对于已经实行企业化经营且国家不再核拨经费的科技型社会团体，一般不属于人民团体。

二、关于对单位行贿罪的定罪处罚

【刑法规定】根据《刑法》第 391 条的规定，为谋取不正当利益，给予国家机关、国有公司、企业、事业单位、人民团体以财物的，或者在经济往来中，违反国家规定，给予各种名义的回扣、手续费的，处 3 年以下有期徒刑或者拘役，并处罚金；情节严重的，处 3 年以上 7 年以下有期徒刑，并处罚金。单位犯前款罪的，对单位判处罚金，并对其直接负责的主管人员和其他直接责任人员，依照前款的规定处罚。

需要注意的是，对单位行贿的主体既可以是自然人，也可以是单位，而行贿对象则只能是单位；而与此相反，单位行贿罪的行贿对象既可以是自然人，也可以是单位，而行贿主体则只能是单位。如果发生单位对单位行贿的情形，应当认定为对单位行贿罪而不是单位行贿罪。

【追诉标准】最高人民检察院《关于人民检察院直接受理立案侦查案件立案标准的规定（试行）》第 1 条第 6 款规定，涉嫌下列情形之一的，应予立案：（1）个人行贿 10 万元以上、单位行贿 20 万元以上的；（2）个人行贿不满 10 万元、单位行贿 10 万元以上不满 20 万元，但具有下列情形之一的：①为谋取非法利益而行贿的；②向 3 个以上单位行贿的；③向党政机关、司法机关、行政执法机关行贿的；④致使国家或者社会利益遭受重大损失的。

【关于罚金刑的适用】根据《贪污贿赂司法解释》第 19 条之规定，除贪污罪、受贿罪外，对刑法规定并处罚金的其他贪污贿赂犯罪，应当在 10 万元以上犯罪数额 2 倍以下判处罚金。因此，对于犯对单位行贿罪的，应处于 10 万元以上犯罪数额 2 倍以下罚金。

问题53：对单位行贿罪的法定最高刑被刑法修正案提高一档后，原有的追诉时效能否自动顺延

【案例】某图书销售公司教辅部经理甲，为了扩大销售规模，与某省实验中学、省外国语中学、省师范大学附属中学签订设立校园书店的合同，约定按图书销售额20%的比例给予返点回扣。2019年2月，甲以赞助费的名义向上述中学共计支付500万元。2024年3月1日《刑法修正案（十二）》正式实施，对本罪法定最高刑由原来的3年有期徒刑提高到7年有期徒刑，相应的追诉期限也从5年延长至10年。本案的争议焦点是，对于上述对单位行贿犯罪经过5年后，是否仍在追诉期内。办案机关在2024年3月1日之后，是否可以不受原有的5年追诉期限的限制，按照新的追诉时效继续追究行为人的刑事责任。

【解析】《刑法修正案（十二）》按照情节严重和情节特别严重，将对单位行贿罪分别调整为“处三年以下有期徒刑或者拘役，并处罚金”和“处三年以上七年以下有期徒刑，并处罚金”两档刑罚。对单位行贿罪的法定最高刑被刑法修正案提高一档后，原有的追诉时效能否自动顺延，存在两种意见：

第一种意见认为，追诉时效不应与定罪量刑一样适用从旧兼从轻原则，而应当适用行为时的法律。本案中，2024年3月《刑法修正案（十二）》实施后，本罪对单位行贿500万元对应的法定最高刑为有期徒刑7年，追诉时效应为10年，原有的5年追诉期应当自动顺延，案件尚未超过追诉时效，应当继续追究行为人的刑事责任。

第二种意见认为，甲于2019年2月对单位行贿500万元，按照1997年《刑法》的法定刑幅度，对应的最高法定刑为有期徒刑3年，追诉时效为5年，追诉时效已于2024年2月终止。2024年3月《刑法修正案（十二）》实施后，本罪行贿500万元对应的法定最高行为有期徒刑7年，追诉时效应为10年。如果以追诉时效适用新法，则意味着《刑法修正案（十二）》再次“激活”已经结束的追诉时效，这既不合理，也让一般社会成员对刑法修订

无所适从。因此，办案机关在2024年3月1日之后即使发现本案对单位行贿犯罪事实的，也不应再启动追诉程序。

本书同意第二种意见，主要理由是：

1. 追诉时效制度表面上是一个刑事诉讼程序问题，但实际上是一个事关被告人人身自由的实体问题。我国刑法关于时效制度的基本立场，就是从旧兼从轻原则。当出现新旧刑法关于量刑规定和追诉时效不一致时，如果仅在量刑时按照从旧兼从轻原则，而在决定是否启动追诉程序时仍按照从新原则，将会出现“皮之不存毛将焉附”的困境，即连是否能够继续追究被告人刑事责任的问题都没有解决，却绕过这一原则性问题，去奢谈如何从有利于被告人的角度适用新旧刑法，这在逻辑上是不能自圆其说甚至是混乱的。

2. 在适用追诉时效制度时，有一个基本的前提，即不能超出社会一般成员的预测可能性。本案中，由于《刑法修正案（十二）》对本罪新增加了一档刑期，导致本罪的追诉时效自修正案颁布前的5年延长至10年。特别是对一些情节较为严重的对单位行贿行为，如果在2024年3月1日之前已经经过了5年追诉期，却因为修正案中对此类情节严重的对单位行贿行为增加了一档刑期，就自动顺延了该犯罪行为的追诉时效，这显然超出了行为人的合理预期，不能将由此产生的不利后果由被告人承担。

3. 有观点认为，根据2017年2月13日最高人民法院《关于被告人林少钦受贿请示一案的答复》（［2016］最高法刑他5934号）的精神，对于刑法修正案中调整了某个罪名的法定刑的，如果对行为人立案侦查时的法律规定未过时效，且已经进入诉讼程序的案件，在新的法律规定生效后应当继续审理。实践中，有不少观点将上述最高人民法院答复概括为追诉时效坚持从新原则。但是，上述观点显然没有注意到林少钦案适用新的法律规定的特定背景：一是为了解决追诉时效的终止计算的时点，究竟是以审判时为准还是以立案调查时为准；二是为了解决审判时颁布的《贪污贿赂司法解释》降低了受贿行为对应的法定刑幅度，按照新司法解释的数额标准林少钦案已经不具备追诉的条件，但考虑到案件已经进入审判程序，且案件在侦查立案时并没有超过追诉时效的问题，因而应当继续审理。因此，上述答复精神适用的基本前提是，案件在超过追诉时效之前已经被办案机关予以立案。如果压根就没有进入调查程序，则无论刑法将本罪的法定最高刑如何调整，都不应再打破被告人对法规范的合理期待。

问题 54：对单位行贿犯罪在时间段上跨刑法修正案前后的，应当如何适用法律

【案例】 2022 年 10 月至 2024 年 5 月，某医药销售公司为感谢当地合作医院的支持，以赞助费的名义，向当地人民医院、妇幼保健医院、儿童医院、眼科医院贿送现金共计 3000 万元。其中，在 2024 年 3 月 1 日《刑法修正案（十二）》实施前共计行贿 2900 万元，2024 年 3 月 1 日之后行贿 100 万元。

【解析】 由于《刑法修正案（十二）》调高了对单位行贿罪的最高法定刑，如果行贿人对单位行贿，有部分发生在《刑法修正案（十二）》实施之前，部分发生在修正案实施之后，应当如何适用法律，存在以下三种意见：

第一种意见认为，对单位行贿行为横跨新旧刑法的，应采用从旧兼从轻原则，即原则上适用旧刑法，只有在刑法比旧刑法处刑较轻的情况下才适用新刑法。

第二种意见认为，对单位连续实施行贿行为，并跨越新旧刑法的，事实上属于连续犯的状态，应以其犯罪行为实施终了之日，开始计算追诉期限。既然对单位行贿的终了之日在刑法修正案之后的，那么自然应当适用新刑法。

第三种意见认为，考虑到对单位行贿犯罪在新旧刑法中的法定刑变化较大，无论是一律适用 1997 年《刑法》还是《刑法修正案（十二）》都存在一定弊端，因而分别适用各自时间段对应的刑法规定，更为稳妥。对刑法修正案实施前的行为，适用旧刑法；而刑法修正案实施后的行为，则适用新刑法。

本书同意第三种意见，主要理由是：

1. 对跨越修订刑法施行日期的继续犯罪、连续犯罪以及其他同种数罪的，在刑法理论上被称为“跨法犯”。[①] 实践中，对此类犯罪的普遍做法，都是参照最高人民检察院《关于对跨越修订刑法施行日期的继续犯罪、连续犯罪以及其他同种数罪应如何具体适用刑法问题的批复》（高检发释字〔1998〕6号）所规定的精神，因刑法修正案罪名、构成要件、情节以及法定刑已经变化的，应当适用修订刑法即“从新原则”。但是，上述原则只适用于特定条件下的跨新旧刑法的连续犯，而难以处理刑法修正案提升法定最高刑的情况。例如，上述案例如果适用《刑法修正案（十二）》修正后的刑法，尽管尚未出台新的司法解释，但是根据办案实践掌握的标准，对单位行贿3000万元应当属于本罪中的“情节特别严重”，最低判处3年有期徒刑。如果对单位行贿发生在2024年3月1日之前，无论行贿数额多么惊人，其量刑也不会超过3年有期徒刑。对于大部分行贿行为发生在2024年3月1日之前，而仅有少部分行贿发生在2024年3月1日之后的“跨法犯”判处3年以上有期徒刑，显然与2024年3月1日之前对单位行贿数额相近或更大的非“跨法犯”量刑不平衡。

2. 有观点认为，既然《刑法》第89条第1款已经明确：“追诉期限从犯罪之日起计算；犯罪行为有连续或者继续状态的，从犯罪行为终了之日起计算。”上述案例中，对单位行贿行为延续到了2024年3月1日《刑法修正案（十二）》之后，按照新法定罪量刑，即便可能存在某些量刑失衡之处，也必须严格按照法律规定办理。上述观点显然混淆了追诉期限和新旧刑法如何适用的区别，刑法只是规定了追诉时效从何时起算的问题，但并没有明确犯罪行为跨新旧刑法时应当如何适用的问题。在这里，需要区分连续犯和继续犯的概念，连续犯是在一个时段内基于一个犯罪故意连续实施数个独立的同种犯罪行为，如在一个月内连续10次实施盗窃犯罪；继续犯则是在同一个时段内持续不断实施一个犯罪行为，如1周内对同一个被害人持续实施非法拘禁

---

① 参见刘方：《跨法犯刑法适用若干问题研究》，载《中国法学》2010年第2期。

犯罪。对于继续犯，由于其行为难以分割评价，故而按照行为实施终了的时间适用新法，并无不当。但是对于连续犯，本就是为了刑法评价的便宜而在形式上将数个同种犯罪“拼凑”成一个犯罪行为。因此，对于这种可分割的犯罪行为，按照各自犯罪时间段对应的刑法规定来适用，也更为稳妥。在本案例中，医药公司连续向多家医院行贿的，每次行贿本就可以独立成罪，因而选择不同时间段的刑法规定予以适用是可行的。

3. 有观点认为，跨越新旧刑法的适用原则，应当坚持从旧兼从轻原则，而无论是选择从旧（适用旧法）还是从新（适用新法），都应一体适用旧法或者新法的所有规定，新旧刑法不能交叉适用。上述观点在实践中过于机械，无法适应现代社会高速发展条件下刑法频繁修正的实际情况。在刑法修正案将原有罪名降低或者提高法定最高刑后，跨越刑法修正案前后的连续犯无论是全部适用新法还是旧法，都可能出现量刑不均衡的情况。对单位行贿罪升高了法定最高刑，完全超出了行为人在实施犯罪时的预期，完全适用新法显然不当；但全部适用旧法，也有违立法机关调整立法、加大对单位行贿犯罪打击力度的立法初衷。因此，从罪责刑相适应的角度来看，根据犯罪行为对应的时间段，选择相应的刑法规定，即交叉适用新旧刑法，能够更准确评价被告人的罪责。当然，如果与本案中的情节相反，对单位行贿犯罪在2024年3月1日之前的只占一小部分，而持续到2024年3月1日之后的犯罪数额则占绝大比例的，则可考虑直接适用修订后的刑法，对修订前的犯罪行为可酌情从轻处罚。

三、对单位行贿罪的司法适用难点

问题55：向国家机关派出机构行贿的，能否构成对单位行贿罪

【案例】2009年6月，被告人朱某乔系台山市某酒吧股东、实际经营者，为了与台山市公安局东门派出所搞好关系，以便得到该所的特殊照顾，与时

任东门派出所所长翁某商量后，决定每月赞助东门派出所 3000 元。从 2009 年 6 月至 2013 年 10 月，东门派出所收受朱某乔每月 3000 元的赞助费，共计收受 15.9 万元。其间，东门派出所在处理发生于朱某乔经营酒吧内的吸毒、打架斗殴等违法案件过程中，为减轻或规避对朱某乔经营的不良影响，东门派出所对相关案件进行场外执法或给予较轻处理。法院经审理认定，被告人朱某乔为谋取不正当利益，给予国家机关以财物，判决被告人朱某乔犯对单位行贿罪，判处有期徒刑 8 个月，并处罚金人民币 10 万元。①

【解析】对于向国家机关派出机构行贿的，能否构成对单位行贿罪，目前有以下两种意见：

第一种意见认为，派出所只是公安派出机构而非内设机构，不是单位行贿罪的适格主体，没有经济来源，没有执行财产刑的能力，不具有行政主体资格，对外不能独立承担法律责任，不是单位行贿罪的犯罪对象，因而不构成对单位行贿罪。

第二种意见认为，按照法律、法规或规章规定，获得行政机关授权的派出机构与单位内设机构或者其他组织均可以依法行使行政职权，具有独立明确的管理权限和范围，具有独立的财政预算和行政编制，派出所作为公安局的派出机构，虽不具有独立的法人资格，但与公安局内设机构的单位性质一致，具有行政主体资格，能够独立承担法律责任。

本书同意第二种意见，主要理由是：

1. 从形式解释的角度来看，行政法意义上的“派出机构”，是指作为某一级人民政府职能工作部门的行政机关根据实际需要针对某项特定行政事务而设置的工作机构，派出机构的人事权和办公经费由派出单位负责。根据实际职能不同，派出机构可以分为以下三种：一是各级政府以招商引资为主要目的设置的各类驻外办事机构，如驻京办、驻沪办等；二是地方政府出于发展经济、贸易、旅游等特定目的而设置的派出机构，如各类高新技术产业园

---

① 参见广东省江门市新会区人民法院刑事判决书，(2021) 粤 0705 刑初 327 号。

区、经济技术开发区、出口加工区及风景名胜区管委会等；三是由政府职能部门为加强基层治理而设立的派出机构，如公安派出所、国土所、市场监管所、税务所、司法所等。如有法律、法规或规章规定，行政机关授权其内设机构、派出机构或者其他组织行使行政职权的，属于行政授权，可以成为刑事诉讼的主体。

2. 从最高司法机关有关分支机构、内设机构能否成为对单位行贿罪的对象的立场来看，更倾向于认可将国家机关的派出机构作为本罪的犯罪对象。根据2000年《全国法院审理金融犯罪案件工作座谈会纪要》的相关规定，以单位的分支机构或者内设机构、部门的名义实施犯罪，违法所得亦归分支机构或者内设机构、部门所有的，应认定为单位犯罪。不能因为单位的分支机构或者内设机构、部门没有可供执行罚金的财产，就不将其认定为单位犯罪，而按照个人犯罪处理。最高人民检察院《关于国有单位的内设机构能否构成单位受贿罪主体问题的答复》（［2006］高检研发8号），国有单位的内设机构利用其行使职权的便利，索取、非法收受他人财物并归该内设机构所有或者支配，为他人谋取利益，情节严重的，依照《刑法》第387条的规定以单位受贿罪追究刑事责任。上述内设机构在经济往来中，在账外暗中收受各种名义的回扣、手续费的，以受贿论。尽管上述会议纪要和答复只是提到国有单位的分支机构、内设机构、部门实施的犯罪按照单位犯罪处理，但在国有单位的派出机构实施的犯罪上，也不应区别对待。

3. 从实质解释的角度来看，虽然派出所不属于行政法意义上的国家机关，但此类机构在办公场所、人员管理、日常运作等层面都具有相对独立性，甚至比单位内设机构更符合单位的基本特征。从最高司法机关发布的司法解释精神来看，既然国家机关的内设机构可以被视为国家机关，根据概念的相当性，派出机构也没有理由被排除在国家机关的范畴之外。派出所以单位名义索取或者收受辖区企业和个人给予的赞助费，并在职权范围内对相关企业和个人规避执法检查等方面违规予以关照，为后者谋取到了不正当利益，符合对单位行贿罪的构成要件。派出所虽无独立承担财产刑的刑事责任能力，但据此免除其刑事责任亦缺乏法律依据。因此，向国家机关派出机构行贿的，依法应当构成对单位行贿罪。

问题56：公司、企业向上级主管单位交纳内部性收费的，能否认定为对单位行贿罪

【案例1】 2011~2013年，被告单位东海县苏某农机有限公司由被告人李某实际负责经营管理。东海县农业机械管理局经集体研究决定，向县里各农机公司统一收取农机技术及信息咨询服务费、场地租赁费。后东海县苏某农机有限公司以农机技术及信息咨询服务费、场地租赁费等名义，多次向东海县农业机械管理局及其下属的东海县农机技术化推广服务站支付农机销售补贴回扣，合计人民币65.5万元。一审法院判决被告单位东海县苏某农机有限公司无罪，被告人李某无罪。宣判后，检察机关提出抗诉。二审法院驳回抗诉，维持原判。①

【案例2】 台山市北陡镇人民政府经过镇党委、政府领导决定，通过其下属企业北陡镇经济发展办公室和北陡镇经济发展总公司向在北陡镇经营的有关的石场、沙场收取管理费、场地租金或协调费等费用，用于北陡镇政府及北陡镇经济发展总公司的日常开支。2005年11月至2013年1月，在王某福投资经营台山市北陡镇福田石场开采石矿期间，以工作协调费或管理费等名义向北陡镇经济发展总公司共交纳221,000元。一审法院判决王某福不构成对单位行贿罪。检察机关提出抗诉，认为王某福所经营的石场以“管理费”或“工作协调费”等名义向北陡镇政府缴纳款项22.1万元，从而获得政府相关部门和工作人员放松对福田石场的监管，对福田石场存在证照不齐及违反安全生产相关规定等违法开采行为不予以纠正，其行为已达对单位行贿罪的立案标准，不属于原审法院认定的情节显著轻微、危害不大。二审法院经

① 参见江苏省连云港市中级人民法院刑事裁定书，(2016) 苏07刑终270号。

审理认为，考虑到对单位行贿罪与单位受贿罪是对合型犯罪，而本案现有证据未能显示北陡镇人民政府及具体实施收费行为的下属企业或者直接责任人因收取涉案221,000元款项而被追究行政责任、刑事责任，王某福被动接受镇政府单方决定的收费行为，主动、积极行贿的主观故意并不明显，客观上也是一种从众行为，综合本案实际情况，可以认定王某福对单位行贿的情节显著轻微，危害不大，不认为是犯罪，遂驳回抗诉，维持原判。①

【解析】对于公司、企业被强制向上级管理单位交纳费用的，能否认定为对单位行贿罪，实践中有以下两种意见：

第一种意见认为，涉案公司、企业明知上级主管单位以“明码标价”的方式收取各种费用，而仍然迎合、满足此种要求，且尚未达到被索贿的心理强制程度，本质上属于权钱交易关系，即以交纳费用为幌子掩盖行贿真相，其行为已构成对单位行贿罪。

第二种意见认为，考虑到本案中上级主管单位系违规乱收费，从加强依法行政的角度，不宜苛求被监管企业对此明确表示拒绝。特别是一些乱收费项目以某种合法的面目示人，由主管单位明文公布收费标准、有专人负责收取、有正式收据、针对全体被监管企业，对此种带有一定强制性和义务性的收费，更不宜将相关公司、企业交纳费用的行为认为对单位行贿罪。

本书同意第二种意见，主要理由是：

1. 从行为期待可能性的角度来看，正常情况下任何企业经营成本之外的额外支出，都属于人为增加企业负担，在被强制收取费用的情况下企业缺乏行贿动机。实践中，一些行业主管单位甚至基层政府，受利益驱动，或为解决财政经费不足，巧立名目向辖区内单位或行业内管理企业乱收费、乱罚款、乱摊派，这在一些地方甚至演变为公开的潜规则或者“合法伤害权”。即便相关企业明知上级主管单位收费不合理，但为了避免被无端“刁难”，也不得不交纳相关费用。对此，不宜苛求涉案企业能够拒绝上级主管单位的不合

① 参见广东省台山市人民法院刑事判决书，（2016）粤0781刑初466号。

理要求，也不宜将此类行为视为权钱交易性质，即涉案企业对此不具有期待可能性。

2. 从违法性认识的角度来看，涉案企业向上级主管单位缴纳不合理的乱收费，只是出于一种自保的心理，而不具有谋取不正当利益的非法动机。所谓乱收费，正是在企业合法经营并且正常缴纳税费的情况下，行政机关超出法律的限制人为增加企业支出，如果企业因涉嫌行政违法而被主管行政机关处以罚款，则并不属于乱收费的范畴，而是企业应当依法缴纳的罚金。如果涉案企业本身从事的经营活动有违法律规定，如非法采矿、非法经营、非法排放危险物质，为了规避调查而主动迎合上级主管单位，甚至与主管单位相互勾结以罚代管，以缴纳罚款的形式变相行贿，则应以对单位行贿罪追究刑事责任。

3. 从落实优化营商环境政策的角度来看，现实中仍有个别国家机关巧立名目，向被管理单位收取各种“咨询费”“管理费”“赞助费”，严重败坏了国家机关的声誉和社会公信力，在政治上产生极为恶劣的影响，甚至对党和国家的事业也造成损害，不应纵容此类犯罪。早在1988年4月，国务院就发布了《禁止向企业摊派暂行条例》。1997年7月，中共中央、国务院发布《关于治理向企业乱收费、乱罚款和各种摊派等问题的决定》，明令取消不符合规定的向企业的行政事业性收费、罚款、集资、基金项目和各种摊派，严禁擅自设立行政事业性收费、罚款、集资、基金项目。2014年，国务院办公厅再次发布《关于进一步加强涉企收费管理减轻企业负担的通知》（国办发〔2014〕30号），重申“坚决制止各类针对企业的乱收费、乱罚款和摊派等行为”。2020年1月1日正式施行的《优化营商环境条例》第14条第3款明确规定，禁止在法律、法规规定之外要求市场主体提供财力、物力或者人力的摊派行为，市场主体有权拒绝任何形式的摊派。在中央三令五申不许增加基层经济负担的情况下，现实中仍有不少单位违规违纪擅自创设各种名目的“工作经费”“赞助费”“指导费”“培训费”等费用项目，甚至滥用执法权强行要求被管理单位交纳一定的管理费或其他形式的费用，严重干扰了企业正常的生产经营，加重了企业负担，破坏了营商环境，从落实“六稳”“六保”政策的角度，对于被强制交纳赞助费的企业，应一律不认定为对单位行贿罪。

问题 57：民营企业借用事业单位的施工资质投标并支付管理费的行为，是否属于在经济往来中违反国家规定给予回扣、手续费？

【案例】2014 年 9 月，冀州罗口东分干渠 2014 年地下水超采综合治理地表水灌溉项目第三标段项目开始进行招投标工作。被告人韩某昕不具有任何施工资质，不符合该项目的投标条件。为承揽该项目，韩某昕借用邢台市水利工程处的资质（国有事业单位，具有桥梁、水利水电工程承包二级资质），以邢台市水利工程处名义参与该项目的投标，并与邢台市水利工程处约定中标后，由韩某昕组织人力、设备和资金等进行项目施工，具体负责项目的管理和施工，独立核算施工费用等。邢台市水利工程处不投入任何人力、物力等，不参与工程的实际管理和利润分配，不承担经营风险等。项目竣工后，韩某昕要按照工程总造价的 3% 向邢台市水利工程处缴纳“管理费”。之后，经招投标，韩某昕以邢台市水利工程处的名义中标该项目并开始施工，施工期间，韩某昕以“管理费”名义陆续向邢台市水利工程处缴款合计 108, 965 元。法院判决被告人韩某昕犯对单位行贿罪，免予刑事处罚。①

【解析】对于行为人借用事业单位的施工资质投标并支付管理费的行为，是否构成对单位行贿罪，存在以下两种意见：

第一种意见认为，民营企业明知其不具有相应施工资质，而借用事业单位资质，属于“借壳中标”，具有谋取不正当利益的主观动机，虽不属于利用事业单位职权，但具有违反国家规定，在经济往来中给予回扣、手续费的特征，其行为构成对单位行贿罪。

---

① 参见河北省柏乡县人民法院刑事判决书，（2017）冀 0524 刑初 64 号。

第二种意见认为，尽管民营企业借用事业单位资质本身并不符合规范，但此种情形仍然属于平等主体之间的商业往来，而非利用对方的特殊地位或职权谋取不正当利益，其给予事业单位的管理费，只是借用行为本身的对价，区别于一般经济往来中额外支出的回扣、手续费等。

本书同意第二种意见，主要理由是：

1. 从行为违法性的角度来看，根据《建筑法》第 26 条第 2 款、第 66 条的规定，国家禁止建筑施工企业允许其他单位和个人使用本企业的资质证书，但这只是行政领域的禁止性规定，并不意味着民营企业借用资质并支付报酬的行为违反刑法规定。尽管《招标投标法实施条例》第 69 条规定，“出让或者出租资格、资质证书供他人投标的，依照法律、行政法规的规定给予行政处罚；构成犯罪的，依法追究刑事责任”，但此处的“构成犯罪”不是指构成单位行贿罪，而是构成在招投标领域发生的特定罪名，如串通投标罪、非法经营罪。

2. 从构成要件符合性上来看，民营企业借用事业单位或者国有企业的施工资质投标并支付管理费、手续费的行为，实际上就是“花钱买资质”。而刑法规定的经济往来中给予对方回扣、手续费的行为，是指在已经完成了基本的市场交易之后，又超出正常、合理的支付对价额外给予对方的费用，而不是只要支付对方费用就属于给予回扣或手续费。此外，认定对单位行贿罪不能脱离“权钱交易”的本质，如果行贿行为与行贿对象所利用的职权之间不能建立一一对应的关系，而仅是一般性的市场行为，则不符合本罪的客观构成要件。

3. 从行为处罚的必要性来讲，考虑到实践中存在大量有相关资质的单位违规有偿出借其企业资质给公司或个人，如果一律对行政违法行为进行刑事惩罚，则有打击面过大之嫌。从对向犯的角度来看，事业单位出借资质以获利与单位将空闲房屋出租甚至将废旧器材、办公家具等出售本质上没有区别，如果一律追究刑事责任将明显过当。因此，对租借资质的行为可以交由具有行政执法权的有关部门予以行政处罚或规制即可。当然，如果相关事业单位或国有企业具有法律法规授权行使一定公共事务管理权限，或者具有国家政策所赋予的市场垄断地位，相关企业为谋取不正当利益租借资质并支付管理费、手续费的，侵害了国有单位的管理秩序和社会一般公众对国有单位的信赖，行贿方应当按照对单位行贿罪处理。

问题 58：企业按照销售额度向上级主管政府部门进行捐赠的行为，能否认定为对单位行贿罪

【案例】2011 年 1 月至 2013 年 6 月，被告人闫某某在从事中牟县医疗系统的药物配送业务期间，依照所销售药品价值的不同比例，以“捐赠款”的名义，多次给中牟县原卫生局成立的“中牟县农村卫生发展促进会”支付款合计人民币 100 余万元，并为中牟县原卫生局购置价值 20 余万元轿车两辆用于折抵“捐赠款”。法院判决被告人闫某某犯对单位行贿罪，免予刑事处罚。①

【解析】对于企业向政府机构进行捐赠的行为，能否认定为对单位行贿罪，存在两种意见：

第一种意见认为，从捐赠企业与政府机构之间的关系来看，二者往往处于监管与被监管的状态，此种捐赠多数是以合法形式掩盖非法目的，如不以对单位行贿罪处理，则有轻纵犯罪之嫌。

第二种意见认为，现行法规并无禁止企业捐赠的规定，故只要企业捐款系自愿行为，且政府机构并未索取、非法收受他人财物的，就没有侵犯国家机关的正常管理秩序和公职人员的职务行为的不可收买性，不宜作为犯罪处理。

本书同意第一种意见，主要理由是：

1. 从行为违法性上来看，如政府机构以本单位为受益对象而接受捐赠，

① 参见河南省新郑市人民法院刑事判决书，（2013）新刑初字第 640 号。

属于违法行为。实践中，一些基层单位因财政经费困难，会接受来自企业、团体的捐款或实物捐赠。根据《公益事业捐赠法》的相关规定，可以依法接受捐赠的主体只有公益性社会团体和公益性非营利的事业单位，以及在发生自然灾害时或者境外捐赠人要求县级以上人民政府及其部门作为受赠人时，县级以上人民政府及其部门可以接受捐赠，但不得以本机关为受益对象。因此，除以发展公益事业为宗旨的基金会、慈善组织等社会团体和从事公益事业的不以营利为目的的教育机构、科学研究机构、医疗卫生机构、社会公共文化机构、社会公共体育机构和社会福利机构外，一般政府部门不得在重大灾害和境外捐赠以外的范围接受捐赠，更不得以本机关为直接受益对象。之所以立法对政府接受捐赠作出严格限制，主要是考虑到政府作为公权力的行使者，本来就有相对充足的财政经费予以保障，如接受捐赠既无必要，也不利于社会财富流动和合理分配，甚至有可能产生个别政府工作人员利用公权力变相收受贿赂的问题。

2. 从企业按照销售额度向上级主管政府部门进行捐赠的构成要件符合性上来看，捐赠企业的动机并非为了公益性事业，而是依照所销售药品价值的不同比例设定捐赠数额，属于变相给予回扣的行为。尽管一般情况下企业捐赠都会宣称属于公益性质，但公益性捐赠不仅有严格的捐赠程序和捐赠对象等限制，而且必须具有无偿性和非营利性。而本案中企业按照销售额度来捐赠，加之其所从事的药物配送业务与当地医疗主管单位有着密切联系，明显是将捐赠行为与采购业务或商品相牵连，是将捐赠本身作为进一步获得更多业务和更大利润的对价，具有谋取不正当利益的主观故意，在客观手段上也符合对单位行贿罪的行为特征。

3. 从企业对政府机构进行商业捐赠的危害性和有责性上来看，政府的职责虽然包括推动和发展公益事业，但这并不意味着政府就可以作为受赠方直接介入捐赠活动。政府通过税收作为财政的保障，又通过财政拨款作为政府办公的经费，以实现对社会的管理。若政府以接受捐赠的方式来补充经费开支，就有向公民增加税收的嫌疑。当前一些机关单位还存在设立小金库接受企业“赞助”的情况，一些不法商人和企业也因此钻空子，以捐赠为名，向具有管理与被管理关系的政府机构给予财物，以获取交易、服务机会、优惠条件或者其他经济利益，损害了政府机关的公信力，应以对单位行贿罪追究刑事责任。

问题59：行业协会为上级主管单位解决费用支出的，应当如何认定

【案例】大同市道路交通安全协会是2005年经过大同市公安局、大同市民政局同意成立的社会团体，该协会与大同市公安局交通警察支队于2008年宣布脱钩，协会的历届会长均是交警支队研究确定，协会的其他领导大多由交警支队退休人员担任。2007～2010年，交警支队将驾驶员年检培训业务委托给协会组织进行。协会要求驾驶员必须入会后培训，协会收取相应的会费。2012年5月21日，交警支队的会议纪要记载，“协会在资金充足的情况下，可解决民警困难，并且承担一部分防暑用品的费用”。2010年6月18日，大同市公安局交通警察支队下发通知，规定机动车驾驶员可以自由选择支队车管所或大同市道路交通安全协会进行培训考核，这两个单位组织的学员考核工作和出具的学习考核证明具有同等效力。2010年9月至2011年11月，协会为交警支队支付招待费184,547元，报销茶叶款101,445元。检察机关指控大同市道路交通安全协会犯对单位行贿罪。一审法院经审理认为，客观上大同市交通警察支队一直掌控、管理、领导、支配着大同市道路交通安全，协会与交警支队并未实际脱钩，故协会所收取的会费为交警支队解决费用不应当认定为对单位行贿罪，遂判决被告单位大同市道路交通安全协会不构成对单位行贿罪。检察机关提出抗诉，大同市道路交通安全协会是独立的社会团体，财务独立核算，并不能因为具有管理关系就得出道路交通安全协会隶属于交警支队的结论。二审法院经审理认为，因大同市道路交通安全协会最初是在交警支队的组建下成立的，协会的历任会长均由交警支队退休下来的副支队长担任，任命权由交警支队决定，协会的各级领导成员也系交警支队

退休人员。虽然上级部门要求协会与交警支队脱钩，但因历史的原因及在实际工作中，双方并未实际脱离。大同市道路交通安全协会与大同市交通警察支队虽然名义上是两个单位，但从成立、日常工作看，并未脱离两者之间存在的领导与被领导的关系。在日常工作中，协会仍以交警支队的下属部门参加交警支队的各种活动，协会的主要业务驾驶员培训、机动车年检也系交警支队给予的相关政策和对业务的支持而产生，从实质上讲协会属于交警支队的所属部门。2012 年 5 月 21 日交警支队的会议纪要也显示，协会仍需定期向交警支队汇报工作，为交警支队解决民警的困难，承担防暑费用。这充分说明，协会与交警支队并未实际脱钩，故大同市道路交通安全协会所收取的会费为交警支队解决费用支出的，不应当认定为对单位行贿罪，遂裁定驳回抗诉，维持原判。①

【解析】对于形式上符合对单位行贿要件，但实质上属于单位内部组成部分之间交纳费用的情形如何认定，存在以下两种意见：

第一种意见认为，行业协会属于独立法人，其与上级主管单位之间只是在业务上具有管理与被管理的关系，但并不具有直接隶属关系。行业协会为获得和维持收费性业务的竞争优势，为主管单位解决费用支出的，属于为谋取不正当利益，给予国家机关以财物，应当以对单位行贿罪追究刑事责任。

第二种意见认为，对于行业协会为主管单位解决费用的问题，应从时代背景、体制因素、政策调整和日常管理等方面进行审查，如果前者事实上与内设机构无异，则行业协会利用主管单位赋予的垄断性业务优势获益，之后再给予主管单位经费的，属于违反财经纪律的行为，但不属于刑法规范的范畴。

本书同意第二种意见，主要理由是：

1. 从历史和政策的角度来看，对于新旧经济体制转型过程中，所发生的行业协会与其主管单位的业务及利益往来，应客观看待其行为发生的特定时

---

① 参见山西省大同市中级人民法院刑事裁定书，(2017) 晋 02 刑终 84 号。

代背景和体制机制原因。在计划经济年代，我国曾经有相当一批政府部门主导或控制下的“官办协会”，在计划经济向市场体制转轨的过程中，由于体制机制的不完善，有部分协会并未完全市场化，而是和原主管单位之间在人财物等方面有着千丝万缕的联系。在这类协会日常运营中，受政府部门委托从事一定的社会管理职能并收取费用，并将其中一部分交给主管机构使用，这也是转型期社会所特有的现象，对此不宜一概作为犯罪处理。

2. 从日常管理的角度来看，如果行业协会与主管单位具有行政法意义上的控制关系、隶属关系或准隶属关系，则应慎重入罪。从上述案情介绍可以看出，道路交通安全协会作为当地的行业协会，并非由若干企业或自然人在市场经营中自发形成的，而是由其主管单位交警支队决策组建的，并将部分带有一定强制性的培训业务、年检业务交给该行业协会组织开展，加之协会人事任命上的历史延续性，事实上形成了紧密的委托与被委托关系和准隶属关系。因此，该行业协会为主管部门解决部分办公经费，有别于私营企业向行业主管单位交纳赞助费的情形，宜作为一般违反财经纪律的行为认定。此外，还有一些行政机关将部分垄断性的收费业务交给下属的事业单位负责，该事业单位为上级单位解决部分经费的，也属于违反财经纪律的行为。

3. 从一般预防的角度来看，为加大对此类行贿犯罪的惩处力度，在审查认定是否构成犯罪时，应当从严把握出罪门槛。本案中，该行业协会由于历史原因尚未与主管单位完全脱钩，仍然承担一定行政事业收费职能，客观上接受主管单位的领导、管理和支配，因而不符合对单位行贿罪的主体要件。但是，如果经审查发现，涉案行业协会已经完全市场化运行，在人事、财务方面具有独立性，仍然为获取和维系经营权、收费权而给予主管单位财物的，应当以对单位行贿罪论处。

| 第五章 |

关于单位行贿罪的司法认定

【法条链接】《刑法》第三百九十三条　单位为谋取不正当利益而行贿，或者违反国家规定，给予国家工作人员以回扣、手续费，情节严重的，对单位判处罚金，并对其直接负责的主管人员和其他直接责任人员，处三年以下有期徒刑或者拘役，并处罚金；情节特别严重的，处三年以上十年以下有期徒刑，并处罚金。因行贿取得的违法所得归个人所有的，依照本法第三百八十九条、第三百九十条的规定定罪处罚。

一、单位行贿罪的构成要件

问题 60：单位行贿罪中的“单位”包括哪些范围

根据最高人民法院 1999 年 6 月公布的《关于审理单位犯罪案件具体应用法律有关问题的解释》第 2 条的规定，个人为进行违法犯罪活动而设立的公司、企业、事业单位实施犯罪的，或者公司、企业、事业单位设立后，以实施犯罪为主要活动的，不以单位犯罪论处。例如，为开展集资诈骗、非法吸收公众存款而设立的公司或者为开展非法传销往往追究个人的刑事责任。因此，单位犯罪首先应当是合法设立的单位。

《关于审理单位犯罪案件具体应用法律有关问题的解释》将《刑法》第 30 条规定的公司、企业、事业单位，界定为既包括国有、集体所有的公司、企业、事业单位，也包括依法设立的合资经营、合作经营企业和具有法人资格的独资、私营等公司、企业、事业单位。但随着市场经济的发展，公司、企业等形式日渐丰富和多元，一些新型组织形式、组织架构能否认定为单位犯罪，还有待进一步研究。其中，最关键的是能够以独立的财产和独立的名义对外开展业务活动并承担责任。一般而言，单位行贿罪的犯罪主体主要包括二类。

1. 公司

在行贿犯罪中，除自然人实施行贿外，还有大量以公司、企业名义实施的行贿行为。依照《公司法》的规定，公司是企业法人，有独立的法人财产，享有法人财产权，并以其全部财产对公司的债务承担责任。公司的组织形式，包括有限责任公司、股份有限公司、国有独资公司、国有资本控股公司、国有资本参股公司、一人有限责任公司。国有独资公司，是指国家单独出资、由国务院或者地方人民政府授权本级人民政府国有资产监督管理机构履行出资人职责的有限责任公司。

如果以公司名义行贿后，公司股东发生多次变更的，考虑到单位行贿犯罪所得的相关收益已被原股东个人所持有，如仍然追究公司的刑事责任，则有失公允，一般可直接以行贿罪追究案发时公司直接负责的主管人员的刑事责任。如公诉机关仍坚持指控股东几经变更的现公司的，考虑到现公司已经不具有可罚性，人民法院可对被告单位裁定终止审理。另外，根据最高人民法院研究室《关于外国公司、企业、事业单位在我国领域内犯罪如何适用法律问题的答复》（法研〔2003〕153 号）的规定，符合我国法人资格条件的外国公司、企业、事业单位，在我国领域内实施危害社会的行为，依照我国《刑法》构成犯罪的，应当依照我国《刑法》关于单位犯罪的规定追究刑事责任。

2. 企业

广义的企业，包括国有独资企业、集体所有制企业、私营企业、中外合资企业、中外合作企业、外资企业、合伙企业、个人独资企业。合伙和独资企业等，并以公司为基本形态。鉴于我国《刑法》第 30 条已将公司和企业并列为单位犯罪的主体，因而刑法意义上的企业仅包括非公司企业。符合单位行贿罪主体条件的企业，一般为企业法人。

曾有检察机关指控加油站负责人为获得税收优惠向税务工作人员行贿触犯了单位行贿罪。对此，本书认为，加油站不属于企业法人，不符合关于单位犯罪的法律规定。所谓企业法人，是指具有国家规定的独立财产，具有健全的组织机构、组织章程和固定场所，能够独立承担民事责任，享有民事权利和承担民事义务的经济组织。① 企业法人之所以能够成为单位行贿罪的犯罪主体，在于企业与组成企业法人的成员互相分离，企业能够以自己的名义独立承担法律责任。而非法人企业虽然也能够以自己的名义进行起诉和应诉，但与法人企业相比，在投资主体、法律形式、设立条件、税费缴纳、责任承担、财务核算方面均不尽相同，由于其并不具有独立人格，其所实施的行为只是代表企业主的个人意志，企业的财产也属企业主个人所有。因此，对于不具有法人资格的私营独资企业实施的犯罪行为，应当依照刑法有关自然人犯罪的规定定罪处罚。同样，对于个体工商户发生行贿行为而言，财产属于投资人个人，盈亏均以个人或家庭财产承担，行贿行为也是由个人决定和以个人名义具体实施的，收益归个人所有，因而个体工商户亦不符合单位犯罪的主体资格。

3. 其他单位

单位行贿罪的主体除了上文所列公司、企业外，理论上还包括国家机关和事业单位。但需要强调的是，考虑到国家机关是代表国家行使公共管理和社会服务职能的机构，其所体现的国家意志与犯罪意志必然不能共存。从政治的角度来看，国家机关代表人民利益，决定了其不具有谋取私利的动机和

① 具体包括全民所有制企业、集体所有制企业、联营企业、在中华人民共和国境内设立的中外合资经营企业、中外合作经营企业和外资企业、私营企业以及依法需要办理企业法人登记的其他企业。自《外商投资法》施行后，对外商投资企业不再按“中外合资经营企业”“中外合作经营企业”“外资企业”进行分类，其组织机构、组织形式等统一适用《公司法》《合伙企业法》等法律规定。

目的。从现实的角度来看，国家机关掌握大量行政审批权和执法权，并在市场经济中扮演了行政资源的分配者，因而是被“腐蚀”的对象，基本上没有对外行贿的需要。基于上述分析，国家机关不具有产生犯罪意图的动机和可能性，因而在作为犯罪主体时应当慎之又慎。目前，通过检索中国裁判文书网，还没有以单位行贿罪判处国家机关刑罚的案例，这在一定程度上也印证了上述分析的合理性。如确有国家机关出于特定目的行贿，本书认为，考虑到我国作为社会主义国家的特殊国情和建设法治政府、确保国家机关权威性和公信力的需要，对该国家机关不宜以单位行贿罪处罚。如符合滥用职权罪的构成要件，可以按照“国家机关工作人员故意逾越职权，不按或违反法律决定、处理其无权决定、处理的事项，或者违反规定处理公务，致使侵吞公共财产、国家和人民遭受重大财产损失等行为”的刑法规定，对国家机关的主要负责人或相关决策人员处以滥用职权罪。另外，对于事业单位行贿的，目前主要是个别非财政拨款的自收自支性质的事业单位，为了谋取不正当利益而行贿。

在实践中，还曾有行为人以“项目部”“工程指挥部”等临时性机构的名义向国家工作人员行贿。考虑到此类机构一般不在市场监督管理部门注册登记，无独立财产或者经费，不能进行独立核算，不能以独立的资产对外承担责任，只是相关施工单位在工程建设过程中临时设立的协调、指挥、监管机构，项目一旦完工则会撤销，因而不属于施工单位依法成立的分支机构或者内设机构或部门，不具备独立的法人资格，也不能成为单位行贿罪的犯罪主体。即使确实存在以项目部、指挥部名义行贿的行为，如系项目经理个人决定，未得到其上级总包或分包单位决策机构或主管人员、实际控制人的授权、默许或追认，且行贿所得利益归属于项目经理个人的，则缺乏单位意志形成的基础，应直接认定为个人行贿；如系项目经理代表建筑公司行贿的前提下，行贿所得利益归属于建筑公司，则成立以建筑公司为主体的单位行贿，即项目部并不能独立成为接受行贿利益归属的主体。

另外，单位行贿罪是单位对国家工作人员行贿，而对单位行贿罪是个人或单位对国有单位行贿。而对于单位向非国有单位行贿的，如医药公司为了扩大药品销售，向民营医院行贿的，尽管也具有一定社会危害性，但考虑到对于向非国有单位行贿的，既不属于对单位行贿罪，又不属于单位行贿罪，在主体适格的情况下可考虑以非国家工作人员行贿罪处罚。①

问题61：国家机关是否是单位行贿罪的适格主体

根据《刑法》的规定，单位行贿罪的行贿主体包括国家机关，具体包括各级人民代表大会机关、政党机关、人民政府、军事机关、监察机关、审判机关和检察机关、各级政治协商会议机关等。其中，政党机关既包括中国共产党各级机关、组织，又包括八大民主党派。对于国家机关能否成为单位行贿罪的适格主体，目前刑法学界乃至司法实务界存在较大争议，主要有以下两种意见：

第一种意见认为，虽然将国家机关作为单位犯罪主体似乎不太严肃，但必须看到，实践中，个别国家机关打着“与上级搞好关系”“争取上级资源和工作支持”的旗号，通过集体研究决定动用公款向有关领导干部和上级单位贿送大额财物。因此，从罪刑法定的角度来讲，国家机关为谋取不正当利益而对外行贿的，应当依法认定国家机关构成单位行贿罪。②

第二种意见认为，国家机关不同于公司、企业、事业单位。从刑法理论上看，人民民主专政下的国家意志与犯罪意志决然不能共存，即社会主义国家机关从性质上讲不可能产生犯罪动机和犯罪目的，更不宜成为犯罪主体。③

本书同意第二种意见，主要理由是：

1. 从政治效果上看，国家机关不宜作为单位犯罪的主体。国家机关是政

① 参见黄丽勤、周铭川：《论〈刑法修正案（九）〉及司法解释对商业贿赂犯罪的新规定》，载《刑法论丛》2018年第2期。

② 参见刘树德、任素贤：《贪污贿赂罪类案裁判规则与适用》，北京大学出版社2021年版，第60页。

③ 参见马克昌：《“机关”不宜规定为单位犯罪的主体》，载《现代法学》2007年第5期。

治机关，代表人民行使执政权、立法权、行政权、执法权、监察权、侦查权、审判权、法律监督权等国家权力，并在各项活动中体现了国家意志。如不顾现实情况，一味追求把国家机关作为单位行贿罪的犯罪主体，不仅有悖于刑法理论和我国基本国情，还将最终损害国家声誉和法治权威。有观点认为，将国家机关作为职务犯罪的犯罪主体，在政治效果上固然不妥，但问题是实践中此类国家机关犯罪的现象如不处理则隐患更大。对此，可考虑“放过单位，追究责任人”的立场，从滥用职权罪或者挪用公款罪等罪名的角度追究国家机关负责人的刑事责任。①

2. 从法律效果上看，国家机关有别于刑法规定的一般单位主体。国家机关的人民性和服务性决定了其不具有谋取私利的动机和目的。在现实中存在某些国家机关的领导干部出于个人私心或者小团体利益，利用手中权力收受被管理对象的财物或者对外行贿以谋取不正当利益，表面上看起来似乎是单位犯罪，但实际上国家机关的公权力沦为个别领导谋取私利犯罪的工具，对于这些犯罪实际应该追究的是个别领导干部的刑事责任，而不是国家机关的刑事责任。② 另外，国家机关的工作经费全部来自国家财政下发或拨付，如作为犯罪主体缴纳罚金，也同样需要上缴国库，不仅逻辑上存在问题，而且在财政资金的使用效率上也会令人产生困惑。③ 当然，对国家机关淡化犯罪处理，不代表任何与国家机关有关的犯罪都应做出罪处理。例如，对于行为人为谋取不正当利益向国家机关行贿的行为，仍然要实事求是地按照对单位行贿罪处理。

3. 从可操作性上来看，要充分认识到将国家机关作为单位犯罪主体的政

---

① 例如，在2006年发生的轰动全国的“乌鲁木齐铁路中院单位受贿案”中，法院审理过程中，检察机关变更起诉，撤回对乌鲁木齐铁路中院单位受贿罪的指控，对乌鲁木齐铁路中院的相关涉案人员的罪名从单位受贿罪变更为受贿罪和滥用职权罪，法院最终对检察机关指控的罪名予以确认。参见游小华：《单位犯罪主体面临的新挑战——由“新疆一法院涉嫌单位受贿案”切入》，载《河南工业大学学报（社会科学版）》2008年第2期。

② 参见裴显鼎：《国家机关单位犯罪的困境与变革——对190份生效刑事裁判文书的实证研究》，载《法律适用》2021年第12期。

③ 参见戴玉忠：《我国贿赂犯罪刑法制度的演变与发展完善》，载《法学杂志》2016年第4期。

治风险。对于国家机关能否成为单位行贿罪主体的问题，在当前的立法规范和政治语境存在一定张力的情况下，司法机关宜采取“存而不论”“备而不用”的态度。考虑到现有刑法对于单位行贿罪的犯罪对象仍有明文规定的情况下，如在审理案件或撰写裁判文书过程中确实遇到类似情况，而且避开国家机关则存在论证和说理障碍的，可以通过《刑法》第 13 条、第 37 条等方式做出罪化处理，或采取单独追究单位负责人刑事责任的方式，以避免处理国家机关的实践难题和产生由此带来的负面影响。

问题 62：单位意志是否与单位理性相冲突

实践中，常有观点主张，单位是现代理性社会的产物，其最基本的特征就是具备独立的利益及其背后的“单位理性”，个别股东可能会为了一己之私行贿，但单位本身不可能从事行贿等犯罪行为，否则一旦被查处单位就将会遭受刑事和经济处罚，严重影响单位的声誉。因而从单位自身长远利益考虑，或者说根据单位理性，如果出现行贿的犯罪意志和行为，则与单位设立的初衷相悖。

本书不同意上述观点，主要理由是：

1. 单位犯罪中的单位意志不等同于“单位理性”。上述观点显然陷入了过于理想化的理论假设之中，按照上述逻辑一切单位犯罪都将消解。单位意志本质上是一种法律拟制，是与个人理性并行不悖的一种“集体理性”。现代法治的基本理念是个人应当对其行为负责，对于单位也同样适用。行贿犯罪是否体现单位意志是单位行贿罪和行贿罪的重要区别。事实上，一些单位利用集体讨论的形式，出于规避犯罪的本能，以心照不宣的方式，打着集体研究的旗号行贿，以避免“法不责众”的法律困境出现。对此，应当认定为属于单位意志。

2. 分析单位犯罪主观方面，不能仅从最终的利益是否受损来简单判断。所有犯罪行为被查处后都将受到法律的严肃追究，并且任何合法设立的单位也不可能在公司章程中明确允许单位本身从事犯罪行为，但这并不妨碍实践中单行犯罪行为的实际产生，个人和集体基于特定的利益诉求往往并不在意长远的利益得失，而更关注短期“收益”，因而只要单位对于实施行贿行为和谋取不正当利益具有明确认知，就应当认定其具备单位行贿的意志。

3. 单位意志的形成，一般是通过单位内部的决策机构集体决议而来，决策机构包括单位的党委会、党组会、董事会、股东大会、党政联席会议，而不是某个单位普通工作人员冒用单位名义。如果由单位讨论决定，应有较为完善的议事决策程序，同时还应具备健全的组织人事架构，特别是应当具有主要负责人、法定代表人等关键岗位和关键决策人员。考虑到单位决策机构不能也没有必要事无巨细地对单位大小事宜作出决策，因而单位意志常常表现为另外一种情形，即单位主要负责人的职务行为。单位负责人承担着主持本单位的生产经营等管理、协调工作，其在职权范围内作出的决策应当视为单位意志的直接体现。特别是对于单位的法定代表人而言，其是法人人格化的存在，无须单位授权即享有行使法人行为的资格。只要法定代表人决定、组织、指使、同意或者知道本单位工作人员以单位名义行贿，就应当认定为单位意志。当然，经单位任命或授权的其他负责人员也可以代表单位意志。特定情况下，单位意志无须经过集体讨论程序或者单位负责人的明示，通过单位内部约定俗成的惯例、某种不成文的规矩也可以认定单位意志。例如，某汽车配件销售公司在员工奖励办法里直接写明销售产品时可以给予合作方回扣，且所支付回扣无须从业务员的提成中扣除，也无须调取会议记录即可认定单位意志。

问题63：如何正确区分单位行贿与个人行贿

【案例】2002～2014年，被告人卢某华在开发、经营永定县华厦建筑工程有限公司、泰华大厦工程，承建永定县古镇安置房建设项目等工程中，为谋取不正当利益，向永定县城乡规划建设局局长林某河、永定县人民政府副县长郑某文、范某荣，永定县人大常委会原主任吴某林等人行贿人民币 342.99 万元，泰华大厦工程建设中超容积率建设 8419.33 平方米，造成少缴国有土地出让金、违法建设罚款及基础设施配套费共计人民币 696.04 万元。一审法院以被告人行贿“未经公司决策机构授权和同意”为由，认定被告人卢某华犯行贿罪，判处有期徒刑 5 年 3 个月。卢某华不服，以其行为属于单位行贿为由提出上诉，理由是：卢某华系原永定县华厦建筑工程公司的法定代表人和决策者，其行为代表公司意志；作为公司的直接主管人员，在行贿前经过公司其他股东的口头同意，行贿行为体现公司意志。卢某华行贿所使用的资金来源于单位，实施行贿所获取的违法所得归公司所有。出庭检察员认为：本案不能认定为单位行贿。钱款来源是卢某华个人财产，其行贿并没有经过公司决策，其行贿并不能体现单位意志。作为大股东，其收益也是归卢某华本人所有。二审法院经审理认定，卢某华向相关工作人员行贿虽未与公司其他股东商议，但其身为公司的法定代表人或实际控制人，在经营管理公司的过程中为了公司利益，决定向相关工作人员行贿，视为形成对外行贿的单位意志。其先后多次行贿的主要目的，是让相关国家工作人员对公司在项目方面等事项给予关照，为公司谋取不正当利益，虽然违法所得不正当利益部分最终归卢某华所有，但其是按照公司财务制度的相关规定提取和分配公司收益的。因此，其行为符合单位行贿罪的构成要件。遂撤销原判，改判上诉人卢某华犯单位行贿罪，判处有期徒刑 3 年 7 个月。[①]

【解析】由于我国刑法中行贿罪与单位行贿罪入罪数额以及法定最高刑相差较大，[②] 且在构成要件上具有相似性，实践中对于如何正确适用罪名存在较大争议。

第一种意见认为，只要行为人以公司负责人的名义对外行贿，在难以区

---

① 参见福建省龙岩市中级人民法院刑事判决书，(2017) 闽 08 刑终 258 号。

② 根据司法解释规定，行贿罪的入罪标准为 3 万元，而单位对有影响力的人行贿罪的入罪标准为 20 万元，另外行贿罪的法定最高刑设置为无期徒刑，而单位行贿罪在《刑法修正案（十二）》实施之前对直接责任人员处罚的法定最高刑只有 5 年有期徒刑，《刑法修正案（十二）》实施之后也仅为 10 年有期徒刑。

分究竟属于单位行贿还是个人行贿时，考虑到单位行贿入罪门槛更高，应当从有利于被告人的角度，认定行为人构成单位行贿罪。

第二种意见认为，单位行贿应当体现单位意志和利益归属于单位。如果行为人为谋取不正当利益，给予国家工作人员财物，而公司其他人员不知情，且非法获利最终被其个人实际控制，则公司只是其实施行贿犯罪的工具，即整个行贿过程体现的是行为人的个人意志，与公司无关，其行为应认定为行贿罪。

本书同意第二种意见，主要有两个方面的理由。

1. 形式层面：是否以单位名义实施行贿行为并体现单位意志

单位行贿罪通常是以单位名义实施，由单位集体研究决定或者由单位的负责人员决定，体现单位的整体意志。单位犯罪通常以本单位的名义实施，从形式上看，判断单位行贿是否体现了单位意志的重要标准，是行为人以单位名义实施行贿行为。如果行为人在形式上没有以单位名义行贿，就需要进一步判断是否可能构成行贿罪。典型的单位意志，体现为决策权限的法定性和程序性，特别是公司人格只有在法律和公司章程规定的程序中才存在。如果不能提供决策行贿的股东会记录、董事会记录、公司财务管理制度及执行情况等材料，个人决策即代表了公司决策的，则需要结合利益归属来进一步判断单位行贿是否具有独立意志。

有观点认为，对于家族企业、夫妻公司，公司全部或主要股东都是近亲属关系，公司财产实际由一家人控制，公司主要负责人对公司财产具有支配权，单位犯罪归公司所有也就等于归个人所有。本书认为，绝对控股的公司股东主导的单位行贿行为，并不等于个人行贿犯罪。即便是个人绝对控股、“夫妻店”公司、家族企业，只要该公司是合法注册成立或变更的有限责任公司，且成立之后根据公司内部章程正常运转，具有固定的办公场所，设有财务、会计和劳动用工制度，并聘用相关从业人员，对外合法开展经营活动，并均以公司名义作为主体进行签约和履约，履约款项也是以公司名义支取，公司财产可以与股东个人财产进行区分，具备独立的财产和经费，能够以自己的名义承担刑事责任，就不能以个人实际控股为由否认公司独立的法人人格，而不适当地将其认定为自然人犯罪。认为公司股东对单位犯罪所得的支配权等同于“利益归个人”的观点，实际上混淆了公司财产和个人财产之间的界限。在公司法上，公司具有独立的财产，在法律意义上与股东个人财产具有严格区别，只有在公司财产和股东个人财产高度混同的情况下，或者完全不具备公司法要求的法人治理结构，即公司运转没有按照公司章程规定的决策权、经营管理权、监督权分属股东会、董事会或执行董事、监事会的方式运行，公司管理均由个人意志决定，才能以自然人犯罪直接追究股东个人责任。

2. 实质层面：行贿所得的不正当利益是否归于单位

违法所得归属是区分单位行贿罪与行贿罪的关键所在。一些行贿人为了逃避或减轻刑事责任，往往会假借单位名义掩盖其个人向国家工作人员行贿行为的事实。另外，实践中还存在不少行贿人虽未以单位名义行贿，但本质上是为了单位的利益而行贿。反过来讲，行贿人虽然以单位名义向国家工作人员行贿，但本质上是为了谋取个人利益的，则不能认定为单位行贿，而应以个人行贿论处。

单位行贿罪所得的不正当利益，应直接归属于单位而不是个人。如果个人只是假单位之手以损公肥私、假公济私，即便对外打着单位的旗号，也不能认定为单位犯罪。[①] 若行贿人将其向国家工作人员行贿所得违法利益归属公司后，通过提成或利润分配的方式获取行贿所得违法利益中的一部分时，原则上属于单位行贿而不属于个人行贿，但是如果行贿人利用提成或利润分配这种虚假的外观形式，来获取行贿所得违法利益中的大部分利益时，则同样属于《刑法》第393条中的“归个人所有”，属于个人行贿。

例如，某勘探工程公司负责人员以勘探工程公司的名义欲承接某辖区某勘探工程，在此过程中，为谋取竞争优势，个人决定送予分管勘探项目的该

---

① 参见吴兆煜、刘震：《单位行贿罪与行贿罪的区分》，载《人民司法》2019年第29期。

区副区长好处费 30 万元，后项目经营所得利润也均归该公司负责人所有。该案是体现行为人为个人谋取不正当利益，应当认定构成行贿罪。因此，参与公司经营并且又转为投资人个人所有，即便行贿行为事先体现的是单位意志，也应该认定为行贿罪。相反，如果行贿既体现了单位意志又最终用于公司的业务和发展，则应认定为单位行贿罪。又如，近年来律师行贿的现象时有发生，并严重影响到司法公平正义的根基。有观点认为，律师一般在执业过程中往往是以所在律师事务所的名义接受委托并开展业务，特别是律所主任在合伙人会议授权范围内对外代表律师事务所，因而其以律所名义行贿的行为应当认定为单位行贿罪。本书认为，尽管律师实施的行贿行为有时确以律师事务所的名义进行，但事实上律师的收入主要是通过其本人开拓案源而获得的，与律所之间的关系更多的是体现为律师交纳管理费或其他名义的相关费用，代理案件的主要收入都归个人所有，而不是归律师事务所所有，因而律师行贿的行为一般不宜认定为单位行贿罪。

综上，研究单位行贿罪与行贿罪的区分标准，不仅是贯彻“受贿行贿一起查”刑事政策的需要，亦有助于解决实践中单位行贿与个人行贿合理界分的难题。一般而言，为谋取不正当利益向国家工作人员行贿，具有下列情形之一的，以单位行贿罪定罪处罚：一是单位集体决定；二是单位实际控制人或者主管人员决定，违法所得归单位所有的。个人财产和单位财产高度混同的，单位通过行贿获得不正当利益可以认定为《刑法》第 393 条规定的“行贿取得的违法所得归个人所有”，以行贿罪定罪处罚。如果一家公司没有独立的财产利益，行贿所得利益虽然在公司账目中，但公司的其他股东不参与利益分配，公司也没有财务管理制度，财务收支等均由法定代表人个人决定，公司也不能提供年度财务审计报告证明其财务的独立性，则应当认定为个人行贿。

二、关于单位行贿罪的定罪处罚

【刑法规定】根据《刑法》第 393 条的规定，单位为谋取不正当利益而行贿，或者违反国家规定，给予国家工作人员以回扣、手续费，情节严重的，对单位判处罚金，并对其直接负责的主管人员和其他直接责任人员，处 3 年以下有期徒刑或者拘役，并处罚金；情节特别严重的，处 3 年以上 10 年以下有期徒刑，并处罚金。因行贿取得的违法所得归个人所有的，依照本法第 389 条、第 390 条的规定定罪处罚。

【追诉标准】根据最高人民检察院《关于人民检察院直接受理立案侦查案件立案标准的规定（试行）》的规定，“涉嫌下列情形之一的，应予立案：1. 单位行贿数额在 20 万元以上的；2. 单位为谋取不正当利益而行贿，数额在 10 万元以上不满 20 万元，但具有下列情形之一的：（1）为谋取非法利益而行贿的；（2）向 3 人以上行贿的；（3）向党政领导、司法工作人员、行政执法人员行贿的；（4）致使国家或者社会利益遭受重大损失的。因行贿取得的违法所得归个人所有的，依照本规定关于个人行贿的规定立案，追究其刑事责任”。

【单位行贿的自首】根据《行贿司法解释》第 7 条第 2 款的规定，“单位行贿的，在被追诉前，单位集体决定或者单位负责人决定主动交待单位行贿行为的，依照刑法第三百九十条第二款的规定，对单位及相关责任人员可以减轻处罚或者免除处罚；受委托直接办理单位行贿事项的直接责任人员在被追诉前主动交待自己知道的单位行贿行为的，对该直接责任人员可以依照刑法第三百九十条第二款的规定减轻处罚或者免除处罚”。

【关于罚金刑的适用】根据《贪污贿赂司法解释》第 19 条第 2 款的规定，除贪污罪、受贿罪外，对刑法规定并处罚金的其他贪污贿赂犯罪，应当在 10 万元以上犯罪数额 2 倍以下判处罚金。因此，对于犯单位行贿罪的，应处于 10 万元以上犯罪数额 2 倍以下罚金。

【单位行贿罪中罚金刑从旧兼从轻原则的适用】2015 年 11 月 1 日起施行的《刑法修正案（九）》对《刑法》第 393 条进行了修正，对单位直接负责的主管人员和其他直接负责人员在原主刑不变的基础上增加了罚金刑，且对减轻或者免除处罚设定了更为严格的适用条件。因此，《刑法修正案（九）》

比修正前的《刑法》对单位行贿罪中有关单位责任人的处罚更重。因此，对于单位行贿的犯罪事实发生在《刑法修正案（九）》实施之前的，按照从旧兼从轻原则，应适用《刑法修正案（九）》之前的刑法条文，不应并处罚金。

问题64：如何认定和区分单位行贿罪中的“直接负责的主管人员和其他直接责任人员”

【案例】广州市汇能实业投资有限公司（以下简称汇能公司）为民营企业，股东分别为证人肖某1、刘某2、王某1以及被告人章某，由肖某1担任董事长、总经理和法定代表人，刘某2担任副总经理。被告人章某在公司占股8%，且为该公司董事会成员，并担任公司财务总监。广东电网公司电力科学研究院（以下简称电科院）为全民所有制企业。2012~2015年，汇能公司及其下属公司在与电科院开展业务往来过程中，为谋取竞争优势，顺利承接电科院相关工程项目，由肖某1提议，并经公司办公会议讨论决定，由被告人章某负责组织汇能公司财务人员从汇能公司提取资金，作为节日慰问金送予电科院的班子成员及中层干部合计人民币1,205,000元、港币640,000元。辩护人提出，被告人章某不是直接负责的主管人员和其他直接责任人员，提出给电科院领导班子及部门正职送钱的是肖某1，之后提出给部门副职送钱的是刘某2；根据汇能公司股份构成表，股东10人，肖某1占35%，刘某2占17.5%，肖某1、刘某2二人股份超过51%，拥有绝对决定权，章某只占8%，属于小股东，没有决定权。章某仅作为财务负责人执行股东会和总经理的指示，不是直接责任人员，请求对被告人不追究刑事责任。

法院经审理认为，章某在汇能公司中具有多重身份，分别为股东、董事会成员、财务总监。其参与本案犯罪行为的最主要身份是作为财务总监的高管身份。行贿电科院及其领导干部主要是由肖某1提议，由汇能公司办公会议讨论决定，并由章某去组织安排资金，章某并非主要决策者。综上，应当认定被告人章某为直接责任人员，而非直接负责的主管人员，但考虑到章某全程积极参与，是犯罪行为的间接获益者，并非纯粹的职业经理人，不宜认定为从犯。遂判决被告人章某犯单位行贿罪，判处有期徒刑10个月。[①]

【**解析**】根据《刑法》第393条的规定，单位行贿罪中除了对单位判处罚金外，还要对直接负责的主管人员和其他直接责任人员判处刑罚。实践中，司法机关对于单位行贿罪中的自然人究竟属于直接负责的主管人员，还是直接责任人员，在认定上随意性较大。有的判例将决策行贿的公司法定代表人也认定为直接责任人员，有的判例则将受单位指派行贿的普通经理或员工反而认定为直接负责的主管人员。对于如何认定和区分单位行贿罪中的“直接负责的主管人员和其他直接责任人员”，实践中主要有以下两种意见：

第一种意见认为，直接负责的主管人员是直接责任人员的一种身份形式，二者并无本质区别，在行贿案件中可概括认定。

第二种意见认为，区分直接负责的主管人员和直接责任人员，既要结合行为人在单位中的职务、岗位和地位，又要重点考察其在单位行贿过程中所发挥的具体作用，究竟处于决策、指挥层级还是执行层级。

本书同意第二种意见，主要理由是：

1. 刑法之所以规定直接负责的主管人员和其他直接责任人员承担单位行贿罪的刑事责任，主要是考虑到上述人员所谓的为单位利益行贿，终究与其个人绩效、奖金、政绩、福利、口碑有着千丝万缕的联系，其完全“为公”的辩解并不能成立，这也正是追究其刑事责任的法律基础。根据《全国法院审理金融犯罪案件工作座谈会纪要》的规定，直接负责的主管人员是指在单位实施的犯罪中起决定、批准、授意、纵容、指挥等作用的人员，一般是单位的主管负责人，包括法定代表人。此外，根据《公司法》的规定，直接负责人还包括虽然不是公司的股东，但通过投资关系、协议或者其他安排，能够支配公司行为的实际控制人。直接负责的主管人员一般应对其事前事中明

---

① 广东省广州市中级人民法院刑事判决书，(2016) 粤01刑初511号。

知或放任、事后追认的金额负责，但如果有证据证明单位直接负责的主管人员曾组织参与、授意默许单位行贿行为的发生，即行为人的行贿行为符合单位业务操作规则且利益归属单位的，则直接负责的主管人员应对单位行贿总额承担责任，而无须考虑其是否对每次行贿行为均明知。[①] 需要注意的是，实践中有部分公司、企业为了规避法律风险，其实际控制人往往会选择公司员工、亲戚、朋友等担任“挂名”法定代表人。对此，在单位行贿案件中，应审查该法定代表人参与公司经营管理的程度及与犯罪行为之间的因果关系，进而判断是否需要在单位犯罪中追究其刑事责任。如确未参与策划、组织、实施单位行贿犯罪行为的，其不应承担相应的刑事责任。

2. 需要明确的是，直接责任人员是指在单位犯罪中具体实施犯罪并起较大作用的人员，既可以是单位的经营管理人员，又可以是单位的职工，包括聘任、雇佣的人员。直接责任人员，其所任职务不仅应当在时间上与实施单位行贿罪的时间一一对应，而且应当在实质上对实施单位行贿罪的行为能够施加影响力，以避免出现虽然被告人曾任主管人员但实际上只是挂名主管或者存在其他并不真正负责的情况。依据最高人民法院 2001 年 1 月 21 日《全国法院审理金融犯罪案件工作座谈会纪要》的精神，在单位犯罪中，对于受单位领导指派或奉命而参与实施了一定犯罪行为的人员，一般不宜作为直接责任人员追究刑事责任。实践中，经常有单位负责人委派一般工作人员代为向国家工作人员送钱物，或者将以单位员工个人名义办理的银行卡送给国家工作人员，或者由单位员工代为办理购车、购房手续后再转送给国家工作人员，由于此类员工完全是受支配状态，不宜按照“直接负责的主管人员和其他直接责任人员”追究其刑事责任。因此，对于单位行贿罪中行为人究竟属于“直接负责的主管人员”还是“其他直接责任人员”，不能仅凭行为人在单位中的具体职务、地位的高低或者具有何种身份、头衔进行判断，而应注意将单位业务、事务的组织、管理、监督行为同犯罪的组织、管理、监督行

① 参见逄政、任志伟：《单位行贿罪司法实务若干问题思考》，载《人民检察》2018 年第 18 期。

为区分开来。

3. 对于单位行贿罪的“直接负责的主管人员”和“其他直接责任人员”的量刑，应当根据其在单位犯罪中的地位、作用和犯罪情节，分别处以相应的刑罚，而不能仅作形式上的审查。也就是说，“在单位中具有某种组织、管理、监督职责的人员，未必在单位犯罪中起了组织、决定、批准、指挥等作用”①。对于确定直接责任人员的主次，应从以下几个方面考虑：（1）职权的大小。职责权限越大，应负的责任也就越大；（2）因果关系的形式。在因果关系锁链中，起支配作用的行为人负主要作用；（3）发挥作用的程度。主动出谋划策、积极实施者，所担负的责任相对要重。直接负责的主管人员与其他直接责任人员，在个案中不是当然的主、从犯关系。最高人民法院《关于审理单位犯罪案件对其直接负责的主管人员和其他直接责任人员是否区分主犯、从犯问题的批复》规定，“在审理单位故意犯罪案件时，对其直接负责的主管人员和其他直接责任人员，可不区分主犯、从犯，按照其在单位犯罪中所起的作用判处刑罚”。据此规定，刑法区分单位直接负责的主管人员和其他直接责任人员实际上已经区分了其各自的责任范围。

问题 65：单位行贿罪中直接负责的主管人员和直接责任人员单独自首的，是否成立单位自首

【案例 1】 2018 年 2 月初，昶衍建筑公司股东郑某阳得知诏安县田厝一级渔港项目即将进行招投标，提议承建该工程项目，经董事会商议决定由郑某阳出面负责打点关系，相关费用由股东根据出资比例分摊。随后，郑某阳找到时任诏安县委书记何某，表示若能为其取得诏安县田厝一级渔港项目承建权提供帮助，会送给何某 500 万元作为感谢，何某同意。之后，何某授意诏安县田厝一级渔港项目建设领导小组组长林某和项目业主单位诏安县田厝

① 肖中华：《论单位受贿罪与单位行贿罪的认定》，载《法治研究》2013 年第 5 期。

渔港投资有限公司董事长田某把项目运作给郑某阳承建。2018 年 3 月中旬，被告人郑某阳将从各股东处筹集到的 500 万元送给何某。2019 年 3 月，被告人郑某阳得知何某被立案调查，于 2019 年 5 月接受省监察委员会询问时主动交代单位行贿行为。一审法院判决认定，郑某阳作为昶衍建筑公司直接负责的主管人员，犯罪后能自动投案，并如实供述自己的罪行，具有自首情节。但未认定昶衍建筑公司具有自首情节。昶衍建筑公司对一审判决不服，提出上诉。二审法院经审理认为，原判未对上诉单位昶衍建筑公司依法认定自首，应予纠正。①

【案例 2】2014 年至 2016 年，某银行资产管理部资本市场投资处高级经理易某利用职务便利，为被告单位盈融达公司违规担任证券投资基金信托项目的投资顾问公司提供帮助。为此，盈融达公司员工李某向公司股东、投资总监曾某荣汇报后，经曾某荣同意，于 2015 年 3 月将盈融达公司转至其账户钱款中的 100 万元转至易某指定的账户。后李某接到调查人员电话通知后，自行前往办案地点接受留置调查，并在留置期间第一次讯问时如实供述所犯罪行。法院经审理认为，李某作为单位犯罪直接责任人员，具有自首情节，但不能就此认定被告单位构成自首。遂判决被告单位盈融达公司犯单位行贿罪，判处罚金人民币 200 万元；被告人曾某荣犯单位行贿罪，判处有期徒刑 1 年 9 个月，缓刑 3 年，并处罚金人民币 30 万元。被告人李某犯单位行贿罪，判处有期徒刑 1 年 6 个月，缓刑 2 年 6 个月，并处罚金人民币 20 万元。②

【解析】对于单位行贿罪中单位直接负责的主管人员和直接责任人员单独自首的，在法律效果上能否及于单位并成立单位自首，目前有两种意见：

第一种意见认为，对于受委托办理单位行贿事项的直接负责人员而言，由于其在单位犯罪中一般起到决定、批准或指挥的作用，体现了单位意志，其自首行为亦应被认定为单位意志的体现，成立单位自首。

第二种意见认为，单位行贿罪中，只有单位负责人能够作为自然人代表

① 参见福建省漳州市中级人民法院刑事判决书，(2020) 闽 06 刑终 469 号。

② 参见北京市第二中级人民法院刑事判决书，(2021) 京 02 刑初 140 号。

单位意志，其他人员主动投案的效果只能及于其本人，而不能一概成立单位自首。

本书同意第二种意见，主要理由是：

1. 单位实施行贿犯罪后，由单位集体或者决策机构决定由其法定代表人或负责人等直接负责的主管人员主动投案或者委托其他能够代表单位意志的人员代为投案，并如实供述单位所实施的全部罪行的，属于典型的单位自首。2009 年最高人民法院、最高人民检察院《关于办理职务犯罪案件认定自首、立功等量刑情节若干问题的意见》第 1 条第 5 款的规定，单位犯罪案件中，单位直接负责的主管人员自动投案，如实交代单位犯罪事实的，应当认定为单位自首。但由于单位本身无法实施相关自首行为，因此必须通过能够代表单位意志的自然人的行为来实现。因此，单位法定代表人为了单位利益行贿后，即使未与单位班子成员或其他公司高级管理人员商议，而直接主动投案的，如实供述单位全部罪行的，仍应视为代表了单位投案的意志，可以认定为单位自首。

2. 单位犯罪中的直接责任人员（如具体经办人等），由于不能代表单位意志，其自动投案，如实交代自己所知道的犯罪事实的，一般不成立单位自首，仅成立个人自首。2012 年《行贿司法解释》第 7 条第 2 款规定，受委托直接办理单位行贿事项的直接责任人员在被追诉前主动交代自己知道的单位行贿行为的，对该直接责任人员可以依照《刑法》第 390 条第 2 款的规定减轻处罚或者免除处罚。由此也可以看出，最高司法机关并不认可单位犯罪中的直接责任人员的自首效果可以及于单位。但是，单位自首的效力能够及于实施单位犯罪的其他责任人员，即单位自首一旦成立，其他直接负责的主管人员及直接责任人员只要如实供述其参与的全部罪行的，即可认定为个人自首，而不需要以自动投案为前提。①

3. 单位犯罪中的直接责任人员自首成立单位自首的例外情形是，单位行

① 参见刘为波：《〈关于办理职务犯罪案件认定自首、立功等量刑情节若干问题的意见〉的理解与适用》，载《人民司法》2009 年第 9 期。

贿行为事先未经集体研究决定，而是由能够代表单位意志的直接负责的主管人员自行以单位名义决定实施，或者由单位直接负责的主管人员和其他直接责任人员共同实施的，犯罪所得利益归属单位的，能够代表单位意志的直接负责的主管人员或其他直接责任人员自行决定自动投案，如实供述单位和其个人主要犯罪事实的，应认定为单位自首和其个人自首。由于该直接负责的主管人员的自首行为，虽可以代表单位意志以及其个人意志，但并不能代表所有参与单位行贿的自然人的意志，其他参与单位行贿的人如没有主动投案并如实交代自己罪行的，则不能认定他们个人的自首。如果没有参与单位行贿的单位直接负责的主管人员主动投案，参与单位犯罪的有关人员到案后能如实交代单位犯罪事实的，也可以单位自首论，但如果有的自然人拒不到案或到案后不如实交代罪行的，对其个人不予认定自首。[①] 当涉案单位有两名以上直接负责的主管人员自动投案后，部分人员如实供述单位行贿事实，部分人员未如实供述的，只要如实供述的行为能够代表单位意志，则应认定单位有自首情节。

4. 需要注意的是，在单位行贿罪自首的量刑规则方面，司法解释与刑事立法存在一定差别，对此应当适用最新的刑法修正案。2012 年施行的《行贿司法解释》第 7 条第 2 款规定，单位行贿中的自首情节依照《刑法》第 390 条第 2 款可以减轻处罚或者免除处罚。2015 年施行的《刑法修正案（九）》对第 390 条第 2 款新增加了“从轻处罚”的设置，并区分了从轻处罚、减轻处罚和免除处罚的适用条件，2024 年实施的《刑法修正案（十二）》延续了上述规定。尽管 2012 年施行的《行贿司法解释》条款对单位行贿罪中的自首情节适用更为有利的量刑规则，但由于所引用的刑法法条已经发生了从宽到严的变化，司法解释原意与修法意图发生了矛盾。立法者从严收紧行贿罪的自首从宽幅度时，对单位行贿罪的自首也应当一并从严收紧，[②] 故对上述自首情节不应继续适用该司法解释条款，而应适用《刑法修正案（十二）》

① 参见逄政、任志伟：《单位行贿罪司法实务若干问题思考》，载《人民检察》2018 年第 18 期。
② 参见王明森：《单位行贿罪中自首的量刑规制》，载《人民法院报》2023 年 8 月 17 日，第 5 版。

第 390 条第 3 款的量刑规则。

三、单位行贿罪的司法适用难点

问题 66：对于一人公司实施行贿行为的，如何区分单位行贿与个人行贿

【案例】周某经营的晟竹公司系一人公司。2010～2011 年，晟竹公司向钦州市第一人民医院（以下简称市一医院）销售呼吸机等医疗设备，市一医院所欠货款全部打入晟竹公司账户并用于晟竹公司支出。被告人周某为了感谢时任市一医院院长陈某在购买其公司的呼吸机等医疗设备及拨付货款上给予的关照，于 2011 年春节后在陈某的办公室送给陈某人民币 20 万元。一审法院认定周某构成行贿罪，判处有期徒刑 2 年。周某不服，提出上诉。二审法院认为，周某经营晟竹公司为一人公司，是依法成立、拥有独立财产的企业法人，具有经营医疗器械的资格，有证据证明该公司财务制度健全。晟竹公司的财产并不能等同于周某个人的财产，晟竹公司因中标市一医院招标项目而取得的违法所得，也并不能等同于该违法所得归周某个人所有，遂对被告人周某改判为单位行贿罪，判处有期徒刑 6 个月，并处罚金人民币 1 万元。①

【解析】2005 年《公司法》修订明确了一人公司成立的条件和程序，2013 年《公司法》在前者基础上进行了修改完善。根据最高人民法院《关于审理单位犯罪案件具体应用法律有关问题的解释》的相关规定，单位行贿罪的主体应当包括一人公司。对于一人公司实施的行贿行为，如何判断属于单位行贿还是个人行贿，存在不同的意见。

第一种意见认为，由于一人公司的决策机关及利益与股东个人无法截然分开，故一人公司在单位意志和单位利益上并不具有相对独立性。因此，若

---

① 参见广西壮族自治区钦州市中级人民法院刑事判决书，（2015）钦刑二终字第 126 号。

一人公司向他人行贿，只能认定为个人行贿。[①] 个体工商户不被认定为单位行贿罪的主体，若一人公司被认定为属于单位行贿罪的主体范围，这显然会产生适用标准不统一的问题。

第二种意见认为，在有充分证据证明一人公司组织结构完善，财务制度健全，具有独立财产和独立意志的情况下，为单位利益而行贿的，应认定为单位行贿而非个人行贿。

本书同意第二种意见，主要理由是：

1. 从单位犯罪的形式要件来讲，一人公司与刑法意义上的单位犯罪主体并无区别。所谓“一人公司”，并非公司只有一名员工或者一名经营者，而是指只有一个自然人股东或者一个法人股东的有限责任公司。尽管一人公司内部股东结构较为简单，但仍然属于公司法明确规定的有限责任公司的一种法定形式，并具有独立的法人人格。个体工商户之所以不属于单位行贿罪的主体，是因为个体工商户不具有法人资格。股东数量和单位意志的形成难度并无必然关系，一人公司既可以是简单的公司治理结构，又同样可以是层级复杂、员工众多的大型企业。特别是那些股东与管理者分离、所有权与治理权分离的企业，更不能轻易将股东个人意志等同于单位意志。如公司治理结构健全，拥有独立的财产并对外承担权利义务、财务制度完善、公司财产和股东个人财产分立账户的，应当认为公司具有单位犯罪的形式特征。如果所谓的一人公司从未正常运营，只是行为人对外实施犯罪的“幌子”“皮包公司”“空壳公司”，则以个人行贿论。

2. 从单位犯罪的实质要件来讲，判断一人公司进行行贿是否追究单位的刑事责任，应当结合一人公司的日常运行、决策风格、行贿名义、收益情况等。一是看行贿行为是否体现单位意志，具体而言，即是否经过公司法定代表人的同意或认可。由于一人公司只有单一股东，极容易与公司人格发生混同，因而一般单位犯罪中的集体决策意志认定无法适用于只有单一股东的一

① 参见刘伟：《一人公司单位犯罪主体资格的否认》，载《环球法律评论》2007 年第 5 期。

人公司，因而对于一人公司的单位意志可以直接以公司负责人的意志为准。二是看行贿所得收益是否进入公司账户，是否用于单位开展业务，是否用于公司负责人个人的消费、还贷，能否对公司对公账户和自然人股东的私人账户进行区分，收益用于公司运营还是作为洗钱渠道流向了自然股东个人账户。三是看公司负责人从公司获得分红是否经过特定程序，是否随意从财务账户支取。如果一人公司运营混乱，公司财产与个人财产不分，项目开支及收益均由公司负责人个人支配，则应当“刺破公司面纱”或者否定公司人格，直接认定为个人行贿。

3. 在判断一人公司行贿的性质时，应当结合单位自身的结构、政策、措施、习惯等进行具体考察。对于实质意义上的一人公司，如公司内虽然有两名股东，但二人分别占股 99% 和 1%，后者形同于“挂名股东”，此种情形下公司对外行贿，同样适用一人公司行贿的审查标准。既要防止“一刀切”式地将一人公司行贿简单处理为个人行贿，又要避免不法分子盗用一人公司的名义行贿且行贿数额在低于实际掌握的追究刑事责任的犯罪金额门槛时，从而被免予追究刑事责任。尽管公司意志独立是公司法的规定，但是这种独立不能“反常识”，不能违背社会一般成员的朴素认识。在单位负责人的意思完全背离单位的宗旨和目的，违反单位的相关制度时，则不能认定为其代表单位意思，只能视为负责人的个人意志。

问题 67：公司实际控制人个人决定实施行贿的，是否属于单位行贿

【案例】黄某，A 市甲投资有限公司实际负责人；李某，A 市国土资源局副局长。2007 年，黄某注册成立甲投资有限公司，注册资本 1000 万元，黄某占股 60%，赵某、王某名义占股各 20%，公司法定代表人为赵某，赵某、王某均为黄某亲属，均未实际出资，也未参与公司经营管理，实际均由黄某出资并负责公司的日常运营管理。该公司成立后，参与开发多个房地产项目。2009 年，甲投资有限公司准备开发某房地产项目，需竞拍某地块。在

竞拍期间，黄某决定“找人”劝退其他参与竞拍公司。此后，黄某找到李某，请其帮忙劝退其他公司，并承诺成功后给予200万元好处费。后李某利用职权成功劝退其他公司。甲投资有限公司顺利中标。2010年，为感谢李某，黄某在甲投资有限公司账上虚列投资款200万元，并将其送给李某。2013年，该小区清盘后，甲投资有限公司赚取1000余万元利润。这一过程中，赵某、王某仅知道公司开发房地产一事，对虚列工程款用于行贿一事不知情。①

【解析】对于法定代表人个人决定以单位资金对外行贿的，是否属于单位行贿，目前存在以下两种意见：

第一种意见认为，公司法定代表人个人决定以单位资金对外行贿的，行贿决定超出了其职权范围或单位授权范围，而且未经过股东集体研究决策，属于法定代表人的个人行为，单位对此不应当承担刑事责任。

第二种意见认为，法定代表人在决策时是否超出本单位授权范围，并非单位行贿罪与行贿罪的关键区别，最终要看所谋取的利益是否归于本单位。如果是纯粹的“假公济私”，以单位资金谋取个人利益的，应当视单位的性质，以滥用职权、贪污、职务侵占等罪名与行贿罪数罪并罚。

本书同意第二种意见，主要理由是：

1. 从单位行贿实质解释的角度来看，不应过分拘泥于单位意志的形成过程、形成机制、形成程序，对于单位负责人作出的决策是否为单位意志，应当结合单位的日常运作方式、决策风格并调取相关证人证言来确定是否系单位意志。司法实践中，经常有公诉机关提交的公司其他股东证言显示，公司法定代表人个人决定行贿，未与其他股东商量或者事后追认，其行贿行为不应当由公司承担罚金，而应认定为个人行贿。本书认为，现实中相当数量的单位行贿罪，都体现出单位一把手独断专行、将个人意志凌驾于集体意志之上的特点，但这并不妨碍对单位犯罪的认定。现实中，单位党组以专门会议

① 参见金黎伟、李伟：《实际由一人控制的公司行贿怎样认定》，载《中国纪检监察报》2022年11月9日，第7版。

公开讨论行贿事宜并记录在案的，几乎不可能存在。过于看重形式上的单位意志形成过程，只能大大加大收集证据的难度，且对于案件定性并无实质必要。如果仅以未集体讨论为由，便直接认定为个人行贿，从罪责刑相适应的角度来看，考虑到行贿罪的法定刑重于单位行贿罪，那么对于单位负责人显然有失公平。因此，只要其具体决策内容和最终的利益归属为单位，即便单位负责人大搞“一言堂”“乾纲独断”，没有经过正常的议事、决策程序，对外表现为以单位财物行贿，对内体现为单位实际获益，也应认定为单位行贿；反之，如行为人的目的是为自身谋取不正当利益或不正当利益最终归于其个人，则应认定为行贿罪。

2. 从单位行贿形式解释的角度来看，最高人民法院、最高人民检察院、海关总署《关于办理走私刑事案件适用法律若干问题的意见》第 18 条规定，“以单位的名义实施走私犯罪，即由单位集体研究决定，或者由单位的负责人或者被授权的其他人员决定、同意”。由于单位法定代表人的身份具有双重性，法定代表人是法定的公司代表，其所作的向国家工作人员行贿的决策与其履行职务是密切相关的，只要出发点是为单位而不是为个人谋取利益，那么单位作为行贿所得利益的承接者理应对其行贿行为承担法律责任。如果对法定代表人出于为单位谋取不正当利益的目的，向国家机关工作人员行贿，而最终只追究法定代表人个人的责任，却不追究真正的受益者——单位的刑事责任，这实际上是放纵了单位犯罪。一般而言，单位议事决策机构只决定类似“三重一大”事项（重大事项决策、重要干部任免、重大项目投资决策和大额资金使用），特别是在一些大型企业集团当中，其内部事务的复杂繁重、千头万绪不亚于一个地方政府，股东大会、董事会除研究决定公司重大事项外，不可能凡事都经由集体议定，因而客观上也需要法定代表人代为行使部分事务决策权，并将法定代表人的职务行为视为单位意志。

3. 从判断单位意志的可操作性上来看，在现阶段尚不宜过分强调单位意志形成的程序性要件。有观点认为，单位作为拟制人格，必须有集体决策来体现单位意志，没有单位意志就没有单位犯罪。即便是负责人个人决策，也必须上升为单位集体决定才可以认定为单位意志。这种观点貌似有理，实则忽略了单位行贿罪的认定实质——不正当利益的归属。何况是否对外界而言，法定代表人是否超出单位授权本就难以分辨，过分强调单位意志形成的程序性要件将大大制约单位行贿罪的适用范围。相反，如果法定代表人纯粹为了个人利益，如为了政治升迁或者获得相关荣誉，未经单位领导班子集体讨论同意，擅自使用单位资金行贿，或者采用虚报冒领的方式指使他人套取单位资金，或者直接从单位设立的小金库中支取资金，向有关国家工作人员行贿的，不属于单位行贿，而应根据单位的不同性质，分别以滥用职权、贪污、职务侵占等罪名与行贿罪数罪并罚。

问题 68：合伙企业的合伙人实施行贿行为，能否认定为单位行贿罪

【案例】罗某 1 所在的南阳镇宏发煤矿于 2011 年 3 月 30 日登记设立，系普通合伙企业，合伙人分别为罗某 1、郑某、罗某 2、李某，登记的合伙事务执行人为罗某 1，但该企业对执行合伙事务的内部分工为：罗某 1 负责对外协调关系；罗某 2 负责煤矿安全生产作业及日常管理；郑某负责合伙企业财务及营销；李某负责采购。煤矿安全生产许可证登记的煤矿主要负责人为罗某 2（系煤矿总矿长）。宏发煤矿为谋取长期越界、超深开采红线外矿产资源产生的暴利，由罗某 1 向有关人员多次行贿，共计 62 万余元。一审法院以单位行贿罪对被告人罗某 1 判处有期徒刑 2 年。被告人罗某 1 不服，提出上诉。二审法院驳回上诉，维持原判。①

【解析】根据《合伙企业法》的相关规定，合伙企业是指由各合伙人订立合伙协议，共同出资，共同经营，共享收益，共担风险，并对企业债务承担无限连带责任或以其认缴的出资额为限对合伙企业债务承担责任的营利性组织。对于合伙企业实施行贿行为，能否认定为单位行贿罪，目前存在以下两种意见：

---

① 参见湖南省衡阳市中级人民法院刑事裁定书，(2014) 衡中法刑二终字第 51 号。

第一种意见认为，由于合伙企业与合伙人之间的财产、利益高度混合，难以区分单位意志和个人意志、单位利益和个人利益，且不属于《刑法》第393条规定的单位范围，因而只能认定为个人行贿。

第二种意见认为，尽管合伙企业不具有法人资格，但实践中已经与公司形式无异。对于那些合伙企业财产具有相对独立性，合伙企业合伙人或法定代表人为了本合伙企业的利益行贿的，应当认定为单位行贿。[①]

本书同意第二种意见，主要理由是：

1. 单位犯罪的主体范围呈现不断扩张的趋势。目前，在惩治单位犯罪方面，司法机关已经越来越倾向于突破传统的单位必须具有法人资格的观念，将过去一些非法人主体如单位内设机构、村民委员会都纳入单位犯罪的范围。单位行贿是市场经济发展到一定阶段的产物，市场主体数量越多，就越容易产生单位自身的独立利益，这也意味着相当一批经济组织事实上具备了刑事责任能力和行为能力。因此，尽管单位犯罪中绝大部分主体都是法人，但这并不意味非法人机构不能构成单位犯罪。

2. 从单位犯罪的形式要件与实质要件来看，相当一部分合伙企业在日常运营和管理模式上与一般公司法人无异，同样接受市场监管部门的管理和监督，在设立上同样经过法定程序，同样需要有法定的名称、组织机构、人员、协议，同样需要领取营业执照和税务登记证。尽管合伙企业在企业形式上不具有法人资格，但在企业财产上仍具有相对独立性。根据《合伙企业法》的规定，合伙企业财产来源于合伙人缴纳的出资和以合伙企业名义取得的收益和依法取得的其他财产。从长远来看，一家合伙企业要实现正常运转，也必然会拥有自己相对独立的财产，而这也为合伙企业承担独立的刑事责任奠定了基础。同时，合伙企业中既有普通合伙人，又有有限合伙人，即存在内部的分工合作，能够在一定程度上将合伙人个人意志与企业意志进行分离。所谓的合伙人对企业债务承担无限连带责任，只是区别于公司法人对外承担债

① 参见刘晓农、叶萍：《论我国单位行贿犯罪的治理》，载《山东社会科学》2018年第12期。

务的方式和限度，并不能否定合伙企业本身也具有一定的独立财产。因此，可以认定合伙企业的决策具有一定独立意志。因此，为合伙企业的利益而实施的行贿行为，可以认定为单位行贿。①

3. 从限制处罚范围的角度来看，应严格把握此类非企业法人行贿的定性。由于目前将合伙企业作为单位犯罪的主体是出于法律的拟制，因此在认定上应更为审慎，以避免轻纵犯罪。如果对企业形式不加分析，直接以“为了集体”还是“为了个人”或者“为公”还是“为私”来划分单位行贿罪和行贿罪，则有可能促使个别不法分子采取变换企业形式的方式“暗度陈仓”，也将降低司法机关打击行贿犯罪的力度和效果。因此，如果遇到合伙企业与各合伙人之间事实上处于财产和利益确实“不分彼此”的情况，对外效力上合伙人的意志和合伙企业的意志高度融合，难以合理区分企业独立意志和合伙人个人意志之间的界限的，即便合伙人辩称其是为了合伙企业的利益行贿，但鉴于合伙企业在财产上的特殊地位和与合伙人之间的特殊关系，也不宜按照单位行贿认定。

问题 69：采用挂靠方式经营过程中，以被挂靠单位名义实施的行贿行为应如何认定

【案例】2009～2011 年，刘某在负责工程招投标工作的宜宾县发展和改革局政策法规股股长赵某处获取工程招投标项目、招标底价、评价标准等内部信息后，通过挂靠四川通业建设有限公司中标宜宾县古罗、月波等乡镇安全饮水工程，挂靠成都三环金属制品有限公司中标宜宾县安边镇等 7 个乡镇安全饮水工程。为表示感谢，刘某于 2009 年、2013 年分两次送给赵某现金，共计 13 万元。2009～2011 年，被告人刘某为了与负责宜宾县农村安全饮水工程业主职责和施工监管的宜宾县水务局总工程师邹某搞好关系，让邹某不

① 参见孙国祥：《贪污贿赂犯罪研究（下册）》，中国人民大学出版社 2018 年版，第 1008 页。

依规监管其违规挂靠有资质公司、工程质量瑕疵等问题，分两次送给邹某现金 11 万元。法院对被告人刘某以行贿罪判处有期徒刑 9 个月。①

【解析】 在上述案例中，行为人采用挂靠方式经营的过程中，以被挂靠单位名义实施的行贿行为的性质认定，有两种意见：

第一种意见认为，个人或企业为方便开展业务，挂靠在其他企业或公司名下，为谋取不正当利益而向国家工作人员行贿的，挂靠人与被挂靠单位之间并不只是单纯的挂名关系，而是共同从行贿行为中获益，因而挂靠人与被挂靠单位构成单位行贿罪。

第二种意见认为，个人为开展经营活动，通过挂靠方式违规披上企业的“外衣”，不能改变其个人经营的实质，虽然以企业名义实施行贿类犯罪，但行贿所获非法利益依然归属于个人，应当认定行贿罪而非单位行贿罪。

本书同意第二种意见，主要理由是：

1. 对挂靠关系的认定，是判断工程承揽领域中行贿行为性质的前提。挂靠经营，是指一些单位或个人不具备建筑资质或资质较低，不能参加项目投标，因而挂靠在某些具有投标资质的企业名下，并以其他有资质的施工单位的名义承揽工程，按照约定向被挂靠单位缴纳“管理费”或“挂靠费”。在挂靠关系中，挂靠人往往自主经营、自主招聘人员、独立核算、自负盈亏、自己缴纳相关税费，只是固定向被挂靠单位支付管理费，被挂靠单位不承担风险及其他民事责任，不负责工程施工管理，不承担技术、质量、民事责任。根据《建筑法》第 26 条第 2 款“禁止建筑施工企业以任何形式允许其他单位或者个人使用本企业的资质证书、营业执照，以本企业的名义承揽工程”的规定，因此，建筑施工领域的挂靠本身就违反法律规定。但在资质审核较严、社会建设需求大、相关有资质企业有资质但无力广泛开拓市场的情况下，挂靠方式的灵活性在一定程度上符合了经济建设的实际需要。特别是近年来，一些大型工程、重点工程的招投标程序，更看重实力雄厚、信誉优良的国企

---

① 参见四川省宜宾市中级人民法院刑事判决书，(2016) 川 15 刑终 239 号。

或央企背景的企业资质，这也进一步助长了民营建筑企业挂靠国企、央企以获得招标资格或优势的趋势。实践中判断是否属于挂靠行为，可以从三个方面考察：（1）有无产权联系，即其资产是否以入股或合并等方式转入现单位；（2）有无统一的财务管理，不能以承包等名义搞变相的独立核算；（3）有无严格、规范的人事任免、调动聘用手续等。

2. 对于借用被挂靠单位名义所发生的行贿行为，应当严格依据单位行贿罪的构成要件来认定，即是否为了被挂靠单位的利益而实施行贿行为。一般情况下，如果被借用或者被挂靠单位对挂靠企业的行为并不知情，而挂靠企业为了谋取自身的不正当利益且违法所得归自己所有的，则不应当认定为单位行贿罪。如果挂靠企业以被借用资质或者挂靠单位的单位名义行贿，而且被挂靠单位为了追求中标后自身能获得“管理费”而采取支持或默许态度，则可以认定为单位行贿罪。如被告人（挂靠人）挂靠在企业名下，借用该企业资质对外承揽工程项目，独立核算、自负盈亏的，其实施的“为谋取不正当利益而行贿”的行为，与被挂靠企业无关，被告人以工人工资名义支取款项，被挂靠企业对款项真实去向并不知情，相应行贿行为不能体现单位意志，企业不构成单位行贿罪。另外，如果行为人没有工程建设资质，为了承揽工程，将其工程队挂靠在其他公司名下，借用该公司资质参与工程投标并中标，通过与该公司签订内部合同向其缴纳一定管理费用，人员和财务管理均由行为人本人负责，且挂靠后成立的分支机构或分公司没有在工商登记部门登记注册，不具备独立的法人资格，且其所谓的分公司经理职务也没有任命文件，行贿钱款和工程所获利益均系行为人本人支出和所得，应当认定为个人行贿。

3. 能否将被挂靠单位认定为单位行贿罪的主体，并不取决于被挂靠单位是否知情，而是看行贿的非法获益最终归于何处。如果行为人与被挂靠企业订立协议，缴纳固定管理费、个人自主经营、自负盈亏，与行贿相关的工程所获得的工程款、收益等进入被挂靠公司账户后，被挂靠公司扣除约定的管理费用后，剩余钱款由挂靠人自主支配。行贿款由挂靠人从公司账目申请后支出，所谋取的不正当利益亦归属于挂靠人个人，其行贿行为并未真正体现单位意志，应以个人行贿论处。[①] 在该案中，挂靠人借用央企资质进行投标，被挂靠企业只收取管理费，挂靠人行贿前后并未向被挂靠公司请示或汇报，完全由挂靠人个人自行决定。与行贿相关的工程所获得的工程款、收益等进入被挂靠公司账户后，被挂靠公司扣除约定的管理费用后，剩余钱款由挂靠人自主支配，且行贿款虽然从被挂靠公司账户中支出，但实际上也由挂靠人以工人工资等名义从公司账目申请后支出，在此情况下挂靠人的行贿行为并不能够体现单位意志，被挂靠公司不具有行贿的主观故意和客观行为。此外，实践中还有一种较为特殊的情形，即一些不法商人在没有任何授权或协议的情况下，通过编造虚假材料对外声称“挂靠”于国企、央企及其下属子公司，以便获得融资便利、银行增信以及税收、政府招商引资等方面的政策支持。对于此类“假国企”对外行贿的，应一律按照个人行贿认定。

问题70：行为人采用承包方式经营，并以承包单位名义行贿的，构成行贿罪还是单位行贿罪

【案例】2007年4月，王某强与合肥六建公司签订协议，成立合肥六建公司中强分公司，任命王某强为负责人。分公司按照独立核算、自负盈亏、承包经营的原则实施经营，中强分公司按完成产值的5%上交给合肥六建公司，后者对分公司的技术、质量、财务等工作进行监督，分公司具备单位分支机构所应有的完整的组织架构。2008年至2013年，被告人王某强以合肥六建公司中强分公司名义，为顺利中标及出于感谢和顺利取回工程款之目的，送给国家工作人员吴某120万元。公诉机关指控王某强犯行贿罪，一审法院经审理认定被告人王某强犯单位行贿罪，判处有期徒刑1年6个月，缓刑2年。检察机关对一审判决提出抗诉，二审法院驳回抗诉，维持原判。[②]

【解析】对于行为人采用承包方式经营，并以承包单位名义行贿的，构

① 参见逄政、任志伟：《单位行贿罪司法实务若干问题思考》，载《人民检察》2018年第18期。

② 参见安徽省合肥市中级人民法院刑事裁定书，(2014)合刑终字第00092号。

成行贿罪还是单位行贿，存在以下两种意见：

第一种意见认为，行为人与有关单位签订承包协议，名为承包关系，实为个人企业。行为人所送行贿款出自个人，所得利益归于其个人，属个人行贿。

第二种意见认为，对于行为人与发包公司签有书面承包协议，发包单位在发包期间，实际参与企业的经营管理，并根据企业的盈利状况按一定比例提取利润，行为人作为承包单位的负责人，承揽工程和索要工程款是其工作职责，其为履行职责向国家工作人员行贿，代表承包单位的意志，其行贿所追求的不正当利益与承包单位、发包单位的利益均相关，应认定为单位犯罪，同时对行为人应以直接责任人员追究其刑事责任。

本书同意第二种意见，主要理由是：

1. 承包经营是我国特有的一种经营形式，最早出自20世纪80年代初的农业土地承包经营。此后，为了加快转变企业经营机制，增强企业活力，经济领域也开始逐渐推行企业承包制度。承包人通过与发包单位签订承包合同，对被发包企业取得经营管理权，并以该企业的名义从事经营活动。承包一般分为两种方式：一种是定额承包，即承包人需要按照合同约定向发包人定期支付承包费用，有权使用被承包企业的营业执照、税号、公章，以被承包企业的名义对外自主经营，在经营期内自负盈亏，并主导承包单位的人员编制、采购、销售、机构设置、成本控制等日常经营管理事项；另一种是经营性承包，即资产、场地、流动资金等属单位所有，承包人在发包人的授权范围内经营，发包人仍然对承包人有一定的管理职能，承包人根据效益比例提成。二种承包方式的不同，直接影响单位行贿的认定。

2. 对于个人承包经营企业过程中以被承包企业名义行贿的，考虑到承包人与被承包企业之间利益高度捆绑，为被承包企业谋取不正当利益几乎等同于为承包人个人谋取不正当利益，且不正当利益的归属也完全指向承包人，因而在此情况下应当直接认定承包人独立构成行贿罪。对于仅收取管理费或承包费而没有其他经营管理职权的发包单位而言，不需要承担刑事责任。特别是对于那些名为承包，实际上转让后原发包单位的法人资格已经丧失的，更无须追究原发包单位的刑事责任。

3. 如果发包单位与承包人并不是简单的收取承包费用的管理关系，而是发包单位实质性地介入被承包企业的日常管理之中，或者发包单位与承包人共同持有被承包单位股份的，或者发包单位对于被承包企业仍然能够施加其他实际影响的，在此情况下，承包人以被承包企业的名义对外行贿的，则所获得的不正当利益与发包单位也密切相关，所得的利益中仍然包含了发包方利益的一部分，由于利益归属上是为单位谋取利益，一般应以单位行贿罪论处。例如，由行为人与发包单位签订协议，由发包单位成立分公司，并任命行为人为分公司负责人。分公司实行独立核算、自负盈亏，分公司按完成产值的一定比例上交给发包单位，发包单位对分公司的技术、质量、财务等工作进行监督。分公司具备单位分支机构所应有的完整的组织架构，能够体现发包单位的意志。在承包经营期间，行为人为单位谋取不正当利益，多次向国家工作人员行贿，情节严重的，其行为构成单位行贿罪。

问题 71：公司业务员以单位名义行贿的如何认定

【案例 1】被告人李某自 2009 年起至 2014 年 7 月止在广东辉鸿药业有限公司担任业务员。任职期间，李某在钦州市开拓了广东辉鸿药业有限公司与钦州市第一人民医院的医药销售业务。为感谢时任钦州市第一人民医院院长陈某对广东辉鸿药业有限公司业务的关照，让该医院多采购其公司代理的药品和及时拨付药款，被告人李某从公司拨付的业务经费中拿出人民币 135 万元，作为好处费先后 10 次送给陈某。法院认定被告人李某犯单位行贿罪，判处有期徒刑 3 年，缓刑 4 年，并处罚金人民币 30 万元。①

【案例 2】2009 年至 2015 年，田野公司代理销售东风公司生产的拖拉机等农机产品，被告人杨某华是东风公司负责西北区销售的片区经理。东风公

① 参见广西壮族自治区灵山县人民法院刑事判决书，(2017) 桂 0721 刑初 17 号。

司业务承包采用全额包干，各片区销售公司按销售提取总费用，业务人员按资金回笼数折合台量提取相应费用。杨某华在与田野公司董事长周某甲经济往来的过程中，通过其个人账户先后 6 次给周某甲个人账户转账人民币 1,161,300 元。一审法院以行贿罪对被告人杨某华判处有期徒刑 5 年，并处罚金人民币 15 万元。宣判后，被告人杨某华不服，提出上诉，理由是：杨某华作为东风公司的员工，其行为代表公司意志，本案涉案 1,161,300 元行贿款属单位所有，杨某华无权支配，且其未从行贿行为中获得非法利益，所有利益均归属东风公司，其行为应认定为单位行贿罪。二审法院经审理认定，杨某华作为西北片区销售经理，其行贿行为并未经过公司集体讨论、决定，公司对其行贿行为并不知情，其行贿行为不代表公司意志。东风公司销售业务采用全额包干制承包给各销售片区，各销售片区所产生的一切费用均包含在销售提成中，业务员的所有收入均源于销售提成，杨某华的行贿行为虽然客观上有利于公司业务的发展，但主要目的是获取更高的个人提成。且杨某华行贿款来源于其个人账户，并非由公司支付。综上，杨某华的行贿行为不符合单位行贿的表现特征，但考虑到杨某华具有自首情节，对其以行贿罪判处有期徒刑 3 年，并处罚金人民币 12 万元。①

【解析】对于公司业务员以单位名义行贿的行为如何定性，目前有以下三种意见：

第一种意见认为，既然公司业务员以单位名义行贿，也就意味着其是自觉接受了公司的委托和约束，从受贿人的角度来看，很难也没有必要区分行贿人究竟是自然人还是单位，在此情况下应当认定为单位行贿罪。②

第二种意见认为，根据最高人民法院《关于审理单位犯罪案件具体应用法律有关问题的解释》的规定，盗用单位名义实施犯罪，违法所得由实施犯罪的个人私分的，不是单位犯罪，应当依照刑法有关自然人犯罪的规定定罪处罚。公司业务员与单位实际上是合作关系，所获收益是其销售产品的价格

① 参见宁夏回族自治区中卫市中级人民法院刑事判决书，(2018) 宁05 刑终4 号。

② 参见赵俊编著：《贪污贿赂罪各论》，法律出版社 2017 年版，第 370 页。

减去和单位约定价格的差价，从本质上来讲是其个人行为，应当认定为行贿罪。①

第三种意见认为，对于公司业务员以单位名义行贿的行为，应当从业务员与单位之间的关系、是否获得单位授权和所获不正当利益是否归于单位三个层面进行分析，以确定究竟构成行贿罪还是单位行贿罪。

本书同意第三种意见，主要理由是：

1. 应审查业务员与单位之间的关系，以确定业务员行贿究竟代表其个人利益还是单位利益。单位犯罪属于整体犯罪，但又必须通过作为其组成人员的自然人来实施。作为单位成员的自然人，一方面具备单位人员身份，受制于单位意志；另一方面又是具有独立思想的个体，可以实施独立于单位之外的个人行为。单位成员的此种双重身份属性，决定了其在社会交往中的行为既可能是单位行为，也可能是个人行为，即其行贿行为既可能构成单位犯罪的一部分，又可能单纯体现为其本人意志。② 一般而言，业务员包括两种情形，分别为有劳动关系的内部员工与无劳动关系的代理制业务员。代理制业务员多见于保险公司、医药公司，其收入与销售业绩和业务提成挂钩，相对而言更容易也更有动机决定行贿。在代理型业务关系中，业务员与单位之间既不是劳动关系，又不是借用资质的关系，而是公司授予行为人某个职务或头衔（如销售经理、区域经理），由业务员完成公司规定的任务后获得提成。此种情形下，即使业务员以被代理公司名义行贿，但其行为不是直接来源于被代理单位意志，而是为个人利益而行贿，虽然客观上公司因此而受益，但亦是直接为其个人谋利，因而不宜认定为单位行贿。

2. 应审查业务员实施行贿行为，是否事先得到本单位或负责人的授权或者事后得到追认。单位犯罪是在单位意志支配下实施的，行为人的行为是单位意志的体现；个人犯罪则完全是在其个人意志支配下实施的，体现的是其

① 参见缪树海、张红梅：《贿赂犯罪的司法认定与证据适用》，中国检察出版社2014年版，第188页。

② 参见黎宏：《单位犯罪中单位意思的界定》，载《法学》2013年第12期。

个人意志。单位意志一般由单位决策机构或者有权决策人员通过一定的决策程序来加以体现。未经单位集体研究决定或者单位负责人决定、同意的行为，一般不能认定为单位意志行为。对此，应结合单位内部的规章制度、奖励政策进行判断。如果是业务员在开拓市场过程中，用单位定额发给的“招待费”“活动费”“营销费”等进行行贿，则可以认定业务员行贿已经获得了单位授权，应当认定业务员构成单位行贿罪。如果是业务员个人临时起意行贿，并未得到过单位明确授权或默许，或者冒用单位名义，则不应当由单位承担相应的刑事责任，而应认定业务员构成行贿罪。

3. 应审查业务员行贿所得利益是否归于公司，是否明显掺杂个人利益。《刑法》第393条规定，“因行贿取得的违法所得归个人所有的，依照本法第三百八十九条、第三百九十条的规定定罪处罚”。最高人民法院《关于审理单位犯罪案件具体应用法律有关问题的解释》第3条亦规定，“盗用单位名义实施犯罪，违法所得由实施犯罪的个人私分的，依照刑法有关自然人犯罪的规定定罪处罚”。因此，如业务员行贿所得归于单位，则应认定为单位行贿罪；如业务员与单位之间只是松散的代理关系，相当于个体工商户“挂靠”在单位，除了向单位交回事先约定的产品销售款外，与单位不再有其他联系，其行贿的来源和行贿利益最终都归属于其本人，则应当认定属于行贿罪。

4. 如公司已经明文禁止行贿并将相关规定进行了公示或备案，或已经建立了较为完备的反商业贿赂合规审查制度，但仍发生个人出资并以公司名义行贿的，则不应认定为单位具有行贿意志，可直接认定为个人行贿。例如，某药业有限责任公司按照市场经济营销管理模式制定了营销纲要，该营销纲要明文规定禁止药品销售人员有任何形式的送礼及行贿等商业行为，一经发现公司将终止劳动合同，责任由销售人员自己承担。该公司某员工违反公司营销管理规定，以个人药品销售提成的劳务报酬向某市人民医院院长行贿，其行为不是由公司负责人决定，且其明知公司禁止行贿的规定，即使其以单位名义行贿，但考虑到单位本身并无行贿的犯罪意志，应排除单位承担刑事责任的可能。相反，如果同样是在公司医药代表向医生行贿案件中，医药公司固定给予医药代表一定额度的“推广费”，且该“推广费”是按照药品销售的数量和公司内部财务规定的计算标准来计算，即使医药公司代表不是医药公司的法定代表人，无法直接代表单位意志，但确实依据单位政策、公司规定给予回扣，属于单位的其他直接责任人员，仍然可能成立单位行贿罪。

问题72：当单位与非本单位自然人共同行贿时，如何确定罪名

【案例】2009年11月至2010年9月，被告单位温州嘉乐迪餐饮娱乐连锁有限公司与被告人陈某甲、胡某共同投资乐清市柳市镇翔金垟村综合楼租赁项目，被告人李某甲代表被告单位嘉乐迪公司参与该项目的运作。2012年年初，翔金垟综合楼因未经组织竣工验收而擅自投入使用被住建部门查处，并被要求停止施工、恢复原状。为让时任乐清消防大队政治教导员的魏某利用其影响力，尽快办理该综合楼的工程竣工验收等手续，李某甲、陈某甲、胡某商定，将该综合楼项目10%的股份以53万元的价格低价转让给魏某，将该项目10%的股份以75万元的价格转让给他人，将其中差价22万元作为好处费送给魏某，魏某予以收受。后魏某向乐清市住房与城乡建设规划局副局长瞿某、该局柳市分局局长王某乙等人请托，要求继续违规施工和使用，并予以办理竣工验收备案手续。之后，在王某乙的关照下，该综合楼项目未按规定停止施工及使用，并办理了竣工验收备案手续。二审法院认定，各被告人为谋取共同非法利益共同行贿，符合共同犯罪构成要件，认定被告单位温州嘉乐迪餐饮娱乐连锁有限公司犯单位行贿罪，判处罚金3万元；李某甲犯单位行贿罪，判处有期徒刑1年，缓刑1年6个月；被告人陈某甲犯行贿罪，判处有期徒刑3年，缓刑3年6个月；被告人胡某犯行贿罪，判处有期徒刑3年，缓刑3年6个月。[①]

【解析】对于单位与自然人共同行贿的罪名如何确定，目前有四种意见：

---

① 参见浙江省温州市中级人民法院刑事判决书，（2015）浙温刑终字第461号。

第一种意见认为，根据部分犯罪共同说的理论，单位与自然人虽然属于不同主体，但在客观方面的构成要件上同质且重合，应当认定为行贿罪之共犯。[①]

第二种意见认为，单位以外的自然人和单位共同为了单位利益而行贿，行贿所得的不正当利益归属于单位，对此可以直接认定单位与自然人共同构成单位行贿罪。[②]

第三种意见认为，共同犯罪的性质是由共同犯罪中起主要作用的犯罪主体行为的基本特征决定的。对于单位和自然人共同行贿的，应当审查是单位还是个人的行为对行贿起到关键性作用。如单位起主要作用，则全案以单位行贿罪论处；如自然人起主要作用，全案则以行贿罪论处；如彼此的作用难分主次，则应从有利于被告人的角度以单位行贿罪定罪量刑。

第四种意见认为，单位与自然人共同行贿的，行贿所获非法利益归各自所有时，原则上应当按照各自对应的罪名进行处罚。考虑到单位行贿罪与行贿罪在入罪标准上不一致，为保持主从犯在处刑上的协调性，应适用单位犯罪的法定刑。

本书同意第四种意见，主要理由是：

1. 单位行贿罪属于纯正的单位犯罪，即只有具备了单位犯罪的主体条件，才能构成单位行贿罪。刑法中有纯正的单位犯罪和不纯正的单位犯罪之分。其中，纯正的单位犯罪，是指只能由单位实施而不可能由自然人单独实施的犯罪。如单位行贿罪只能由单位实施，而不可能由自然人单独实施。不纯正的单位犯罪，是指在某种犯罪既可以由单位实施又可以由自然人实施的情况下，由单位所实施的犯罪。如票据诈骗罪、信用证诈骗罪，既可以由单位实施，又可以由自然人实施。立法机关在设置单位行贿罪和行贿罪时，就已经考虑到了二者的区别。既然单位与自然人共同实施了行贿行为，容纳了属于纯正的单位犯罪和纯正的自然人犯罪，那么分别按照各自对应的罪名认

① 参见刘晓农、叶萍：《论我国单位行贿犯罪的治理》，载《山东社会科学》2018 年第 12 期。

② 参见罗开卷：《新型经济犯罪实务精解》，上海人民出版社 2017 年版，第 262 页。

定，则更为妥当。

2. 对于行为性质相同，但法律规定单位和自然人承担不同罪名的情况，可以采用行为共同说的理论，即共同犯罪是指数人共同实施特定的行为，而不是共同实施特定的犯罪。一般而言，共同犯罪的责任主体应统一认定罪名，如分开定罪则可能会割裂二者的主客观联系，从而丧失认定为共同犯罪的意义。但在特殊情况下，也不排除单位与个人既构成共同犯罪，又同时分属不同罪名的情形。本案中，将自然人的行为认定为行贿罪的前提，是以自然人与单位成立了共同犯罪，他们的行贿行为在犯罪构成要件上具有重合的部分，如果没有犯罪上的共同点，就不能认定该自然人的行为是行贿罪。因此，单位和自然人虽然都实施了行贿行为，但由于各自罪名不同，因而在违法形态上均构成行贿的共同犯罪，但需要分别按照刑法规定承担不同的刑事责任。之所以不能按照单位和自然人谁发挥作用大就定哪个罪名的逻辑，是因为单位与自然人共同犯罪的模式不同于一般身份犯和非身份犯共同犯罪的情形。例如，对于国家工作人员与非国家工作人员相互勾结，利用国家工作人员的职权或职务便利贪污公款或收受贿赂的，可处以贪污罪或受贿罪，这是由于国家工作人员作为身份犯，其在一定程度将身份犯的权力“分享”或“让渡”给了非身份犯。而在单位与自然人共同行贿案件中，由于二者在基本的行为性质上相同，均可以独立行使其行为，故而没有必要附随于某个特定的身份犯标签。

3. 从罪刑相适应的角度来看，在单位与自然人共同实施的犯罪中，如果在单位是正犯、自然人是帮助犯的情况下，对参与共同犯罪的单位和个人均按单位所犯罪名进行定罪处罚，实际就是将自然人等同于单位中承担刑事责任的直接责任人员，变相抬高了对自然人行贿的处罚门槛。按照同样的逻辑，在个人是正犯、单位是帮助犯的情况下，亦应对参与共同犯罪的个人和单位均按个人所犯罪名进行定罪处罚，这样的处理结果违反了刑法关于单位犯罪的规定，并且有可能加重对单位中直接责任人员的处罚，忽视了单位中直接责任人员是以单位的名义，为了单位的利益，利用了单位的特殊条件实施了犯罪的特殊情况，况且司法实践中也未见相关判例。因此，在单位与自然人共同实施的行贿犯罪当中，如单位与自然人的结合较为松散，分别表达各自的利益诉求，行贿所获非法利益也归各自所有时，不宜认定为单位犯罪，只宜分别定罪量刑，对单位直接认定单位行贿罪，对个人则认定为行贿罪。

问题 73：村民委员会能否构成单位行贿罪的犯罪主体

【案例】2009 年，呼和浩特市赛罕区巧报镇人民政府某某村民委员会在其辖区的南二环路，由村民集资建设商住混合楼，因该项目处在城市规划红线内，并且没有相关审批手续，2009 年 10 月 15 日，由呼和浩特市规划局下达了停工通知书。经某某村民委员会主任王某 1、党的总支部委员会委员王某 2、村民委员会副主任王某 3 三人商议决定，通过王某 2 在规划局的朋友郭某疏通关系帮忙保住此项工程。经王某 1 同意，王某 2 从某某村民委员会提取 23 万元现金送给郭某，郭某拿到钱后承诺想办法保住此项工程。2010 年该违章建筑被拆除后，王某 2 等人向郭某追要 23 万元，郭某一直未还。一审法院判决被告单位呼和浩特市赛罕区巧报镇人民政府某某村民委员会犯单位行贿罪，判处罚金 10 万元。被告人王某 1 犯单位行贿罪，判处有期徒刑 6 个月，缓刑 1 年。被告人王某 2 犯单位行贿罪，判处有期徒刑 6 个月，缓刑 1 年。宣判后，被告单位及各被告人分别以量刑过重为由提出上诉。二审法院裁定驳回上诉，维持原判。①

【解析】对于村民委员会是否能够构成单位行贿罪的犯罪主体，目前存在以下两种意见：

第一种意见认为，村民委员会是村民自我管理、自我教育、自我服务的基层群众性自治组织，不属于《刑法》第 30 条规定的公司、企业、事业单位、机关、团体，且公安部《关于村民委员会可否构成单位犯罪主体问题的批复》（公复字〔2007〕1 号）中明确提出“对以村民委员会名义实施犯罪

---

① 参见内蒙古自治区呼伦贝尔市中级人民法院刑事裁定书，（2018）内 07 刑终 53 号。

的，不应以单位犯罪论”，因而村民委员会不是法律意义上的单位犯罪主体。[①]

第二种意见认为，虽然公安部《关于村民委员会可否构成单位犯罪主体问题的批复》曾明确否定村民委员会具备单位犯罪的主体资格，最高人民法院《关于审理单位犯罪案件具体应用法律有关问题的解释》也没有涉及村民委员会、居民委员会等基层组织。但最高人民法院、最高人民检察院《关于办理商业贿赂刑事案件适用法律若干问题的意见》第 2 条规定，“刑法第一百六十三条、第一百六十四条规定的‘其他单位’，既包括事业单位、社会团体、村民委员会、居民委员会、村民小组等常设性的组织，也包括为组织体育赛事、文艺演出或者其他正当活动而成立的组委会、筹委会、工程承包队等非常设性的组织”，明确了村民委员会在刑法意义上的单位性质。因此，村民委员会符合作为单位犯罪主体的要件和特征，应作为单位犯罪主体并追究其刑事责任。[②]

本书同意第二种意见，主要理由是：

1. 村民委员会符合单位行贿罪的形式构成要件。虽然《刑法》第 30 条只列举了公司、企业、事业单位、机关、团体 5 种单位类型，但该条规定的是单位负刑事责任的范围，并不是对单位犯罪的概念作出定义，也不是对单位犯罪的适格主体进行限定。若只将单位犯罪的适格主体局限在公司、企业、事业单位、机关、团体这 5 种类型，就有可能出现将实质上属于单位犯罪性质的案件定性为自然人犯罪，这既不符合案件的客观事实，又不符合罪责刑相适应原则，无法对被告人作出适当的处罚。同时，根据《民法典》第 101 条第 1 款的规定，居民委员会、村民委员会具有基层群众性自治组织法人资格，可以从事为履行职能所需要的民事活动。《民法典》赋予了村民委员会特别法人资格，民政部和各地民政部门陆续为全国的村民委员会颁发了统一

---

① 参见赵煜：《惩治贪污贿赂犯罪实务指南》，法律出版社 2019 年第 3 版，第 717 页。

② 参见沈斌、马沐阳：《刘楚荣、刘汉杰、刘立辉诈骗案——村民委员会是否属于单位犯罪的适格主体》，载最高人民法院刑事审判第一、二、三、四、五庭编：《刑事审判参考》（总第 128 辑），人民法院出版社 2021 年版。

的社会信用代码。从这个意义上来讲，村民委员会已经和《刑法》第 30 条所规定的公司、企业、事业单位、机关、团体等单位类型没有本质区别。因此，村民委员会作为农村基层群众性自治组织，符合作为单位犯罪主体的构成要件和法律特征。①

2. 村民委员会符合单位行贿罪的实质构成要件。从办理单位行贿案件的司法实践需要来看，将村民委员会认定为单位行贿罪的主体，有利于规范农村基层组织的行为，能有效打击和遏制相关犯罪活动。一方面，村民委员会有独立的名称、组织机构、场所和经费，依法行使对本村内部公共事务的管理以及公共秩序的维护、村集体财产的经营与管理等职能，能够对外独立承担法律责任；另一方面，当前农村集体经济发展迅速，有的村集体组织名下成立了实体企业，有的农村基层组织拥有为数众多的产业项目、集体收入和独立的利益诉求，司法实践中有大量涉民事、行政的诉讼纠纷在法院审理，加之农村基层组织普遍推行了“一肩挑”制度，在决策和责任承担主体方面也更加明确，当村民委员会集体决议以村集体名义实施行贿，且相关收益归于村集体时，即符合单位行贿罪的基本特征。因此，将村民委员会认定为单位行贿罪的主体，有利于规范农村基层组织的行为，有效打击和遏制相关犯罪活动。②

问题 74：民营企业被国有企业收购或控股后，发现原民营企业行贿的，应当如何处理

近年来，民营企业被国有企业收购或控股的情况较为常见。如发现原民

① 参见张毅：《浅析村委会是否属于单位犯罪主体》，载《河南法制报》2011 年 9 月 1 日，第 12 版。

② 上述观点与《刑事审判参考》（总第 125 辑）指导案例第 1398 号的精神是一致的。参见杨雪梅、王少兵：《赵石山、王海杰、杨建波非法占用农用地案——擅自以村委会名义将村山坡林地承包给村民作为墓地使用的定性》，载最高人民法院刑事审判第一、二、三、四、五庭编：《刑事审判参考》（总第 125 辑），人民法院出版社 2020 年版。

营企业曾实施单位行贿犯罪的，应当如何处理，实践中存在以下两种意见：

第一种意见认为，不应再追究原民营企业单位及自然人行贿的责任。理由是：民营企业参与混改后，相当于原有的公司股东已经被置换为国有企业，被发现曾有单位行贿犯罪的，只能追究原民营企业股东的刑事责任。但如此一来，则有可能影响国有企业股东的利益，特别是会对一些上市国有企业的声誉造成不良影响。后续如判处罚金，很可能由国有企业执行，也不利于国有资产的保值增值。

第二种意见认为，发现民营企业存在单位行贿犯罪的，鉴于其已经被国有企业收购，再追究原民营企业单位犯罪的主体责任已无意义，但仍应依法追究民营企业原股东的刑事责任。

本书同意第二种意见，主要理由是：

1. 对于单位实施行贿行为后，单位被“关停并转”，原有组织不再存续的，应当注意单位犯罪区别于自然人犯罪，不能仅因实施行贿行为的单位被撤销而像自然人犯罪中被告人死亡一样便直接宣布撤销案件、撤回起诉或终止审理，何况自然人犯罪中被告人死亡的也可以依法没收其违法所得。我国刑法对单位犯罪的处罚以“双罚制”为主，即对单位和直接负责的主管人员、其他直接责任人员分别处罚，同时以“单罚制”为例外，仅处罚直接负责的主管人员和其他直接责任人员（如《刑法》第 135 条规定的重大劳动安全事故罪）。之所以对大多数单位犯罪实施双罚制，主要是考虑到单位实施犯罪时，单位与相关责任人是相互依存的整体，单位意志的体现和单位利益的实现，终究要靠具体的个人来完成。但是，一旦单位被收购、撤销或者注销，则失去了追究原单位刑事责任的意义，对自然人的处罚无法再继续依附于原单位本身。

2. 单位行贿罪中的单位与自然人，在犯罪实现过程中具有相对独立的犯罪意思和意志，不应不顾实际情况，强行追究原单位的刑事责任，否则将影响法律的严肃性。对此，应参照 2002 年 7 月最高人民检察院《关于涉嫌犯罪单位被撤销、注销、吊销营业执照或者宣告破产的应如何进行追诉问题的批复》的规定，涉嫌犯罪的单位被撤销、注销、吊销营业执照或者宣告破产的，应当根据刑法关于单位犯罪的相关规定，对实施犯罪行为的该单位直接负责的主管人员和其他直接责任人员追究刑事责任，对该单位不再追诉。

3. 需要注意的是，根据最高人民法院研究室《关于企业犯罪后被合并应当如何追究刑事责任问题的答复》的规定，人民检察院起诉时该犯罪企业已被合并到一个新企业的，仍应依法追究原犯罪企业及其直接负责的主管人员和其他直接人员的刑事责任。人民法院审判时，对被告单位应列原犯罪企业名称，但注明已被并入新的企业，对被告单位所判处的罚金数额以其并入新的企业的财产及收益为限。该规定表明，对合并后的原单位仍然要判处罚金，故有观点认为对于民营企业被收购后的情形同样适用。本书认为，二者存在较为明显的区别，合并不同于收购、撤销、注销，合并企业是将全部资产和负债转让给另一家企业，企业法人资格灭失；收购是对企业的资产和股份的购买行为，是将资产、运营、管理的控制权从一个企业转移到另一个企业，前者变成后者的子公司，但是其法人地位并不消失。企业合并之后，原企业的经营资产在股权性质上并没有改变，仍然归属于原企业股东。但企业被收购之后，原企业资产的股权性质已经完全改变，大多数原企业股东已经“套现离场”。特别是国企收购民营企业之后，民营企业的资产已经变更为国有性质，与之前的资产性质有本质区别。因此，当企业合并后发现原企业涉嫌单位行贿犯罪的，应适用上述最高人民法院答复。当企业被收购后发现原企业涉嫌单位行贿犯罪的，则应考虑参照上述最高人民检察院批复。

问题75：公司股东为公司发展以个人财产行贿的，属于个人行贿还是单位行贿

【案例】被告人唐某某系重庆市永川区恒达园林工程有限公司股东、法定代表人找到丰都县委书记高某某，请其帮助协调承接工程项目，并承诺到时候分给高某某工程利润。2007年，在高某某的帮助下，被告人唐某某的公

司承接了丰都滨江景区绿化工程项目。2009 年，丰都县开始实施重庆长江两岸森林工程，在高某某的关照下，唐某某的公司先后获得天竺苗木采购栽植、乔木树苗木采购栽植、龙眼苗木采购项目。工程完工后，经结算唐某某的公司承建的天竺苗木采购栽植合同工程款为人民币 365.4986 万元、乔木树苗采购栽植合同工程款为人民币 456.3179 万元、龙眼苗木采购栽植合同工程款为人民币 2712.0386 万元。在上述工程完工后，被告人唐某某以个人财产向高某某行贿 302 万元。检察机关指控，被告人唐某某犯行贿罪。被告人唐某某对公诉机关指控的基本犯罪事实无异议，但辩称是为了单位利益行贿，且收益也系单位获得，其行为应认定构成单位行贿罪。法院经审理认为，虽行贿款主要是从被告人唐某某个人账户中取出，但被告人唐某某系该公司法定代表人，系为公司谋取利益而行贿，应认定为单位行贿。遂判决被告人唐某某犯单位行贿罪，判处有期徒刑 3 年 6 个月。①

【解析】 实践中，有的公司负责人、实际控制人为争取某个项目、合同、补贴或优惠政策，会临时使用个人账户处理部分公司事务，事后也没有再找公司报销相关费用。对于公司股东以个人财产行贿的，应当如何认定，实践中存在以下两种意见：

第一种意见认为，公司股东使用个人账户行贿，充分显示该公司财务管理不规范，公司财产与个人财产高度混同，即使公司实际控制人为了本公司的利益给予国家工作人员财物，但其行贿使用的并不是公司财产，而是其个人财产，说明公司人格已经丧失，因而属于个人行贿。

第二种意见认为，无论公司股东使用的是公司财产还是个人财产，都应根据主客观相一致原则进行判断，只要客观上公司从中受益，就应当认定构成单位行贿罪。

本书同意第二种意见，主要理由是：

1. 从法定构成要件的该当性来看，认定单位行贿罪，不以使用单位财产

---

① 参见重庆市江津区人民法院刑事判决书，(2014) 津法刑初字第 00507 号。

为必要条件。刑法对单位行贿款项的来源并无要求，无论行贿款源于单位还是行贿者个人或者由行贿者个人先垫付单位再以发放奖金或者以补贴、报销等形式返回，都不影响单位行贿罪的成立。行贿资金来源于公司资产，自然能体现该行为的单位意志性，但即使不是源于单位资金，也不能一概否认单位意志的存在。尽管从一般意义上来讲，贿赂款均来自单位，但在特殊情况下，行贿款还可能由公司法定代表人、实际控制人个人承担，但是这并不意味着构成自然人行贿。因此，行贿款的来源在区别单位行贿与个人行贿之间并不具有关键性的作用，既不在刑法评价的范围之内，又不属于单位行贿罪法定构成要件的必备要素。

2. 从主客观相一致的角度来看，可以分别从对合犯的主观认知上进行分析。从受贿人的角度来看，受贿人并不关心并且客观上也难以分清受贿款项究竟是来自个人还是单位，只要求受贿人明确知晓或承诺行贿人所请托的具体事项就可以；从行贿人的角度来看，只要是为了单位的利益而行贿，且行贿所获的收益归于单位，就无须追究行贿款的具体来源究竟是负责人还是单位。换句话说，如果个人出资行贿的目的仍然是为了帮助单位获得某个项目，最终单位通过承揽项目也获得了不正当利益，而该行为客观上并没有违背单位的意志，则应当认定为单位行贿罪。从单位整体的利益以及行贿后所得的利益均归属于公司的情况考虑，可以认定股东个人出资的贿赂款也体现了单位意志，应当认定为单位行贿罪。

3. 判断单位行贿主体时应对“以单位名义”作实质理解。区分行贿主体是个人还是单位，不能简单从形式上看以谁的名义实施或者以行贿财物的来源作为认定标准，而要结合行贿意志、行贿目的、利益归属等因素进行实质判断。考虑到从单位账目中列支行贿款项具有一定风险，客观上有不少公司股东是由个人承担了行贿款，但此种规避调查的心态并不代表其行为等同于个人行贿。在《刑法修正案（十二）》颁布前，如果单位支付行贿款并且为了单位利益行贿，以单位行贿罪追究直接责任人员的法定刑较轻，而由单位负责人个人承担行贿款并且同样为了单位利益行贿，却以行贿罪追究直接责任人员的法定刑反而较重，这显然存在罪刑失衡的问题。即便是在《刑法修正案（十二)》颁布后，单位行贿的入罪门槛也高于个人行贿。因此，贿赂款的来源并不是单位行贿罪和行贿罪的关键区别。当然，对于个别案件中，资金来源不能证明来源于个人的，股东证言也不能证明合个人行贿的，应当从有利于被告人的角度，认定为单位行贿罪。

问题 76：单位行贿罪的不正当利益部分归于个人，部分归于单位的，应当如何认定

【案例】2017 年 9 月 23 日，云南省保山市隆阳区人民政府与汉能公司、华丰源投资（北京）有限公司签订了《移动能源产业园项目合作协议》及《补充协议》，三方约定共同投资建设保山市隆阳区移动能源产业园，后汉能公司与隆阳区政府相关负责人就项目的具体落实进行了协商谈判，因分歧较大，谈判陷入僵局。2018 年 1 月，汉能公司委派被告人韩某平担任该项目的高级副总裁并率领项目团队落实该项目。被告人韩某平在了解了双方的具体分歧后，到保山与耿某（时任云南省保山市副市长、保山市隆阳区委书记）进行沟通协商，为了得到耿某的帮助和支持，被告人韩某平在签订项目合作协议明确第一期投资规模、采用设备单一来源采购模式及提高首期设备采购款、拨付设备采购进度款等相应的时间节点，分 3 次，每次 50 万元向耿某行贿共计人民币 150 万元。2018 年 2 月，汉能公司在收到合作共建的项目公司保山恒天源能源科技有限公司支付的 13 亿元设备采购款后，扣除自己公司实际出资的 5 亿元以净回款 8 亿元为基数，按照 1% 的比例先行发放给保山汉能项目团队税后奖金 320 万元，其中被告人韩某平一人独得 202 万元。

公诉机关认为，被告人韩某平在推进汉能公司与保山市隆阳区人民政府“移动能源产业园项目”期间，向耿某贿送现金人民币 150 万元，该行为属于被告人的个人行为，谋取的不正当利益是其采取不正当手段获得的高额奖金，被告人的行为构成行贿罪而非单位行贿罪，应当以行贿罪追究其刑事责任。

被告人及其辩护人提出：(1) 本案的行贿主体是汉能公司，而非韩某平个人。汉能公司是在涉案项目的谈判陷入僵局的情况下，通过内部会议将项目高级副总裁更换为韩某平、承诺高额的奖金制度，鼓励韩某平不惜一切代价强势推进项目，最终在项目回款后向韩某平兑现了高额奖励。(2) 本案中"保山强矩阵团队"是汉能公司指派负责谈判并履行合同的内设项目部门，韩某平作为该内设部门的负责人，其完全是代表汉能公司对外履行职务，其行贿行为本身也构成汉能公司行贿意志的对外体现。(3) 判断行贿意志是单位意志还是个人意志，应当从行贿行为的外部表现来判定。本案从受贿方耿某的角度来看，韩某平完全是代表汉能公司对其行贿，行贿的目的在于希望顺利做成涉案项目。(4) 从本案行贿的动机上看，韩某平是为了推进整个项目的签订及履行而行贿，其行贿的首要目的是实现汉能公司的单位整体利益，体现的是单位意志，至于其希望获得项目奖金仅仅是项目顺利回款后的附属追求，并非法律上的行贿目的。(5) 本案行贿款的来源是韩某平先行垫资、事后由汉能公司通过发放奖金的方式予以返还，行贿款的出资方本质上是汉能公司，故从该行贿款的本质来源上亦可认定本案行贿意志是汉能公司的单位意志。(6) 从本案行贿利益的归属上来看，因行贿而获得的利益全部归属于汉能公司，并不属于韩某平个人，本案应成立单位行贿罪。(7) 因行贿获得的不正当利益并不包括获得利益后的再分配。单位获得利益后发放奖金是对单位自身利益的处分，本案中汉能公司获得 13 亿元回款后向韩某平发放的 202 万元奖金包括其垫付的行贿款及合法劳动报酬，并不属于违法所得。若本案认定韩某平构成个人行贿罪，显然不符合刑法关于"罪责刑相适应"的基本原则，对韩某平本人极为不公。本案中，韩某平代表汉能公司履行职务最终只获得 202 万元奖金（其中包括垫付的行贿款、运行公关费及其应得劳动报酬），而汉能公司通过韩某平的职务行为获得高达 8 亿元的巨额收益，却无须承担任何法律责任，但韩某平作为项目高级副总裁却要为此承担个人行贿的刑事责任，对韩某平而言极其不公平，因此请求法院按单位行贿罪对其定罪量刑。

法院经审理认为，被告人韩某平受汉能公司指派，负责落实隆阳区移动能源产业园建设项目，为了公司在合作共建项目中能够获得隆阳区主要领导的支持，推进项目落实及项目公司在采购设备上采用单一来源采购、为汉能公司实现最大限度的回款等不正当利益，3 次送给国家工作人员现金共计 150 万元。因被告人韩某平是代表汉能公司推进本案项目落实的高级副总裁，其行为对外体现的是汉能公司的意志。从行为后果即利益归属来看，被告人韩某平行贿的目的是实现汉能公司的利益，且在案证据也证实项目公司采购生产设备的款项转出后最终进入汉能公司，汉能公司获得本案的直接利益。因此，本案应认定为单位行贿罪。遂判决被告人韩某平犯单位行贿罪，判处有期徒刑 3 年，并处罚金人民币 70 万元。①

【解析】单位行贿罪的不正当利益部分归于个人，部分归于单位的，应当如何认定，实践中，有以下两种意见：

第一种意见是，考虑到法定代表人、股东以公司名义行贿，最终目的仍然是个人获取利润，因而应从实质意义的角度看待其行贿行为，直接认定为自然人犯罪。

第二种意见是，单位谋取不正当利益后的二次分配或者利益再分配，即使分配给当初决策单位行贿的成员，也不影响单位犯罪的成立。

本书同意第二种意见，主要理由是：

1. 从单位犯罪的独立性来看，尽管单位终究是由个人组成，任何成员加入单位的目的也必然怀抱获取更大回报的动机，但这并不妨碍单位犯罪的客观存在。现代公司法的发展趋势就是合理划分公司与股东的利益范围，特别是对于有限责任公司和股份有限公司而言，其不仅具有法定的人格独立权和独立意志，而且依据其独立的公司财产享有独立的利益诉求。诚然，公司利益与股东个人利益在绝大时候均具有一致性，甚至法定代表人本身就是持有公司较大比例股份，公司获益也足以保证大股东间接获益，但在法律关系上

---

① 参见云南省施甸县人民法院刑事判决书，(2021) 云 0521 刑初 55 号。

这并不等同于股东直接获益。单位负责人或其他成员以单位名义实施行贿犯罪，所取得的利益极有可能一部分归属单位，一部分归属个人。这种情况下，就要看个人获益的部分是否能够完全独立于单位获益。任何单位都是个人的集合，行贿的全部或者绝大部分利益归于单位，而个人获利是单位获得利益后的附随结果，不应当评价为行贿所得利益归于个人的情形，仍应当认定为单位行贿罪。

2. 从单位犯罪后的利益再分配方式来看，判断单位行贿罪还是行贿罪，应当以直接谋取到不正当利益的主体为依据，而不涉及谋取不正当利益后的二次分配或者利益再分配问题。即便在此过程中公司法定代表人、股东等通过分红获得利润，也需要先行扣除单位的日常经营成本后，按照公司法的规定，提取利润的10%列入公司法定公积金，并弥补亏损后，才能按照各自持股比例进行当年利润分配。单位通过行贿获取不正当利益后，进行再分配或其他利益转移，都是单位对已经占有利益的支配。“不正当利益”转化股东利益的结果，并不影响单位为自己谋利的意图和实际占有、支配利益的法律事实，即股东间接得益不属于司法解释“利益归个人”的情形。因此，尽管公司、企业的发展最终是为了惠及个人特别是股东，但单位内部的收益或分红等二次分配，并不等同于利益直接归于个人的情形。

3. 从主客观相一致的角度来看，如果只有单位通过行贿行为直接获益，而归属个人的一部分利益系公司事前承诺的奖金、提成等，或者仅仅是对个人政绩、口碑有提升，则不宜考虑个人的获益情况，应直接认定为单位行贿罪。如果行贿所得收益中，具有强烈的个人色彩，单位并未因行贿行为而获利，而是主要负责人员借此获得奖励或者升职，此种情况不属于犯罪所得归于单位的情形。如国企负责人使用单位公款向主管机关有关人员行贿，顺利当选人大代表、政协委员、获得“优秀企业家”等荣誉称号，尽管在此过程中企业形象也获得了一定宣传和提升，但此种收益更多是间接的、附加的，不宜认定为单位行贿，而应以贪污、行贿、挪用公款等罪名追究单位负责人的刑事责任。如利益混杂交织无法作出区分的，宜以主要利益归属或者从有利于被告人的角度进行处理。①

问题 77：医药公司赞助医疗机构举办学术会议的行为，应当如何定性

2023 年 7 月以来，中共中央纪律检查委员会、国家监察委员会部署开展全国医药领域腐败问题集中整治，医疗领域反腐备受社会各界关注。实践中，一些医药公司甚至跨国药企赞助医疗机构和医疗人员举办和参加学术会议的新闻屡见报端。对于此类行为是否构成对单位行贿罪，存在以下两种意见：

第一种意见认为，实践中，很多医药企业对医疗机构的赞助本来就打着"支持医疗行业发展"的旗号，使得此类商业贿赂行为以更加隐蔽的形式存在，很难分辨医药企业哪些是为了支持医药卫生事业发展，哪些是为了企业自身利益。为切实封堵医药购销领域腐败漏洞，缩限医药购销领域的权力寻租空间，促进医疗卫生行业健康有序发展，应对医药企业为推广产品赞助医疗机构组织学术会议的行为，统一界定为具有谋取不正当利益的主观目的，构成对单位行贿罪。

第二种意见认为，医药企业单纯为了支持医疗卫生事业发展，通过捐赠、赞助等方式支持专家进行学术交流，组织进行医疗培训的，不宜对此种行为认定为犯罪。② 但如果是假借学术交流之名，通过举办学术会议的形式，向医务人员暗中输送利益的，则应依法认定为单位行贿罪。

本书同意第二种意见，主要理由是：

1. 从政策依据来看，《公益事业捐赠法》和原国家卫生和计划生育委员会《卫生计生单位接受公益事业捐赠管理办法（试行）》均有明确规定，卫生计生单位可以接受国内外自然人、法人和其他组织用于卫生计生人员培训和培养、用于卫生计生领域学术活动、用于卫生计生领域科学研究的公益事业捐赠。因此，按照国家有关规定，医药企业不以营利为目的，通过赞助规

① 参见吴兆煜、刘震：《单位行贿罪与行贿罪的区分》，载《人民司法》2019 年第 29 期。
② 参见罗开卷：《新型经济犯罪实务精解》，上海人民出版社 2017 年版，第 103 页。

范的学术会议、学术交流活动以支持医疗卫生事业发展，特别是赞助一些医学基础研究类会议，是应当支持、鼓励的。

2. 从追究刑事责任的必要性来看，即便在持续开展医疗领域反腐工作的形势下，对于学术会议也不宜“一刀切”地加以禁止。医药行业的学术会议是学术交流、经验分享、促进医药技术进步和创新发展的重要平台。由于相当一部分医疗机构自身并没有足够的科研经费和项目经费支持医疗工作人员的继续教育和学术交流，因而企业赞助对于学术交流、科研项目等工作的开展具有积极的推动作用。同时，医药企业赞助学术会议为医生提供了学习机会，缓解了医院的资金压力，也是其承担社会责任的表现。对此，2023 年 8 月 15 日国家卫健委发布的《全国医药领域腐败问题集中整治工作有关问答》表示，仍然鼓励和支持规范开展的医疗学术会议。从法秩序统一原理的角度来看，判断行政犯的不法与否，行政主管部门的立场是重要的参考依据。因此，医药公司赞助医疗机构举办正常的学术会议的行为，缺乏前置的行政违法性。

3. 从医疗反腐打击的重点来看，需要整治的是那些顶着无中生有、编造虚假学术会议的名头，进行违法违规利益输送，或者违规将学术会议赞助费私分的不法行为。国家卫生健康委员会联合多部门于 2023 年发布《纠正医药购销领域和医疗服务中不正之风工作要点》提出，整治医药领域行业组织存在的不正之风问题，重点是各级各类行业组织或学（协）会在工作或推进业务主管部门委托事项过程中的不正之风问题，尤其是以“捐赠”、学术活动、举办或参加会议等名义变相摊派，为非法输送利益提供平台，违规接受捐赠资助等问题。因此，如果医药企业只是假借学术交流之名，通过举办学术会议的形式暗中输送利益，向参会的医务人员支付明显超出合理范畴或正常劳务所得的巨额讲课费、课题费、项目费、赞助费，则应依法认定为单位行贿罪。

| 第六章 |

关于对有影响力的人行贿罪的司法认定

【法条链接】《刑法》第三百九十条之一　为谋取不正当利益，向国家工作人员的近亲属或者其他与该国家工作人员关系密切的人，或者向离职的国家工作人员或者其近亲属以及其他与其关系密切的人行贿的，处三年以下有期徒刑或者拘役，并处罚金；情节严重的，或者使国家利益遭受重大损失的，处三年以上七年以下有期徒刑，并处罚金；情节特别严重的，或者使国家利益遭受特别重大损失的，处七年以上十年以下有期徒刑，并处罚金。

单位犯前款罪的，对单位判处罚金，并对其直接负责的主管人员和其他直接责任人员，处三年以下有期徒刑或者拘役，并处罚金。

一、对有影响力的人行贿罪的构成要件

问题 78：如何界定“有影响力的人”的范围

本罪中，“有影响力的人”包括四类人员：国家工作人员的近亲属、其他与国家工作人员关系密切的人员、离职的国家工作人员及其近亲属或与离职国家工作人员关系密切的人员。

1. 国家工作人员的近亲属的范围。《民法典》第 1045 条第 2 款规定，“近亲属”包括配偶、父母、子女、兄弟姐妹、祖父母、外祖父母、孙子女、外孙子女，即只有配偶和三代以内的直系血亲。《刑事诉讼法》第 108 条规

定，“近亲属”指夫、妻、父、母、子、女、同胞兄弟姊妹，在近亲属范围上略小于民法范畴。本书认为，《刑事诉讼法》所规定的近亲属，主要是为了在赋予其提起附带民事诉讼或代为委托辩护人、担任诉讼代理人等行使刑事诉讼权利的同时，设置一定的范围以便于实践中把握和操作。但不同于上述考虑，本罪中“影响力”的辐射范围并不限于上述《刑事诉讼法》所列举的近亲属，为最大限度规制贿赂犯罪，应当将国家工作人员的近亲属的范围作开放式的理解，即包括配偶、父母、子女、兄弟姐妹、祖父母、外祖父母、孙子女、外孙子女和其他具有扶养、赡养关系的亲属。[①]

2. 其他与该国家工作人员关系密切的人的范围。最高人民法院、最高人民检察院《关于办理受贿刑事案件适用法律若干问题的意见》第11条创设了“特定关系人”这一新的概念，即与国家工作人员有近亲属、情妇（夫）以及其他共同利益关系的人。在此，“其他与该国家工作人员关系密切的人的范围”有别于“特定关系人”之处在于，除了近亲属、情妇（夫）以及其他共同利益关系之外，还包括同学、战友、上下级、姻亲或者同属于朋友圈、老乡圈、同事圈性质等与国家工作人员平时交往密切的有关人员。能否认定与国家工作人员关系密切，应当结合证据进行严格审查，即国家工作人员与行贿对象之间是否存在频繁而深入的交往、双方是否存在血缘关系、感情关系、利益关系以及其他密切关系产生的原因、双方关系密切的程度及国家工作人员对于这种密切关系的认知、认可度等维度考量，从而准确判定是否属于“关系密切的人”。需要注意的是，本罪中的“影响力”应当区别于利用职务和职权而形成的影响力，即“关系密切的人”不包括工作和职务中产生的制约关系，否则就会构成斡旋受贿的情况。

另外，在认定此类人员范围时，应当做实质判断，即便是那些与该国家工作人员地位相差悬殊的人员，只要能够对国家工作人员在行使职权方面产

---

① 此处借鉴了最高人民法院《关于执行〈中华人民共和国行政诉讼法〉若干问题的解释》（已失效）第11条“行政诉讼法第二十四条规定的‘近亲属’范围，即包括配偶、父母、子女、兄弟姐妹、祖父母、外祖父母、孙子女、外孙子女和其他具有扶养、赡养关系的亲属”的规定。

生实质影响力，均属于“关系密切的人员”。例如，在山西省太原市迎泽区人民法院审理的被告人乔某志犯利用影响力受贿罪一案中，2009 年至 2016 年，乔某志利用其担任时任山西省晋城市委书记、山西省人大常委会副主任张某才（2020 年因犯受贿罪被判处有期徒刑 15 年）司机的身份，通过向时任山西兰花煤炭实业集团有限公司董事长贺某、李某打招呼的方式，为付某承揽了山西兰花煤炭实业集团有限公司下属单位开发的部分项目工程。在上述工程招投标中，付某均采取了陪标的不正当竞争手段，中标工程价共计约 3.6 亿元。根据乔某志与付某的约定，乔某志帮助其中标后，付某支付乔某志中标价 2% ~3% 的好处费。从 2009 年至 2018 年，乔某志在个人建房、购房、装修房等事项中，先后收受付某好处费共计 375.8308 万元。又如，湖南省长沙县人民法院审理的被告人胡某红利用影响力受贿罪一案中，胡某红自 2013 年 6 月起在时任湖南省衡阳市委书记李某龙（2018 年因犯受贿罪、贪污罪、滥用职权罪、巨额财产来源不明罪，数罪并罚，被判处有期徒刑 18 年）家从事保姆工作，负责李亿龙一家的日常生活起居，利用李亿龙职权和地位形成的便利条件，请李亿龙在请托人王某递交的材料上作出批示，要求对他人的工作调动、应聘予以照顾，在此过程中胡某红收受了王某人民币 20 万元。在上述两个案例中，司机、保姆等传统意义上较为边缘的社会群体，同样可以成为与国家工作人员关系密切的人。他们与其所保障、服务的国家工作人员朝夕相处，在照顾后者的饮食起居和日常生活中，形成了较为密切、稳定的社会关系，虽然不具有亲属关系，但深得国家工作人员的信任，因而逐渐拥有了对国家工作人员的“影响力”。

3. 离职的国家工作人员。离职的国家工作人员利用在位期间形成的“关系网”，为他人谋取不正当利益的情况在现实生活中也时有发生。《刑法修正案（七）》中的利用影响力受贿罪将此类行为规定为犯罪，对于进一步严密我国贪污贿赂犯罪的刑事法网，加大反腐力度，无疑具有重大意义。需要注意的是，“离职的国家工作人员”既包括离退休的国家工作人员，又包括已辞职、辞退、免职、撤职、开除的国家工作人员。有观点认为，“离职的国家工作人员”还包括调任至其他岗位的国家工作人员。本书认为，这一观点不当扩大了“离职的国家工作人员”的适用范围。例如，部分国家工作人员因年龄、身体健康等因素从重要领导岗位“退居二线”，担任非领导职务或者到人大、政协担任专门委员会的主任、副主任委员的，尽管事实上已经失去了原有职权，但仍具有国家工作人员的身份。如此类人员为行贿人谋利，系利用自身职权、地位形成的便利条件而不是更为虚化的影响力。又如，因患有重大疾病无法继续履行职务但保留公务员身份的人员，尽管他们长时间无法正常工作，且在上述情形消失之后一般不会再回到原有岗位，也不宜归入离职国家工作人员的范畴。有观点认为，对于离职国家工作人员的“影响力”应当设置一定的“影响期”，这种观点虽有一定道理，但在实践中难于操作。[①] 因此，只要是离开原有岗位后仍然能够利用其先前职权、地位所形成的影响力，就应当纳入“离职的国家工作人员”的范畴。

4. 离职的国家工作人员的近亲属及与离职的国家工作人员关系密切的人。从影响力的强弱程度来划分，大致可以确定在职国家工作人员的影响力大于离职国家工作人员；国家工作人员的影响力大于其近亲属或特定关系人。由此推理可知，离职国家工作人员的近亲属处于具有影响力的最末端。此种情形往往发生在地方党政领导干部在一个地方任职多年，当地“门生故吏”众多，领导干部退休后其家属仍然活跃在当地并能发挥一定影响力。

问题 79：行为人在对有影响力的人行贿过程中，产生因果关系认识错误的，应当如何认定

【案例】某开发商 C 在土地开发过程中遇到当地村民阻挠施工，此时其得知战友 A 是当地区长 B 的高中同学，希望 A 能请 B 帮忙解决施工纠纷，并送给 A 共计 20 万元作为活动经费。A 找到区长 B 后，B 权衡考虑后并未

① 参见李伟迪：《利用影响力受贿罪适用研究》，中国政法大学出版社 2011 年版，第 92 页。

答应解决该施工纠纷。后因开发商 C 所开发的地块被划为市重点开发区域，市政府责令区政府加大支持力度，区长 B 遂很快协调解决该纠纷。

【解析】对于行为人在对有影响力的人行贿过程中，产生因果关系认识错误的，应当如何认定，存在以下两种意见：

第一种意见认为，虽然行为人的主观认识与实际情况不符，但属于抽象的事实认识错误，应当在主客观相一致的范围内定罪，即构成对有影响力的人行贿罪。

第二种意见认为，对有影响力的人行贿罪要求有影响力的人发挥影响力和国家工作人员为行贿人谋取不正当利益之间须具有因果关系，否则不构成本罪。

本书同意第二种意见，主要理由是：

1. 由于对有影响力的人行贿罪中，区别于典型的一对一的行受贿犯罪，存在有影响力的人这一“隔层”，因而在认定犯罪时因果关系常常被忽视。似乎只要发生给予财物的行为，又有不正当利益目标的最终实现，则无须论证是否存在因果关系。但即便是把该罪作为行为犯，也同样需要因果关系的确证，否则在逻辑上即存在漏洞。在行为人的主观认识和现实之间不一致时，被称为因果关系错误或者因果过程偏离，在这种偏离引起结果时，该结果不宜归责于行为人。因此，成立对有影响力的人行贿罪，行贿人所谋取的不正当利益应当在事实上，与受贿人所请托的国家工作人员行使职权之间存在直接的因果关系。换句话说，国家工作人员“帮忙”确实出于有影响力的人的实际影响，而不是出于其他因素。从本案的案情可以看出，被请托人与国家工作人员在客观上并没有达到关系密切的程度，对后者并不具有实际的影响力，国家工作人员协调解决施工纠纷也不是基于被请托人的说情，故该被请托人不构成利用影响力受贿罪，请托人也不构成对有影响力的人行贿罪。

2. 从行为无价值论的角度来看，似乎只要有行贿行为就可以确定刑事有责性，但考虑到行为人由于请托对象的隐瞒陷入了认识错误，即误以为请托对象发挥了作用，但实际上并未发挥，相当于行为人耗时耗力追求了一项本就可以正常实现的利益，因而对行为人处罚的意义不大，否则有主观归责之嫌。这与有影响力的人直接利用自己的特殊背景向其他国家工作人员打招呼还不同，后者至少利用了自身的影响力，前者则根本没有起到实质作用，在主体要素上应当排除在“有影响力的人”的范畴之外。但是考虑其并无捏造关系或者明知自己不能办成仍然谎称有能力为行贿人谋利的情形，故也不宜认定为诈骗。当然，本案认定为犯罪未遂也是不妥的，因为案例中并没有因意志以外的原因而未实现犯罪结果。

3. 从本罪侵害法益和刑法目的性解释的角度来看，有观点认为，对有影响力的人行贿罪侵犯的法益是国家工作人员职务行为的公正性和公众对职务行为公正性的依赖。但实际上，本罪的法益不是国家工作人员的职务廉洁性，而是社会公众基于对国家工作人员严格履职、不会利用职权优亲厚友的信赖。国家工作人员虽然表面上没有收受贿赂，但是围绕其形成一个亲密圈子，还建立了一道隔离层或者防火墙，让自己更加安全。因此，刑法设立本罪的目的，是要通过打击行为人采取“曲线救国”的方式，寻找有影响力的人间接实现不正当利益。但就该案例而言，行为人还谈不上“创设了一种不被允许的危险”，至少这种风险没有达到迫在眉睫的程度。

4. 从行贿犯罪主客观相一致的角度来看，行为人对请托对象如何实现谋利过程一般不要求具备明确认知，但至少应当认识到是基于请托对象的真实影响力而谋取到不正当利益，否则就超出了对有影响力的人行贿罪构成要件的涵射范围。刑法理论中，一般将事实认识错误分为具体的事实认识错误与抽象的事实认识错误。所谓具体的事实认识错误，是指行为人所认识的事实与实际发生的事实虽然不一致，但没有超出同一构成要件的范围，而被称为同一构成要件内的错误，具体的事实认识错误一般不阻却故意既遂犯的成立，但抽象的认识错误则阻却犯罪的成立。本案中，尽管表面上行为人获得了预期中的不正当利益，但是这一结果实际上并不是其行贿行为引起的，因而缺乏基本的因果关系，行为人对此存在抽象认识错误，即不在对有影响力的人行贿罪的构成要件范围内，超出了一般“权钱交易”的主观认识范畴，因而足以影响犯罪性质的认定。

二、关于对有影响力的人行贿罪的定罪处罚

【法律规定】根据《刑法》第 390 条之一的规定，为谋取不正当利益，向国家工作人员的近亲属或者其他与该国家工作人员关系密切的人，或者向离职的国家工作人员或者其近亲属以及其他与其关系密切的人行贿的，处 3 年以下有期徒刑或者拘役，并处罚金；情节严重的，或者使国家利益遭受重大损失的，处 3 年以上 7 年以下有期徒刑，并处罚金；情节特别严重的，或者使国家利益遭受特别重大损失的，处 7 年以上 10 年以下有期徒刑，并处罚金。

单位犯前款罪的，对单位判处罚金，并对其直接负责的主管人员和其他直接责任人员，处 3 年以下有期徒刑或者拘役，并处罚金。

【追诉标准】根据《贪污贿赂司法解释》第 10 条第 2 款、第 3 款的规定，对有影响力的人行贿罪的定罪量刑适用标准，参照该解释关于行贿罪的规定执行。单位对有影响力的人行贿数额在 20 万元以上的，应当依照《刑法》第 390 条之一的规定以对有影响力的人行贿罪追究刑事责任。

【量刑幅度】对有影响力的人行贿罪在量刑幅度上分为三档，分别为：

第一档：为谋取不正当利益，向国家工作人员的近亲属或者其他与该国家工作人员关系密切的人，或者向离职的国家工作人员或者其近亲属以及其他与其关系密切的人行贿的，处 3 年以下有期徒刑或者拘役，并处罚金。即对有影响力的人行贿数额在 3 万元以上，应当以对有影响力的人行贿罪定罪处罚；行贿数额在 1 万元以上不满 3 万元，同时具有该司法解释第 7 条第 2 款规定的 6 种情形的也应当以对有影响力的人行贿罪定罪处罚。

第二档：情节严重的，或者使国家利益遭受重大损失的，处 3 年以上 7 年以下有期徒刑，并处罚金。根据该司法解释，具有下列情形之一的，应当

认定为《刑法》第390条第1款规定的“情节严重”：（1）行贿数额在100万元以上不满500万元的；（2）行贿数额在50万元以上不满100万元，并具有下列情形之一的：①向3人以上行贿的；②将违法所得用于行贿的；③通过行贿谋取职务提拔、调整的；④向负有食品、药品、安全生产、环境保护等监督管理职责的国家工作人员行贿，实施非法活动的；⑤向司法工作人员行贿，影响司法公正的；（3）其他严重的情节。为谋取不正当利益，向国家工作人员行贿，造成经济损失数额在100万元以上不满500万元的，应当认定为《刑法》第390条第1款规定的“使国家利益遭受重大损失”。

第三档：情节特别严重的，或者使国家利益遭受特别重大损失的，处7年以上10年以下有期徒刑，并处罚金。根据该司法解释，具有下列情形之一的，应当认定为《刑法》第390条第1款规定的“情节特别严重”：（1）行贿数额在500万元以上的；（2）行贿数额在250万元以上不满500万元，并具有下列情形之一的：①向3人以上行贿的；②将违法所得用于行贿的；③通过行贿谋取职务提拔、调整的；④向负有食品、药品、安全生产、环境保护等监督管理职责的国家工作人员行贿，实施非法活动的；⑤向司法工作人员行贿，影响司法公正的；（3）其他特别严重的情节。为谋取不正当利益，向国家工作人员行贿，造成经济损失数额在500万元以上的，应当认定为刑法第390条第1款规定的“使国家利益遭受特别重大损失”。

【关于罚金刑的适用】根据《贪污贿赂司法解释》第19条第2款之规定，除贪污罪、受贿罪外，对刑法规定并处罚金的其他贪污贿赂犯罪，应当在10万元以上犯罪数额2倍以下判处罚金。因此，对于犯对有影响力的人行贿罪的，应处于10万元以上犯罪数额2倍以下罚金。

问题80：向具备国家工作人员身份的领导亲属行贿的行为如何定性

【案例】程某峰系湖南省张家界市委原常委、副市长，且系第12届全国政协原副主席、江西省委原书记苏某女婿。2010～2011年，程某峰利用时任江西省委书记苏某的职权、地位形成的便利条件，通过其他国家工作人员职务上的行为，为廖某某、范某某、上官某某谋取不正当利益。为感谢程某峰的帮助，廖某某、范某某、上官某某送给程某峰人民币 925.2 万元、港币 10 万元。[①]

【解析】本案中，对于向具备国家工作人员身份的领导亲属行贿的行为，如何定性，目前有两种意见：

第一种意见认为，对有影响力的人行贿罪的犯罪对象应限定为非国家工作人员。考虑到领导亲属本身就具备国家工作人员身份，行为人向其行贿也很难分清到底是出于利用国家工作人员的影响力还是职权，因而应直接认定为行贿罪。

第二种意见认为，如国家工作人员为他人谋取不正当利益时，并未利用其职务便利，反过来从请托人的角度上来讲，该国家工作人员身居何职并不重要，重要的是其可以借助岳父的职权影响力，进而为请托人谋取到不正当利益。因此，行为人向其行贿应当认定为对有影响力的人行贿罪。

本书同意第二种意见，主要理由是：

1. 对有影响力的人行贿罪的犯罪对象，不要求此人必须是非国家工作人员。从客观方面看，国家工作人员固然可以基于特定职权、地位而产生影响力，但也并不能排除其作为一般社会成员而产生的影响力，因为国家工作人员同样可以成为其他级别、地位更高的领导干部的“特定关系人”，甚至直接具有近亲属关系。例如，一些领导干部的秘书本身也属于公职人员，但是其之所以能在个别地方称为“二号首长”，正是仰仗于其所服务的国家工作人员所产生的“光环效应”。又如，个别干部自愿“依附”于某个高级领导干部甚至成为后者的情人，并借此产生了较大的影响力，并非基于其本人的职务或职权，而是基于与其关系密切的国家工作人员的影响力。因此，是否认定为特定关系人或者有影响力的人，与其是否具有国家工作人员身份之间

---

① 参见湖南省株洲市中级人民法院刑事判决书，(2016) 湘02刑初20号。

并不互相排斥。这也是本案中为何会出现明明已经是地级市副市长的国家工作人员，行贿人不是收买其自身的职权，而是借助其联系更高一级的省委书记来谋取不正当利益的现象。

2. 本罪中的“影响力”不是利用自身拥有的职权对其他国家工作人员给予的指示、命令所带来的“权力型影响力”，而是基于血缘亲情、乡情友情、同学战友等非权力因素所产生的影响力。因此，有影响力的人是否具有国家工作人员的身份，对于定罪没有影响，重点是看其如何帮助行贿人实现不正当利益。也就是说，对于“关系密切的人”的判断应坚持一个基本原则，即以实质关系作为评价标准，而非仅以身份作为评判标准，关键看国家工作人员及与其关系密切的人之间是否属于“利益共同体”，是否具有“一荣俱荣”“一损俱损”的关系。即便是在职国家工作人员，如果没有利用自己所具有的职权，或者其收受财物与其履行职权之间并不具有对应关系，而是因其自身与其他国家工作人员关系密切而产生的非权力性影响力，该具备国家工作人员身份的受托人当然可以成为对有影响力的人行贿罪的行贿对象。

3. 本罪中的“影响力”不是抽象的，而是具体的。如果一味强调对有影响力的人行贿罪的犯罪对象必须具有非国家工作人员身份，显然会使部分人逃避刑罚处罚。实践中，有些热衷于“拿钱办事”的国家工作人员其自身的职权是有限的，因而往往会找靠山、拉关系，甚至跨行业、跨系统、跨地域地依附于特定的政治势力，借助其他国家工作人员特别是领导干部的影响力。但需要注意的是，“有影响力的人”对于国家工作人员一般是基于密切关系所产生的“直接影响力”，而不是带有“媒介性”“转委托”性质的“间接影响力”。例如，某行贿人为承揽工程建设项目而找到社会人员甲并向甲支付了“酬金”，甲通过朋友乙向乙的近亲属国家工作人员丙提出请托后，帮助行贿人顺利中标该工程项目，其中甲对国家工作人员丙并无直接影响力，而属于间接影响力，不属于本罪的“有影响力的人”。

问题81：对有影响力的人行贿罪中，国家工作人员的特定关系人通过“斡旋”方式为行贿人谋取不正当利益的，应当如何认定

【案例】某地级市文化局副局长李某，欲谋求提拔正处级领导，但苦于年龄较大，不符合组织拟考察任命的条件。后经人介绍，认识了时任市委书记刘某的妻子王某。经李某请托，并向王某行贿30万元，王某未告知其丈夫，而是直接联系时任市委组织部常务副部长赵某，并将李某的简历和诉求告诉赵某，后李某被提拔为该市广播电视局局长。

【解析】在一部分行贿案件中，行贿人提出请托后，“有影响力的人”并不是通过其能直接影响的国家工作人员的职务便利，而是通过其自身的“优势地位”所形成的辐射力，利用其他国家工作人员的职权便利帮助行贿人谋取到不正当利益。例如，该案中行为人就是向领导近亲属行贿后，误以为后者会向领导转达，而领导亲属实际上是通过自己的私人关系，帮助行为人谋取到不正当利益。对此情况如何定性，目前存在三种意见：

第一种意见认为：行为人在主观上虽然具有对有影响力的人行贿的故意，客观上也实施了给予钱款的行为，但实际谋取利益却是通过另一国家工作人员的帮助实现，即领导近亲属不是直接利用其所依附的领导干部本身的职权，而是自行通过私人关系，借助其他国家工作人员的职权为请托人谋利，不属于刑法意义上的“有影响力的人”，也不属于请托利用职权、地位形成的便利条件的国家工作人员，目前尚无刑法处罚的法律依据，应对行为人宣告无罪。

第二种意见认为，根据刑法规定，对有影响力的人行贿罪应当是促使有影响力的人发挥直接影响力，如果是采用类似于“斡旋”的方式施加影响，则不符合本罪的构成要件，应当认定为对非国家工作人员行贿罪。

第三种意见认为：行为人给予有影响力的人以财物，有影响力的人利用国家工作人员职权或者地位形成的便利条件，通过其他国家工作人员职务上的行为，为请托人谋取不正当利益，同样构成对有影响力的人行贿罪。

本书同意第三种意见，主要理由是：

1. 从有影响力的人施加影响力和谋取不正当利益的因果关系来看，行为人向国家工作人员近亲属提出请托并贿送财物，然后由后者通过斡旋方式借助其他国家工作人员为请托人谋取不正当利益的，同样符合本罪的构成要件。有一类行贿案件涉及的“有影响力的人”身份特殊、背景深厚，例如一些地方党政主要领导的妻子、子女、司机，他们虽然不具有国家工作人员的身份，却能量惊人、神通广大，堪称“地下组织部部长”或者“地下财政局部长”，对当地的人、财、物等各方面资源都能够插手干预，甚至已经到了可以绕过地方主要领导而直接向地方相关单位领导打招呼的地步。一方面，他们为了将所依附的国家工作人员的权力快速“变现”，积极向有关领域的商人显示自己的“背景”和“人脉”，以吸引那些谋求不正当利益的不法商人主动靠拢并向他们送钱送物；另一方面，他们利用了国家工作人员在家风管理上的疏忽和过失，或者因长期投身工作难以照顾家庭而产生的愧疚感和补偿心理，对近亲属打着国家工作人员的旗号出去“赚钱”也听之任之。当然，还有的有影响力的人是忌惮国家工作人员一旦知情他们在地方人事、公共投资等领域上下其手，将会严厉制止，故而有意规避，直接联系具体经办单位的负责人。而在一些地方由于长期以来政治生态恶化，“一言堂”现象十分严重，一些领导干部为了急于获得升迁，也乐于和这些领导家属接触，甚至对其提出的不正当利益的诉求也积极迎合、大力配合。

2. 从犯罪手段和方式来看，一般情况下，对有影响力的人行贿罪应当是行贿人提出请托并给予财物——国家工作人员的近亲属或者其他与该国家工作人员关系密切的人接受请托——上述人员向该国家工作人员转达请托——国家工作人员提供帮助谋取到不正当利益。但是，应当看到的是，在过去一个时期某些政治风气不良的地方，“权力家族化”的现象十分严重，例如江西省委原书记苏某之妻于某芳、云南省委原书记白某培之妻张某清等人擅权干政，[①]

① 参见郭芳、董显苹：《大老虎的夫人们》，载《中国经济周刊》2015 年第 10 期。

个别国家工作人员的权力以极为不正常的方式扩散影响力，形成了“夫人政治”等现象，一些急功近利的官员也热衷于走“上层路线”和“夫人路线”，并以此作为进身之阶。这些身份和地位特殊的“有影响力的人”，不仅能够直接影响到作为近亲属的国家工作人员，同时也能够直接影响到辖区内的其他单位国家工作人员，行贿人的行为应当认为对有影响力的人行贿罪。在此种行为方式中，有影响力的人并非利用与其有密切关系的国家工作人员的直接职务行为，而是通过其他国家工作人员的职务行为达到为行贿人谋取不正当利益的目的。该行为的实施过程中存在两层“影响力”：第一层是有影响力的人对国家工作人员所具有的非权力性影响力；第二层是国家工作人员基于其职权或者地位形成的便利条件，而对其他国家工作人员产生的权力性影响力。

3. 从体系解释上来看，有观点认为领导干部的近亲属既然不具有国家工作人员身份，那么向其行贿应当认定为对非国家工作人员行贿罪。本书认为，对非国家工作人员行贿罪被设置于《刑法》破坏社会主义市场经济秩序一章，主要针对的是在市场经济活动中向公司、企业有关人员行贿的行为，尽管国家工作人员的近亲属和其他特定关系人往往也属于广义上的“非国家工作人员”，但与对有影响力的人行贿罪在针对的规制对象、具体语境上都存在较大区别，在惩治“家族腐败”“身边人腐败”等现象时，一般不宜适用对非国家工作人员行贿罪。一些地方政府、政府主要领导的家属打着领导旗号大肆揽权纳贿，俨然成为“领导化身”，其虽然没有向主要领导告知请托事项，而是向有关单位负责人打招呼，在本质上仍然是借助了其所依附的国家工作人员的影响力，对于行贿人向此类人员行贿的，应当认定为对有影响力的人行贿罪。

问题 82：同时对有影响力的人和与前者关系密切的国家工作人员行贿的行为如何定性

【案例】 李某是某县主管交通工作的副县长许某的情人，在该县建设

"乡村路路通"的过程中，某工程承包商王某通过老乡关系联系到李某，称如能帮助其承揽乡村公路建设工程，愿意支付巨额好处费。后李某向许某转达了王某的请托事项，在许某的帮助下，王某顺利承揽到该县投资2000万元的农村公路工程建设项目，后王某按照约定交给李某300万元好处费。第二年夏天，该县启动农村公路提升改造工程，王某得知消息后，再次主动联系李某，表示想承接该工程，并请其向许某打招呼。后在许某的关照下，王某的公司再次顺利中标。王某为感谢李某和许某的帮助，送给李某人民币100万元，并请其同时感谢一下许某。李某后来把此事通过电话告知了许某，许某指示李某将钱收下。

【解析】对于本案中王某的行贿行为如何定性的问题，目前有三种意见：

第一种意见认为，对王某的两次行贿行为均应当认定为行贿犯罪。理由是：虽然王某的两次行贿行为均是在谋取不正当利益之后将财物交予李某，但其感谢的最终原因还是因为利用了许某手中的公权力为其谋利。而且由于李某和许某的特定关系，从而使得主体具有整体性，尤其是李某第二次收受贿赂后得到了许某的首肯，因此应认定为行贿罪。

第二种意见认为，王某的两次行贿行为在性质和模式上具有同一性，两次行为均是直接利用了李某对许某的影响力为其谋利，均构成对有影响力的人行贿罪。

第三种意见认为，两次行为的性质并不一样，应数罪并罚。理由是：王某的第一次行贿行为，是出于其感谢李某利用自己与许某的特殊关系来帮助王某实现中标，起关键作用的是李某对许某所具有的影响力。第二次行贿中，王某在请托时已明确表达了"请李某给许某打招呼"，其希望利用许某的职务便利为自己谋取不正当利益的主观故意十分明显，且其在事后将100万元交给李某时表示"请其同时感谢一下许某"，对此李某也告知了许某，故王某的第二次行贿行为应认定为行贿罪。

本书同意第三种意见。主要理由是：

1. 实践中，行贿人向"有影响力人"行贿的情形非常复杂，行贿人与

“有影响力的人”之间的交往密切程度、“有影响力的人”与国家工作人员之间的具体关系如何，都会直接影响到对行贿行为的定性。除了那种完全扮演“掮客”角色的“有影响力的人”以外，还有相当一批行贿案件中，行贿人实际上对“有影响力的人”及其背后的国家工作人员的关系是非常清楚的，甚至对后者的利益捆绑关系也心知肚明，在这种情况下，很多行贿人的供述中往往承认其将贿赂交付于有影响力的人，但其主观目的不是只给予对方，而是同时感谢有影响力的人和国家工作人员，同时给予上述两人。还有的行贿人甚至将贿赂交付于有影响力的人，并不是真正给予对方，而是托有影响力的人将此贿赂转交给国家工作人员。对于上述情形如何定性，实践中还有不同认识。

2. 行贿人向有影响力的人行贿的行为，是构成对有影响力的人行贿罪还是行贿罪，关键在于行贿者在向有影响力的人行贿时的主观认识。根据《关于办理受贿刑事案件适用法律若干问题的意见》的规定，有影响力的人和国家工作人员合谋，国家工作人员以职务之便帮助请托人谋得利益进行受贿的，认定其为受贿罪的共犯。在王某的第一次行贿中，其行贿的对象明确为李某，且其感谢的原因也是李某利用其关系帮助自己承揽到项目。因此，行贿人对受贿者与国家工作人员事中形成的受贿故意不知情，仍然是想利用受贿者对国家工作人员的影响力谋取私利，此时不论国家工作人员是否知晓，不管其最后是否得到了不正当利益，都构成了对有影响力的人行贿罪。在王某的第二次行贿中，其行贿的对象既包括李某，又包括国家工作人员许某，其交付财物的时候基于李某与许某的特定关系只表达了概括的故意。在第二次请托李某时，王某也明确了请其向许某打招呼，表面上看是利用了李某对许某的影响力，但关键还是利用了许某的职务便利为其在工程竞标中谋利。

3. 行为人将财物交付给有影响力的人，有影响力的人虽然与国家工作人员构成受贿罪的共犯，但行为人没有认识到该受贿共犯事实时，行为人仍然成立对有影响力的人行贿罪。反之，行为人将财物交付给有影响力的人，但有影响力的人与国家工作人员构成受贿罪的共犯，行为人也明知该受贿罪共犯事实时，不管财物最终是否由国家工作人员占有，行为人均成立行贿罪。也就是说，如果行贿人在行贿时已经明确认识到，有影响力的人在发生行贿行为的过程中和国家工作人员产生了受贿的共同故意，行贿人只是将有影响力的人作为自己犯罪过程中财产的转交者，或者是概括认为只要将财物交付给有影响力的人，就等于给有影响力的人和国家工作人员这一对利益共同体。[①] 在此，行贿人与国家工作人员之间已经不再是间接的权钱交易，而是直接的权钱交易，有影响力的人在这个过程中扮演着帮助犯的角色。从行贿者的主观认识来看，其犯罪目的就是向国家工作人员行贿，而非将财物给予有影响力的人，应该将其行为评价为普通行贿罪。

问题 83：行为人在寻求有影响力的人帮助过程中，后者同时发挥了“影响力”和“制约力”的，应当如何定性

【案例】李某是廊坊市某房地产公司法定代表人，古某是河北省驻北京办事处主任，后调任河北省民政厅厅长，李某与古某两人是朋友关系。2009年李某在北旺中学的项目销售情况不太好，李某想通过古某请时任廊坊市主管城建的副市长肖某胜帮忙处理该项目。古某与肖某胜此前曾共事多年，十分相熟，古某便让李某以其亲戚的名义去拜访肖某胜。在李某与肖某胜见面后，李某告知肖某胜其在北旺中学的项目销售情况，且还有 40 多亩土地没有使用，自己准备改变用地性质建成商品房销售。之后，肖某胜帮助李某将其项目中剩余未能出售的教师公寓改成保障性用房。此外，还将原来的 40 多亩的土地改成建设保障房规划地。为感谢古某的帮助，李某先后给古某送了 270 万元现金。此外，李某还花 30 万元为古某免费装修两套房屋。一审法院认定李某犯对有影响力的人行贿罪，二审改判李某犯对单位

① 参见刘明祥：《从单一正犯视角看贿赂罪中的共同犯罪疑难问题》，载《法学家》2017 年第 2 期。

行贿罪。①

【解析】 行为人在寻求有影响力的人的帮助过程中，后者利用了与国家工作人员的非职权性密切关系，也发挥了自身的职权、地位形成的便利条件，对此应当如何定性，存在两种意见：

第一种意见认为，当行为人寻找的有影响力的人具备国家工作人员和密切关系人的双重身份，对行使公权力的另一国家工作人员存在既利用本人职权或地位形成的便利条件，又利用了非职务性的密切关系时，应当从一重处理，即按照行贿罪定罪处罚。

第二种意见认为，区分两罪的关键是看“有影响力的人”利用的是其与其他国家工作人员的何种关系影响后者的职务行为，即利用的是“职权和地位形成的便利条件”还是非职务性的密切关系所形成的影响力。如果是职权性的制约关系，构成行贿罪；如果是非职权性的影响力，构成对有影响力的人行贿罪；如果是兼而有之，难以区分的，则按照想象竞合从一重罪处罚。

本书同意第二种意见，主要理由是：

1. 对有影响力的人行贿罪在行为结构上比行贿罪更为复杂、行为方式也更为多变、侵害的法益也由单一法益变为了复合法益。一般而言，在对有影响力的人行贿罪过程中，有影响力的人是通过对国家工作人员利用亲属、友情、同乡等关系施加影响，并无权力制约关系或者职权或者地位形成的便利条件，社会危害性相对较低，故刑法规定适用相对轻缓的刑罚。只要国家工作人员同时具备本人的职权或者地位形成的便利条件和其与其他国家工作人员的密切关系，原则上应当依照《刑法》第388条的规定，以斡旋受贿罪论处；但确有证据证实国家工作人员仅利用了其与被其利用的其他国家工作人员的密切关系的，应当依照《刑法》第388条之一的规定，以利用影响力受贿罪论处。

① 参见河北省石家庄市中级人民法院刑事判决书，(2017) 冀01刑终1014号。

2. 对有影响力的人行贿和对国家工作人员行贿在本质上有所差别。前者对国家工作人员“身边人”影响力的收买，仅为诱发国家工作人员腐败的一个可能因素。如行贿人直接对国家工作人员提出请托，国家工作人员允诺，双方达成钱权交易的通谋，则构成行贿罪。国家工作人员即使未实际为行贿人谋得不正当利益，但在其允诺之时，国家廉政制度已然遭到破坏，因而对国家工作人员行贿较对有影响力的人行贿危害性更大。[①] 对有影响力的人行贿罪的主要特征是利用与非职务性的密切关系所形成的影响力进行权钱交易。影响力主要包含两方面：一是非权力性影响力，即国家工作人员近亲属或与其关系密切的人自身对该国家工作人员的影响力，如国家工作人员的家人等；二是国家工作人员近亲属或与其关系密切的人对其他国家工作人员的影响力，比如，某地区主要领导的妻子利用该主要领导对下属国家工作人员的影响等。

3. 实践中，经常出现行为人寻找的有影响的人本身即为国家工作人员，且与被影响的国家工作人员保持一定的私人关系，从而使工作关系和私人关系出现交叉。对此，应就二人工作方面的联系及平时的私交情况进行考察，从二人的职权范围、工作联系、平时生活交往状况等方面，综合社会公众的一般认知，判断何种影响力在犯罪中起到主要作用。如二人系工作后相识，有影响力的人的职务、职级均高于其所请托的国家工作人员，且在同一行政辖区、行政系统内工作，彼此之间还有工作上的隶属或制约关系的，则不宜认定仅仅是利用私人关系，而应当直接认定为行贿罪。如果虽基于工作关系认识，但双方早已不在同一个行政区域或系统工作，或者工作上的影响力十分有限，仅仅是凭借以往的交情提供帮助的，则应按照实际情况认定行为人构成对有影响力的人行贿罪。

4. 当职权或地位形成的便利条件和密切关系两种影响力存在交织、竞合，无法准确区分何种影响力对行使公权力影响更大时，考虑到公职人员明

---

① 参见孙国祥、魏昌东：《反腐败国际公约与贪污贿赂犯罪立法研究》，法律出版社 2011 年版，第 489 页。

知自己的职权具有影响力而用权不谨慎，如仅以密切关系作为遮羞布妄图减轻处罚，不利于规范公权力运行和打击腐败行为，原则上应优先考虑认定为行贿。当然，按照想象竞合从一重处断原则，也应认定为行贿罪。此外，区分两罪时还应综合分析实际为行为人谋取不正当利益提供帮助的国家工作人员的主观心态、行贿人的行贿动机以及行贿人对受贿的国家工作人员与被利用的国家工作人员之间关系的认知。如实际用权的其他国家工作人员在为请托人谋取不正当利益时，考虑到其与收钱的国家工作人员的密切关系才肯帮忙，同时请托人明知收钱的国家工作人员和实际用权的国家工作人员私交甚笃，且确有证据证实收钱的国家工作人员的职权或地位形成的便利条件对被利用的国家工作人员的影响力较弱的情况下，则认定对有影响力的人行贿罪为宜。①

问题84：对有影响力的人行贿行为跨越刑法修正案前后的，如何处理

【案例】 2013 年下半年至 2014 年，被告人徐某为了承揽武威市天祝县教育局新华中学综合楼建设项目，数次前往马某的办公室，请托马某出面协调时任天祝县委书记张某在该项目中标上给予关照，并送给马某现金 100,000 元，马某予以收受。事后马某就徐某请托的事项向张某打了招呼，张某表示此事不好办。最终被告人徐某在此项目上并未中标。被告人徐某告知马某后，马某将 100,000 元退还给徐某。2016 年在甘肃省武威市天祝县棚户区改造项目中，被告人徐某在未经项目招标而违规参与前期拆迁、施工的情况下，被人举报，面临停工停业、重启招投标的不利情形。被告人徐某遂找到时任甘肃日报社武威记者站负责人马某请求协调此事，马某联系时任天祝县委书记张某，经过协调，马某替被告人徐某挽回了不利局面，该项目最终也由被告人徐某继续参与施工作业。2016 年 9 月，被告人徐某为了感谢马某的帮助，

---

① 参见孙莉、陈晗：《斡旋受贿与利用影响力受贿辨析》，载《中国纪检监察报》2023 年 6 月 28 日，第 6 版。

给予其现金80,000元，马某予以收受。法院认定，被告人徐某行贿的时间为2013年下半年至2014年，彼时《刑法修正案（九）》尚未出台，对有影响力的人行贿罪尚未入罪，但结合全案，对该行贿行为不宜单独评价，在对被告人徐某量刑时予以综合认定。判决被告人徐某犯对有影响力的人行贿罪，判处有期徒刑1年，缓刑1年；罚金100,000元。①

【解析】本案中，由于被告人徐某对有影响力的人行贿行为跨越《刑法修正案（九）》前后的，对此如何处理，目前有两种意见：

第一种意见认为，被告人徐某为谋取不正当利益，向与国家工作人员关系密切的人行贿，其行为已构成对有影响力的人行贿罪。其行贿行为跨越《刑法修正案（九）》前后的，行贿数额应当一并计入犯罪数额。

第二种意见认为，被告人徐某第一笔行贿的时间为2013年下半年至2014年，彼时《刑法修正案（九）》尚未出台，对有影响力的人行贿罪尚未入罪，但结合全案，对该行贿行为不宜单独评价，在对被告人徐某量刑时予以综合认定。

本书同意第二种意见，主要理由是：

1. 本案的争议焦点在于，对于《刑法修正案（九）》颁布之前的向此类与国家关系密切的人员行贿是否构成犯罪。有观点认为，“有影响力的人”可以分为国家工作人员和非国家工作人员两类，即便在《刑法修正案（九）》颁布前对有影响力的人行贿的，也仍然符合行贿罪或对非国家工作人员行贿罪的构成要件，因而属于“原刑法和修订刑法都认为是犯罪并且应当追诉”的情形，应当一并处理。根据最高人民检察院《关于对跨越修订刑法施行日期的继续犯罪、连续犯罪以及其他同种数罪应如何具体适用刑法问题的批复》的规定，对于开始于1997年9月30日以前，继续或者连续到1997年10月1日以后的行为，以及在1997年10月1日前后分别实施的同种类数罪，如果原刑法和修订刑法都认为是犯罪并且应当追诉，适用一并追诉原则。从

---

① 参见甘肃省兰州市西固区人民法院刑事判决书，(2019) 甘0104刑初192号。

该批复明确的“原刑法和修订刑法都认为是犯罪并且应当追诉”条件来看，如果原刑法和修订刑法并非都认为是犯罪或者应当追诉，则不适用一并追诉原则。该批复虽未针对对有影响力的人行贿罪，但原理相同。因此，上述观点没有正确认识刑法溯及力和罪刑法定原则的基本精神。

2. 尽管“有影响力的人”从主体身份上可以划分为国家工作人员和非国家工作人员，但并不意味着只要实施了上述给付财物的行为就构成犯罪，而应当具备基本的因果关系才符合构成条件。本案中，虽然行贿对象马某时任甘肃日报社武威记者站负责人，具有国家工作人员身份，但其本身并不具备直接管理行政事务的权力，而是需要借助其在当地党政机关的影响力，通过其他国家工作人员的职权为请托人谋取不正当利益。也就是说，行贿罪与对有影响力的人行贿罪的区别不仅在于行贿对象的身份，而且在于行贿人所谋取的不正当利益是基于行贿对象自身的职权还是基于其和其他国家工作人员的密切关系。因此，在《刑法修正案（九）》正式生效前，立法尚无明文规定对有影响力的人行贿作为犯罪处理，故此种行为不宜追究其刑事责任，但可以作为量刑情节在全案中予以酌情考虑。

| 第七章 |

关于对非国家工作人员行贿罪的司法认定

【法条链接】《刑法》第一百六十四条　为谋取不正当利益，给予公司、企业或者其他单位的工作人员以财物，数额较大的，处三年以下有期徒刑或者拘役，并处罚金；数额巨大的，处三年以上十年以下有期徒刑，并处罚金。

为谋取不正当商业利益，给予外国公职人员或者国际公共组织官员以财物的，依照前款的规定处罚。

单位犯前两款罪的，对单位判处罚金，并对其直接负责的主管人员和其他直接责任人员，依照第一款的规定处罚。

行贿人在被追诉前主动交待行贿行为的，可以减轻处罚或者免除处罚。

一、对非国家工作人员行贿罪的构成要件

问题85：如何界定非国家工作人员的范围

之所以要划定非国家工作人员的边界，首先是要限制本罪的处罚范围。也就是说，非国家工作人员并非字面意义上的简单描述，与国家工作人员之间也不是非此即彼的互斥关系。一般而言，刑法意义上的非国家工作人员是指公司、企业或者其他单位的工作人员，包括国有公司、企业以及其他国有单位中的非国家工作人员，即国家机关中从事公务的人员，国有公司、企业或者其他国有单位中从事公务的人员，国家机关、国有公司、企业或者其他

国有单位委派到非国有公司、企业以及其他单位从事公务的人员不属于本罪中的“非国家工作人员”。

根据最高人民法院、最高人民检察院《关于办理商业贿赂刑事案件适用法律若干问题的意见》的规定，“其他单位”包括事业单位、社会团体、村民委员会、居民委员会、村民小组等常设性的组织，也包括为组织体育赛事、文艺演出或者其他正当活动而成立的组委会、筹委会、工程承包队等非常设性的组织。实践中，参照财政部2003年发布的《关于国有企业认定问题有关意见的函》（财企函〔2003〕9号）的答复精神，国有股权超过50%的绝对控股企业应当属于“国有公司、企业”范畴。根据最高人民法院、最高人民检察院2010年11月26日联合出台的《关于办理国家出资企业中职务犯罪案件具体应用法律若干问题的意见》相关规定，国家出资企业包括国有独资公司、国有独资企业和国有资本控股、国有资本参股公司、企业。最高人民法院2005年8月11日施行的《关于如何认定国有控股、参股股份有限公司中的国有公司、企业人员的解释》的规定，只有国有公司、企业委派到国有控股、参股公司从事公务的人员，才能以国有公司、企业人员论。除此之外的人员，属于非国家工作人员。

需要注意的是，本罪的犯罪对象不仅包括中华人民共和国公民，也包括除从事公务的外国公职人员、国际公共组织官员以外的外国公民。例如，在澳大利亚力拓有限公司驻上海代表处首席代表胡某泰非国家工作人员受贿案中，胡某泰系澳大利亚籍，于2003年至2009年，利用职务上的便利，在对华铁矿石贸易中，多次索取或收受钱款，为他人谋取利益。其中，胡某泰收受人民币646万余元，因而相应地向其行贿的人员也可依法构成对非国家工作人员行贿罪。①

判断是否系国家工作人员，一般以职务论而非以身份论，即使不具有国家机关工作人员身份的非在编职工、合同制人员，只要具有监督、管理国有

① 参见《上海高院驳回“力拓案”被告人上诉》，载《人民法院报》2010年5月18日，第3版。

资产或者从事公务的职务便利，同样应视为国家工作人员。根据《刑法》第93条的规定以及全国人民代表大会常务委员会《关于〈中华人民共和国刑法〉第九章渎职罪主体适用问题的解释》的相关规定，虽未列入国家机关人员编制但在国家机关中从事公务的人员，在代表国家机关行使职权时，有渎职行为，构成犯罪的，依照刑法关于渎职罪的规定追究刑事责任。可见，国家工作人员的本质特征是从事公务，认定是否是国家工作人员也应当以是否从事公务为依据。例如，行为人为帮助非户籍限购人员购买房屋，主动联系当地房地产交易所合同制职工，由该职工使用虚假户籍材料的方式违规办理二手房交易登记手续，并按照每个违规件2万元标准给其好处费。该案中，尽管该合同制职工不是在编国家机关工作人员，但其负责存量房买卖协议打印，核查要件是否齐全，查验买卖双方提交的身份证明、户籍资料、社保资料、完税证明、婚姻状况等材料。当然，如果行贿方获得交易机会的主要原因是基于其提供的产品、服务更为优质上乘，在此情况下，其给予非国家工作人员回扣、手续费则不属于谋取不正当利益，因而不构成本罪。[①]

二、关于对非国家工作人员行贿罪的定罪处罚

【法律规定】根据《刑法》第164条的规定，“为谋取不正当利益，给予公司、企业或者其他单位的工作人员以财物，数额较大的，处三年以下有期徒刑或者拘役，并处罚金；数额巨大的，处三年以上十年以下有期徒刑，并处罚金……单位犯前两款罪的，对单位判处罚金，并对其直接负责的主管人员和其他直接责任人员，依照第一款的规定处罚。行贿人在被追诉前主动交待行贿行为的，可以减轻处罚或者免除处罚”。

【追诉标准】根据《贪污贿赂司法解释》第11条第3款的规定，关于对非国家工作人员行贿罪的“数额较大”“数额巨大”的数额起点，按照该司

① 参见韩成军：《对非国家工作人员行贿罪探析》，载《学术界》2011年第5期。

法解释第 7 条、第 8 条第 1 款关于行贿罪的数额标准的 2 倍执行。

同时，2022 年 4 月最高人民检察院、公安部联合发布的《关于公安机关管辖的刑事案件立案追诉标准的规定（二）》第 11 条规定，“为谋取不正当利益，给予公司、企业或者其他单位的工作人员以财物，个人行贿数额在三万元以上的，单位行贿数额在二十万元以上的，应予立案追诉”。

通过对比，可以发现《关于公安机关管辖的刑事案件立案追诉标准的规定（二）》调整了对非国家工作人员行贿罪的立案数额起点，不再因行贿对象的身份是国家工作人员还是非国家工作人员而有所区别，使本罪参照了行贿罪的定罪量刑标准，反映了当前从严打击行贿犯罪、平等对待犯罪对象的政策精神。当然，在对非国家工作人员行贿罪定罪量刑时，还应综合考虑平等原则、犯罪的性质和情节，准确评估社会危害性，确保罪责刑相适应。

【量刑幅度】依照刑法规定，本罪共分为两档：

第一档：对非国家工作人员行贿，数额较大的，处 3 年以下有期徒刑或者拘役。根据上述《贪污贿赂司法解释》的规定，对非国家工作人员行贿罪中的“数额较大”的数额起点，按照行贿罪的数额标准的执行，即行贿罪的起刑点为 3 万元，故对非国家工作人员行贿罪中的“数额较大”的起点为 3 万元。

第二档：对非国家工作人员行贿，数额巨大的，处 3 年以上 10 年以下有期徒刑，并处罚金。根据上述《贪污贿赂司法解释》的规定，对非国家工作人员行贿罪中的“数额巨大”的数额起点，按照行贿罪的数额标准执行，即行贿罪的起刑点为 100 万元，故对非国家工作人员行贿罪中的“数额巨大”的起点为 100 万元。

需要注意的是，刑法规定的非国家工作人员受贿罪在量刑幅度上分为三档，分别包括数额较大、数额巨大或者有其他严重情节和数额特别巨大或者有其他特别严重情节，而本罪作为非国家工作人员的对合犯罪，在量刑幅度上只有两档，而没有“数额特别巨大”一档。也就是说，即便对非国家工作人员行贿达到《贪污贿赂司法解释》规定的“数额特别巨大”的程度，也只能在3年以上10年以下有期徒刑的幅度内量刑。

【关于特别自首制度】 本罪在“被追诉前”主动交代的后果要优于行贿罪，即根据刑法规定，行贿罪中的“特别自首”只能获得“可以从轻或者减轻处罚”的量刑优惠，且只有在“犯罪较轻的，对调查突破、侦破重大案件起关键作用的，或者有重大立功表现的”的情况下，才可以减轻或者免除处罚，而本罪则可以直接获得“减轻处罚或者免除处罚”的量刑优惠。

问题86：如何确定对非国家工作人员行贿罪的罚金数额

《刑法》第164条关于对非国家工作人员行贿罪规定了罚金刑，但对于判处罚金的数额标准并未明确规定。对此，存在以下两种意见：

第一种意见认为，根据《贪污贿赂司法解释》第19条第2款规定，对刑法规定并处罚金的其他贪污贿赂犯罪，应当在10万元以上犯罪数额2倍以下判处罚金。法院在审理对非国家工作人员行贿案件时，可以参照上述规定的数额范围判处罚金。

第二种意见认为，该司法解释中的“其他贪污贿赂犯罪”一般仅限于刑法分则第8章规定的贪污贿赂罪，而不包括刑法分则第3章中设置的对非国家工作人员行贿罪，因而对非国家工作人员行贿罪的罚金刑可不受上述10万元以上犯罪数额2倍以下判处罚金的限制。

本书同意第二种意见，主要理由是：

1. 从最高司法机关关于本罪罚金刑的立场来看，最高人民法院刑二庭执笔的《〈关于办理贪污贿赂刑事案件适用法律若干问题的解释〉的理解与适用》中专门提出，《贪污贿赂司法解释》第19条第2款规定的“其他贪污贿赂犯罪”，应当理解为除贪污罪、受贿罪之外规定在《刑法》分则第八章中的其他贪污贿赂犯罪，而不包括非国家工作人员职务犯罪。[①] 因此，对于对

---

① 参见裴显鼎、苗有水、刘为波、王珅：《〈关于办理贪污贿赂刑事案件适用法律若干问题的解释〉的理解与适用》，载《人民司法》2016年第19期。

非国家工作人员行贿罪的罚金标准，并不适用《贪污贿赂司法解释》第19条第2款所规定的“对刑法规定并处罚金的其他贪污贿赂犯罪，应当在十万元以上犯罪数额二倍以下判处罚金”。2019年10月23日最高人民法院在第十三届全国人民代表大会常务委员会第十四次会议上所作的《关于加强刑事审判工作情况的报告》中专门提到了“葛兰素史克行贿案”的罚金刑情况。该案中，湖省长沙市中级人民法院认定葛兰素史克（中国）投资有限公司（简称GSKCI）为扩大药品销量，谋取不正当利益，采取贿赂销售模式，以多种形式向全国多地医疗机构从事医务工作的非国家工作人员行贿，数额巨大。最终，法院以对非国家工作人员行贿罪判处被告单位GSKCI罚金人民币30亿元，罚金数额远超犯罪金额，系我国目前审理的对非国家工作人员行贿罪中判处罚金的最高纪录，为类案罚金刑的处理提供了一定的参考依据。

2. 从罚金刑设置的目的来看，是剥夺犯罪分子的再犯能力。在刑法分则条文中，关于罚金刑数额的规定大致分为以下几种类型：无限额罚金制（不规定罚金的具体数额限度）、限额罚金制（刑法分则规定了罚金数额的下限和上限）、比例罚金制（以犯罪金额的百分比决定罚金的数额）、倍数罚金制（以犯罪金额的倍数决定罚金的数额）、倍比罚金制（以犯罪金额的比例和倍数决定罚金的数额）。由于本罪并未明确规定罚金的金额和比例限制，因此可归类为无限额罚金制。从《刑法修正案（十一）》对经济犯罪的罚金刑进行修订的情况来看，无限额罚金制逐渐成为趋势。例如，《刑法》第142条生产、销售、提供劣药罪中的倍比制罚金刑（50%以上2倍以下罚金）修改为无限额制罚金刑；《刑法》第160条欺诈发行证券罪由百分比制罚金刑修改为无限额制罚金刑；《刑法》第176条非法吸收公众存款罪；《刑法》第192条集资诈骗罪的罚金刑数额由最高50万元修改为不定额罚金。当然，无限额不等于可以随意处罚，而是要求在合理范围内确定罚金的数额。本书认为，考虑到行贿案件中大部分情况下都会产生一定的违法所得，且违法收益一般都高于行贿成本。因此，可以大致按照行贿违法所得的1~5倍判处罚金。如果没有违法所得，或者违法所得的金额过小以至于无法起到罚金刑的惩罚功能的，也可以参照《贪污贿赂司法解释》第 19 条第 2 款规定，在 10 万元以上犯罪数额 2 倍以下判处罚金。

3.《刑法》第 52 条规定，判处罚金，应当根据犯罪情节决定罚金数额。最高人民法院《关于适用财产刑若干问题的规定》第 2 条第 1 款规定，“人民法院应当根据犯罪情节，如违法所得数额、造成损失的大小等，并综合考虑犯罪分子缴纳罚金的能力，依法判处罚金。刑法没有明确规定罚金数额标准的，罚金的最低数额不能少于一千元”。因此，对非国家工作人员行贿案件中的罚金可以根据具体案情灵活掌握，并从罚金刑特殊预防的目的出发，结合案件具体情节中的经济因素与非经济因素进行综合判断。[①] 特别是对于从事食品药品、环境卫生等涉民生领域的相关企业，如通过向非国家工作人员行贿以谋取不正当利益，严重危害人民群众生命健康和财产安全的，不仅应依法从严追究相关直接责任人和主管人员的责任，还应当加大财产刑的判处力度，彻底剥夺犯罪分子非法获利和再次犯罪的资本。

问题 87：对非国家工作人员行贿罪处罚时，如何处理刑法修订前后发生变化的情形

【案例】2009 年 4 月至 2015 年 10 月，被告人王某芹经营的浙江澳迅国际货运代理有限公司，在与东升公司开展业务过程中，为获得东升公司的出口运输订单业务，按照业务款约 2% 的比例，向东升公司单证业务员孙某莉给付回扣，共计人民币 1, 163, 319 元。一审法院以对非国家工作人员行贿罪，分别判处被告单位浙江澳迅国际货运代理有限公司罚金人民币 300, 000 元；判处被告人王某芹有期徒刑 1 年 6 个月，缓刑 2 年。检察机关提出抗诉称：原审法院对被告人王某芹判处刑罚所依据的数额标准为《贪污贿赂司法解

---

① 《刑法修正案（八）》取消了危害食品安全相关犯罪中“并处或者单处销售金额百分之五十以上二倍以下罚金”的规定，实际上是要求对经济性与非经济性因素全面加以考量。

释》第7条、第11条第3款，而上述司法解释是对《刑法修正案（九）》修正的刑法相关条款所做的诠释，修正以后，对非国家工作人员行贿罪数额较大的情形增设了并处罚金。因此，一审在适用该司法解释的情况下适用《刑法修正案（八）》修正的相关条款，系法律适用错误。应当按照《刑法修正案（九）》在对被告人王某芹判处主刑的同时，并处罚金。二审法院经审查认定：（1）王某芹对非国家工作人员的行贿发生于《刑法修正案（八）》实施期间，而当时生效的法律为《刑法修正案（九）》，本案涉及如何适用从旧兼从轻原则。（2）在适用从旧兼从轻原则中，比较法定刑轻重主要应看具体的犯罪行为在新旧法律中对应的法定刑幅度，从中选择较轻的法定刑幅度适用，如果新法轻，则适用新法，且是适用新法的全部法定刑。如果新法中新增设了附加刑，判断轻重还是应先比较主刑，而非刑种的多寡。（3）在《刑法修正案（九）》颁布后，最高人民法院、最高人民检察院又出台了《贪污贿赂司法解释》，该司法解释第11条第3款规定，《刑法》第164条第1款规定的对非国家工作人员行贿罪中的“数额较大”“数额巨大”的数额起点，按照该解释第7条、第8条第1款关于行贿罪的数额标准规定的2倍执行。根据王某芹犯罪数额，适用《刑法修正案（九）》其主刑的刑期较轻，故应适用《刑法修正案（九）》。遂改判王某芹犯对非国家工作人员行贿罪，判处有期徒刑1年6个月，缓刑2年，并处罚金人民币50,000元。①

【解析】2015年11月1日施行的《刑法修正案（九）》对1997年《刑法》第164条的对非国家工作人员行贿罪进行了修正，在原有刑罚基础上，针对“数额较大”的情形也增设了并处罚金的条款。因此，《刑法修正案（九）》与修正前的刑法相比，其规定的对非国家工作人员行贿罪的处罚更重。如行为人对非国家工作人员行贿的行为发生在《刑法修正案（九）》实施之前的，则根据《刑法》第12条第1款规定的从旧兼从轻原则，应当适用《刑法修正案（九）》之前的刑法条文，不应判决并处罚金。同时，由于

① 浙江省杭州市中级人民法院刑事判决书，（2017）浙01刑终850号。

刑法修订的缘故，本罪也同样可能涉及新法规定的主刑有利于被告人，但附加刑不利于被告人的问题。对此，应当如何适用从旧兼从轻原则，存在两种不同的意见：

第一种意见认为，本罪曾历经《刑法修正案（六）》和《刑法修正案（九）》两次修改。最高人民法院、最高人民检察院发布的《贪污贿赂司法解释》对于《刑法修正案（六）》和《刑法修正案（九）》均可适用，《刑法修正案（六）》对于“数额较大”情形没有设立罚金刑，显然较《刑法修正案（九）》为轻，因而适用《刑法修正案（六）》不判处罚金更符合从旧兼从轻原则。

第二种意见认为，行为人向非国家工作人员行贿116万余元，若适用旧法，即《刑法修正案（六）》及当时执行的数额标准，系数额巨大，法定刑为3年以上10年以下有期徒刑，并处罚金；若适用新法，即《刑法修正案（九）》及《贪污贿赂司法解释》，系数额较大，法定刑为3年以下有期徒刑，并处罚金，应适用新法。

本书同意第二种意见，主要理由是：

1. 本书曾在第三章就“行贿罪的主刑和附加刑能否在新旧刑法中交叉适用”的问题进行过专门讨论，但对于对非国家工作人员行贿罪而言，其与行贿罪仍然存在一定差别：行贿罪自《刑法修正案（九）》修订后，针对所有量刑档次均增设罚金刑，而对非国家工作人员行贿罪而言，仅仅是在“数额较大”的情形中增设罚金刑，而“数额巨大”的情形早在《刑法修正案（六）》就已经增设。也就是说，对于对非国家工作人员行贿数额“数额较大”的量刑，在《刑法修正案（九）》修正前后并没有发生变化，也就谈不上所谓从旧兼从轻的适用。

2. 在行贿罪的罪状中，是以“情节”为核心要素的，只是通过《行贿司法解释》和《贪污贿赂司法解释》所界定的数额标准，才使行贿罪的适用有了可参照的标准，但数额标准也只是行贿罪众多“情节”中的一种。而在对非国家工作人员行贿罪的罪状描述中，本身就明确了“数额较大”和“数额巨大”两种情形，这使得该罪并不像行贿罪一样具有“情节”的独立性，而是高度依赖司法解释所赋予的数额标准。《行贿司法解释》中并未就对非国家工作人员行贿罪的数额标准进行界定，而在《贪污贿赂司法解释》才对该罪具体的数额标准予以明确，即《刑法》第164条第1款规定的对非国家工作人员行贿罪中的“数额较大”“数额巨大”的数额起点，按上述《贪污贿赂司法解释》第7条、第8条第1款关于行贿罪的数额标准规定的2倍执行。这就使得部分在《贪污贿赂司法解释》颁布前对非国家工作人员行贿“数额巨大”的案件，可能在《贪污贿赂司法解释》实施后降格为“数额较大”，从有利于被告人的角度，适用新的司法解释降低主刑的量刑档次，是没有争议的。

3. 在适用从旧兼从轻原则中，比较法定刑轻重主要应看具体的犯罪行为在新旧法律中对应的法定刑幅度，从中选择较轻的法定刑幅度适用。此处适用新的司法解释，是在《刑法修正案（九）》的框架下适用，而不是沿用《刑法修正案（六）》的规定。否则就会产生一个荒谬的结果，在旧法中按照“数额巨大”尚且需要判处罚金的行为，因为适用从旧兼从轻的原则，反而既能够按照“数额较大”的标准降低主刑，又能够避免判处罚金刑，这相当于两次适用了“从旧兼从轻”原则，第一次主刑有利于被告人选择新法，第二次附加刑有利于被告人又选择旧法，显然背离了立法者的初衷。也就是说，如果新法轻，则适用新法，且是适用新法的全部法定刑。如果新法中新增设了附加刑，判断轻重还是应先比较主刑，而非刑种的多寡。根据被告人王某芹犯罪数额，适用《刑法修正案（九）》，其主刑的刑期显然较轻，故应适用《刑法修正案（九）》，对被告人判处罚金。

三、对非国家工作人员行贿罪司法适用中的问题

本罪的适用难点，基本上集中在如何审查行贿对象是否为非国家工作人员，以确定行为人构成行贿罪还是对非国家人员行贿罪。

问题88：向公立医疗机构中的医务人员行贿的行为，应当如何认定

【案例】杨某洞于2006年2月至2013年11月任泉州市第一医院神经外科副主任，2013年11月至2014年7月任神经外科副主任医师，其间从2012年12月26日起还兼任泉州市第一医院医用耗材管理委员会成员，参与医用耗材采购申请的讨论。2008年起，泉州市第一医院开始独立开展神经介入治疗手术，被告人杨某洞为该项手术的医生。2008年的一天，代理介入器材的君达公司的经营人员喻某与杨某洞商定，将医用耗材进价款的28%作为回扣款予以贿送。后杨某洞以神经外科的名义向泉州市第一医院申请采购君达公司的神经介入材料。2012年，杨某洞参与泉州市第一医院医用耗材管理委员会会议，提出继续向君达公司采购医用耗材的意见获准。2009年4月4日~2014年6月12日，君达公司依约将回扣款陆续汇入杨某洞指定的收款账户，共计人民币8,244,800元。[①]

【解析】当前药价高、看病贵、看病难是社会关注的热点话题，一方面是市场供需矛盾短期内难以缓解导致，另一方面也与个别许多药商或分销商、医药代表以各种名义或形式实施“带金销售”“高额回扣”参与市场竞争，给予医疗机构从业人员回扣、假借各种形式向有关机构输送利益，从而间接导致药价被人为抬高。此类案件层出不穷，严重损害了医疗卫生行业的正常秩序，败坏了社会风气，造成了恶劣的社会影响和后果。本案中，对于向医疗机构中医务人员行贿的行为应当如何认定，存在三种意见：

第一种意见认为，根据2008年最高人民法院、最高人民检察院《关于办理商业贿赂刑事案件适用法律若干问题的意见》的规定，由于涉案医生不是国家机关工作人员或从事公务的人员，不属于行贿罪的犯罪对象，应当认定为对非国家工作人员行贿罪。

第二种意见认为，为在药品、医疗器械、医用卫生材料等医药产品采购活动中谋取不正当利益，向公立医疗机构中的医务人员贿送财物的，该医务

---

① 参见福建省泉州市中级人民法院刑事裁定书，（2019）闽05刑终456号。

人员应以国家工作人员论，行为人构成行贿罪。

第三种意见认为，医生开处方只是一种公共服务活动，不具有管理性质和职权，也不属于从事公务活动，不宜作为犯罪处理。

本书同意第二种意见，主要理由是：

1. 从实质解释的角度来看，对于向医疗机构中的医务人员行贿的行为，区分行贿罪与对非国家工作人员行贿罪的关键，要看行贿对象是利用其职业上开处方的便利，还是职务上的便利。如果医务人员只是利用自身的专业知识、经验和技能在医疗活动中从事技术性工作，那么就不属于从事公务活动。[①] 处方权本身不是一种行政管理权，而是一种劳务活动、技术服务工作，但由于药品、器械能否进入医院及销售量大小的决定权在医院，一些医药企业不惜花重金对拥有决定权的有关负责人开展行贿公关，因而行贿对象大多为医院领导和具有处方权的科室负责人或骨干医务人员，而上述人员可以利用担任医院或科室负责人的职务便利，要求其他医务人员利用处方权专门开出特定药品。本案中，杨某洞担任泉州市第一医院神经外科科室副主任，代表科室向医院申请采购神经介入手术耗材，其中申请采购、进货、管理、使用等程序手续均由杨某洞具体负责。杨某洞虽然属于医生，具有医疗机构中的医务人员的身份，但其作为科室副主任，在接受医药产品销售方请托而向院里推荐或者建议采购该医药产品时所实施的行为，并不是一种单纯的处方行为。药品采购部门根据科室开药的情况来采购药品，事实上也就决定了药品采购的种类和数量，这在实质上是一种管理国有财产的职务行为，依法应当认定为从事公务活动，并以国家工作人员论，故符合行贿罪的犯罪对象要件。

2. 从侵犯的法益性质来看，对非国家工作人员行贿罪侵犯的法益应为公司、企业或者其他单位工作人员职务行为的不可交换性以及公平竞争的市场交易秩序。当前，医药领域行贿受贿问题屡禁不止。在我国，药品行业长期

① 参见于同志：《刑法实务十堂课：刑事审判思路与方法》，法律出版社2020年版，第268页。

供大于求，药品销售竞争激烈，许多医药公司或分销商采取不正当竞争手段，破坏了市场竞争的正常秩序。医务机构收受回扣和财物一旦成为潜规则与行业风气，就会丧失医德，甚至违纪违法，最终抬高医疗费用，加重患者和医保基金的负担，加剧医患矛盾。因此，《药品管理法》第88条规定，禁止药品上市许可持有人、药品生产企业、药品经营企业和医疗机构在药品购销中给予、收受回扣或者其他不正当利益。禁止药品上市许可持有人、药品生产企业、药品经营企业或者代理人以任何名义给予使用其药品的医疗机构的负责人、药品采购人员、医师、药师等有关人员财物或者其他不正当利益。商业贿赂是相对于公职贿赂而言的，是市场交易过程中发生的以社会权力寻租与租用为本质而与公共权力寻租与租用并无直接关系的贿赂犯罪。[①] 在这里，行贿人所寻求的权力可以分为社会权力和公共权力两大类，前者是社会主体以市场为基础所拥有的社会资源对国家和社会的控制能力；后者则是以国家为基础所拥有的行政资源对国家和社会的支配能力。因此，行贿行为如果与公共权力的行使有关，则应认定为行贿罪；如果单纯是与社会权力的寻租有关，则应认定为对非国家工作人员行贿罪。例如，行贿人为获得某公立医院的药品销售情况，向该医院信息科主任行贿的，因国有医疗事业单位的信息管理人员对医保数据负有监控和管理职能，其工作具有技术性和管理性的双重属性，应当视为受事业单位委托从事公务的人员，应以国家工作人员论。

3. 另外需要注意的是，除了在医疗领域商业贿赂中正确区分此罪与彼罪外，还应把握好罪与非罪的界限。“如果行贿方获得交易机会的主要原因是基于其提供的产品、服务更为优质上乘，在此情况下，其给予非国家工作人员回扣、手续费则不属于谋取不正当利益，因而不构成本罪。”[②] 因此，对于一般医生收患者及其家属红包的行为，考虑到医患双方的特殊关系，患者及其家属向医生送红包更多是基于希望其能够尽心尽力地为患者治疗，主要是基于对患者的人身健康、生命权的保护，因而一般不宜认定为谋取不正当利

① 刘远：《商业贿赂犯罪的概念与立法》，载《华东政法学院学报》2006年第5期。

② 韩成军：《对非国家工作人员行贿罪探析》，载《学术界》2011年第5期。

益。而从医务人员的角度来讲，其是利用自身的专业技能为患者进行诊疗，医患双方是平等的医疗服务关系，医生收受红包的行为更多属于违纪或不正之风，不宜以犯罪论处。

问题89：为办理学籍向学校职工行贿的行为应当如何认定

【案例】2013年9月至2014年4月，被告人肖某某为了将一些山东、山西、河南、江西等省份的高中学生的户口迁移到四川，帮助他们在四川参加高考以便能够按低于外省录取分数线录取，遂找达州某学院专业技术岗位人员刘某帮忙，并提供伪造的公安机关户口迁移证。刘某利用在达州某学院安全保卫处负责学校户籍管理工作的便利，违规为肖某某提供的相关人员信息出具证明，先后以大中专招生的名义帮助肖某某将70余人的户口上户到达州某学院。事后，肖某某给予刘某好处费26.7万元。①

【解析】本案中，对于向学校教职工行贿的行为应当如何认定，存在两种意见：

第一种意见认为，向具有正式事业编制的学校职工行贿，并利用后者的职务便利谋取不正当利益，应直接认定为行贿罪。

第二种意见认为，考虑到学校职工利用的是工作便利而不是职务便利，不符合行贿罪的犯罪对象要件，应认定为对非国家工作人员行贿罪。

本书同意第二种意见，主要理由是：

1. 认定向学校职工行贿构成行贿罪还是对非国家工作人员行贿罪，区别的关键在于如何界定国家工作人员的本质特征。从刑法对国家工作人员的规定看，1997年《刑法》第93条规定国家工作人员是指在各类单位从事公务的人员，其本质特征和判断标准就是是否从事公务。2003年最高人民法院发布的《全国法院审理经济犯罪案件工作座谈会纪要》规定，“从事公务”是指代表国家机关、国有公司、企业、事业单位、人民团体等履行组织、领导、

① 参见四川省达州市通川区人民法院刑事判决书，(2015)通川刑初字第50号。

监督、管理等职责，主要表现为与职权相联系的公共事务以及监督、管理国有财产的职务活动。如国家机关工作人员依法履行职责，国有公司的董事、经理、监事、会计、出纳人员等管理、监督国有财产等活动，均属于从事公务。本案中，刘某在学校安全保卫处负责户籍管理工作，其带着行贿人提供的迁移证到派出所办理了入户手续，并以学院保卫处的名义向派出所出具了证明，利用了自身的职务便利，应当认定为从事公务，向该工作人员行贿依法构成行贿罪。

2. 不具备职权内容的劳务活动、技术服务工作，如售货员、售票员等所从事的工作，不属于公务活动。如果是在教材订购过程中向授课教师行贿的，由于教师的工作是教书育人，主要职务活动是教学以及辅助的教学管理，不涉及公共事务管理，也不涉及国有财产监督管理，其工作内容不是组织、领导、监督、管理，而是属于专业技术工作，因而应当构成对非国家工作人员行贿罪。另外，如果教师借补课、家访、排座位、安排班干部之机，收受学生及学生家长给予的财物的，考虑到尚未有明确的法律规定将此类行为纳入刑法调整范围，从刑法谦抑性的角度出发，此类行为一般属于违纪行为，不宜作为犯罪处理。①

问题90：行为人为发表论文，向学术期刊编辑行贿，应当如何定性

【案例】 A省大学法学院某讲师B，因职称评定需要，每年至少发表一篇核心期刊论文才能完成任务。因期刊投稿竞争极为激烈，B讲师为尽快发表论文，通过他人介绍认识了《A省社会科学》杂志社C编辑。《A省社会科学》是A省社会科学界联合会主管主办的综合性学术理论期刊，现为全国中文核心期刊、CSSCI来源期刊。2020年1月，为了请C编辑帮忙在《A省社会科学》杂志发表文章，B讲师在C编辑的办公室内送给C现金20万元。后B讲师在《A省社会科学》顺利发表文章。

① 参见孙国祥：《贪污贿赂犯罪研究（下册）》，中国人民大学出版社2018年版，第1140页。

【解析】 本案中，对于行为人为谋取发表论文，向核心期刊编辑行贿的行为如何定性，存在以下三种意见：

第一种意见认为，尽管论文发表走捷径于常理上讲不妥，但毕竟情有可原，不能苛求行为人在核心期刊论文发表难如登天的环境下，仍然年复一年毫无希望地投稿。因此，行为人的行为不具有刑法的非难可能性，不宜认定为犯罪。

第二种意见认为，行为人为发表论文向学术期刊编辑行贿，侵害了期刊发表秩序，具有刑事可罚性。相关期刊虽然是公立机构，但是期刊编辑从事的只是技术性岗位，不具有公共管理职能，不属于国家工作人员，故应以对非国家工作人员行贿罪论处。

第三种意见认为，行为人为发表论文向学术期刊编辑行贿，侵害了期刊发表秩序，具有刑事可罚性。期刊编辑所在的期刊杂志社属于事业单位，其从事的审稿、定稿工作具有社会管理职能，属于从事公务，应当认定为国家工作人员，故对行为人应以行贿罪论处。

本书同意第三种意见，主要理由是：

1. 从法益侵犯的紧迫性来看，行为人为发表论文向学术期刊编辑行贿的行为具有刑事可罚性。众所周知，在现行高校学术评价体系中，“不发表就出局”。由于期刊论文可以被量化，发表期刊论文大体上代表着一个学者的科研能力。期刊等级越高，则论文的含金量越高，论文作者获得职称评定、学术荣誉、课题评审、项目评奖等方面的优势也就越大。由于核心期刊版面稀缺，部分作者不安于盲投、走正常的发稿流程，而试图通过各种渠道对编辑进行侵蚀腐化。而一旦通过行贿获得论文发表的机会，也就意味着在本就有限的版面中切走一块重要资源，其他作者通过正常投稿被录用的机会变得更少。此外，由于此类关系稿往往质量不高，不仅极大浪费了国家和社会的经费与资源投入，而且严重损害期刊发表的公平秩序，引发全社会对学术界的信任危机，影响科研领域的创造力和投入度，进而妨碍我国学术发展的步伐。2015 年，国务院办公厅出台了《关于优化学术环境的指导意见》，明确指出不准“通过金钱交易在国内外刊物上发表论文”。2018 年 5 月，中共中央办公厅、国务院办公厅印发的《关于进一步加强科研诚信建设的若干意见》指出，对从事学术论文买卖等违法违规活动，市场监督管理、公安等部门应主动开展调查，严肃惩处。因此，花钱买论文的行为绝不是一般的学术道德或学术伦理问题，而是具有严重的社会危害性，应纳入刑法的评价范畴。

2. 从学术期刊编辑所掌握的审稿权、用稿权的性质来看，期刊编辑属于从事公务的人员。依据原国家新闻出版署 2005 年公布的《期刊出版管理规定》，创办期刊并设立期刊出版单位，应当经主管单位审核同意后报备审批。在我国，学术期刊一般隶属于高校、事业单位或者国有事业单位，大部分学术期刊由高校、科研院所、学会和其他事业单位出版并管理。因此，学术期刊编辑属于事业编制人员，符合国家工作人员的主体身份。同时，国家工作人员的本质特征是行使职权、从事公务，即代表国家机关、国有公司、企事业单位、人民团体等履行组织、领导、监督、管理等职责。而学术期刊编辑工作岗位的职业性、技术性，并不影响其所从事工作的公务性特征，国家之所以在学术期刊出版方面投入巨量资源、巨额经费，正是为了通过学术期刊构建科学的学术评价体系和评价标准，组织、引导学术评价和学术导向，并支持学术研究和学术发展。因此，学术期刊编辑所掌握的审稿权、用稿权，实质上是受事业单位委托，对学术领域进行规范性组织、管理的一种专门性工作。请托人向学术期刊编辑行贿，从而刊发“人情稿”“关系稿”，是将公共权力变成学术交易和学术寻租，应当认定为行贿罪。

问题 91：向国有控股、参股公司人员行贿的行为，应当如何定性

【案例 1】 2015 ~ 2018 年，被告单位首天建设集团有限公司在中建国投及其关联公司进行的招标投标商业活动中，违背公平竞争原则，由被告人李某多次向时任中建国投（镇江）有限公司总经理、中建国投（南京）有限公

司总经理、中建国投（江苏）有限公司总经理的肖某贿送钱财，共计人民币557,500元。其中，中建国投及深圳中海建筑有限公司均系中国建筑国际集团有限公司下设的全资子公司之一，中国建筑国际集团有限公司的控股股东是中国海外集团有限公司（占股约60%以上），中国海外集团有限公司系中国建筑股份有限公司的全资子公司，中国建筑股份有限公司的控股股东为中国建筑集团有限公司。肖某的一系列职务任命，系经中国建筑国际集团有限公司党委讨论研究决定任命，或由中国建筑国际集团有限公司党委研究后推荐到中国海外集团有限公司党委，并经考察等程序后，由中国海外集团有限公司党委会研究决定任命。2017年之前，公司党建工作不规范，人事任免名义上以董事长常务会或执行董事会（基本与党委班子人员重叠，仅有一非党员副总裁）召开。控辩双方对于行贿对象肖某究竟是属于国家工作人员还是非国家工作人员存在分歧，法院经审理认为，中建国投及深圳中海建筑有限公司系国家出资企业，中建国投（江苏）有限公司系中建国投分支机构。肖某系经国家出资企业中负有管理、监督国有资产职责的组织批准或者研究决定，代表其在国有控股、参股公司及其分支机构中从事组织、领导、监督、经营、管理工作的人员，2017年之前以董事会名义决定人事任免，实质上就是党委会研究，因为全部由党委成员参与，非党员副总裁不参与，故肖某应当认定为国家工作人员。法院遂判决被告单位首天建设集团有限公司犯单位行贿罪，判处罚金人民币30万元。被告人李某犯单位行贿罪，判处有期徒刑1年6个月，并处罚金人民币10万元。①

【案例2】2010年至2015年，被告单位江门华骏达房地产开发有限公司的法定代表人王某洪为获取银行贷款用于该公司的白沙汇景湾及锦富汇景湾项目的开发，授意该公司财务人员设立新公司和个体户企业，通过伪造财务报表，虚构交易等手段，向江门市区农村信用合作联社（后改制为江门融和农村商业银行股份有限公司）申请贷款。时任江门市区农村信用合作联社理

---

① 参见江苏省常州市武进区人民法院刑事判决书，(2020) 苏0412刑初4号。

事长、江门融和农村商业银行股份有限公司董事长的方某（另案处理）在上述贷款过程中给予王某洪帮助，使得江门华骏达房地产开发有限公司共获得人民币4.62亿元的贷款额度，并先后实际获得约2亿元人民币的江门融和农村商业银行股份有限公司贷款。为感谢在上述贷款事项中的帮助，被告人王某洪从江门华骏达房地产开发有限公司在江门融和农村商业银行股份有限公司开设的基本账户内以备用金的形式分多次提取出现金共计人民币600万元在江门市区送给方某。

检察机关指控被告单位江门华骏达房地产开发有限公司、被告人王某洪犯单位行贿罪。法院经审理认为，江门市区农村信用合作联社、江门融和农村商业银行股份有限公司均为股份合作制企业，并非国家机关，也非国有公司或者其他组织。方某虽然是经广东省农村信用社联合社的提议，推荐到江门市区农村信用合作联社、江门融和农村商业银行股份有限公司任职的高级管理人员，但是根据广东省农村信用社联合社的工商登记、章程及有关政府文件，广东省农村信用社联合社是股份合作制企业，并非国家机关，其经广东省政府授权，负责行使对全省农村合作金融机构的行业管理、业务指导、协调服务等公共事务，其权力来源于其他国家机关的授权，再委托方某行使有关公务权力缺乏法律依据，且目前也没有证据显示广东省农村信用社联合社有授权方某行使有关公共事务的权力。根据《全国法院审理经济犯罪案件工作座谈会纪要》的规定，方某在国有参股的股份有限公司中担任高级管理人员，并非代表国有投资主体行使监督、管理职权，也不属于受国家机关、国有公司、企业、事业单位委派从事公务的人员，因此方某不应以国家工作人员论。公诉机关指控被告单位江门华骏达房地产开发有限公司、被告人王某洪的犯罪事实清楚，证据确实、充分，予以支持，但其指控罪名有误，予以纠正。遂判决被告单位江门华骏达房地产开发有限公司犯对非国家工作人员行贿罪，判处罚金人民币120万元；被告人王某洪犯对非国家工作人员行贿罪，判处有期徒刑1年6个月，缓刑2年，并处罚金人民币60万元。[①]

【解析】 对于向国有独资企业人员行贿的行为，认定为行贿罪，一般并无争议。但对于向国有控股、参股企业工作人员行贿的，究竟是属于行贿罪还是对非国家工作人员行贿罪，存在三种意见：

第一种意见认为，应坚持“公务论”，无论是在国有独资公司还是国有控股公司或参股公司，只要从事公务，就属于国家工作人员。向其行贿的，就应当认定为行贿罪。

第二种意见认为，应坚持“身份论”，只有完全由国家出资的公司才能被认定为国有公司。而在国有参股公司中，无论国家出资占有多大的百分比，只要出资中有非国有成分，就不能认定该公司为国有。因此，该公司的工作人员除有明确的国有公司委派命令的以外，都不能认定为国家工作人员。

第三种意见认为，认定国有参股企业中的聘任人员是否为国家工作人员，既不能唯“成分”论，人为将国有独资、控股、参股企业工作人员划分出不同层次；又不能放弃国家工作人员从事公务的本质属性，只从所有制的角度进行判断。

本书同意第三种意见，主要理由是：

1. 从形式要件方面来看，判断国有控股、参股企业工作人员的身份性质，并不取决于国有资本的成分和比例多少，甚至也不取决于国有参股企业中的聘任人员究竟与该企业构成何种劳动关系，而是由其任命形式和所从事的岗位是否具有公务属性决定的。根据2010年最高人民法院、最高人民检察院发布的《关于办理国家出资企业中职务犯罪案件具体应用法律若干问题的意见》的相关规定，首先要考察其是否具有“经国家出资企业中负有管理、监督国有资产职责的组织批准或者研究决定”。也就是说，对于经国有控股、参股公司党政联席会等形式批准、任命的人员，只要从事的是公务，一般都认定为国家工作人员。但对于未经党政联席会等形式批准、任命的人员，还

① 参见广东省江门市蓬江区人民法院刑事判决书，(2017) 粤0703刑初775号。

要区分是公司整体的公务，还是代表国有资产管理、监督部门从事公务，只有其代表国有投资主体行使监督、管理国有资产的职权，才能认定为国家工作人员。因此，国有控股、参股公司中的聘任人员并不当然地被认定为国家工作人员，还需要看是否经过上级主管部门的提名、推荐、任命、批准，或者是企业中负有管理、监督国有资产职责的组织（主要指党委和党政联席会）的批准或者决定。在案例1中，尽管被行贿的对象在人事任免程序，曾一度是以国有参股公司董事名义任命，但是该董事会实际上和公司党委会套开，公司董事与公司党委委员身份高度重合，故也应当将此视为党政联席会议性质的组织任免，进而明确行为人向后者行贿的，构成行贿罪或者单位行贿罪。

2. 对于"间接委派型"国家工作人员，应当严格把握其形式要件。根据《刑法》第93条第2款的规定，"国家机关、国有公司、企业、事业单位委派到非国有公司、企业、事业单位、社会团体从事公务的人员"，即属于"直接委派型"国家工作人员。根据《关于办理国家出资企业中职务犯罪案件具体应用法律若干问题的意见》第6条第2款规定，"经国家出资企业中负有管理、监督国有资产职责的组织批准或者研究决定，代表其在国有控股、参股公司及其分支机构中从事组织、领导、监督、经营、管理工作的人员"，即属于"间接委派型"国家工作人员。对于直接委派型国家工作人员的认定，实践中一般没有争议。但对于间接委派型国家工作人员，必须是国家出资企业中负有管理、监督国有资产职责的组织进行任命，才符合形式要件的要求。案例2中，尽管方某是经广东省农村信用社联合社的提议、推荐到江门市区农村信用合作联社、江门融和农村商业银行股份有限公司任职的高级管理人员，表面上满足了"间接委派型"的条件，但实际上委派其任职的广东省农村信用社联合社，本身只是股份合作制企业，既不属于刑法意义上的国有企业，也不属于国家出资企业中负有管理、监督国有资产职责的组织，因而不应认定方某为国家工作人员。

3. 从实质要件方面来看，判断国有控股、参股企业中的工作人员是否属于国家工作人员，应看其是否代表负有管理、监督国有资产职责的组织在国有控股、参股公司及其分支机构中从事组织、领导、监督、经营、管理工作。在这里，公务首先是管理性的事务，而不是一般的技术性、业务性活动。在国家参股企业中，中层以上管理人员一般可被视为代表管理、监督国家资产职责的组织从事公务，中层以下管理人员如果主要从事的是事务性、技术性、业务性工作，一般不宜认定为从事公务。例如，行为人为加快办理贷款手续，向某商业股份制银行的信贷经理贿送财物的，由于该信贷经理只是国有参股企业中的一般工作人员，所从事的岗位属于公司性的公务而非国家性的公务，即其是代表公司整体利益的行为，而不是代表国有资产的监督、管理组织进行管理的行为，因而不具有公共管理性和行政职责性，不属于从事公务，不应认定为国家工作人员。这与《刑法》第 184 条所规定的精神是一致的，即将银行等金融工作人员收受贿赂行为以非国家工作人员受贿罪论处，但对于“以国家工作人员论”的金融机构工作人员收受贿赂以受贿罪论处。

问题 92：对于向村民小组组长行贿的行为如何定性

【案例】2011 年下半年至 2012 年，被告人王某作为甲公司总经理，在绵阳市涪城区石塘镇某某村统规统建居民安置点建设项目中，为帮助公司在低价购买土地、拆迁工作等方面谋取不正当利益，经公司股东商议后，由其本人与公司董事长黄某某等人以公司名义多次给予“石塘镇某某城市规划道路和统规统建安置点建设项目征地拆迁补偿安置工作指挥部”成员屈某、王某某等多名国家工作人员以财物，共计现金人民币 405 万元。2013 年上半年，被告人王某作为乙公司的实际出资人之一，在绵阳市涪城区石塘镇某某社区第五居民小组出售集体资产过程中，为帮助公司在低价购买该集体资产上谋取不正当利益，经公司出资人商议后，由其本人与该公司另一出资人黄某某以公司名义给予某某社区支部书记屈某、第五居民小组组长胡某某等干部财物，共计现金人民币 300 万元。2011 年 11 月 20 日，镇党委政府成立征地拆迁补偿安置工作指挥部，下设拆迁安置组等四个小组。其中屈某任指挥部成员、拆迁安置组副组长；王某某任指挥部成员、拆迁安置组副组长、财务审监组副组长。法院最终判决王某犯单位行贿罪，判处有期徒刑1年；犯对非国家工作人员行贿罪，判处有期徒刑8个月，决定合并执行有期徒刑1年4个月，缓刑2年。①

【解析】该案中，对于向村民小组组长行贿的，如何审查其是否属于“其他依照法律从事公务的人员”，还存在一定争议，存在两种意见：

第一种意见认为，根据罪刑法定原则，不宜将“村民委员会等村基层组织”扩张至“村民小组”，也不宜将“村民委员会等村基层组织人员”扩张至“村民小组组长”。

第二种意见认为，由于村民小组等组织事实上也在一定情形下协助人民政府工作，村民委员会等村基层组织不应仅局限于村民委员会等村级组织，协助人民政府从事行政管理工作的村民小组也应当属于村基层组织的范围，从事具体协助工作的村民小组组长等工作人员，也应当属于“村基层组织人员”的范围。

本书同意第二种意见，主要理由是：

1. 从法益侵犯的类型来看，对非国家工作人员行贿罪侵犯的法益应为公司、企业或者其他单位工作人员职务行为的不可交换性以及公平竞争的市场交易秩序。2000年4月29日，第九届全国人民代表大会常务委员会第十五次会议就村民委员会等村基层组织人员在协助人民政府从事哪些行政管理工作时，属于《刑法》第93条第2款规定的“其他依照法律从事公务的人员”，作出了具体解释：（1）救灾、抢险、防汛、优抚、移民、救济款物的管理；（2）社会捐助公益事业款物的管理；（3）国有土地的经营和管理；（4）土地征用补偿费用的管理和发放；（5）代征、代缴税款；（6）有关计划生育、户籍、征兵工作；（7）协助人民政府从事的其他行政管理工作。同

① 参见四川省绵阳市中级人民法院刑事判决书，（2017）川07刑终316号。

时，《村民委员会组织法》规定了村民小组具有相对独立的财产权益和选举程序。因此，当村民小组组长等村基层组织人员在从事以上公务时，可视为国家工作人员；如果从事的工作不属于上述公务，即便行使了一定职权或者管理职能，也属于从事村民委员会等村基层组织内部自治事务，应按照非国家工作人员对待。

2. 1997 年《刑法》第 163 条将商业贿赂犯罪的主体范围限定为“公司、企业的工作人员”。《刑法修正案（六）》将其主体范围扩到了“其他单位的工作人员”，主要是考虑实践中公司、企业以外的其他单位的工作人员也是市场经济活动的主体之一，商业领域的贿赂行为也并不全是公司、企业的工作人员所为。该案中，王某参与的两次行贿，其行贿对象虽然是同一批人员，但受贿人的主体身份发生了变化。在实施某某村统规统建安置项目过程中，向屈某、杨某、王某某等“石塘镇某某城市规划道路和统规统建安置点建设项目征地拆迁补偿安置工作指挥部”人员行贿时，受贿人属于受镇政府指派协助工作的人员。根据全国人民代表大会常务委员会《关于〈中华人民共和国刑法〉第九十三条第二款的解释》的规定，“……村民委员会等村基层组织人员从事前款规定的公务，利用职务上的便利……非法收受他人财物，构成犯罪的，适用刑法第三百八十二条和第三百八十三条贪污罪、第三百八十四条挪用公款罪、第三百八十五条和第三百八十六条受贿罪的规定”，王某的该行为构成单位行贿罪；而在村民小组出售集体资产过程中向屈某、胡某某等人行贿时，受贿人的主体身份仅是村集体经济组织的人员，属于非国家工作人员。根据《刑法》第 164 条的规定，王某的行为构成对非国家工作人员行贿罪。

3. 2016 年施行的《贪污贿赂司法解释》关于对非国家工作人员行贿罪的数额认定标准，并未涉及单位犯对非国家工作人员行贿罪的情形。对非国家工作人员行贿罪包括数额较大和数额巨大两个量刑档次，而单位行贿则仅有一个量刑档次。单位实施的对非国家工作人员行贿罪中，“数额巨大”标准的缺失使得法定刑升格条款虚置，进而导致了该罪的司法处置整体轻于单位行贿罪的司法现状。[①] 因此，关于单位对非国家工作人员行贿罪“数额巨大”的标准，由于司法解释和相关司法文件均未明确规定，可在司法实践中灵活掌握，但至少不得低于自然人对非国家工作人员行贿罪“数额巨大”的标准即不得低于100万元。另外，从量刑均衡的角度来看，《刑法修正案(十二)》关于单位行贿罪的最高法定刑为10年有期徒刑，而本罪中单位犯对非国家工作人员行贿罪的最高法定刑为10年有期徒刑。因此，为公平起见，本罪中的单位犯罪数额更不宜认定过低，以避免量刑失衡。

问题93：对于向业主委员会主任行贿的，是否构成对非国家工作人员行贿罪

【案例】2013年年初，滁州市琅琊区凤凰湖畔小区居民入住时，该小区物业管理系华夏物业公司和政府安居中心签订合同。2016年1月，凤凰湖畔小区业主委员会成立，主任为张某某。业主委员会成立后，按规定要和物业公司重新签订物业合同，但华夏物业公司经理韩某某提供了百世物业公司手续欲新签合同，实际华夏物业公司和百世物业公司为同一个老板名下公司。被告人张某某、史某某等人提出如果换成百世物业公司，需把之前华夏物业公司自2013年至今的公共收益费用算清并按照规定支付给业主委员会。为此，韩某某等物业公司人员送给张某某6万元，2016年8月最终签订新的物业合同。此后，业主委员会未再向物业公司提及支付该小区公共收益问题。[②]

【解析】司法实践中，经常会遇到物业管理公司为取得业主委员会在日常管理工作上的支持帮助，向业主委员会主任给予好处费的情况。对于业主委员会主任是否构成对非国家工作人员行贿罪的主体，存在两种意见：

---

① 参见李本灿：《对非国家工作人员行贿罪的立法论思考》，载《国家检察官学院学报》2021年第3期。

② 参见安徽省滁州市琅琊区人民法院刑事判决书，(2019)皖1102刑初39号。

第一种意见认为，刑法中规定的对非国家工作人员行贿罪，应当是行贿人为谋取不正当利益，给予公司、企业或者其他单位的工作人员以财物，数额较大的行为。由于业主委员会只是一个社区内部自发成立的组织，不具有“单位”的职能和特征，因而其组成人员也不宜认定为《刑法》第164条规定的“其他单位”的工作人员。

第二种意见认为，《物业管理条例》虽然没有明确规定业主委员会的民事主体资格，但从其成立、职责及相关财产规定方面分析，业主委员会作为业主大会的执行机构，具有对外代表全体业主、对内具体实施与物业管理有关行为的职能，其行为的法律效果及于全体业主，业主委员会属于非法人组织，符合《刑法》第163条所规定的“其他单位”，行为人向业主委员会主任行贿，应以对非国家工作人员行贿罪追究刑事责任。

本书同意第二种意见，主要理由是：

1. 业主委员会可以成为刑法意义上的“单位”。所谓业主委员会，是指由物业管理区域内的全体业主组成的业主大会依法选举产生，履行业主大会赋予的职责，执行业主大会决定的事项，接受业主监督的组织机构。实践中，判断是否符合单位犯罪的主体要件，关键应考察该公司、企业、事业单位、机关、团体是否依法设立，是否具有独立的经费或财产、能否独立承担刑事责任等以判断其是否具备独立人格，或者是否系上述具有独立人格的单位依法成立的分支机构、内设机构、内设部门。尽管最高人民法院、最高人民检察院《关于办理商业贿赂刑事案件适用法律若干问题的意见》第2条未列举业主委员会，但从司法解释的精神来看，凡是能够独立承担民事责任的机构都可以纳入单位的范畴中。2005年8月15日，最高人民法院《关于春雨花园业主委员会是否具有民事诉讼主体资格的复函》，明确业主委员会是业主大会的执行机构，根据业主大会的授权对外代表业主进行民事活动，所产生的法律后果由全体业主承担。业主委员会与他人发生民事争议的，可以作为被告参加诉讼。因此，业主委员会具备名称、办公场所、组织机构、印章、财产等作为单位所必需的基本要素，并可以独立对外承担责任，并具有相关的制约物业服务企业的职权，应当视为《刑法》第 164 条规定的“其他单位”。

2. 业主委员会主任属于《刑法》第 163 条中的“其他单位的工作人员”。住房和城乡建设部 2009 年 12 月 1 日印发的《业主大会和业主委员会指导规则》赋予了业主委员会主任以下职权：代表业主委员会与物业服务企业签订物业服务合同、监督和协助物业服务企业履行物业服务合同、督促业主交纳物业服务费及其他相关费用、组织和监督专项维修资金的筹集和使用、调解业主之间因物业使用、维护和管理产生的纠纷等与物业服务企业有关的职责。因此，业主委员会主任虽然不是国家工作人员，但其同样拥有特殊的身份和职权，能够对小区物业公司形成一定制约和影响，应当作为非国家工作人员的犯罪主体。需要注意的是，实践中有的业主委员会还受当地居民委员会或者街道办事处的委托，担任了一些带有社会公益性质的职务，例如供暖小组成员等，但多数属于代表居民监督锅炉供暖、协助政府管理锅炉供暖的行为，不属于行政管理职权行为，也不属于受委托管理、经营国有财产的行为。因此，对其行贿的仍然构成对非国家工作人员行贿罪。

问题 94：向新闻记者行贿的，应认定为行贿罪还是对非国家工作人员行贿罪

【案例】 A 县发生某沥青炼油厂污染事件，周边群众反映强烈，并多次到上级部门信访，引起新闻媒体关注，某市都市报遂派该社聘任制记者王某前去了解情况。A 县某沥青炼油厂实际控制人李某为避免被曝光，主动到王某住宿的酒店，希望王某不要再报道此事，并给其 10 万元现金。后王某以污染事件不属实为由，未跟进报道。后因群众实名举报，该案件遂曝光。

【解析】 本案中，向媒体记者行贿的，应当认定为行贿罪还是对非国家工作人员行贿罪，实践中主要有两种意见：

第一种意见认为，构成对非国家工作人员行贿罪。理由是：记者本身并

没有行政管理权力，采访、组稿、通联等业务都是其行业职责，属于社会服务性质的劳务工作。记者所行使的舆论监督权本质并不是国家赋予的公共职权，而是一种在政府公权力之外的“社会权力”或者“软权力”，应当参照最高人民法院、最高人民检察院2008年发布的《关于办理商业贿赂刑事案件适用法律若干问题的意见》的规定，对被告人的行为认定为对非国家工作人员行贿罪。

第二种意见认为，构成行贿罪。理由是公立新闻机构的记者开展新闻报道工作，是履行舆论监督的职责，无论其是否具有正式编制，均应当视为“从事公务的人员”。

本书同意第二种意见，主要理由是：

1. 从新闻记者采访权的来源来看，原国家新闻出版署2009年公布的《新闻记者证管理办法》第19条第1款规定，新闻采访活动是新闻记者的职务行为。作为记者职务范围内的信息采集、稿件写作等工作内容，看似是一种个体化的劳动，但实际上是记者以所属新闻媒体等单位的名义从事业务活动，其开展新闻采访、报道在本质上是一种职务行为。也就是说，公务既与抽象的国家利益、公共利益相关，又和具体的政策、法律所赋予的职权和职务相联系。而商业贿赂是相对于公职贿赂而言的，是市场交易过程中发生的以社会权力寻租为本质而与公共权力寻租并无直接关系的贿赂犯罪。[①] 因此，新闻权不同于一般商业经营活动中的社会权力。本案中，李某之所以向王某行贿，是基于后者系都市报报社的记者身份而拥有的采访权和报道权，而不是基于其记者身份之外的其他个人影响和因素。

2. 从记者监督权的性质来看，根据2003年发布的《全国法院审理经济犯罪案件工作座谈会纪要》的规定，从事公务，是指代表国家机关、国有公司、企业、事业单位、人民团体等履行组织、领导、监督、管理等职责。这里的监督，当然也包括舆论监督。在我国，新闻媒体作为党和人民的喉舌，

① 参见刘远：《商业贿赂犯罪的概念与立法》，载《华东政法学院学报》2006年第5期。

其所行使的舆论监督权，是国家法律所赋予的权力，并不是一种所谓的社会权力。在很多场合，记者都被称为“无冕之王”，这说明舆论监督中新闻曝光的威力，其实际效果丝毫不亚于权力监督和上下级监督关系。因而记者对公共事件、公共事务履行新闻采访职责的过程，是在代表新闻单位进行宣传、引导，体现着新闻单位的意图，是从事公务的一种表现形态。

3. 刑法意义上的国家工作人员不是单纯唯身份论，而是要看具体的职务活动的内容和性质。只要在国家机关或国有企事业单位等从事公务，即属国家工作人员，其是否列入国家机关或国有企事业单位的正式编制，并不影响对其国家工作人员身份的认定。本案中，尽管记者王某是报社的聘任制人员，但其服务于新闻事业单位，利用记者职务范围内采写新闻报道的职权，收受或索取报道对象的钱款，属于行贿罪的犯罪对象范围。

问题95：单位向退休后被返聘的原国家工作人员行贿的，构成单位行贿罪还是对非国家工作人员行贿罪

【案例】 2011 年 8 月至 12 月，湖北省恩施州天盛公司向恩施州地产事务部打款 5200 万元用于征地。恩施州地产事务部的经济性质为全民所有制，其中康某自 2000 年 5 月 9 日起任恩施州地产事务部主任，2010 年 7 月退休后又被恩施州地产事务部返聘；周某自 2006 年 5 月起任恩施州地产事务部副主任，2011 年 10 月 31 日任该事务部主任。2011 年 12 月，被告人李某宝系湖北省恩施市锦绣苑置业有限公司法人代表，因与天盛公司总经理曾某合作需要资金，向恩施州地产事务部返聘职工（原主任）康某和时任恩施州地产事务部主任周某提出借用打入该事务部的征地款，康某与周某同意。同年 12 月 24 日，康某在借条上签字后安排祝某将公款 1150 万元借给天盛公司总经理曾某和被告人李某宝用于经营活动。2012 年农历腊月，由被告人李某宝出资，曾某出面送给周某好处费 60 万元人民币，给康某好处费 60 万元人民币。

法院认定被告人李某宝犯行贿罪，判处有期徒刑5年3个月。①

【解析】本案中，向已经退休后被单位返聘的原国家工作人员行贿的，应构成单位行贿罪还是对非国家工作人员行贿罪，存在两种意见：

第一种意见认为，行为人退休后已经不具有国家工作人员身份，不符合单位行贿罪的犯罪对象的构成要件，应当认定为对非国家工作人员行贿罪；

第二种意见认为，已离退休但被返聘留用的国家工作人员的身份仍是法律意义上的“国家工作人员”，对其行贿的，应当认定为行贿罪。

本书同意第二种意见，主要理由是：

1. 对于返聘人员的身份问题，仍然要坚持“从事公务”是国家工作人员的本质属性，是构成国家工作人员和界定《刑法》第93条规定的以国家工作人员论的主体范围的核心因素。“从事公务”是指在国家机关、国有公司、企业、事业单位、人民团体、社会团体中履行组织、领导、监督、管理等职务的行为。一般而言，国家工作人员从事公务的时间始于具备一定身份职责，终于退休离职，国家工作人员离退休后按照规定应当自然解除原有职务并退出工作岗位。但实践中，一些单位由于人员结构不合理、队伍青黄不接、专业技术骨干匮乏等原因，因而存在退休人员被原单位返聘，并继续从事原有的行政管理工作的现象。

2. “唯身份论”不符合当前办理职务犯罪的实际需要。对处于离退休阶段的人员是否属于国家工作人员的认定，应从实际出发，从单纯以身份本身来判断主体性质的标准转变为以职权和职责为主，兼顾身份作为判断主体性质的标准，强调职权和职责对于主体性质的关键性。具体而言，应以行为人实际交接工作的时间为准，认定其是否具有国家工作人员相应的职权和应履行相应的职责，确定其行为是否属于“从事公务”，这样才能准确地区分罪与非罪。2002年12月28日全国人大常委会发布的《关于〈中华人民共和国刑法〉第九章渎职罪主体适用问题的解释》规定，“虽未列入国家机关人员

① 参见湖北省恩施市人民法院刑事判决书，(2018) 鄂2801刑初238号。

编制但在国家机关中从事公务的人员，在代表国家机关行使职权时，有渎职行为，构成犯罪的，依照刑法关于渎职罪的规定追究刑事责任”，即体现了摒弃身份论，以“从事公务”作为认定国家工作人员本质特征的基本精神。

3. 退休后返聘的国家工作人员在身份上有别于单纯的离职国家工作人员，向前者行贿的性质也不同于向后者行贿，因而不能认定为对有影响力的人行贿罪。从康某的现有身份看，判断其作为退休人员是否还实际享有职权、行使公务，首先判断其是否通过返聘、委托仍实际享有公权力，以相应的人事证明材料、依法从事公务的事实为判断依据。尽管其已经退休，但一经原单位返聘，并因其岗位的特殊性而掌握一定的公共职权，就会再次成为受原单位委派而从事公务的人员，可视为《刑法》第 93 条第 2 款规定的“其他依照法律从事公务的人员”，也就再次成为法律意义上的“国家工作人员”。如果行贿人通过其返聘后的职务之便，谋取不正当利益并给予其财物，理当以行贿罪论处。

第八章

关于对外国公职人员、国际公共组织官员行贿罪的司法认定

【法条链接】《刑法》第一百六十四条　为谋取不正当利益，给予公司、企业或者其他单位的工作人员以财物，数额较大的，处三年以下有期徒刑或者拘役，并处罚金；数额巨大的，处三年以上十年以下有期徒刑，并处罚金。

为谋取不正当商业利益，给予外国公职人员或者国际公共组织官员以财物的，依照前款的规定处罚。

单位犯前两款罪的，对单位判处罚金，并对其直接负责的主管人员和其他直接责任人员，依照第一款的规定处罚。

行贿人在被追诉前主动交待行贿行为的，可以减轻处罚或者免除处罚。

一、关于对外国公职人员、国际公共组织官员行贿罪的构成要件

问题96：如何理解对外国公职人员、国际公共组织官员行贿罪中的“为谋取不正当商业利益”

不同于一般行贿犯罪中“为谋取不正当利益”的主观要件，对外国公职人员或者国际公共组织官员行贿罪要求行为人在主观上系为谋取“不正当商业利益”。从文义解释的角度看，“不正当商业利益”的范围应小于刑法关于行贿罪中“不正当利益”的外延，即一般不包括在组织人事管理等活动中谋

取的竞争优势或其他与商业利益无关的政治性、社会性利益。此外，《联合国反腐败公约》第16条将贿赂外国公职人员或者国际公共组织官员罪所获取的利益界定为“与进行国际商务有关的商业或者其他不正当好处”，相对于我国刑法关于对外国公职人员、国际公共组织官员行贿罪所规定的“不正当商业利益”而言，还涵盖了不宜纳入商业范畴的“其他不正当好处”。鉴于我国已于2005年批准《联合国反腐败公约》，承担了执行该公约的义务，因而在司法实践中对此可参照适用。

本罪中的“不正当商业利益”，包括但不限于在国际贸易活动中，通过给予主办人财物要求其在法律规定范围内加速办理合作项目、使资质欠缺的公司获得某国市场的准入资格，使国际公共组织违背标准进行认证、向所在国政府官员行贿以获得某项产品销售或提供服务的机会或竞争优势、在招投标环节行贿以获得承揽某项建设工程的机会、通过第三方代理人向所在国官员或国际组织官员贿赂财物以获取某些促进企业发展的关键数据或其他资料等。此外，本罪中的“不正当商业利益”不要求行贿人的直接获益属于商业利益，只要行贿人通过贿赂行为获取的好处与商业利益之间存在现实或者可能因果关系的，就应当认定为“为谋取不正当商业利益”。[①] 例如，某中资企业通过行贿某国际体育组织，获得了某大型体育赛事的冠名权，虽然这本身并不会直接产生商业收益，但背后所带来的巨大广告效应会显著提升企业形象，进而带来巨额商业利益。

问题97：如何认定“外国公职人员”“国际公共组织官员”

1. “外国公职人员”的认定

根据《联合国反腐败公约》第2条第2项的规定：“外国公职人员”系指外国无论是经任命还是经选举而担任立法、行政、行政管理或者司法职务

① 参见谢杰、孙慧芳：《海外贿赂犯罪若干实践疑难问题研究》，载《政治与法律》2012年第4期。

的任何人员，以及为外国公共机构或者公营企业行使公共职能的任何人员。“外国公职人员”的范围主要包括：一是外国国家机关工作人员，即外国无论是经任命还是经选举而担任立法、行政、行政管理或者司法职务的任何人员。二是外国行使公共职能的非国家机关工作人员，即为外国，包括为公共机构或者公营企业行使公共职能的任何人员。判断外国公职人员的身份性质，不能受传统职务犯罪司法实践中国家工作人员的形式要件约束，应重点从相关雇员隶属的公共机构以及其具体实施的职能是否具有公务属性的实质角度进行司法判断。也就是说，无论是经任命还是经选举而在缔约方中担任立法、行政、行政管理或者司法职务的任何人员，无论长期或者临时，计酬或者不计酬，也无论此人的资历如何；依照本国法律的定义和在该国相关法律领域中的适用情况，履行公共职能，包括为公共机构或者公营企业履行公共职能或者提供公共服务的任何其他人员以及本国法律中界定为“公职人员”的任何其他人员，只要其隶属人员实施的行为属于行使公共职能，就可以认定为外国公职人员。

2. “国际公共组织官员”的认定

根据《联合国反腐败公约》第 2 条第 3 项的规定，“国际公共组织官员”系指国际公务员或者经此种组织授权代表该组织行事的任何人员。其中，国际公共组织一般指两个以上的国家的政府、民间团体或个人为特定的国际合作的目的而设立的具有国际性公共事务管理行为特征的组织，是依据其缔结的条约或其他正式法律文件建立的有一定规章制度的常设性机构。是否提供国际性公共产品与公共服务是国际公共组织的根本属性，政府间国际组织与非政府国际组织（International Non – governmental Organization，NGO）的形式划分并不影响国际公共组织的性质认定。因此，国际公共组织官员包括两类：一是国际公务员，也称国际职员，是联合国及其他国际组织聘用的工作人员，其职务高低、任职年限等均不影响其国际公务员的身份性质。二是经国际公共组织授权的人，这类人员不是国际公共组织的工作人员，但由于其受国际公共组织授权代表该组织行使职权，因此被视为国际公共组织官员。

“其他国际组织”是指在条约和宗旨规定范围内，享有参与国际事务活动的独立地位，具有直接承受国际法权利和义务的能力，而不受国家权力管辖的公共组织。按照不同性质划分，世界上现存的73000余个国际组织可以分为主权国家参加的政府间国际组织、民间团体成立的非政府国际组织，它们既有全球性的，又有区域性、洲际性的。政府间国际组织是由若干主权国家的政府及其官方机构为达到一定共同目标而创立的、一般只有主权国家才能参加、通过宣言等具有法律约束力的国际公约而成立的国际组织，例如联合国（United Nations，UN）、欧洲联盟（European Union，EU）、联合国专门机构（Special Agencies of the United Nations）等。其中，联合国已成为当代由主权国家组成的最具普遍性和权威性的政府间国际组织。[①] 非政府国际组织，指未经政府间协议而建立的，由独立机构、民间组织、志愿协会等团体组成的国际组织，涉及政治、经济、文化、教育、体育、卫生、科技等各个领域，大致可分为国际政党组织、国际教会组织、国际民间团体和个人组织等，占国际组织总数80%以上。例如，红十字国际委员会（International Committee of the Red Cross，ICRC）、国际奥林匹克委员会（International Olympic Committee，IOC）等。

按照职能性质划分，国际组织可以分为政治性（综合性）国际组织和专业性（专门性）国际组织。其中，政治性国际组织具有政治、经济、军事等广泛职能，如联合国、独立国家联合体（Commonwealth of Independent States，CIS），国际劳工组织（International Labour Organization，ILO）等；而专业性国际组织只具有科技、文化、体育、卫生等某个方面的专门性职能，可以划分为专业性政府间国际组织和专业性非政府国际组织。其中，专业性

① 联合国设有联合国大会、联合国安全理事会、联合国经济及社会理事会、联合国托管理事会、国际法院和秘书处六个主要机构，包括联合国难民事务高级专员办事处、联合国儿童基金会、联合国贸易和发展会议、联合国开发计划署、联合国环境规划署、联合国人类住区规划署、联合国人口基金、世界粮食计划署、联合国粮食及农业组织、国际劳工组织、国际货币基金组织、联合国教科文组织、世界卫生组织、世界知识产权组织等专门机构。

政府间国际组织包括世界贸易组织（World Trade Organization，WTO）、国际图书馆协会联合会（International Federation of Library Associations and Institutions，IFLA）、世界气象组织（World Meteorological Organization，WMO），万国邮政联盟（Universal Postal Union，UPU）等，专业性非政府国际组织包括红十字国际委员会，国际抗癌联盟（Union for International Cancer Control，UICC，全球最大的非政府抗癌组织机构）等，专业性国际组织在数量上占国际组织的绝大多数。

有观点认为，非政府间国际组织通常是由民间团体或个人组成的，并不必然代表国际性利益，因而国际公共组织不应包括非政府间国际组织，“国际公共组织官员”也不应包括非政府间国际组织中的工作人员或经其授权行事的人员。[①] 从国际惯例来看，国际奥林匹克委员会、红十字国际委员会、国际足球联合会等相当一批非政府国际组织承担和发挥了十分重要的国际公共事务职能和作用。联合国体系内的国际组织有的设有专门的部门处理与非政府国际组织有关的事务，如联合国教科文组织下设非政府组织会议，世界银行设有非政府组织银行委员会。还有一些联合国机构与特定的非政府国际组织有着经常性的密切联系，如联合国难民事务高级专员与志愿机构国际委员会、联合国人类居住中心与住区国际联盟、联合国环境规划署与环境联盟中心等。世界卫生组织和联合国开发计划署也通过各种方式同非政府国际组织合作，联合国志愿者署在亚非拉的许多发展中国家积极支持非政府国际组织和社区组织的组织建设。加之目前我国司法实践中适用对外国公职人员、国际公共组织官员行贿罪名处理的案件还处于探索和积累阶段，不宜人为缩小“国际公共组织官员”的认定范围。因此，在对外国公职人员、国际公共组织官员行贿罪中，国际公共组织应当包括政府间国际组织与非政府国际组织。

---

① 参见王瑞祥、王英军：《对外国公职人员、国际公共组织官员行贿罪规定的几点思考——以〈刑法修正案（八）〉第29条为立基点》，载《天津法学》2013年第2期。

问题 98：对外国公职人员、国际公共组织官员行贿罪侵犯的法益是什么

我国刑法之所以设立对外国公职人员、国际公共组织官员行贿罪，其保护法益并不是外国公职人员或国际公共组织官员的职务廉洁性，而是国家对公司、企业的管理秩序。[①] 随着我国“一带一路”倡议和“走出去”国家战略的深入实施以及我国国家和企业的国际竞争能力的增强，越来越多的中国企业开始积极制定和实施“走出去”战略，赴境外开发国际市场、运作境外项目，包括对外承包工程项目、投资项目、融资项目、收购项目以及劳务合作项目等。为此，习近平总书记在 2017 年首届“一带一路”国际合作高峰论坛上，特别强调要把“一带一路”建设成一条“廉洁之路”。[②] 根据商务部发布的《中国对外直接投资统计公报》，2022 年中国对外全行业直接投资 9853.7 亿元人民币，对外承包工程完成营业额 10,424.9 亿元人民币，中国对外直接投资流量稳居全球第二。截至 2023 年年末，我国境内投资者共对全球 154 个国家和地区的 7149 家境外企业进行了非金融类直接投资。中国在“一带一路”共建国家设立企业超过 1.1 万家，约占中国境外企业总量的 1/4。根据国家发展和改革委员会发布的数据，截至 2023 年年底，中国已与 152 个国家和 32 个国际组织签署“一带一路”合作文件，形成 3000 多个合作项目，投资规模近 1 万亿美元。在如此规模的企业数量和投资覆盖面之下，如何确定企业合规经营绝非易事，加之部分国家营商环境不佳、执法随意性较大、行政审批环节拖沓冗长、缺乏契约精神甚至公然权力寻租、吃拿卡要，极易滋生海外商业贿赂等违法犯罪行为。截至 2023 年年底，在世界银行公开制裁名单上的中国企业超过 160 家，并在一定期限内被禁止参与世界银行的工程项目投标，这不啻为我国提高反海外腐败行为的应对能力和水平敲响了警钟。[③] 如

---

① 当然，也有观点认为本罪的主要保护客体是外国公职人员、国际公共组织官员职务行为的公平性。参见敖博：《中国反海外腐败执法障碍的类型化及其应对》，载《财经法学》2023 年第 3 期。

② 参见谢杰、孙慧芳：《海外贿赂犯罪若干实践疑难问题研究》，载《政治与法律》2012 年第 4 期。

③ 值得注意的是，在“一带一路”建设中，随着中国企业国际化布局的加快，以美国为代表的西方国家通过海外反腐败执法活动，在域外司法管辖权方面有不断扩张的趋势，这也使中国企业在经营中面临一定的法律风险。

果不能在司法实践中对此类犯罪行为及其风险防范加以认真研究，并加大对海外贿赂行为的惩处力度，将会使海外商业贿赂犯罪愈演愈烈。

同时，《联合国反腐败公约》规定行贿的方式是许诺给予、实际给予或者提议给予，也就是说将行贿罪的预备行为与实行行为等同视之，是指行贿人明确向受贿人承诺，只要公职人员在执行公务时按照行贿人的指示作为或者不作为，便会给予一定好处的行为。应当注意的是，这里的实际给予不要求将不正当好处交付给受贿人本人，而可以是交付给其亲友等与其有相关关系的人；提议给予是指行贿人通过暗示的方式表示，只要公职人员在执行公务时作为或者不作为便给予一定好处的行为。另外需要注意的是，《联合国反腐败公约》规定的是“财产”范围，包括各种资产，不论是物质的还是非物质的、动产还是不动产、有形的还是无形的，以及证明对这种资产的产权或者权益的法律文件或者文书。从罪刑法定的角度来看，仍应当坚持本罪财物的范围仅限于货币、实物以及可以折算为经济价值的财产性利益。

此外，我国自2013年提出“一带一路”倡议以来，已先后推动发布《北京反腐败宣言》《二十国集团反腐败追逃追赃高级原则》《廉洁丝绸之路北京倡议》等一系列国际反腐败文件。2017年5月23日，原中央全面深化改革领导小组第三十五次会议审议通过了《关于规范企业海外经营行为的若干意见》，对加强企业海外经营行为自律和监管、提高企业海外经营行为合规性做出全面部署。同时，为规范民营企业境外投资经营行为，提高“走出去”的质量和水平，国家发展和改革委员会、商务部、人民银行、外交部、全国工商业联合委员会联合于2017年12月联合发布《民营企业境外投资经营行为规范》。此后，国家发展和改革委员会、外交部、商务部、人民银行、国有资产监督管理委员会、外汇局、全国工商业联合委员会于2018年12月联合发布了《企业境外经营合规管理指引》。2023年10月，第三届“一带一路”国际合作高峰论坛在北京举行，我国会同合作伙伴发布《“一带一路”廉洁建设成效与展望》，推出《“一带一路”廉洁建设高级原则》，对我国企业提出了健全境外廉洁合规制度体系、深入开展境外突出问题专项整治、防范化解境外重大廉洁风险等要求。

问题99：如何理解对外国公职人员、国际公共组织官员行贿罪的管辖问题

1. 我国刑法对中国海外企业的管辖权范围

对外国公职人员、国际公共组织官员行贿罪的犯罪主体既包括自然人又包括单位，其中单位应以海外中资企业为主。中资企业，指中国境内自然人、法人及其他组织在境内或境外投资的或控股投资的企业。① 同时，鉴于很多中国企业是通过控股国外公司或在外国建立子公司等方式开展海外业务的，虽然这些海外公司不属于我国法人企业，但由于中国企业是其实际控制人，为避免中国企业通过海外子公司和控股公司实施海外商业贿赂行为，规避国内调查，有必要将上述主体纳入管辖范围。因此，在审查相关企业的主体证据时，应当特别注意海外企业之间的控股关系、国内与国外公司之间来往是否密切等证据。

2. 我国刑法对于发生在境外的中国海外企业贿赂行为具有管辖权

对于发生在我国境内的行贿行为，可通过属地管辖原则直接行使司法管辖权。但考虑到对外国公职人员、国际公共组织官员的行贿行为往往发生在海外，对此应援引我国《刑法》第7条第1款的规定，“中华人民共和国公民在中华人民共和国领域外犯本法规定之罪的，适用本法”，即根据属人管辖原则进行管辖。但需要注意的是，按照上述规定的字面含义，属人管辖的范围只包括“公民”，而不包括单位。② 考虑到绝大多数海外商业贿赂行为都是以企业名义进行的，若在相关海外企业构成单位犯罪的情况下，我国司法

---

① 关于海外中资企业的具体名称和有关情况，目前可从商务部网站有关驻外使馆经济商务处制作的中资企业目录查询。

② 参见练泰霖、于改之：《论我国反海外商业贿赂犯罪的立法完善》，载《山东大学学报（哲学社会科学版）》2020年第6期。

却限于“属人原则”无法追究其相应责任，则本罪的设置目的将基本落空。[①]1977 年 12 月 6 日，美国制定了全球第一部《反海外腐败法》（Foreign Corrupt Practices Act，FCPA），该法明确规定受其管辖的主体，只要实施了贿赂行为，无论行为发生地在美国境内或境外，也不管该行为是否利用了美国的邮政系统或任何跨州的商业方法和手段，都会成为该法所规定的犯罪。甚至只要企业在美国上市，就受其约束。尽管我国刑法尚不承认“长臂管辖权”的存在，[②]但可根据我国《刑法》第 6 条第 3 款的规定“犯罪的行为或者结果有一项发生在中华人民共和国领域内的，就认为是在中华人民共和国领域内犯罪”，将对外国公职人员、国际公共组织官员行贿罪的犯罪影响、后果扩大理解为发生我国境内，主要理由是：从表面上看，海外贿赂行为看似让海外中资企业获得了更多的商业利益和竞争优势，侵害的也是外国公职人员和国际公共组织官员的职务廉洁性，但事实上，在全球经济一体化如火如荼的今天，中国已经身处世界经济舞台的中央，国际经贸往来不再是孤立的存在，而是国内经贸秩序的延伸，特别是在我国积极推行“一带一路”经济战略和构建以国内大循环为主体、国内国际双循环相互促进的新发展格局的时代背景下，海外商业贿赂行为不仅会破坏海外市场秩序，助长企业的不良风气，长此以往还会损害中国企业形象乃至国家形象，进而降低我国海外企业的核心竞争力，而《联合国反腐败公约》也为本罪的属地管辖、属人管辖和保护管辖提供了法律依据。[③]

同时，海外商业贿赂行为还隐藏一定的重大投资风险，例如因相关贿赂

---

① 参见冉刚：《跨国商业贿赂的法律治理》，中国方正出版社 2020 年版，第 301 页。

② 长臂管辖权（long – arm jurisdiction）是美国法院在民事诉讼中确定自己对案件是否拥有管辖权的一项规则。在 1945 年的国际鞋业公司诉华盛顿州案中，美国联邦最高法院以“最低限度联系”理论为基础，创立了特殊属人管辖权规则（specific jurisdiction），即只要非本州被告与受诉法院之间具有某种“最低限度联系”，法院就对该被告拥有管辖权。之后，美国各州和联邦政府相继制定了长臂管辖法案或条款，因而特殊属人管辖权也被称为长臂管辖权。其后，随着国际贸易的发展，美国法院越来越多地对非美国居民实施长臂管辖权，即只要美国法院认为外国被告与法院之间具有最低限度联系，即便该被告不在美国国内，美国法院也可能对案件拥有管辖权。

③ 《联合国反腐败公约》第 26 条明确提出缔约国应在不违反本国法律原则的前提下对腐败犯罪确立法人责任。

行为被所在国政府发现后给予处罚，导致项目审批以及许可证颁发停滞，甚至投资协议不能通过审批或者相关部门拒绝对其进行备案，或者相关部门拒绝审阅或签署投资附带要求，甚至投资资产被所在国政府没收等负面影响，进而导致境内投资者投资收益的重大损失甚至国有资产的严重流失。因此，在海外中资企业构成单位犯罪的情况下，我国刑法对于海外商业贿赂犯罪应当具有域外管辖权。根据我国《刑法》第 10 条的规定，凡在中华人民共和国领域外犯罪，依照本法应当负刑事责任的，虽然经过外国审判，仍然可以依照本法追究，但是在外国已经受过刑罚处罚的，可以免除或者减轻处罚。如我国在海外的中资企业或相关责任人因海外商业贿赂行为被当地司法机关追究刑事责任的，我国司法机关可视情况决定是否继续追究其刑事责任。

二、对外国公职人员、国际公共组织官员行贿罪司法适用中的疑难问题

【法律规定】根据《刑法》第 164 条的规定，犯对外国公职人员、国际公共组织官员行贿罪，数额较大的，处 3 年以下有期徒刑或者拘役；数额巨大的，处 3 年以上 10 年以下有期徒刑，并处罚金。单位犯该罪的，对单位判处罚金，并对其直接负责的主管人员和其他直接责任人员，依照《刑法》第 164 条第 1 款的规定处罚。行贿人在被追诉前主动交代行贿行为的，可以减轻处罚或者免除处罚。

【追诉标准】根据 2022 年 5 月最高人民检察院、公安部联合修订的《关于公安机关管辖的刑事案件立案追诉标准的规定（二）》第 12 条的规定，为谋取不正当商业利益，给予外国公职人员或者国际公共组织官员以财物，个人行贿数额在 3 万元以上的，单位行贿数额在 20 万元以上的，应予立案追诉。因此，凡是在此之后立案的此类犯罪，应当达到新的追诉标准。上述规定在入罪标准上，将 2010 年最高人民检察院、公安部发布的《关于公安机关管辖的刑事案件立案追诉标准的规定（二）》关于本罪的规定进行了调整，

即从个人行贿数额在 1 万元以上调整为 3 万元以上，故关于本罪原有的立案标准不再适用，应以 2022 年新的立案追诉标准为依据。

问题 100：如何对对外国公职人员、国际公共组织官员行贿罪适用罚金

2011 年 2 月通过的《刑法修正案（八）》在第 164 条新设“对外国公职人员、国际公共组织官员行贿罪”，在量刑上尚未规定罚金刑。2015 年 8 月 29 日通过的《刑法修正案（九）》，对本罪增设了罚金刑。

目前，我国司法机关已有对外国公职人员、国际公共组织官员行贿罪的相关判例，① 且我国一些海外企业已经出现因行贿所在国政府高层人员而遭到外国法院刑事追究的判例。② 对于罚金的数额，目前并无明确比例限制。在奚某兵、周某贺对外国公职人员行贿一案中，2017 年至 2019 年，时任中铁隧道局集团有限公司新加坡分公司总经理的被告人奚某兵伙同该公司副总经理被告人周某贺，为谋取不正当商业利益，3 次向新加坡公职人员行贿 22 万新加坡元。奚某兵还在 2003 年至 2009 年，利用担任中铁隧道集团一处有限公司平钟项目经理部经理、大别山隧道出口项目经理部经理等职务便利，在国内为他人在承揽工程、款项结算等方面谋取利益，非法收受他人财物 192 万元人民币。法院以对外国公职人员行贿罪，判处被告人奚某兵有期徒刑 2 年，并处罚金人民币 10 万元；以受贿罪，判处被告人奚某兵有期徒刑 4 年，并处罚金人民币 20 万元，决定执行有期徒刑 5 年，并处罚金人民币 30 万元。以对外国公职人员行贿罪，判处被告人周某贺有期徒刑 2 年，并处罚

---

① 例如 2023 年 10 月 24 日广州市中级人民法院公开宣判中铁隧道局集团有限公司国际事业部原副总经理奚某兵、国际事业部项目管理部原副部长周某贺对外国公职人员行贿一案。

② 例如，2010 年八九月间，中兴通讯公司为获取一份价值 3500 万美元的电信设备供应合同，向巴布亚新几内亚前总统行贿 78.4 万美元。具体的行贿方式是 BVI 壳公司 + 虚假服务合同 + 贿款汇入前总统在新加坡开立的渣打银行账户内。2016 年 9 月 9 日，新加坡法院分别判处两名涉案人员 5 年及 5 年 10 个月刑期。参见辛红：《全球反腐立法呈打击力度加大态势》，载《法制日报》2018 年 12 月 18 日，第 3 版。

金人民币 10 万元。[①]

轰动全球的西门子公司行贿案、[②] 爱立信公司行贿案等典型的海外商业贿赂案件，[③] 相关涉事企业都被处以了极为高额的罚金。2020 年 1 月下旬，空客公司承认存在腐败及违反出口管制的行为，并与法国国家金融检察官办公室（PNF）、英国严重欺诈办公室（SFO）以及美国司法部（DOJ）达成协议，同意支付近 40 亿美元及采取多项补救措施以和解此案。该案不仅是迄今为止为数不多的多国联合执法案例，接近 40 亿美元的罚金也刷新了反腐败合规领域的罚款纪录。[④] 美国等西方国家针对海外反腐败执法的相关措施和经验固然值得借鉴，但还应当密切结合我国实际情况和“宽严相济”的刑事政策进行分析并“因企施策”，既要通过严格执法公正司法保障法律权威并促进我国企业海外合规经营、建立完备的刑事风险防控机制，又要看到在新冠疫情影响下，全球产业链供应链脆弱性凸显，全球投资贸易保护主义和单边主义抬头，对境外中资企业在海外生产经营带来了较大风险和挑战的时代背景下，不宜一味效仿西方国家动辄处以巨额罚金的做法，切实避免“办完一个案子搞垮一个企业”的现象出现。根据我国《反不正当竞争法》第 19 条的规定，经营者违反该法第 7 条规定贿赂他人的，由监督检查部门

---

① 孙航：《被告人奚正兵、周仲贺对外国公职人员行贿、奚正兵受贿案一审宣判》，载《人民法院报》2023 年 10 月 25 日，第 4 版。

② 2006 年，西门子公司因涉嫌违反美国《反海外腐败法》的规定，接受美国司法部和证券交易委员会的调查。美国政府调查发现，西门子公司涉嫌向多国官员进行商业贿赂，以获得在电力、交通、医疗等领域的订单。西门子公司为了不失去参与投标美国政府合同的资格，与美国司法部门达成和解协议，同意支付约 13 亿美元的罚款。参见李贤华：《域外反商业贿赂犯罪的司法实践》，载《人民法院报》2014 年 12 月 19 日，第 8 版。

③ 2019 年 12 月，美国司法部、美国证券交易委员会联合发布公告，宣布瑞典通信设备巨头爱立信公司同意支付约 10.6 亿美元（约合人民币 74.6 亿元），同美国政府达成和解，并承认在 2000 年到 2006 年与其他参与者共谋违反了美国《反海外腐败法》，通过第三方代理商和顾问，以行贿基金、礼物等方式，贿赂越南、吉布提等 5 个国家的政府官员，贿赂金额超过数千万美元，并涉嫌伪造会计记录。参见《爱立信在美承认于中国等 5 国隐秘行贿，同意支付 10 亿美元和解金》，载《华夏时报》2019 年 12 月 8 日，第 3 版。

④ 刘育峰、刘玉翠：《美国〈反海外腐败法〉的域外适用及对中国公司的启示——空客公司等天价罚款案例解析》，载《国际石油经济》2021 年第 8 期。

没收违法所得，处10万元以上300万元以下的罚款。情节严重的，吊销营业执照。考虑到该法中提到的商业贿赂行为尚处于违法阶段，对于已经触犯刑律的海外商业贿赂犯罪行为，可参照上述标准提高一定额度处以相应罚金。

问题101：如何处理对海外商业贿赂案件的刑事司法协助问题

在海外腐败犯罪案件中，大量行为发生于境外，许多证据并不在我国的直接控制之下或不能为我国司法机关直接调取。2018年10月26日，第十三届全国人民代表大会常务委员会第六次会议通过了《国际刑事司法协助法》，就我国司法机关向境外送达文书、调查取证、安排证人作证或者协助调查、查封、扣押、冻结涉案财物，没收、返还违法所得及其他涉案财物、移管被判刑人以及其他事项进行了明确规定。① 在此，需要注意：

1. 对于发生在境外的中资企业和个人对外国公职人员、国际公共组织官员的商业贿赂案件，根据我国《刑法》第7条规定的属人管辖原则，我国司法机关具有管辖权；当然，涉案当事人或企业所在国的司法机关根据其“属地管辖”原则，亦具有管辖权。如我国调查机关、司法机关需要请求和提供司法协助的，应当依照《国际刑事司法协助法》，我国与有关国家、地区签订的刑事司法协助条约，移管被判刑人条约和有关法律规定进行。如被告人已经从境外返回中国的，即使其在境外已经处于被外国司法机关追诉的状态，

---

① 《联合国反腐败公约》第46条规定了关于司法协助的相关内容：（1）缔约国应当在对本公约所涵盖的犯罪进行的侦查、起诉和审判程序中相互提供最广泛的司法协助。（2）对于请求缔约国中依照本公约第二十六条可能追究法人责任的犯罪所进行的侦查、起诉和审判程序，应当根据被请求缔约国有关的法律、条约、协定和安排，尽可能充分地提供司法协助。（3）可以为下列任何目的而请求依照本条给予司法协助：（a）向个人获取证据或者陈述；（b）送达司法文书；（c）执行搜查和扣押并实行冻结；（d）检查物品和场所；（e）提供资料、物证以及鉴定结论；（f）提供有关文件和记录的原件或者经核证的副本，其中包括政府、银行、财务、公司或者商业记录；（g）为取证目的而辨认或者追查犯罪所得、财产、工具或者其他物品；（h）为有关人员自愿在请求缔约国出庭提供方便；（i）不违反被请求缔约国本国法律的任何其他形式的协助；（j）根据本公约第五章的规定辨认、冻结和追查犯罪所得；（k）根据本公约第五章的规定追回资产。

依照《引渡法》第 8 条的规定，我国不能将本国公民引渡给他国，外国司法机关对本案实际上已无法行使管辖权。依据国际法中“或引渡或起诉”的原则，一国有义务对在外国犯罪的本国公民进行追诉，刑事诉讼随之发生转移。在此情况下，我国司法机关请求外国司法机关将该案移交给中国进行追诉，属于国际刑事司法协助中的国际刑事诉讼转移。① 但例外情形是，中国海外企业中雇佣的外籍员工，向海外企业所在地政府官员行贿的，根据本国国民不引渡原则，我国无法将其引渡至境内受审。对于单位海外腐败犯罪也可能存在直接责任人居于其国籍国的情况，而且由于部分国家刑法并不存在单位犯罪规定，以单位犯罪为依据引渡直接责任人也可能因违反双重犯罪原则而遭拒绝。②

2. 正确理解刑事司法协助条约内容，灵活适用开展国际刑事司法协助的多种渠道。根据国际刑事司法协助的内容、适用的条件和程序，可以将国际刑事司法协助的范围归纳为六大类：文书送达、信息通报、调查取证、引渡、刑事案件的诉讼转移、外国刑事判决的承认和执行。其中，调查取证具体是指各种物证、书证、视听资料的收集、保全，对证人的询问，与犯罪有关的场所、物品、人员的勘验、检查、搜查，与犯罪有关的财物的查封、扣押等。由于我国请求刑事司法协助的相对方是外国的司法机关，因此，对于由外国司法机关进行的调查取证，只要其具备了完整的证据属性，即客观性、关联性和合法性，即可对该证据进行认定。但是对该证据的证明内容是否采纳，人民法院应当结合案件的其他证据作出判断，不能因为该证据是外国司法机关提供的就直接确认其效力。例如，中美之间曾签订《中华人民共和国政府和美利坚合众国政府关于刑事司法协助的协定》，其中约定“双方应各自指定一个中央机关，负责依照本协定提出和接收请求”。同时，该协定第 21 条规定，“本协定规定的协助和程序不妨碍任何一方通过其他可适用的国际协议中的条款或通过本国法律的条款向另一方提供协助。双方也可根据任何其

① 参见黄风：《反腐败国际追逃合作：困难、问题与对策》，载《人民论坛》2015 年第 25 期。
② 参见敖博：《中国反海外腐败执法障碍的类型化及其应对》，载《财经法学》2023 年第 3 期。

他可适用的安排、协助或惯例提供协助”。对于我国和外国之间没有刑事司法协助条约的，应根据《国际刑事司法协助法》第5条第3款规定，通过外交途径联系，即调查机关通过层报国家监察委员会，并经国家监察委员会联系我驻外大使馆，以外交途径请求所在国有关部门提供协助，获取案件关键证据。[①]

3. 办案机关在请求国际刑事司法协助工作中必须严格遵守相关程序规定。本罪的管辖权属于公安机关，但也不排除与检察机关案件互涉案件的可能。我国《公安机关办理刑事案件程序规定》第380条规定：“需要请求外国警方提供刑事司法协助或者警务合作的，应当按照我国有关法律、国际条约、协议的规定提出刑事司法协助或者警务合作请求书，所附文件及相应译文，经省级公安机关审核后报送公安部。”第381条规定：“需要通过国际刑事警察组织查找或者缉捕犯罪嫌疑人、被告人或者罪犯，查询资料、调查取证的，应当提出申请层报国际刑事警察组织中国国家中心局。”《人民检察院刑事诉讼规则》第674条规定：“地方各级人民检察院需要向外国请求刑事司法协助的，应当制作刑事司法协助请求书并附相关材料。经省级人民检察院审核同意后，报送最高人民检察院。刑事司法协助请求书应当依照相关刑事司法协助条约的规定制作；没有条约或者条约没有规定的，可以参照国际刑事司法协助法第十三条的规定制作。被请求方有特殊要求的，在不违反我国法律的基本原则的情况下，可以按照被请求方的特殊要求制作。”第675条规定：“最高人民检察院收到地方各级人民检察院刑事司法协助请求书及所附相关材料后，应当依照国际刑事司法协助法和有关条约进行审查。对符合规定、所附材料齐全的，最高人民检察院是对外联系机关的，应当及时向外国提出请求；不是对外联系机关的，应当通过对外联系机关向外国提出请求。对不符合规定或者材料不齐全的，应当退回提出请求的人民检察院或者要求其补充、修正。”因此，人民法院在审理案件中应当审查公安、检察机关是否遵守上述程序请求国际刑事司法协助。因为这关系到提供、收集证据的法定程序问题，公安、检察机关在请求国际刑事司法协助工作中应当遵循程序合法的原则。

① 参见黄风：《国际刑事司法合作的规则与实践》，北京大学出版社2008年版，第4页。

问题 102：如何对境外取得的证据进行审查

应按照国内刑事诉讼标准审查境外取得的证据。对境外取得的证据，司法机关应针对证据的不同特点，按照国内刑事诉讼标准严格进行审查。对于言词证据，如条件允许，可引导调查机关、侦查机关在外方配合下，重新对言词证据提供人进行询问或讯问并制作笔录。如无法再次询问或讯问，可请言词证据提供人在相关谈话记录上签名确认，并对该过程进行录音录像。同时，通过其他方式对其所谈内容进行核实。对于客观性证据，司法机关应在证据来源、证据内容以及移交方式等方面严格审查，确保证据的合法有效。

对于当事人、辩护人、诉讼代理人向人民法院提供的在我国领域外形成的证据的审查与认定，可借鉴民事诉讼程序中的相关规定，即最高人民法院《关于民事诉讼证据的若干规定》第 16 条规定："当事人提供的公文书证系在中华人民共和国领域外形成的，该证据应当经所在国公证机关证明，或者履行中华人民共和国与该所在国订立的有关条约中规定的证明手续。中华人民共和国领域外形成的涉及身份关系的证据，应当经所在国公证机关证明并经中华人民共和国驻该国使领馆认证，或者履行中华人民共和国与该所在国订立的有关条约中规定的证明手续。当事人向人民法院提供的证据是在香港、澳门、台湾地区形成的，应当履行相关的证明手续。"

刑事诉讼中，对于当事人、辩护人、诉讼代理人提供的在我国领域外形成的证据，由于该证据不是通过国际刑事司法协助途径取得，同样存在法院确认这些证据的有效性、真实性问题，因此法院对这些证据的审查与认定可以借鉴最高人民法院《关于民事诉讼证据的若干规定》中的相关规定，同时也要充分注意到刑事诉讼的证明标准要求高于民事诉讼的证明标准的问题。民事诉讼法对于外国当事人参加诉讼的授权委托书规定其须经所在国公证机关证明，并经我国驻该国使领馆认证；刑事诉讼法对于外国当事人参加诉讼的授权委托书除了由民事诉讼法规定的要经所在国公证机关证明，并经我国驻该国使领馆认证外，还需要由所在国外交部或者其授权机关认证。因此，在刑事诉讼过程中，当事人、辩护人、诉讼代理人向法院提供的在我国境外形成的证据也应经所在国公证机关证明、所在国外交部或者其授权机关认证，并经我国驻该国使领馆认证。对履行了上述证明手续的证据，法院才能予以认定。但并不是说只要经过了公证、认证手续的证据材料，其真实效力就得到了确认，其证明力只是相等于公证文件，对该证据的证明内容是否采纳，人民法院仍应当结合案件的其他证据进行审查后才能作出判断。

考虑到本罪的行贿对象以外籍人士为主，取证时应特别注意保障证人的各项诉讼权利。如需要为证人提供翻译，应首先考虑提供其母语翻译，如确实不具备条件，可以考虑为其提供国籍国通用语言或其本人通晓的其他语言的翻译。另外，虽然刑事诉讼法中未列明提交外文书证必须附有中文译文，但是根据我国刑事诉讼中使用中国通用语言文字的原则，无论是司法机关通过司法协助取得的外文书证，还是当事人、辩护人、诉讼代理人提供的外文书证，都应由证据提供者将外文书证交有资质的翻译机构进行翻译。在翻译无误的情况下，只需对中文译文进行审查，控、辩双方只需对中文译文进行质证即可，而不必引用外文书证的原文。但是，如果控辩双方对译文的用词产生争议，且在关键词语的翻译对案件处理结果有影响的情况下，则应当慎重审查外文书证原件，并作出正确认定。

第九章

关于介绍贿赂罪的司法认定

【法条链接】《刑法》第三百九十二条　向国家工作人员介绍贿赂，情节严重的，处三年以下有期徒刑或者拘役，并处罚金。

介绍贿赂人在被追诉前主动交待介绍贿赂行为的，可以减轻处罚或者免除处罚。

一、介绍贿赂罪的构成要件

问题103：如何区分介绍贿赂罪与行贿罪、受贿罪的共犯

【案例1】2010年下半年，贾某（已判刑）向同学李某谈到欲回四川省南部县发展。2011年春节后，李某介绍贾某认识了与南部县国土局局长刘某1（已判刑）关系较好的原审被告人陈某明，贾某向陈某明提出，其欲在南部县买地开发，需陈某明帮忙联系有无合适的土地，陈某明同意。后陈某明向刘某1提出，贾某欲回南部县买地搞开发，看有无好一点的土地，刘某1表示支持。一段时间以后，刘某1告知陈某明，南部县西客站背后有块土地（2011－拍××号宗地）要卖，陈某明将此消息告诉了李某、贾某。贾某回到南部县现场察看地块后觉得不错，认为如果以每亩220万～230万元拿到这块土地就能赚钱，遂让陈某明约刘某1见面认识后，贾某对刘某1提出想买这块地，请刘某1帮忙，后贾某多次请求刘某1帮助其竞买土地，刘某1同意。不久，贾某与陈某明、李某喝茶时，贾某向陈某明提出由陈某明经办

具体运作拿地事宜，但贾某前期不付款，一旦拿到地就给陈某明2000万元，这2000万元就是全部送给刘某1，贾某也不管。之后，贾某报名参加南部县2011－拍××号宗地的拍卖。该宗土地于2011年11月10日拍卖，当天上午，贾某通过刘某1提前获知该宗地的拍卖底价，并通过串通投标手段，以刘某2自然人身份按每亩人民币220万元的价格竞拍到该宗地。此后，贾某先后3次共计付给陈某明人民币1988万元，陈某明收款后将其中1000万元分2次送给了刘某1。一审法院认为，被告人陈某明无视国家法律，接受他人请托，主动联系国家工作人员刘某1，并积极撮合、沟通、转交贿赂款1000万元，情节严重，其行为侵害了国家机关的正常管理活动及国家工作人员职务行为的廉洁性，构成介绍贿赂罪。公诉机关指控事实清楚，证据确实、充分，但指控陈某明构成行贿罪的罪名不当，应予纠正。陈某明有自首情节，可以从轻或减轻处罚，鉴于陈某明认罪态度较好，对其适用缓刑没有再犯罪的危险，且对所居住社区没有重大不良影响，可宣告缓刑，遂判决被告人陈某明犯介绍贿赂罪，判处有期徒刑3年，缓刑3年。宣判后，检察机关提出抗诉，一审认定陈某明帮贾某转送2000万元给刘某1系认定事实错误，应认定贾某是将2000万元交给陈某明运作相关国家工作人员，不局限于刘某1。陈某明的行为属一行为触犯数罪名，应择一重罪处罚，陈某明确实在贾某与刘某1之间介绍贿赂，但陈某明主观上有帮助贾某通过不正当竞争手段竞拍国有土地的故意，在这种故意支配下，其行为也符合行贿罪（共同犯罪）谋取不正当利益的构成要件，客观上陈某明自由独立决定给哪些国家工作人员行贿，送多少，怎么送，什么时间送都由陈某明独立完成，超出简单的穿针引线作用，应认定为行贿共同犯罪中的实行犯。本案行贿数额特别巨大，从罪刑相适应角度分析，适用介绍贿赂定罪处罚，明显罪刑不相适应。故陈某明的行为既构成了介绍贿赂罪，又与贾某构成行贿罪共犯，且属共同犯罪中的实行犯，应择一重罪按行贿罪定罪处罚。二审法院经审理认为，介绍贿赂罪是指向国家工作人员介绍贿赂，情节严重的行为。介绍贿赂是指在行贿人和受贿人之间进行沟通、撮合，使行贿与受贿得以实现的行为。行贿罪是指为谋取不正当利益，给予国家工作人员以财物的行为。本案原审被告人陈某明的行为并非为了谋取不正当利益，给予国家工作人员以财物，而是在行贿人与受贿人之间进行沟通、撮合，促使行贿与受贿得以实现，故陈某明的行为构成介绍贿赂罪，而不构成行贿罪的共犯，遂驳回抗诉，维持原判。[①]

【案例2】2015年至2016年，被告人陈某甲为了牟取非法利益，违反规定办理多名学生入读广州市荔湾区文昌小学等学校，请托时任广州市荔湾区东沙小学校长、广州市荔湾区西塱小学校长黄某容（另案处理）提供便利，并多次向黄某1贿送钱款共计50万元。一审法院判决被告人陈某甲犯行贿罪，判处有期徒刑5年，并处罚金人民币20万元。宣判后，被告人陈某甲提出上诉，其辩护人提出本案的犯罪行为应当定性为介绍贿赂罪。本案中上诉人实际上实施的是为行贿人（学生家长）和受贿人（黄某2）之间进行联系、沟通关系、传递行贿物品，促使行贿与受贿得以实现的行为。而根据目前现有的证据、常理，上诉人将择校、借读作为一项业务进行经营，其不可能为不熟悉、不认识的人谋取竞争优势，其本质是一名“中介”，通过撮合、传递行贿财物等形式，完成学生家长为谋取不正当利益而向国家工作人员行贿的行为。二审法院经审理认为，介绍贿赂罪的客观方面表现为行为人为行贿和受贿双方“穿针引线”，促使双方相识相通，代为联络，甚至传递贿赂物品，帮助双方完成行贿、受贿的行为。介绍贿赂的行为人是在他人有了行贿或者受贿故意的情况下，才从中沟通撮合的。本案上诉人陈某甲开展择校、借读业务，收受学生家长的“赞助费”等名目款项，给予国家工作人员以财物。当中，学生家长主观上并没有向国家工作人员行贿的意图，并不知道经营择校、借读业务的上诉人陈某甲收取费用后如何使用，不存在上诉人陈某甲的行为是在行贿人和受贿人之间实施沟通、撮合的情况。因此，上诉人陈某甲的行为并不符合介绍贿赂罪的构成要件，遂驳回上诉，维持原判。[②]

【案例3】2002~2015年，被告人王某刚接受他人请托，伙同张某1（另

① 四川省南充市中级人民法院刑事裁定书，（2016）川13刑终118号。

② 广东省广州市中级人民法院刑事裁定书，（2018）粤01刑终985号。

案处理）通过北京市公安局通州分局所辖派出所户籍民警刘某（另案处理）帮助违规办理北京户口，经查，王某刚为其女及他人共 16 人违规办理北京户口，给予刘某好处费人民币共计 181 万元，并从中获利人民币 65 万元。一审法院判决被告人王某刚犯行贿罪，判处有期徒刑 6 年。宣判后，被告人王某刚提出上诉。二审法院经审理认为，关于本案的定性，主要涉及 3 个罪名，即介绍贿赂罪、行贿罪、受贿罪。介绍贿赂罪的法定最高刑为 3 年有期徒刑，与行贿罪、受贿罪在法定刑上存在明显区分。根据刑法的规定，只有情节严重的介绍贿赂行为才成立介绍贿赂罪；而刑法之所以要求情节严重，显然是因为介绍贿赂行为本身对法益的侵害还没有达到应当追究刑事责任的程度，因此，介绍贿赂行为本身应当仅限于相对轻微的行为，与本案王某刚的行为明显不符。行贿罪的本质特征是行为人通过付出钱财获取利益，而在本案中，作为行、受贿链条中的中间人，王某刚既不是利益的获得者，也不是赃款的支付者，认定行贿罪明显不妥。而且，对于转托型中间人认定行贿罪，所切分的利益仅认定为违法所得予以追缴，使得其行为对法益的侵害并未得到完整评价，且认定共同行贿易导致量刑失衡，有违罪责刑相适应原则。相反，王某刚、张某 1 作为中间人和国家工作人员具有共同的利益诉求，即通过帮助违规办理落户获利，王某刚行为实质是利用国家工作人员职权行为共同受贿。鉴于王某刚在其所参与的共同受贿中，与张某 1 等人在主观上存在概括的受贿故意，对其他受贿共犯各自收取受贿钱款的数额并不知晓，故应以其实际所得额确定受贿数额。遂撤销原判，改判上诉人王某刚犯受贿罪，判处有期徒刑 3 年 6 个月，罚金人民币 20 万元。①

【解析】实践中，对于如何区分介绍贿赂罪与行贿罪、受贿罪的共犯，存在以下四种意见：

第一种意见认为，从立法论上讲，介绍贿赂罪没有存在的必要，因为实践中难以准确区分介绍贿赂罪与行、受贿犯罪的帮助行为。② 考虑到介绍贿

① 北京市第三中级人民法院刑事判决书，（2018）京 03 刑终 492 号。

② 参见陈洪兵：《职务犯罪罪名精释与案例百选》，法律出版社 2023 年版，第 232 页。

赂中，国家工作人员往往并不认识请托人，也未与请托人进行过联系沟通，而是中间人与请托人商议后，找国家工作人员提出请托，并支付好处费，因此中间人与请托人同处于行贿人的地位，应一律认定为行贿罪。

第二种意见认为，如果行为人明知行、受贿一方本没有行、受贿的意思，而行为人的行为诱发了行、受贿一方行、受贿意图，则行为人与行、受贿一方具有共同行、受贿的主观故意，行为人与受贿人构成共犯，应认定为受贿罪。

第三种意见认为，介绍贿赂不仅包括介绍人按行贿人的请托要求帮其寻找合适的行贿对象、为其引荐受贿人，还包括为行贿人出谋划策、转交贿款等行为。至于行为人是否以获取“佣金”“报酬”为目的而介绍贿赂，均不影响介绍贿赂罪的成立。

第四种意见认为，介绍贿赂罪是帮助行为的正犯化，与正犯的帮助犯仍有区别。在涉及介绍贿赂行为的定性时，在判断罪与非罪、此罪与彼罪方面，应当严格坚持罪刑法定原则和主客观相一致原则，结合案件具体情况来综合认定行为的性质。

本书同意第四种意见，主要理由是：

1. 在法条适用出现竞合时，根据“特别法优于一般法”的适用原则，介绍贿赂罪的适用应当优先于行贿罪或者受贿罪的帮助犯，而不是将行贿罪或者受贿罪的帮助犯的适用置于介绍贿赂罪之前。从客观方面来看，介绍贿赂行为人创造条件让请托人和受托国家工作人员认识、联系，在行受贿双方之间引荐、沟通、撮合，传递交易信息或代为转递财物，或参与请托人与受托人之间“价格”磋商，以牵线搭桥的方式促使行贿、受贿行为得以实现。但在行贿罪或者受贿罪的帮助犯中，行为人非常明确自己是在帮助其中一方完成权力与利益的“等价交换”，比介绍贿赂中的行为人介入程度更深，甚至是代表一方与对方讨价还价，以保证己方的利益得到充分的实现。对此，《最高人民法院公报》2002 年第 6 期刊载的“孙某勤介绍贿赂案”认为，事前既无与他人共同受贿的故意，也无与他人共同行贿的故意，事后接受了行贿人的好处费并全部或部分转送给受贿人的，行为人只是在行贿人与受贿人之间实施了引见、沟通、撮合的行为，并代为传递转交贿赂款，促成行贿和受贿，既不是共同受贿，也不是共同行贿，而是介绍贿赂。

2. 介绍贿赂罪中的行为人往往不是社会中孤立的个体，而是与行、受贿双方熟识，特别是与国家工作人员有着某种特殊联系或特定关系（如同学、老乡、同事、战友、亲属、邻居），并取得对方的信任，才能有机会、有渠道去搭建介绍贿赂的平台。否则，有任何一方对权钱交易的安全性产生怀疑，都不会允许第三方介入行、受贿的环节中。较为典型的介绍贿赂行为，是行贿人和受贿人均自行产生犯意，中间人只是起到辅助作用。但如果行贿人和受贿人双方本无行贿、受贿故意，而中间人以挑唆、暗示、引诱使双方产生贿赂犯罪故意，并通过积极沟通、撮合使贿赂犯罪得以实现，属于行贿和受贿的教唆犯，则中间人是以介绍为名行教唆之实，已超出一般介绍的范畴，属于目的行为与手段行为的牵连关系，其行为构成介绍贿赂与行贿或受贿教唆犯的牵连关系，触犯两个不同的罪名，形成了介绍贿赂罪与行贿或受贿教唆犯罪的竞合，择一重罪从重处罚。①

3. 从不正当利益的归属和是否参与了贿赂款的实际分配来区分。介绍贿赂中行为人既有为自己谋取私利的目的，也有出于亲友关系或者其他非物质利益的考虑，但无论动机如何，行为人对受贿款本身并无占有或参与分配的意图，最终的不正当利益也一般归属于实际的行贿人，且行贿款也不可能由行为人承担。而在贿赂帮助犯中，行为人非常明确自身获得的利益一定包含在“等价交换”的对价款中。特别是在共同受贿中，受贿人与共犯共同占有并瓜分受贿款项。当然，如果行为人既实施了沟通关系、撮合条件，使贿赂行为得以实现的行为，又与行贿人或受贿人存在通谋，具有共同犯罪故意，或者明知是贿赂款物而参与分赃，则符合行贿罪或受贿罪共犯的构成要件，属于一个行为触犯数个罪名的想象竞合犯，应择一重罪处之，即按行贿罪或

① 参见刘明祥：《从单一正犯视角看贿赂罪中的共同犯罪疑难问题》，载《法学家》2017 年第 2 期。

受贿罪共犯定性处罚。

4. 实践中，出现一种打着“中介”名义对外宣传可以办理一些游走在法律边缘或者不合规的事项，并通过与相关部门审批、执法人员内外勾结，层层转请托并收取所谓的“介绍费”“辛苦费”的“职业掮客”现象。此类人员到案后，往往辩称自己仅仅是为行贿人和国家工作人员之间牵线搭桥，提供输送利益的机会，因此不应当认定为行、受贿犯罪的共犯，而应当属于介绍贿赂行为。对于区分共同行贿、共同受贿抑或介绍贿赂，首先要看行为人谋取利益的方式和途径，审查行为人在转请托的过程中，究竟是与最初请托一方还是与国家工作人员一方的关系更为密切，即站在其中一方的立场上去追求利益，还是具有相对独立性、没有附属于行贿或受贿行为的任何一方。

二、关于介绍贿赂罪的定罪处罚

【刑法规定】根据《刑法》第 392 条的规定，向国家工作人员介绍贿赂，情节严重的，处 3 年以下有期徒刑或者拘役，并处罚金。介绍贿赂人在被追诉前主动交代介绍贿赂行为的，可以减轻处罚或者免除处罚。

根据刑法规定，介绍贿赂罪和行贿罪、受贿罪在定罪量刑标准上存在明显差异。在法定最高刑方面，行贿罪、受贿罪的法定最高刑分别是无期徒刑、死刑，而介绍贿赂罪的法定最高刑是 3 年以下有期徒刑。在主动交代从宽处罚幅度方面，介绍贿赂人在被追诉前主动交代介绍贿赂行为的，可以减轻处罚或者免除处罚，而行贿人或受贿人主动交代的从宽幅度较小，且同时附加了其他限制条件。

【追诉标准】根据最高人民检察院《关于人民检察院直接受理立案侦查案件立案标准的规定（试行）》的规定，涉嫌下列情形之一的，应予立案：(1）介绍个人向国家工作人员行贿，数额在 2 万元以上的；介绍单位向国家工作人员行贿，数额在 20 万元以上的；（2）介绍贿赂数额不满上述标准，但具有下列情形之一的：①为使行贿人获取非法利益而介绍贿赂的；②3 次以上或者为3人以上介绍贿赂的；③向党政领导、司法工作人员、行政执法人员介绍贿赂的；④致使国家或者社会利益遭受重大损失的。

介绍贿赂罪是在行贿人和受贿人之间实施沟通、撮合，促使行贿与受贿得以实现的行为。因而对于介绍贿赂罪的定罪处罚，首先要遵从罪刑法定原则，即起辅助作用的介绍贿赂罪的入罪标准，至少不低于起实质作用的行、受贿犯罪的数额标准。在2016年《贪污贿赂司法解释》中，行、受贿犯罪的数额标准均发生了变化。其中，行贿数额在3万元以上的，以行贿罪追究刑事责任。受贿数额在3万元以上的，以受贿罪追究刑事责任。如按照最高人民检察院关于介绍贿赂罪的追诉标准，就会使得介绍贿赂罪的立案标准反而低于行、受贿新标准，出现了轻罪与重罪的“倒挂现象”。因此，司法实践中应在介绍贿赂罪与行、受贿犯罪之间设定一定比例，以更好地体现罪责刑相适应原则。

【向单位介绍贿赂的定性】鉴于刑法对行贿类犯罪设置了单位行贿罪和对单位行贿罪，因而实践中不排除向单位介绍贿赂行为的可能性。如果行为人向国家机关、国有公司、企业、事业单位、人民团体等介绍贿赂的，也应当认定为构成介绍贿赂罪。

【关于罚金刑的适用】根据《贪污贿赂司法解释》第19条第2款的规定，除贪污罪、受贿罪外，对刑法规定并处罚金的其他贪污贿赂犯罪，应当在10万元以上犯罪数额2倍以下判处罚金。因此，对于犯介绍贿赂罪的，应处于10万元以上犯罪数额2倍以下罚金。

【关于罚金刑的从旧兼从轻原则的适用】2015年11月1日起施行的《刑法修正案（九）》，对《刑法》第392条第1款增设了罚金刑，修正后的刑罚重于修正前的刑罚。因此，介绍贿赂的行为发生在《刑法修正案（九）》施行前的，根据从旧兼从轻原则，不应并处罚金。

问题104：介绍贿赂罪的成立是否以行贿罪、受贿罪成立为前提

实践中，介绍贿赂犯罪可能会遇到行、受贿犯罪未予认定的情形，例如

行贿人没有在行贿中谋取不正当利益、受贿数额未达到入罪门槛而不构成受贿罪、国家工作人员收受请托人财物后及时退还或上交等。在此情况下，介绍贿赂行为是否仍然构成犯罪，目前有两种意见：

第一种意见认为，关于介绍贿赂罪的成立，应坚持共犯的从属性原理。只有正犯（被帮助对象）着手实施了符合构成要件的违法行为，才成立介绍贿赂罪。如果正犯没有接受帮助或者虽然接受了帮助，但没有进一步地着手实施违法行为的，帮助者不成立犯罪。也就是说，单纯帮助他人实施违法行为，而没有对正犯结果起作用的，不受处罚。介绍贿赂罪和行贿罪、受贿罪是一种依附和被依附的关系。从性质上来说，行贿罪、受贿罪通常重于介绍贿赂罪，既然性质更严重的行、受贿行为都不构成犯罪，按照举重以明轻的原则，介绍贿赂行为更不能以犯罪论处。

第二种意见认为，根据共犯从属性原则，共犯行为正犯化之后，不再以之前的正犯是否构成犯罪为前提。一个罪名的成立与否，不应当以其他罪名的既遂或者未遂为前提。介绍贿赂罪虽然是贿赂犯罪的帮助犯，但由于刑法分则对介绍贿赂罪规定了独立的法定刑，因而不再适用《刑法》第 27 条关于帮助犯的处罚规定。

本书同意第二种意见，主要理由是：

1. 从体系解释的角度来看，社会发展带来犯罪形态的多样性，介绍贿赂行为有被单独评价的立法价值和现实意义。在刑法分则有关个罪立法中，基于处罚的需要，将帮助行为上升为某一独立罪名的实行行为的立法例并不鲜见，这在刑法理论上称为"帮助行为的正犯化"，是限制处罚范围的方式，也是刑事立法越来越常见的现象，如帮助毁灭、伪造证据罪、资助危害国家安全犯罪活动罪、帮助恐怖活动罪、帮助犯罪分子逃避处罚罪等。将介绍贿赂罪单独规定为犯罪，也与重视非法取利的理念和计赃论罪的模式相关。①

2. 从法益侵害性的角度来看，介绍贿赂人在行贿人和受贿人之间牵线搭

---

① 参见阮齐林：《论计赃论罪立法模式对受贿罪共犯适用的限缩》，载《社会科学辑刊》2019 年第 4 期。

桥，促成贿赂的成功，这种贿赂掮客的存在，本身就具有社会危害性，对其具有独立评价的必要，不依赖于其所帮助的行受贿犯罪是否成立。尽管介绍贿赂罪侵犯的法益，与行、受贿犯罪所侵犯的法益基本相同，即同样侵犯了国家工作人员职务的廉洁性，但这并不意味着在罪名的适用上也同样依附于行受贿犯罪。如果多次介绍贿赂，但每次介绍贿赂的数额都未达到行、受贿犯罪的入罪标准，但累计数额巨大或者有其他严重情节，甚至成为职业掮客的，介绍贿赂行为的社会危害性已远大于其单独介绍的每一次行、受贿行为，不能因为行受贿犯罪未予认定就轻纵介绍贿赂犯罪。

3. 介绍贿赂罪具有独立的犯罪构成，不要求达到行贿、受贿行为实现的结果，介绍贿赂人有独立的犯罪意图，即具有介绍他人实施贿赂行为的故意，有别于行贿方为谋取不法利益而行贿，受贿方不法收受财物为他人谋利而受贿，其独立于行贿受贿者各方的犯罪意图。只要行为人实施了在行贿人和国家工作人员之间传达信息、牵线搭桥、引见撮合的行为，即使被介绍的贿赂行为没有达到构罪标准，只要介绍行为达到自身构罪标准，就应认定为介绍贿赂罪。同时，介绍贿赂罪中，介绍的次数、介绍的人数以及相应的危害后果，不仅是量刑情节，而且也构成了入罪标准。如果介绍贿赂人只实施了一次介绍贿赂行为，而行贿人和受贿人均不构成行贿罪和受贿罪，则可以认为介绍贿赂行为尚未达到情节严重，不以介绍贿赂罪处罚。

4. 有观点认为，除非介绍贿赂人主动承认自己系行贿人或者受贿人的帮助犯，否则按照存疑时有利于被告人的原则，应当将其认定为介绍贿赂罪，最终导致大量介绍贿赂人受到远低于其应承担的刑罚。这固然是打击贿赂犯罪中的一个重要问题，但与介绍贿赂罪本身的设置并无关系。应当通过收集、固定证据来完成对犯罪的指证，而不是靠削减或限制某一个罪名的适用。不能因为难以从法律上区分介绍贿赂罪与行贿罪、受贿罪的共犯，便一概以介绍贿赂罪论处。① 有更为激进的观点认为，随着打击腐败行为的力度持续加

① 参见张明楷：《刑法学》（第6版），法律出版社2021年版，第1628页。

大，贿赂行为越来越方式多样、手法多端，实践中很多情况难以被认为是行贿罪或受贿罪，因而应当尽量避免适用介绍贿赂罪，以防止轻纵贿赂犯罪。实际上，介绍贿赂罪是贿赂犯罪的补充、兜底型罪名。介绍贿赂者在行贿者与受贿者之间进行撮合，促使贿赂成功，之所以不按共同受贿罪或共同行贿罪定罪处罚，正是由于行为人主要是给熟人朋友帮忙，一般不参与分赃或谋利，属于贿赂犯罪中的“掮客”，因而这种单纯的信息介绍和联系的行为情节较轻、危害性有限，故介绍贿赂罪的法定刑较轻。

5. 实践中，还有一种较为罕见的介绍贿赂情形，即为非国家工作人员之间介绍贿赂。由于介绍贿赂罪的犯罪对象是国家工作人员，非国家工作人员不属于介绍贿赂罪的犯罪对象，因此，根据最高人民法院研究室《关于向非国家工作人员介绍贿赂行为如何定性问题的研究意见》的精神，为行贿人利益与非国家工作人员沟通，撮合行、受贿的，其犯罪对象不是国家工作人员，根据罪刑法定原则，对此不宜定罪处罚。①

三、介绍贿赂罪的司法适用难点

问题105：介绍贿赂人收取行贿人“好处费”的行为，应当如何定性

【案例】2011年，被告人张某某经医疗设备经销商王某的请托，介绍其与上海市奉贤区原卫生局局长宋某某结识。为此，王某请托宋某某关照其医疗设备的销售生意、帮助其相关公司在招投标中竞标成功等事项。2011年至2016年，经王某的请托，宋某某以透露医院工程项目、医疗设备采购计划信息等方式为王某中标提供帮助。此后，王某的相关公司先后中标并承接了奉

① 《最高人民法院研究室关于向非国家工作人员介绍贿赂行为如何定性问题的研究意见》，载张军主编、最高人民法院研究室编著：《司法研究与指导》总第2辑，人民法院出版社2012年版，第155～157页。该规定也有相关指导案例支持，参见《向非国家工作人员介绍贿赂不能以介绍贿赂罪处理——李秀云、李广受贿案》，载最高人民法院中国应用法学研究所编：《人民法院案例选》总第21辑，人民法院出版社1997年版。

贤区中心医院迁建工程手术部净化系统工程、奉贤区原卫生和计划生育委员会采购数字化 X 线摄影装置、高档彩色多普勒超声波诊断仪、全数字彩色多普勒超声系统等项目。其间，经被告人张某某出面联系邀请，宋某某先后多次接受王某的宴请并收受王某给予的现金人民币共计 160 万元。同时，被告人张某某也收受王某给予的“辛苦费”人民币近 80 万元。法院判决被告人张某某犯介绍贿赂罪，判处拘役 6 个月，缓刑 6 个月。①

【解析】实践中，为表示对介绍贿赂人的感谢，行贿人往往给予其一定数额的“好处费”“介绍费”“辛苦费”“中介费”“跑腿费”“劳务费”等，对此如何定性，存在以下三种意见：

第一种意见认为，介绍贿赂行为只限于单纯的牵线搭桥或者转交贿赂款物，一旦收取好处费，即便有证据证明其与行、受贿双方并无共同犯罪故意，也应考虑到其与国家工作人员的特殊关系，认定其构成利用影响力受贿罪。

第二种意见认为，一旦中间人在介绍贿赂中收受了好处费，就意味着其超出了介绍贿赂罪的评价范畴，应当以行贿罪或者受贿罪与其介绍贿赂行为数罪并罚。

第三种意见认为，介绍贿赂的主观目的形式多样，有获取利益、巴结权贵、讲义气、重情感等，但常与介绍贿赂并存且最能体现居间介绍特点的就是获取居间利益。因此，收取好处费没有超出介绍贿赂犯罪的评价范围，属于事后不可罚的行为。

本书同意第三种意见，主要理由是：

1. 介绍贿赂行为参与到行受贿之中，是题中应有之义。常有观点试图强行限定介绍贿赂只能牵线搭桥，一旦帮助转递财物甚至收受少量好处费，则属于贿赂犯罪的共犯。这种观点没有正确理解立法原义，从法益侵害的角度而言，以获取利益而不是侵害法益为标准，区分介绍贿赂罪和行贿罪、受贿

① 参见上海市徐汇区人民法院刑事判决书，(2017) 沪 0104 刑初 997 号。

罪帮助犯，无疑是偏离航道。[①] 对于请托人而言，其一般只关心谋取的不正当利益能否实现，而不太关心其给予的财物究竟是给了中间人还是国家工作人员。

2. 从主观方面来看，利用影响力受贿罪的行为人的主观目的不在于收取少量的“好处费”，而是要将贿赂的全部或绝大部分占为己有，其利用国家工作人员的权力所支付的“对价”，并不一定是金钱或其他财物，而体现为对双方密切关系、个人感情或友谊的“消费”。在此过程中，国家工作人员并不一定具有受贿的意图，甚至对于关系密切的人是否具有受贿意图，也并不知晓或关心。而对于介绍贿赂人而言，由于其只是担任中间人的角色，国家工作人员具有明确的受贿意图，因而即便其想独吞整个或大部分贿赂，事实上也无法完成。

3. 从客观方面来看，利用影响力受贿罪中的行为人与行贿人之间是对合关系，国家工作人员仅仅是一种“功能性角色”，或者通俗地称为“工具人”。而在介绍贿赂罪中，国家工作人员与行贿人之间仍然是传统的“权钱交易”关系，仅仅是由于二者之间信息不对称，因而才需要介绍贿赂人从中牵线搭桥。而对于利用影响力受贿罪中的行贿人而言，其对贿赂款给予行为人是明知的，至于行为人是否将贿赂款分给国家工作人员，其并不关心。但在介绍贿赂罪中，行贿人仅仅是给予介绍贿赂人少量“好处费”，其对贿赂款最终转交给国家工作人员是有明确预期的。

4. 从是否实质意义上参与了权钱交易来看，如果国家工作人员的近亲属或者与国家工作人员关系密切的人，通过该国家工作人员的职务之便，或者利用该国家工作人员地址或职务形成的便利条件，通过其他国家工作人员的职务之便，为请托人谋取不正当利益，收受财物或者索要财物，数额较大或者情节严重的，超出了介绍贿赂罪“居间介绍、协调联系”的评价范围，已经实质意义上参与了权钱交易的全过程，并且扮演了主要角色，应从一重罪论处，即认定为利用影响力受贿罪更为合适。

---

① 参见肖中华：《依据法益是否受损认定高空抛物罪》，载《检察日报》2021年12月15日，第3版。

问题106：对于层层转请托的介绍贿赂行为，应当如何定性

【案例】2013年12月19日，蔡某（已判决）因涉嫌危险驾驶罪被乐清市公安局刑事拘留，同年12月27日被取保候审。在取保候审期间蔡某想通过立功争取判缓刑，于是想方设法寻找和购买立功线索。2014年2月，蔡某通过其亲戚洪某找到时任乐清市公安局禁毒大队民警的被告人章某帮忙，章某找时任乐成派出所协警的被告人李某兵帮忙寻找立功线索。被告人李某兵掌握毒贩线索后告知被告人章某，并告知需要线索费3万元。章某将李某兵的联系方式给洪某，由洪某、蔡某直接与李某兵联系，被告人李某兵与蔡某一方约定3万元立功费用。2014年2月17日上午，被告人李某兵将蔡某约至乐成派出所，将贩毒线索提供给蔡某，并传授蔡某引出毒贩的方法。随后被告人李某兵让蔡某到乐成派出所值班室举报贩毒线索，值班民警王某乙和虞某按举报程序给蔡某做了一份笔录。后蔡某与毒贩约定交易时间、地点，跟随值班民警王某乙、虞某以及协警李某兵等一起前往柳市镇三里转盘附近，由蔡某出面假装购买毒品与毒贩进行交易，公安人员当场抓获毒贩张某，民警王某乙和虞某为蔡某做了一份抓捕毒贩张某经过的笔录。毒贩张某被刑事拘留后，被告人李某兵要求章某告知蔡某支付原先约定的3万元立功费用，洪某受蔡某委托为蔡某垫付3万元给章某，被告人章某将该3万元现金转交给被告人李某兵。蔡某将抓获毒贩张某的立功材料移交到一审法院。2014年3月4日，一审法院认定蔡某有立功表现，作出从轻处罚。

一审判决作出后，蔡某不服提起上诉。为达到判处缓刑的目的，蔡某继续向他人打听、寻找立功线索，在认识时任乐清市公安局禁毒大队二中队指导员的被告人周某之后，多次要求周某帮忙提供立功线索。周某明知蔡某谋取立功是为减轻处罚，仍接受请托，并吩咐妻弟被告人王某甲寻找逃犯线索，同时告知王某甲可以从中赚取费用。被告人王某甲找到当时在象阳派出所工作的被告人陈某隆帮忙寻找逃犯线索，双方商定2万元费用，而王某甲告知周某需要3万元费用，意图从中赚取差价1万元。后被告人周某将立功线索

需要3万元的情况告知蔡某，蔡某表示同意。2014年3月5日，被告人周某通过王某甲从陈某隆处获知逃犯徐某光的行踪后，便通知禁毒大队民警被告人章某一起前往抓捕逃犯。其间王某甲让周某与陈某隆直接联系，后被告人周某、章某、陈某隆等人在柳市镇三里的金香茶馆抓获逃犯徐某光。被告人周某明知蔡某没有向公安机关举报徐某光，且没有参与抓捕徐某光，为了伪造蔡某检举立功的假象，通知蔡某到乐清市公安局谈话，伙同并授意章某虚构事实，编造蔡某举报逃犯线索和协助公安机关抓获逃犯徐某光的两份虚假笔录，周某和章某均在该两份笔录上签字。当日18时许，蔡某为感谢周某在立功上的帮忙，让其朋友黄某通过银行转账方式将事先约定的立功费用3万元汇给周某，被告人周某予以收受。后被告人周某将该3万元转交给王某甲，被告人王某甲将其中2万元交给陈某隆，被告人陈某隆予以收受，被告人王某甲留取1万元。事后蔡某将包括两份虚假笔录在内的抓获逃犯等立功材料提交到二审法院。在二审期间，温州市人民检察院经审查发现蔡某的立功线索来源可疑，有关国家工作人员涉嫌渎职犯罪，遂案发。

原审法院认为，被告人周某、李某兵、陈某隆、章某身为司法工作人员徇私枉法，采取伪造证据、隐瞒事实、违反法律等手段，故意使罪重的人受较轻的追诉，被告人王某甲伙同司法工作人员参与徇私枉法，各被告人行为均已构成徇私枉法罪。同时，被告人李某兵通过被告人章某收受好处费3万元；被告人陈某隆、王某甲通过被告人周某收受好处费3万元，其中被告人王某甲留取1万元，各被告人的行为又构成受贿罪。由于受贿罪的法定刑高于徇私枉法罪，按照法律规定，应依照处罚较重的罪定罪处罚，故应以受贿罪对被告人周某、李某兵、陈某隆、王某甲、章某定罪处罚。据此，以受贿罪分别判处被告人周某有期徒刑2年；被告人李某兵有期徒刑2年2个月；被告人陈某隆有期徒刑1年6个月；被告人王某甲有期徒刑6个月，缓刑1年；被告人章某有期徒刑1年；追缴被告人李某兵违法所得30,000元、被告人陈某隆违法所得20,000元、被告人王某甲违法所得10,000元，予以没收，上缴国库。

宣判后，各被告人分别提起上诉。二审法院经审理认为，上诉人李某兵、陈某隆二人身为公安机关协警，利用排查犯罪线索的公务之便，将掌握的信息提供给他人，从中收受好处，其行为均已构成受贿罪；上诉人周某、章某、王某甲三人，向国家工作人员介绍“买功、卖功”，促成双方达成贿赂，情节严重，其行为均已构成介绍贿赂罪。周某、章某二人还出于朋友私情，在制作关于举报、抓获经过的笔录中滥用职权、弄虚作假，致使虚假证据材料递交至法庭，干扰刑事审判活动，社会影响恶劣，其行为又构成滥用职权罪。对周某、章某应数罪并罚。原判对周某、王某甲、章某三人的定罪及适用法律不当，予以纠正。遂撤销原判，改判上诉人周某犯滥用职权罪，判处有期徒刑10个月，犯介绍贿赂罪，判处有期徒刑6个月，决定执行有期徒刑1年2个月；上诉人章某犯滥用职权罪，判处有期徒刑8个月，犯介绍贿赂罪，判处有期徒刑6个月，决定执行有期徒刑1年；上诉人王某甲犯介绍贿赂罪，判处有期徒刑6个月，缓刑1年。①

【解析】实践中，权钱交易的链条越来越复杂，经常出现多层级、“人找人、人托人”的情况，对于这种情形中的中间人应当如何定性，目前主要有三种意见：

第一种意见认为，作为行、受贿过程中的中间人，其没有共同的行、受贿故意，无论该链条多么复杂，仍应认定为介绍贿赂罪。

第二种意见认为，中间人帮助请托人寻找有权为其谋取不正当利益的国家工作人员，并实施贿送财物行为的，应当属于行贿罪。

第三种意见认为，介绍贿赂罪一旦正犯化，内部同样存在主从犯的区别。层层转请托型贿赂犯罪，呈现行贿人、中间人、受贿人单人、单线联系的特征，而且有时中间人不止一层。因此，判断行为人究竟属于介绍贿赂还是行受贿犯罪，还要看事前行为人是否与行贿人或受贿人存在共谋，请托对象、请托方式、好处费数额等具体细节的确定是不是双方共谋的结果。

---

① 参见浙江省温州市中级人民法院刑事判决书，(2015)浙温刑终字第19号。

本书同意第三种意见，主要理由是：

1. 虽然贿赂案件在通常情况下是简单对合关系，即一方行贿，另一方受贿，但如果介入第三方，比如行贿方向他人提出请托事项，受托人并没有利用本人的职务之便而是再通过其他国家工作人员为请托人谋取利益，便会产生出斡旋受贿（利用本人职权或地位形成的便利条件）、介绍贿赂（向国家工作人员介绍贿赂）、共同行贿（与行贿人达成共同行贿犯意）、共同受贿（与受贿人达成共同受贿犯意）以及非罪行为（向非国家工作人员介绍并由后者延续介绍直至最终由国家工作人员为请托人谋取利益），由于存在这些复杂的变化，不能用简单对合关系来分析把握行为性质。

2. 对于蔡某而言，其是为了向公安机关举报及协助抓获犯罪嫌疑人，从而使其所犯危险驾驶罪具备立功情节而能够被从轻处罚，因此，犯罪线索是其追求的目标和价值所在，在获取线索后，即使是通过正常途径向公安机关举报，也完全可以实现其立功意图。故与本案中的“线索费”所对应的请托事项，应当是指提供犯罪线索，而不包括制作虚假笔录。在案证据亦表明，蔡某在联系章某、周某时仅是要求帮忙寻找立功线索，其答应支付两笔各3万元钱款的事由也是所谓的“线索费”，蔡某并无向该两条线索的提供者以外的其他人行贿的犯意。犯罪线索的来源多种多样，并非只能通过权钱交易的方式从国家工作人员处获取，但蔡某对来源并未加以限制，事实上也是通过国家工作人员的渠道寻找线索，因此，其具有概括的行贿犯意。与此对应，李某兵、陈某隆二人系协警身份，且利用排查犯罪线索的职务便利，将掌握的信息提供给他人，从中收受好处，其行为符合受贿罪构成要件。

3. 根据在案证据能够查明，章某、周某并无利用本人职务便利为请托人在获取立功线索方面谋利的客观行为，与蔡某之间亦缺乏通过出具虚假立功材料而收受好处的犯意联络，故二人并非受贿罪的正犯。章某、周某亦非受贿罪的帮助犯。帮助他人受贿的前提要求行为人具有共同犯罪故意，这种共同性体现在帮助犯与受贿正犯之间利益共存，即通过正犯的职务便利为请托人谋利，并共同收取贿款，帮助犯依附于正犯，行贿方和受贿方能够较容易辨识；而介绍贿赂行为人则旨在促成贿赂关系建立，其行为平均作用于行贿方和受贿方，由于介绍贿赂行为具有相对独立的主客观要素，故很难将其归入行贿罪的帮助犯、教唆犯或者受贿罪的帮助犯、教唆犯。本案中，蔡某意图获取立功线索这一信息通过章某、周某再向下游传递，其中章某将信息传递给李某兵并促成蔡某、李某兵之间的贿赂关系；周某将信息传递给王某甲，王某甲又传递给陈某隆，周某、王某甲二人共同促成了蔡某、陈某隆之间的贿赂关系。在信息传递过程中，本案体现出两点特征：一是介入者的多少及身份均具有很大的偶然性，如果立功线索提供者不涉及职务便利，则全案都不属于贿赂犯罪；二是最终的受贿人与各层级上游之间缺乏共犯的意思联络，有的甚至不认识，无法得出谁在帮助行贿或帮助受贿的结论。因此，一审笼统地将除蔡某外的其余人均认定为受贿罪的正犯或帮助犯有失妥当，章某直接向协警李某兵介绍贿赂；周某虽未直接向国家工作人员介绍，但在王某甲已告知陈某隆在象阳派出所工作的情况下仍继续从中撮合，二人行为均符合介绍贿赂的特征。

4. 王某甲并非国家工作人员，其从周某处获悉有人寻找立功线索这一请托事项后，再向国家工作人员陈某隆寻求职务帮助，陈某隆的犯意是为请托人提供在公务行为中掌握的贩毒线索并从中收取线索费 2 万元，陈某隆与王某甲之间没有达成共同向请托人收受贿赂的犯意，故王某甲向陈某隆介绍他人买功，并由后者非法获利 2 万元的行为构成介绍贿赂罪；同时，王某甲与上述介绍方或请托方之间不存在居间介绍费的合意，其之所以能够获利 1 万元，源于抬高线索费这一虚构事实的行为，请托人是在产生错误认识的情况下自愿给付 3 万元，与实际上的线索费 2 万元之间的差价，属于被骗取的金额。但是，考虑到本案案情的特殊性，即立功线索被当作物品进行售卖，中转过程中的介入方均有可能加价向上流转，行为人的主观故意与一般诈骗存在较大区别，且行贿人没有明确限定将 3 万元仅交给受贿人的意思表示，故不宜认定为诈骗罪，只能评价为王某甲利用介绍他人买功而从中谋取的不法利益。

问题 107：如何理解“截贿”行为

【案例 1】2007～2014 年，被告人李某华的多位亲友送给其现金共计 78,000 元请其介绍安排子女到当地重点学校上学，李某华联系了时任阜阳市颍州区教育局基教股股长的孟某，孟某有权安排学生在颍州辖区中小学就读，李某华将上述款项中的 42,000 元送给孟某请其帮忙安排办理，留下 36,000 元自己使用。法院判决被告人李某华犯介绍贿赂罪，判处有期徒刑 1 年，缓刑 1 年。①

【案例 2】2012 年 2 月，吉林省锦洋房地产开发有限公司（以下简称锦洋房地产公司）委托被告人黄某福运作榆树市大曲酒厂西侧开发建设项目，黄某福找到长春市的肖某，肖某联系到省住建部门领导后，黄某福、肖某找到锦洋房地产公司的实际经营人罗某称运作该项目需要给肖某提供好处费。2012 年 8 月 9、11 日，罗某分两次汇给肖某人民币 50 万元，之后由黄某福出具了借据一枚，并标注系项目用款。后因工程项目未有进展，罗某委托黄某福向肖某索要该款，2013 年 4 月至 2014 年 2 月，肖某妻子魏某秀通过银行转账和现金方式返还给黄某福 50 万元，黄某福将该款占为已有，拒不返还锦洋房地产公司。法院以侵占罪判处被告人黄某福有期徒刑 3 年，并处罚金人民币 20 万元。②

【案例 3】2018 年 8 月 27 日，吴某的丈夫李某楷因涉嫌犯非法吸收公众存款罪被逮捕，并羁押于上海市黄浦区看守所。2018 年 12 月底，被告人王某龙获知该事后，主动联系被害人吴某，声称在北京有认识的领导可以帮忙疏通关系，被害人吴某信以为真并请托被告人王某龙为李某楷办理释放事宜。2019 年 3 月底，被告人王某龙以需要打点关系及能让李某楷当庭释放等事由，先后向被害人吴某索要 240 万元，上述钱款主要用于个人消费。2019 年 4 月，

---

① 参见安徽省阜阳市中级人民法院刑事判决书，(2017) 皖 12 刑终 601 号。

② 参见吉林省长春市中级人民法院刑事裁定书，(2018) 吉 01 刑终 149 号。

李某楷案开庭审理后，李某楷未被当庭释放，吴某发现被骗，遂向公安机关报案。法院以诈骗罪判处被告人王某龙有期徒刑7年，并处罚金6万元。[①]

【解析】实践中，经常发生一种情况，即介绍贿赂人在转送贿赂款过程中，将行贿人的部分贿赂款私自侵吞的现象，这也被称为“截贿”或者“截胡”。对此应当如何定性，存在不同意见：

第一种意见认为，中间人对用于行贿的财物，无论是一开始就打算占为己有，还是在介绍贿赂后由于种种原因虚构事实、隐瞒真相将其占为己有的，均应以诈骗罪进行定罪量刑。

第二种意见认为，行为人把自己暂时保管的、代为转交的财物部分占有，且没有归还的，如果达到较大数额的标准，该截留财物的行为就满足侵占罪的构罪要件，应认定为侵占罪。

第三种意见认为，中间人在接受行贿人请托后实施贿赂行为，在这一过程中借助自己中间人的便利身份截留经手的贿赂款，相当于是利用先前的贿赂行为为自己谋取了非法利益，换言之，中间人的截贿行为可以看作介绍贿赂行为发生与发展的组成部分，对介绍人截留贿赂款的行为通常不再作出单独的刑法评价。

第四种意见认为，应当区分不同情形具体认定，“截贿”行为可以概括为四种类型，分别为诈骗型“截贿”、侵占型“截贿”、事后不可罚的“截贿”以及不构成犯罪的“截贿”。[②] 对截贿行为究竟以诈骗罪还是侵占罪定性，要视行为人非法占有目的的产生时间而定。行贿人事先无明确约定的情况下，介绍人占有一部分贿赂款的，没有单独处罚的必要。

本书同意第四种意见，主要理由是：

1. 行为人以介绍贿赂为名骗取行贿人交付财物，财物到手后并未转交给受贿人，而是自己非法占有的，应当以诈骗罪定罪处罚。因此，案例3属于诈骗型的“截贿”行为。诈骗型“截贿”可分为无能力介绍贿赂、不打算也

---

① 参见浙江省温州市中级人民法院刑事裁定书，（2020）浙03刑终843号。

② 参见孙国祥：《“截贿”行为的刑法性质辨析》，载《法治研究》2016年第1期。

没有实施介绍贿赂、没有转交财物谎称已经转交等类型。如果行为人编造理由从委托人处收取贿赂款，而在委托人问询时谎称已将全部贿赂款转交受贿人，或者主动明确告知委托人已将全部贿赂款转交受贿人，在该行为类型中，并没有行贿行为或者介绍贿赂行为发生，也不存在所谓事实的委托关系，因而无法成立侵占罪，该行为类型虚构事实、隐瞒真相的主要目的就是骗取委托人交付财物，应以诈骗罪处理。

2. 行为人起初确实是想帮助行贿人转交贿赂款，但中途临时起意，打算“顺手牵羊”截留一部分贿赂款，或者在居间介绍过程中，因公职人员不肯收受贿赂，向行贿方谎称受贿人已经收受财物而实际上将财物据为己有的，应当以侵占罪处理，[1] 案例 2 就属于侵占型的“截贿”行为。此种情形中，截贿行为没有切断原有的行、受贿关系，截贿人通过受贿人所谋取的利益与行贿人期待所谋取的利益具有同一性，期待受贿人利用的职务也没有发生改变。委托人交付财物时并没有产生错误认识，行为人也不具有诈骗故意。客观上占有了被贿送的委托物，涉及对“拒不返还的”认定。其中，根据《刑法》第 270 条第 1 款的规定，当行为人将代为保管的他人财物据为己有，数额较大，拒不返还时，即可认定为侵占罪。

3. 事后不可罚的“截贿”行为，一般为“多收少送型”介绍贿赂，案例 1 就属于此类型。行为人从委托人处取得款物后，只将其中一部分用于行贿，另一部分占为己有。在行贿人的观念中，自己提供的贿赂财物就是收买国家公权力所付出的所有对价与全部成本，无论向国家工作人员，抑或向其委托的中间人交付，都不会影响行贿人对于自己所承担的行贿“代价”的整体认识和权力寻租“价格”的概括接受。换言之，中间人收取前述贿赂后，是悉数转交给受贿人，还是截留部分之后再将余下财物交给受贿人，以及受贿人如何安排分配赃款，都不会对行贿人利用特定数额财物收买公权力的认

① 参见朱建华、熊明明：《“截贿”行为的刑法评价问题研究》，载《甘肃政法学院学报》2018 年第 2 期。

知造成任何误导与误读。[①] 当然，对于发生“截贿”的介绍贿赂犯罪，可以在定一罪的同时酌情从重处罚。[②]

4. 实践中，还有一种概括授权型的“截贿”：行贿人委托中间人联系相关国家工作人员并帮助其行贿，同时给予一定金额的“活动经费”，但对于该部分经费却并没有指定受贿人也没有指定行贿的具体款项。甚至委托人未明确指定行贿对象亦未明确说明款物用途，中间人在物色行贿对象过程中，自己留下部分款物。此种情况下，行贿人更关心的是能否最终办成请托事项，而对于介绍人是否“截贿”是不关心的，或者在事实上存在“默许”的心态。对此，则仍以介绍贿赂定罪处罚为宜，没有另行处罚的必要。[③]

综上，刑法并不要求介绍贿赂罪以获取报酬或者中间费用为必要，但在实践中，常常发生行为人出于各种动机占有一部分贿赂款的情形。对此，应当区分不同情形对待，有的情形中行为人另有犯意，有的情形中行为人的截贿行为并未超出行受贿犯罪的主观认知范畴。

---

① 参见莫晓宇：《截贿行为之刑法教义学初探——基于第三人受托行贿、受贿的类型化分析》，载《刑法论丛》2020 年第 3 期。

② 参见赵江勇、马崭：《介绍贿赂中截留行贿款的行为应该如何认定》，载《中国监察》2011 年第 4 期。

③ 参见罗开卷：《刍议“截贿”及其对贿赂犯罪的影响》，载《法律适用》2020 年第 1 期。

第十章

行贿犯罪治理的路径与方法

一、关于处置行贿非法获利的原则与程序

问题 108：如何确定行贿非法获利的范围

依法追缴行贿犯罪的非法获利，才能斩断“围猎”与“被围猎”的利益链，推动实现腐败问题的标本兼治。《刑法》第 64 条规定，“犯罪分子违法所得的一切财物，应当予以追缴或者责令退赔；对被害人的合法财产，应当及时返还”。此处的“违法所得”紧跟的限定语是“财物”，与行贿罪中的“不正当利益”在范围上略有不同，一般不包括各类难以用货币衡量的机会、资格、身份、荣誉等非物质性利益。为有效弥补刑法关于没收违法所得的局限性，2021 年 9 月公布的《关于进一步推进受贿行贿一起查的意见》强调，“纪检监察机关、审判机关和检察机关要认真履行追赃挽损职责，尽力追缴非法获利。对于行贿所得的不正当财产性利益，依法予以没收、追缴或者责令退赔；对于行贿所得的不正当非财产性利益，如职务职称、政治荣誉、经营资格资质、学历学位等，督促相关单位依照规定通过取消、撤销、变更等措施予以纠正”。具体而言，行贿犯罪非法获利包括两方面。

第一类是不正当财产性利益，即可以折算为具体金额的、具有一定经济价值的不正当财产性利益，具体包括：（1）通过行贿方式直接获取的土地出让金返还、政府技术改造贴息资金、银行贷款、国家补贴、补偿、补助、救

济等以现金形式呈现的不正当财产性利益；（2）通过行贿方式获取的某类具有经济价值的财产性权利，如土地承包经营权、建设用地使用权；（3）通过行贿少交（缴）、免交（缴）的各类税费、罚款或其他费用，事实上变成"债的减免"。例如，房地产开发商通过向国家工作人员行贿，从而减免项目调整容积率后应补缴的土地出让金。以上利益，均是通过国家工作人员的职务行为即可获得的现实利益，属实在性的不正当性利益。根据《行贿司法解释》第11条第1款的规定"行贿犯罪取得的不正当财产性利益应当依照刑法第六十四条的规定予以追缴，责令退赔或者返还被害人"，该款明确规定了通过行贿获取的不正当财产性利益，原则上由司法机关在刑事诉讼中通过追缴或者责令退赔等方式予以剥夺。

第二类是不正当非财产性利益，具体包括：（1）通过行贿行为非法获取的人大代表、政协委员、青联委员等社会职务，或者非法获取劳动模范、优秀党员等荣誉、表彰、勋章、称号；（2）通过行贿方式获取的从事特许经营、专营专卖的资质资格或经营许可证，如向烟草专卖局工作人员行贿非法获取的烟草专卖许可证、施工单位向当地政府工作人员行贿非法获取的规划许可证和施工许可证，这类经营资格、资质实际上属于不正当获取的商业机会；（3）通过行贿获得入学、入职、参军等教育或就业的机会或者各类学历学位；（4）通过行贿行为非法获取的职务、职级、职称；（5）通过向司法人员行贿非法获取的不被羁押、刑事案件被从轻、减轻或免予刑事处罚、违规减刑假释。以上不正当非财产性利益，均可以通过特定程序予以撤销、剥夺或纠正。依据《行贿司法解释》第11条第2款规定，"因行贿犯罪取得财产性利益以外的经营资格、资质或者职务晋升等其他不正当利益，建议有关部门依照相关规定予以处理"。对于不正当非财产性利益的撤销、剥夺如何具体操作等问题，司法机关可建议有关部门在刑事诉讼程序之外，依据相关规定进行处理。例如，《法律职业资格管理办法》（司法部令第146号）第22条第1款规定，通过贿赂或者使用虚假身份证件、学历和学位证件以及其他证明文件等不正当手段取得法律职业资格的，由司法部依法予以撤销，并办理注销手续。

实践中，还有部分不正当非财产性利益难以撤销、剥夺或客观上已经失去了撤销、剥夺的可能性。例如，行贿人为查询他人开房记录向公安民警行贿，对于其已经非法获得的公民个人信息，目前并无更好的办法予以剥夺；又如，行贿人向司法人员行贿以打探相关案情、向监狱监管人员行贿以谋求在服刑期间改善生活待遇、向国家工作人员行贿以谋求加快办理审批事项的进度。更极端的例子如，行贿人为躲避计划生育措施而向计生人员行贿以至于严重超生，此时显然已经不可能再对超生人口予以“罚没”。对于客观上不可撤销、剥夺的非财产性利益，本书认为，可在量刑时通过加大财产刑的处罚力度，弥补无法撤销上述非法利益的缺失。

问题 109：如何确立行贿犯罪非法获利的处置原则

【案例】被告人曹某在2010年至2016年经营广元市南方测绘工程有限公司、四川永成勘测规划设计有限公司等公司期间，在土地勘界测绘、土地整理项目招投标等过程中，为谋取不正当利益，向国家工作人员唐某、陈某、张某、赵某1、周某等人共行贿162万元（包括50万元装修款），签订土地勘界测绘、土地整理项目合同金额共计1023万元。公诉机关提出，本案中全部合同金额即为曹某的违法所得，因此除被告人曹某退缴的非法所得500万元外，还应当继续追缴。被告人曹某对指控的事实及罪名均无异议，但认为合同金额不应全部认定为非法所得，其中的成本应予扣减。本案中合同总金额为1023万元，扣除40%~50%的成本后，利润500万元已上缴办案机关，不应再继续追缴违法所得。法院经审理查明，对于行贿犯罪中的违法所得，法律本意是禁止因犯罪而获利，本案中被告单位和被告人个人获取利益虽确定为不正当利益，但这些经济活动本身不属于违法活动，因此应当扣除行为人投入成本，公诉人认为行贿犯罪中的合同金额就是违法所得的意见，缺乏法律依据，对行为人亦不公平。鉴于被告人曹某归案后直至开庭审理过程中均供述本案非法所得金额为500余万元，且表示已自愿向检察机关退缴了500万元，因此该款项由检察机关依法处置。遂判决：（1）被告单位广元市南方测绘工程有限公司犯单位行贿罪，判处罚金人民币100万元。（2）被告人曹某犯单位行贿罪，判处有期徒刑6个月，并处罚金人民币20万元；犯行贿罪，判处有期徒刑1年，并处罚金人民币30万元；实行数罪并罚，总和刑期有期徒刑1年6个月，并处罚金人民币50万元；决定执行有期徒刑1年2个月，宣告缓刑2年，并处罚金人民币50万元。①

【解析】在司法实践中，有的行贿非法获利与行贿行为之间具备直接因果关系，有的行贿非法获利则属于不正当利益转化而来，因而对行贿非法获利应区分不同情形进行处理：

1. 通过行贿获得国家工作人员对行贿人非法经营活动的庇护而产生的违法所得，因行贿行为与违法所得之间具有直接因果联系，应当予以没收。例如赖某星行贿、走私案中，赖某星走私集团通过行贿获得有关国家机关和国家工作人员对其走私行为的放纵，其非法活动所得全部系行贿非法获利，故厦门市中级人民法院一审对赖某星的违法犯罪所得判决依法予以追缴。②

又如，黑社会性质组织犯罪人员通过向国家工作人员行贿，以帮助该黑社会性质组织的成员逃避法律追究，并在经济领域对部分行业经营形成非法控制，非法攫取巨额利益的，应当对其全部违法所得予以追缴。此外，如果行贿行为致使国家工作人员渎职造成公共财产、国家和人民利益损失的，不能仅收缴行贿人的实际收益，而要结合其造成的损失数额，依法追缴、索赔。

2. 利用行贿获取的资格、资质、许可从事相关活动获取利益。由此产生

---

① 参见四川省广元市利州区人民法院刑事判决书，（2018）川0802刑初313号。

② 赖某星于1991年至1999年间，为实施走私活动和谋取其他不正当利益，直接经手或指使犯罪集团成员先后向64名国家工作人员贿送钱款、房产、汽车等财物，折合人民币共计3912.89万元，并走私香烟、汽车、成品油、植物油、化工原料、纺织原料及其他普通货物，案值共计人民币273.95亿元，偷逃应缴税额人民币139.99亿元。参见《公正的审判正义的伸张》，载《人民日报》2012年5月19日，第2版。

的违法所得是否应当全部追缴，司法实践中一般掌握以下原则：（1）如果行贿人在经营过程中始终不具备相应资格、资质条件，因其经营活动整体违法，对其全部收入应认定为违法所得予以剥夺。如不具备律师资格，通过行贿获得执业律师资格，根据《律师法》的相关规定，其非法代理诉讼案件的收入应当予以剥夺。（2）对于通过行贿获得资质后直接转让资质以牟利，或者其他无须投入成本的行贿收益，可将全部涉案金额认定为违法所得。例如，在国有单位建筑项目招投标中，行为人通过向国有单位公职人员行贿成功中标后，直接将该建筑工程项目整体转包给第三方施工企业并收取“转让费”，该“转让费”实际系利用公权力帮助下获得交易机会的直接转化，不承担相关市场风险，所获收益应全额认定为违法所得予以收缴。[①]（3）通过行贿获取工程施工、矿产开发或其他经营机会，且行贿行为系非法获利的充分必要条件，二者系引起与被引起关系的，考虑到在此情况下没有行贿就没有后续的经营机会，即便经营活动本身合法合规，也应从严把握行贿违法所得的范围，由此产生的经营性收益应当在扣除必要成本后，一并予以追缴。当然，实践中行贿获得经营机会的情形千差万别，应当结合具体案情从罪责刑适应的角度进行判断。例如，如果行为人计划开办一家超市，在办理工商营业执照过程中向国家工作人员行贿，在获得证照审批同意后所获得的经营性收益，如果以行贿违法所得为名全部没收，显然失之偏颇，原因就在于此种行贿行为与非法获取经营机会之间具有或然性，还达不到绝对支配因果关系的程度。

3. 对于通过行贿行为直接获得的财产性利益，在利益归属的结果上具有不正当性，属于原始形态的违法所得，应当予以全部追缴。例如，通过行贿行为获得的政府技术贴息资金、返还土地出让金，或者在房屋拆迁中虚报建筑面积多获得的拆迁补偿钱款等。对于此类不正当利益，根据《贪污贿赂司法解释》第 18 条的规定，贪污贿赂犯罪分子违法所得的一切财物，应当依照《刑法》第 64 条的规定予以追缴或者责令退赔。又如，通过行贿以明显低于

---

① 吴轶男：《如何对行贿违法行为取得的不正当财产性利益进行认定处理》，载《中国纪检监察》2023 年第 14 期。

市场价格获取的土地使用权等财产性权利，应当追缴其差价。如果是通过行贿排挤其他竞争者取得土地使用权，尚未开发使用的，应建议国土管理部门追回其土地使用权，注销土地使用权证，退回其土地出让金。如果已经转让土地使用权的，第三人善意取得土地使用权的，追缴其获取的出让利润，即其交付的土地出让金与转让土地使用权的价差。如土地已经开发使用的，追缴利润中属于其土地增值部分的利润。开发的房地产正在销售的，实施收支监管或要求其提供担保，为嗣后剥夺其利润采取保全措施。

4. 对违法所得投入生产经营或商业服务所产生的间接违法所得的处理。所谓间接违法所得，是指通过行贿获得直接非法收益后转而进行投资或者投机性经济活动，从而获得的间接犯罪收益。例如为开设赌场、组织卖淫活动免于被查处而行贿，由此获得的非法收入用于股权或房地产投资。根据2014年最高人民法院《关于刑事裁判涉财产部分执行的若干规定》第10条的规定，对赃款赃物及其投资或者置业所形成的财产及其收益，或者将赃款赃物与其他合法财产共同投资或者置业，因此形成的财产中与赃款赃物对应的份额及其收益，依法应予追缴。当然，在计算追缴数额时，如行为人已经投入了相应的人力、资金、土地、厂房、原材料等一系列经济成本，原则上在计算非法获利时，应扣除合理、必要的成本、费用。此外，如果行贿行为致使国家工作人员渎职而造成公共财产、国家和人民利益损失的，不能仅收缴行贿人的实际收益，而要结合其造成的损失数额，依法追缴、索赔。对于行贿犯罪而言，犯罪所得投资收益无论如何“漂白”都无法改变其非法本质，即便其投资行为本身符合法律规定，也是由原犯罪所得衍生出来的。因此，收益多少、是否存在风险、是否凝结了个人劳动都不影响对其非法性的判断。①

① 汪忠军、陈兰芳：《行贿获得项目后合法经营获利是否应予追缴》，载《中国纪检监察报》2022年6月22日，第7版；東龙：《通过行贿承接业务获利如何处置》，载《中国纪检监察报》2023年3月22日，第6版。

问题110：行为人在从事正常生产经营活动中，向国家工作人员赠送财物以表示感谢或谋求支持，由此所产生的合法生产经营收益，是否应作为违法所得一并收缴

【案例】2010年王某调到湖南省有色地质勘查局（以下简称地勘局）后勤服务中心担任副主任，王某生利用担任地勘局局长的职权，让王某利用地勘局下设中南建设集团公司的资质承包经营东莞分公司，被告人王某伙同其妻傅某某为感谢王某生在利用中南建设集团公司资质在外开展业务等事项上所给予的关照，向王某生及其亲属支付购房款、购车款共计人民币96.29万元。一审法院认定，2010年至2013年王某承包经营东莞分公司的收入应当认定为行贿取得的不正当财产性利益，公诉机关提交的司法鉴定意见书证明此期间的王某的经营净收益为7,797,855.66元，故办案机关已扣押的560万元应当依法予以没收。一审法院对被告人王某、傅某某分别定罪量刑后，还判决没收被告人王某、傅某某因行贿取得的不正当财产性利益共计人民币560万元，上缴国库。宣判后，二被告人提出上诉，认为被扣押的560万元不属于违法所得，不应当没收。二审法院经审理认为，在对违法所得投入生产经营或商业服务以及利用因行贿获得企业资质进行承包经营而获取经营收益方面，将犯罪所得及其他资源投入生产经营或商业服务，以诚实劳动、守法经营并积累财富，所获取的经营收益并非由犯罪行为与犯罪所得直接产生，在扣除违法所得后其现有资产的经营收益，已不再具有犯罪收益与孳息的属性，属合法财产而不能轻易认定为犯罪收益并予以没收；唯此，方契合保障公民财产权的宪法原则，并获得社会公众的认可。而利用行贿获得企业资质等有利的经营条件，定性属于不正当非财产性利益，应当由相关机构在刑事诉讼外依规处理。犯罪的本质是侵犯合法权益，而不是犯罪人获得利益。对利用犯罪获得的有利经营条件，进行正常、守法经营所获取的经营收益，法无明文规定不可为，因经营资格等非财产利益非诉讼化的处理及阻隔，该合法经营的收益与行贿等犯罪行为之间无实质性的紧密关联，且两者之间无必

然的联系。上诉人王某利用企业承包经营资格进行承包经营所取得的营业收入既不属违法所得及其他涉案财产范围，亦非违法所得形成的衍生利益，且与犯罪行为之间无必然的联系，依法不能认定为违法所得，并以不正当财产性利益而予以没收。王某生利用职权，安排上诉人王某利用中南建设集团公司资质承包经营东莞分公司，承包经营净收益经司法鉴定确认为 7,797,855.66 元，一审法院错误认定为违法所得，并对已扣押在案的 560 万元认定为因行贿取得的不正当财产性利益而予以没收，与事实不符，亦于法无据。故对上诉人王某及傅某某关于一审认定其利用企业经营资格进行承包经营取得的营业收入为不正当财产性利益，并据此没收被扣押的 560 万元实属违法，且通过正常经营获取利润与行贿犯罪之间无因果关联的上诉理由，予以采纳，遂撤销原审判决关于没收被告人违法所得一项。①

【解析】行为人在从事正常生产经营活动中，向国家工作人员赠送财物以表示感谢或谋求支持，由此所产生的合法生产经营收益，是否应作为违法所得一并收缴，在实践中始终争议较大，目前主要有两种意见：

第一种意见认为，任何人不得从违法犯罪中获益，“决不能让贪污贿赂犯罪分子在经济上占便宜”，对于犯罪分子取得的任何经济利益，均应当予以剥夺。只要是与行贿犯罪存在关联性的投资经营收益及其孳息，均属于行贿违法所得的范畴，应一并予以追缴。只有对行贿后所获得的直接和间接利益全部没收，才能同时达到特殊预防和一般预防的目的，且这一做法也符合《联合国反腐败公约》的精神。②

第二种意见认为，行为人正常经营过程中发生的行贿行为，尽管侵犯了国家工作人员职务行为的廉洁性，但如果所获利润没有超出同行业的正常利润率，行贿行为也没有产生其他不良后果，从保持市场正常秩序的角度出发，

---

① 湖南省岳阳市中级人民法院刑事判决书，(2017) 湘 06 刑终 397 号。该判决书被最高人民法院办公厅公布为第二届全国法院百篇优秀裁判文书，因此，从某种意义上也可以说，该文书中的裁判观点，也得到了最高人民法院的认可。

② 《联合国反腐败公约》第 2 条第 5 项亦规定，犯罪所得系指通过实施犯罪而直接或间接产生或者获得的任何财产。

司法机关不宜将行贿人的全部经营收入都认定为违法所得，而应综合考量行贿案件中生产经营收益的获取途径、行为人先前获利的犯罪行为所侵害的法益及其属性并坚持利益衡量原则。①

本书倾向于第二种意见。主要理由是：

1. 对于行为人正常经营过程中发生的行贿行为，将合法生产经营所取得的收益认定为违法所得，缺乏直接、明确的法律依据。目前，针对行贿犯罪间接收益的处置原则，立法机关和最高司法机关并无统一、明确的表述。尽管《贪污贿赂司法解释》第 18 条提出“贪污贿赂犯罪分子违法所得的一切财物，应当依照刑法第六十四条的规定予以追缴或者责令退赔”，但该内容并不足以解释究竟何为“违法所得”，反而容易在此陷入循环论证的困境。与此同时，大多数支持将行贿生产经营收益予以追缴的观点，所援引的依据往往指向在 2017 年出台的《关于适用犯罪嫌疑人、被告人逃匿、死亡案件违法所得没收程序若干问题的规定》第 6 条第 7 款的规定，即通过实施犯罪直接或者间接产生、获得的任何财产，应当认定为《刑事诉讼法》第 280 条第 1 款规定的“违法所得”。但需要注意的是，该条款本身就属于特别程序的规定，能否适用于一般贿赂案件尚存在一定争议，且该内容暗含了一定的“语义背景”，即考虑到被告人已经逃匿或者死亡，司法机关在无法对“人”进行处理的情况下，只能选择对“物”予以处理。这意味着，惩处行贿犯罪的重点从“人财兼顾”转移到“以财为主”，这种情况下加大对被告人涉案财产的惩处和追缴力度，是符合正常逻辑的。但这并不能反过来证明，在普通程序的行贿案件处理中，也应当将与行贿行为有关联的所有财产性利益予以没收。因此，认定违法所得应有所节制和限定，不宜过度扩张。除非是不用投入成本、明显稳赚不赔的特殊项目，一般不宜将项目投资所获得的利润直接视为违法所得予以没收。②

---

① 庄绪龙：《“犯罪所得投资收益”追缴的影响因素与判断规则》，载《中国法学》2019 年第 5 期。

② 参见牛克乾：《违法所得没收程序若干法律适用问题研究》，载最高人民法院刑事审判第一、二、三、四、五庭编：《刑事审判参考》（总第 131 辑），人民法院出版社 2022 年版。

2. 通过合法生产经营所取得的行贿收益，客观上有别于通过非法生产经营或完全没有实质性投入的“空手套白狼”式的行贿违法所得。行贿人所谋取的不正当利益系“获取承揽工程的资格或机会”，但“资格”、“机会”或者其他进入市场的门槛，并不等同于在市场活动中的实际投入。如果行贿人本身已具备相关资质，在通过行贿获得相关招标资格后正常经营，且工程质量符合国家标准，并且付出了相应的管理、劳动等实际投入，就不宜对其投资所得收益一概予以追缴。例如，行贿人开设了一家工厂，为感谢当地区政府的支持向区长行贿 20 万元，而该工厂的年利润 5000 万元，仅因行贿行为而将全部利润予以没收，既对行贿人不公平，还可能因此拖垮企业造成大批人员失业，这恐怕本身就不符合法治精神，也很难取得政治效果、法律效果和社会效果的统一。有观点认为，如果没有之前的行贿 20 万元，就不可能产生后续的利润，因而应当全部予以追缴。但问题是，并不是所有的行贿行为都能够“自动”产生巨额的利润和收益，除了投入必要的人力、资金、土地、厂房、原材料等一系列经济成本之外，这其中还凝结了行为人在生产经营中所投入的一系列与其本人密切相关的要素，如战略选择、经营决策、日常管理甚至个人的组织能力、协调能力、沟通能力，都影响和决定了其企业后续的发展和成败。在这里，很难说行贿行为与其后续获利之间存在何种程度的关联性。因此，应当正确对待行贿犯罪的现状，坚持准确、客观、全面认定违法所得的原则，不宜将犯罪投资所得收益完全等同于违法所得。

3. 将通过合法生产经营所取得的行贿收益，全部予以追缴，有违比例原则的适用，也容易造成罪刑失衡。所谓比例原则，是指对违法犯罪的惩处力度应当与行为人的过错程度相当，不宜“重罪轻罚”或者“轻罪重罚”。例如，行为人因承揽某工程，事后为感谢国家工作人员帮助而行贿 20 万元，如案发后将收益 1000 万元全部予以没收，显然是过于严苛。换句话说，如果不能做合理的区分，那么本案中行贿 20 万元和行贿 200 万元，收益 100 万元和收益 1000 万元，在最终处理结果上并无本质区别，也无法体现被告人的主观恶性与对其财产的惩罚程度上有何种对应关系。尽管目前实务界对于如何划定合理投入的比例尚无统一标准，但对于行贿人的全部所得不加甄别一概予以没收的做法，仍失之于简单粗暴，因而需要在今后的司法实践中加以注意。因此，对行贿生产经营收益是否予以追缴，在实践中是一个较为复杂而敏感的问题，应当结合具体案件慎重处理。“疾恶如仇”“除恶务尽”固然是一种美德，但也需要实事求是地看待行贿行为发生的实际情况。既不能受社会上诸如“腐败是经济发展的润滑剂”之类错误观念的影响，放任、轻纵行贿行为的发生；也不能对行贿案件不加区分，凡是行贿案件中的收益一概视为违法所得而予以没收。

4. 从政策导向来看，应当正确区分行贿犯罪获益中合法收益与非法收益，不宜对行贿犯罪的生产经营投资收益一概予以没收。根据中共中央、国务院《关于营造更好发展环境支持民营企业改革发展的意见》（2019 年 12 月 4 日）的有关规定，“保护民营企业和企业家合法财产。严格按照法定程序采取查封、扣押、冻结等措施，依法严格区分违法所得、其他涉案财产与合法财产，严格区分企业法人财产与股东个人财产，严格区分涉案人员个人财产与家庭成员财产。持续甄别纠正侵犯民营企业和企业家人身财产权的冤错案件。建立涉政府产权纠纷治理长效机制”。中共中央、国务院《关于完善产权保护制度依法保护产权的意见》（2016 年 11 月 4 日）第 4 条规定，“严格遵循法不溯及既往、罪刑法定、在新旧法之间从旧兼从轻等原则，以发展眼光客观看待和依法妥善处理改革开放以来各类企业特别是民营企业经营过程中存在的不规范问题”。最高人民法院《关于充分发挥审判职能作用为企业家创新创业营造良好法治环境的通知》（法〔2018〕1 号）提出，“严格区分企业家违法所得和合法财产，没有充分证据证明为违法所得的，不得判决追缴或者责令退赔。严格区分企业家个人财产和企业法人财产，在处理企业犯罪时不得牵连企业家个人合法财产和家庭成员财产”。最高人民检察院《关于充分发挥职能作用营造保护企业家合法权益的法治环境支持企业家创新创业的通知》强调，“改进办案方式方法，最大程度减少、避免办案活动对企业家合法权益和正常经济活动可能带来的负面影响。……处理好办案与企业正常生产经营的关系，不能因办案简单化或不讲方式方法而致使企业经营遭受不必要的损失甚至倒闭”。

5. 相比追缴行贿生产经营收益遇到的种种困境，适用罚金刑能够更好地发挥刑法的剥夺、威慑和预防功能。行贿人合法财产、正常管理经营等与非法财产、非法获取的竞争优势等相结合，致使甄别行贿获利数额有相当的难度。[①] 根据刑法和司法解释规定，行贿罪应当判处罚金，罚金数额在 10 万元以上犯罪数额 2 倍以下。对于支持收缴行贿生产经营收益的观点而言，他们主要是担心如果不能彻底“斩断”行贿人的经济来源，则有可能导致贿赂犯罪“死灰复燃”。本书认为，考虑到罚金同样具有经济惩罚功能，如运用得当可以有效弥补财产追缴当中的“缺憾”。例如，在“葛兰素史克行贿案”中，法院以对非国家工作人员行贿罪对被告单位葛兰素史克公司判处罚金人民币 30 亿元。又如，在丁某苗行贿、非法经营案中，丁某苗通过向时任铁道部部长刘某军行贿，从而获得铁路货物运输计划及投资高铁相关产业、中标铁路工程项目，丁某苗及其亲属实际控制的公司并未直接实际经营上述项目，而是通过非法干预招投标，直接以收取“中介费”等名义向中标企业或从中标企业分包工程的施工队收取费用。故北京市第二中级人民法院一审判决没收财产人民币 2000 万元，罚金人民币 25 亿元。[②] 由此证明，通过对罚金的调节，同样可以对行贿犯罪予以足够的经济规制。此外，对于行贿案件中的生产经营收益如确实难以处理的，也可以考虑放在其他罪名中处理，不必强求以行贿罪解决所有的问题。

① 参见李鹏飞：《行贿获取不正当财产性利益的处置现状、存在问题及路径选择——以中国裁判文书网公布的行贿案例为样本》，载《法律适用》2022 年第 10 期。

② 岳磊：《“关系”视野下的中介腐败及其治理——基于丁书苗案件的个案考察》，载《郑州大学学报（哲学社会科学版）》2015 年第 5 期。

问题111：行为人为少缴土地出让金而行贿，被查处后所补缴的土地出让金是否属于判决没收的范围

【案例】2002~2014年，被告人卢某华作为福建省土圆楼建设集团有限公司的法定代表人兼董事长、永定县华泰房地产开发有限公司的股东和实际控制人，在开发、经营永定县华某建筑工程有限公司、泰华大厦工程，承建永定县古镇安置房建设项目等工程中，为谋取不正当利益，向永定县原城乡规划建设局局长林某、局长郑某1、副局长吴某1及其规划股股长肖某，永定县人民政府原副县长郑某2、范某，永定县人大常委会原主任吴某2行贿共计人民币342.99万元。其中在永定县泰华大厦工程建设中超容积率建设8419.33平方米，造成少缴国有土地出让金、违法建设罚款及基础设施配套费共计人民币696.0428万元。2009年12月11日，永定县华泰房地产开发有限公司补缴土地出让金人民币211.8558万元。2015年6月1日，卢某华家属向上杭县人民检察院退出人民币200万元。法院经一审、二审程序，最终判决对扣押在案的赃款人民币200万元，予以没收，上缴国库。后法院对本案启动再审程序，认为扣押的200万元系卢某华涉嫌行贿案而少缴的土地出让金及基础设施补交款等费用，不属于赃款，原二审判决予以没收，上缴国库不当。改判该笔款项由扣押机关依法处理。①

【解析】本案中，行为人为少缴土地出让金而行贿，被查处后补缴的土地出让金涉及是否应当判决没收并上缴国库问题，对此存在以下两种意见：

第一种意见认为，行为人补缴的土地出让金，属于行贿所得的非法利益，应当按照刑法规定予以没收并上缴国库。

第二种意见认为，补缴的土地出让金不属于赃款，不应判决没收，而应由扣押机关与相关部门沟通，依法作出处理。

本书同意第二种意见，主要理由是：

1. 从土地出让金的管理模式来看，我国土地出让金具有特定属性和用

---

① 参见福建省龙岩市中级人民法院刑事判决书，(2020) 闽08刑再1号。

途，对于土地出让金的处理不宜采取“左口袋倒右口袋”的思维动辄予以判决没收。按照国务院办公厅《关于规范国有土地使用权出让收支管理的通知》的规定，土地出让收支全额纳入预算，实行“收支两条线”管理，即收入全部缴入地方国库，支出一律通过地方基金预算从土地出让收入中予以安排。在地方国库中设立专账，专门核算土地出让收入和支出情况。

2. 从土地出让金的实际用途来看，国土部门和财政部门收取的土地出让金具有“专款专用”的特定性质。对于国有土地的征收与开发而言，土地出让金的主要用途具体包括：被征地农民安置补助费、地上附着物和青苗补偿费和拆迁补偿费用、被征地农民社会保障费用、土地开发费用、基础设施建设费用等。如果不能足额收取相应土地出让金，并不顾土地出让金的基本用途予以判决没收，在前述所列的基本支出事项仍需完成的情况下，则很可能会导致其他财政资金被挤占、挪用，在客观上造成公共财产、国家利益受到损失的结果。

3. 从土地出让金的收支程序来看，不同国有主体之间的资产不能随意置换，即使进行处置也应当遵循必要的程序，罚没土地出让金的行为不仅造成市级财政的“亏损”，而且在客观上也导致国家既出让了国有土地使用权，又丧失了对该笔土地出让金的占有、控制。特别是“省以下人财物统管”司法配套机制改革之后，法院、检察院没收赃款一律收归省级国库，而根据《土地管理法》第 55 条第 2 款的规定，新增建设用地的土地有偿使用费，30% 上缴中央财政，70% 留给有关地方人民政府。因此，如果直接将涉案土地出让金作为赃款上缴省级国库，则有违土地法律的明确规定。

4. 从国家关于土地出让金收支的政策背景来看，不能简单将国有资产在不同国有主体之间的流转。目前，我国财政体制的基本特征就是坚持“分灶吃饭，分级所有”，即中央与地方之间、地方不同层次的国家机关、国有企业、事业单位之间，分别是独立核算的法人。特别是在一些地方，土地出让金由上级财政部门管理和支配，而司法判决没收上缴国库涉及的则是本级财政部门，因而对此更应注意不宜采取直接没收的方式，而应交由扣押机关与相关部门沟通，依法作出处理。

二、关于正确把握行贿犯罪治理的政策精神

问题112：如何理解“受贿行贿一起查”刑事政策

打击行贿犯罪是司法机关义不容辞的责任。但毋庸讳言，从目前惩治行贿犯罪的效果来看，还不尽如人意。有观点指出，由于长期以来“重受贿轻行贿”“打击行贿服务于查处受贿”，司法机关对于行贿犯罪的惩治已经陷入一种“力度疲软、政策模糊、效果低迷”的状况，[①] 甚至有媒体把这种现象解读为“开着水龙头拖地”。诚如斯言，行贿犯罪治理的弱化在过去一段时间严重制约了反腐败斗争的整体推进。

“贿赂”一词古已有之。《尔雅》中记载“贿，财也”；《说文解字》中记载“赂，遗也”，此处的“遗”即馈赠之意。古代典籍中亦常见“贿赂公行”“政以贿成”“揽权纳贿”“贿赂狼藉”等形容贿赂犯罪猖獗的现象。早在汉代的《春秋繁露》中即有“至清廉平，路遗不受，请谒不听，据法听讼，无有所阿”的记载。中国古代立法即有专门惩治行贿犯罪的相关规定。例如，《魏律》中有专门惩处贿赂犯罪的《请赇律》和《偿赃律》；《唐律疏议》第二篇《职制律》中规定“诸监临之官，受所监临财物者，一尺笞四十；每一匹加一等，八匹徒一年；八匹加一等；五十匹流二千里。与者，减五等，罪止杖一百”；《元典章·刑郭卷·诸赃三》规定，“与财者，枉法，减受身人一等；不枉法者，减罪二等”；《明会典卷·律例十一》规定，“说事过钱者，有禄人减受钱人一等。无禄人减二等，罪止杖一百各迁徙”。北洋政府颁布的《暂行新刑律》、南京国民政府颁布的《中华民国刑法》都对行贿罪作出了相应规定。需要注意的是，中国共产党在革命根据地建设时期，

---

① 参见李少平：《行贿犯罪执法困局及其对策》，载《中国法学》2015年第1期。

也先后颁布了《关于惩治贪污浪费行为的训令》《陕甘宁边区惩治贪污条例》《晋冀鲁豫边区惩治贪污条例》等一系列专门惩治贪污贿赂犯罪的单行刑事法规，成为中华人民共和国职务犯罪立法的渊源。

中华人民共和国成立之初，社会上一些不法资本家大量存在行贿、偷税漏税、盗骗国家财产、偷工减料、盗窃国家经济情报等“五毒”行为。为此，中共中央于1952年1月26日发布《关于在城市中限期展开大规模的坚决彻底的“五反”斗争的指示》。此后，包括“反对行贿”在内的轰轰烈烈的“五反”运动兴起并取得了阶段性胜利，巩固了工人阶级的领导地位和社会主义国营经济在国民经济中的领导地位，同时也挽救了一批国家干部，起到了清除旧社会污毒和移风易俗的作用，为对资本主义工商业和资产阶级进一步的社会主义改造创造了有利条件。

1978年12月，党的十一届三中全会作出实行改革开放的重大决策。随着社会主义商品经济“放开搞活”的深入推进，各类性质的企业迅速发展壮大。部分商品经营者、从事营利活动的公司、企业单位法纪意识淡漠，利用贿赂手段进行不正当竞争，严重败坏了社会风气，影响了正常的经济发展。尽管司法机关依法严肃惩处了一批严重受贿犯罪分子，取得了良好的社会效果，一些大肆拉拢、腐蚀国家工作人员的行贿犯罪分子却没有受到应有的法律追究，他们继续实施行贿犯罪，严重危害了党和国家的廉政建设。

2012年11月，党的十八大报告指出，要坚持中国特色反腐倡廉道路，坚持标本兼治、综合治理、惩防并举、注重预防方针，全面推进惩治和预防腐败体系建设。……始终保持惩治腐败高压态势，坚决查处大案要案，着力解决发生在群众身边的腐败问题。2013年12月，中共中央印发《建立健全惩治和预防腐败体系2013—2017年工作规划》，强调要“严肃查办商业贿赂案件，加大对行贿行为的惩处力度”。2014年10月23日，党的十八届四中全会通过的中共中央《关于全面推进依法治国若干重大问题的决定》指出：“加快推进反腐败国家立法，完善惩治和预防腐败体系，形成不敢腐、不能腐、不想腐的有效机制，坚决遏制和预防腐败现象。完善惩治贪污贿赂犯罪法律制度，把贿赂犯罪对象由财物扩大为财物和其他财产性利益。”2017 年，党的十九大报告首次明确提出：“坚持受贿行贿一起查，坚决防止党内形成利益集团。”2018 年 3 月，十三届全国人大一次会议通过《宪法修正案》和《监察法》，组建国家监察委员会，标志着国家监察体制改革取得了重要成果，为更加有效打击行贿犯罪奠定了坚实基础。2020 年，十九届中央纪委四次全会报告提出，对巨额行贿、多次行贿严肃处置，坚决斩断“围猎”和甘于被“围猎”的利益链，坚决破除权钱交易的关系网。2022 年，十九届中央纪委向中国共产党第二十次全国代表大会的工作报告再次强调，坚决查处行贿行为，对多次行贿、巨额行贿以及向多人行贿等 5 类对象严肃惩治，健全对行贿人联合惩戒机制。

对刑法中某一罪名采取何种解释方法和策略，取决于一定时期的刑事司法政策。曾有观点认为，鉴于受贿行为和行贿行为的社会危害性并不相同，不应把打击受贿和打击行贿放在同等重要的位置，因而“重受贿轻行贿”应当成为我国长期适用的“刑事政策”,① 亦有观点认为，严惩行贿的司法效益与社会效果不佳，严惩行贿不利于揭露和惩罚受贿犯罪,② 或者认为行贿犯罪与受贿犯罪在客体上具有差异性，以此质疑“行贿受贿并重”刑事政策的实际效果。③ 在新旧刑事政策交叠之际，在应对行贿罪方面采取什么样的司法控制策略，仍是值得人们进一步思考的问题。上述观点忽视了行贿犯罪的潜在危害性，也不符合当前全面加强反腐败斗争的政策精神。之所以“重受贿轻行贿”曾一度盛行，与其说是有意为之，不如说是司法机关在现有制度环境下打击贿赂犯罪过程中的某种无奈之举，并不具有普遍意义。从政治效果层面来看，严惩行贿犯罪能够充分彰显中国共产党全面从严治党、坚持对腐败“零容忍”的鲜明态度，树立风清气正的政治环境，也是我国政治优

---

① 参见何荣功：《“行贿与受贿并重惩罚”的法治逻辑悖论》，载《法学》2015 年第 10 期。

② 参见樊建民：《“严惩行贿遏制贿赂犯罪”之检讨》，载《郑州大学学报（哲学社会科学版）》2017 年第 6 期。

③ 参见于改之、黄辰：《行贿犯罪最新立法研究》，载《北京师范大学学报（社会科学版）》2016 年第 6 期。

势、制度优势的集中体现，是对习近平法治思想的全面贯彻和准确把握，从而有力推动国家治理体系和治理能力的现代化；从法律效果层面来看，尽管目前仍然存在一些对立法上行受贿犯罪轻重失衡的批评，① 但只有坚持“受贿行贿一起查”，才能真正从司法层面上解决过去对行贿犯罪过于轻纵的弊端，改变以往“打击行贿犯罪依附于受贿犯罪”的格局，② 同时也有助于增强司法公信力和树立司法权威；从社会效果层面来看，严惩行贿犯罪不仅有利于改善营商环境，而且回应了社会关切，特别是在中国这样长久以来的“人情社会”中，有助于树立正确的价值导向和社会新风尚，让社会公众真正意识到行贿绝不仅仅是“人情往来”，而是严重败坏社会风气的违法犯罪行为，从而在源头上最大限度减少腐败犯罪的发生。因此，在当前及今后一段时期内，司法机关应当毫不动摇、理直气壮地坚持“惩办行贿与惩办受贿并重”和“受贿行贿一起查”的刑事政策。③

需要特别指出的是，2021 年 9 月，中央纪委国家监委与中央组织部、中央统战部、中央政法委、最高人民法院、最高人民检察院联合印发了《关于进一步推进受贿行贿一起查的意见》，这一文件的出台，标志着“受贿行贿一起查”刑事政策的正式形成。这一刑事政策对于进一步净化政治生态、斩断非法勾连利益链、破除权钱交易关系网、优化营商环境、构建亲清政商关系、实现腐败问题标本兼治具有十分紧迫而现实的意义，有助于深入推进全面从严治党和深化反腐败斗争，也是构建一体推进不敢腐、不能腐、不想腐的体制机制的有效之举。但也应防止两种倾向，一是将“受贿行贿一起查”

---

① 例如，在《刑法修正案（十二）》颁布前，同一起行贿、受贿对合犯罪中，行贿金额为 15 万元，则行贿人的法定最高刑为 5 年，追诉时效为 10 年；受贿人的法定最高刑为 3 年，追诉时效为 5 年。如果该案被调查机关发现时，距案发已经超过 5 年尚未超过 10 年的，则对受贿人已过追诉时效，而对行贿人则尚未过追诉时效。只能追究行贿人的责任却不能追究受贿人的责任显然不合理。参见梅传强、孟祥金：《行贿罪法定刑失衡：学理反思与体系完善》，载《刑法论丛》2020 年第 1 期。

② 参见张建、俞小海：《行贿犯罪的司法实践反思与优化应对》，载《中国刑事法杂志》2015 年第 3 期。

③ 当然，这里强调对行贿罪从严惩处，是指严密法网、纳入刑事司法体系，而不是说对于行贿罪的量刑要等同于甚至重于受贿罪。毕竟，“行贿罪的不法与责任轻于受贿罪，对行贿罪的量刑必须贯彻罪刑相适应”。参见张明楷：《行贿罪的量刑》，载《现代法学》2018 年第 3 期。

等同于“受贿行贿同等处罚”，二是将“受贿行贿一起查”仅仅理解为程序上的要求。①

问题113：如何做好行贿案件证据审查工作

刑事诉讼过程，实际上是收集证据、审查判断证据和根据真实合法的证据认定案件事实的过程。随着国家监察体制改革和《监察法》的颁布，职务犯罪案件已改由监察机关调查取证并移送检察机关审查起诉，而《监察法》《关于适用〈中华人民共和国刑事诉讼法〉的解释》均明确规定监察机关固定、审查、运用证据的标准与刑事审判关于证据的要求和标准相一致，这为监察机关调查职务犯罪适用刑事诉讼证据规则提供了法律依据，② 对于如何构建新的职务犯罪证据审查体系提出了更高的要求。

行贿犯罪区别于普通犯罪的特点在于：一是证据的单一性，由于行贿的财物多表现为现金、有价证券等，无账可查，行贿犯罪现场绝大多数都只有一对一的行、受贿双方，无第三人在场，当场被抓获的概率极低，也没有可供勘查的犯罪现场。据以证明行贿犯罪的主要是言词证据，且多是行贿人的证词与受贿人的供述，即便是有书证也大多属于间接证据，很难有其他证据佐证。二是证据的隐蔽性，在利益输送的方式上，涉案资金流水复杂，部分行贿事实以有借有还的假象予以掩盖。为规避查处，还有行贿后由第三人代持的现象，作案手段隐蔽、专业，增加了案件事实认定和证据审查分析的难度。同时，贿赂犯罪具有很强的对合性，受贿人犯罪的证据与行贿人犯罪的证据紧密结合，任何一方的证据缺失，都难以有效形成证据锁链。尤其在职务犯罪查处中，一定程度上也存在过度依赖人证印证为定罪依据的实践做

---

① 参见孙国祥：《“受贿行贿一起查”的规范化法治化路径》，载《中国刑事法杂志》2023年第4期。

② 参见刘艳红：《职务犯罪案件非法证据的审查与排除——以〈监察法〉与〈刑事诉讼法〉之衔接为背景》，载《法学评论》2019年第1期。

法。[①] 三是证据的不稳定性，行贿、受贿双方的证言和供述，受当事人主观心态、表达能力、记忆能力和客观环境等因素的影响。特别是行贿人往往社会阅历比较丰富，在接受调查、审判时善于察言观色，面对不同的司法人员，甚至面对不同的发问方式，他们会采用不同的回答策略。即使经过政策教育做了有罪供述，也会出于畏罪、抗拒以及侥幸等心理在之后的讯问或庭审过程中翻供，从而造成证据的变化。[②] 因此，应当着手建立行贿犯罪证据的客观化审查机制，对证据是否具有合法性、真实性、关联性，按顺序进行审查。

1. 对于调查机关或侦查机关出具的行贿案件来源、到案经过等说明材料，应重点审查：①调查开始前监察机关已掌握被告人涉嫌职务犯罪情况；②线索来源、初步核实情况、立案调查时间；③被告人到案具体时间、到案方式、到案后主动交代情况及查证情况；④办案机关掌握的线索来源是否被查实、是否构成犯罪，被告人主动交代的犯罪事实与线索来源是否同种罪行，是否属于办案机关掌握的；⑤说明材料是否加盖接受被告人投案的单位印章，并是否有办案人员签名。

2. 审查关于行贿对象主体身份的证据：

（1）对国家机关工作人员，应重点审查：①是否调取所在单位或者组织人事部门出具的身份、职务、职责权限、干部履历表、干部任免表、任职文件、工作分工等有关证明材料；②对于国家机关的单位性质，一般不需要调取该机关的统一社会信用代码证书等书证；③对于经人大及人大常委会选举、决定、任免、批准等程序产生的职务，还需审查是否调取人大或人大常委会的相关公告；④对于国家机关工作人员任职期间的职责范围，一般应以其隶属的管理部门出具的任命书、分工文件等书证为准。

（2）对在国有公司、企业、事业单位、人民团体中从事公务的人员，应重点审查是否调取证明其所在单位性质的书证，包括：国有公司、企业、事

---

① 参见龙宗智：《论贿赂犯罪证据的客观化审查机制》，载《政法论坛》2017 年第 3 期。

② 参见王晓华、乔刚：《贪污贿赂案件言词证据的收集》，载《国家检察官学院学报》2009 年第 4 期。

业单位、人民团体法人证书或社会信用代码，国有公司、企业的营业执照和工商注册档案等。对于无法提取上述证据的，可以通过该单位或其主管单位出具相关证明来判断。

（3）对于被委派到非国有公司、企业、事业单位、社会团体从事公务的人员，应重点审查：①是否调取干部登记表、职工登记表、聘书、聘用合同、干部履历表、任免文件（任免审批表、任免通知、任免决定）等；②是否调取国家机关、国有公司、企业、事业单位提名、推荐、任命、批准在国有独资、控股、参股企业及其分支机构等国家出资企业从事公务的会议记录、决定文件等；③是否调取国家出资企业中负有管理、监督国有资产职责的党委会（党组会议）或党政联席会议集体讨论决定从事领导、组织、监督、管理等工作的会议记录、决定文件等书证；④是否调取证明其职责范围的书证，包括岗位责任制度、工作制度、相关会议纪要、工作分工文件及本单位或上级单位人事主管部门出具的有关身份、任职时间、职责的说明材料。

（4）认定是否属于“其他依照法律从事公务的人员”，应审查行为人所在单位性质、从事公务的性质、履职依据，是否代表国家行使一定管理权或从事公务是否有法律的明确授权。此外，证明自然人身份的证据，主要包括户籍证明、居民身份证、户口簿、出生证明文件、护照、港澳台通行证、个人履历表、入学、入伍、招干登记表等书证等。

对于单位行贿罪中的主体身份证据，应重点审查以下内容：①证明行贿单位属于国家机关的证据包括机关法人登记证书、社会信用代码等；②证明行贿单位属于国有、集体所有的公司、企业、事业单位的证据包括：企业法人营业执照、事业单位法人登记证、社会信用代码、企业法人登记证书、验资报告等；③证明行贿单位属于法律许可成立的合资经营企业、合作经营企业和具有法人资格的独资、私营的公司、企业、事业单位的证据包括：企业法人营业执照、事业单位法人登记证、社会信用代码、企业法人登记证书、验资报告等；④证明行贿单位属于人民团体、社会团体的证据包括法人登记证、社会信用代码等；⑤证明行贿单位属于上述单位的派出机构、分支机构或者内设机构的证据包括：其主管单位的机关或事业法人登记证书、社会信用代码等；企业所属母公司的企业法人营业执照、社会信用代码、企业法人登记证书及该分支机构的营业执照等。

3. 对于证明行贿罪主观方面的证据，应重点审查以下内容：①行贿人为谋取不正当利益而行贿或给予回扣、手续费的动机、目的，犯意产生的原因、过程；②行贿人是否具有明确的请托事项；③行贿人对自己行为的性质、目的、结果等的认识；④共同行贿的，应查明行贿犯罪的起意、策划、分工、实施、各自的地位和作用等情况；⑤对于被告人辩解其被国家工作人员索贿且没有谋取不正当利益的情形，应审查国家工作人员是否主动向被告人提出给予财物的要求、被告人是否实际谋取到不正当利益。

在直接证据只有行贿、受贿双方的言词证据时，要注意审查间接证据是否能印证双方的供述、证言，要注意排除证据自身、证据之间以及证据与案件事实之间的矛盾，达到证据与证据之间、证据与事实之间的统一；要注意对被告人辩解的审查，分辨供述的真伪。同时，应集中解决影响案件基本事实和主要情节的实质性矛盾，对枝节性矛盾和问题，不宜过于纠缠。

4. 对于证明行贿罪客观方面的证据，应重点审查以下内容：①行贿人与受贿人的关系。②行贿人给予国家工作人员财物的时间、地点、经过、结果。③行贿的金钱数额，物品名称、特征、价值，并查明被告人是否将违法所得用于行贿。④谋取不正当利益的事实经过或经济往来的事实经过，包括受贿人如何违反法律和政策为行贿人谋取不正当利益以及行贿人获得的不正当利益的情况。受贿人利用职务便利为行贿人谋取不正当利益的批示、文件、会议记录。⑤行贿人在被追诉前有无主动交代行贿行为的情况。⑥行贿款来源于公司还是个人，在财务上又是如何处理的，是否经过单位组织集体讨论，行贿所谋取的不正当利益最终归于集体还是个人，以区别单位行贿罪与行贿罪。⑦对于那些事后贿送的数额巨大的贿赂案件，应查明事前有无约定，双方之间有无权钱交易的默契，避免被表面现象蒙蔽。[①]

5. 对于不同形式的行贿财物证据，应重点审查以下内容：

（1）行贿人向国家工作人员给予美元、欧元等外币的，应重点审查：①行贿人兑换外币时所具体花费人民币的客观证据，如取款凭证、兑换凭证等，应以实际花费人民币数额计算犯罪数额；②没有具体兑换时所花费人民币数额的，应根据行、受贿人供述的受贿时间的人民币对外币汇率中间价来计算；③行贿人、受贿人对于行贿事实无异议，但对具体时间供证不一致，且没有其他证据予以佐证的，按照有利于被告人的原则，以两个时间中的最低中间价来确定；④在确定行贿时间时，不仅要审查证人证言、被告人供述，还应通过出入境记录、住宿登记、出行车票、飞机票等相关书证予以印证。

（2）行贿人向国家工作人员给予贵金属、玉器珠宝的，应重点审查：①对于金条等贵金属是否委托有法定资质的产品质量检验机构进行检验检测，以确定其纯度、质量。如在案金条有清晰的编号等独特特征，且与在案的发票、购买小票等记载一致的，也可以不再进行纯度、质量检验检测；对于玉器珠宝是否委托检测或鉴定机构做真伪鉴定。②根据在案证据能够确定贿送金条的具体时间的，按照交付时的价格认定；不能确定具体时间，只能确定贿送行为发生时间段的，按照有利于被告人的原则，以该时间段内的最低市场价格认定。③在案金条有发票、购买小票等有效价格证明的情况下，根据有效价格证明认定数额，即按照在案金条购买价认定。④在案金条虽有发票、购买小票等有效价格证明，但购买时间距贿送时间较长，或者价格出现明显波动，以及在案金条没有发票、购买小票等有效价格证明的，应委托政府价格主管部门的价格认定机构进行价格认定，即按照在案金条鉴定价格认定。

（3）行贿人向国家工作人员给予古玩字画的，行贿金额以行贿人的实际购买价格认定。如在案证据不能证实财物购买价格的，则应参考行贿时段中对被告人最有利的时间为基准日进行鉴定得出的价格。实践中，行贿人出于

① 参见李少平：《行贿犯罪执法困局及其对策》，载《中国法学》2015 年第 1 期。

自身利益和方便受贿人收受等考虑，在行贿过程中经常会故意人为夸大或缩小贿赂物品的价值。如贿送的字画经鉴定为赝品，由于实际价值较低，一般不认定行贿、不计算数额，而作为一般量刑情节进行认定。如行贿人购买字画时，国家工作人员在场，则无论字画是否最终鉴定为赝品，均以行贿人实际出资购买价格为行贿数额。对于真伪不明的财物和珠宝、玉石、字画、手表、贵重金属等特定财物，应当进行真伪鉴定。因遗失无法进行鉴定的，不计入受贿数额。因此，如贿送的字画不在案的，考虑此类案件和物品较为特殊，无在案字画则无法进行真伪和价格鉴定，一般不予认定。

（4）行贿人向国家工作人员直接给予房产、汽车的。涉案房产、汽车是否办理权属变更，不影响行贿罪的成立。行贿人贿送房产、汽车的犯罪数额，以实际支付的资费为准。但如果行贿人购买房产的时间与贿送房产的时间相距较远的，鉴于房价存在市场波动，应当以送出房产的时间为价格鉴定基准日，委托有资质的鉴定机构进行价格鉴定。如行贿人恰好是涉案房产的开发商，考虑到房产具有商品的一般属性，不宜按照其开发房产的成本价来认定行贿金额，而应同样委托鉴定机构进行价格鉴定。

（5）提供交易、服务机会、优惠条件等财产性利益的，应重点审查：①是否调取涉案有价证券办理，卡内金额、卡内金额由谁支配及卡内金额是否实际取出、消费等情况的证据；②对于提供会员服务、旅游等其他利益的，应查明请托人实际支付或应当支付的货币价值；③装修房屋费用、债务免除等财产性利益的实现过程，行贿人所支付货币的价值。

（6）对于给予干股、上市公司股份的，应重点审查：①公司企业注册资本、股份构成比例以及被告人是否实际出资；②国家工作人员没有出资或象征性出资（或占有股份与实际出资不成比例），干股转让时企业实际资产价值以及被告人分配红利。

6. 对于行贿人声称其供述系非法取得、讯问活动违反法定程序、讯问笔录内容不实、讯问过程可能存在暴力、威胁等非法取证行为的，除根据《关于办理刑事案件排除非法证据若干问题的规定》《人民法院办理刑事案件排除非法证据规程（试行）》《关于适用〈中华人民共和国刑事诉讼法〉的解释》中有关非法证据排除的规定，对取证主体是否适格、获得地点是否合法、载体构成是否合理、是否属于非法证据、瑕疵证据等证据收集的合法性进行审查外，还应注意：

（1）行贿犯罪的一大特点就是行贿人的供述容易发生反复，有的行贿人刚到案时就对行贿过程进行了交代，但出于害怕受到打击报复等因素，而改变原先说法或干脆逃避办案机关的再次查证复核，也有的出于人情关系的考虑改变了以往的供述。对此，应重点审查行、受贿双方是否在案发前订立攻守同盟，查清行受贿人供、陈述反复、变化的时机、背景、动机。

（2）实践中，由于有的行贿人犯罪情节较轻，或者办案机关的工作重点在于调查对应的受贿案件，因而对于行贿人没有采取留置措施。考虑到此种情况下行贿人极容易和受贿人家属或其他关联人员接触，一旦行贿人在接受办案机关调查时供述发生反复的，应审查对行贿人是否具有良好的管控条件、所采取的措施能否避免行贿人受到他人干扰、诱导甚至串供、串证。[①]

（3）实践中，办案机关在办理受贿犯罪时为突破案件，往往要求行贿人以证人身份提供关键证据，并以不将行贿人移送司法机关、不起诉或撤销案件为诱饵，换取行贿人积极配合。而一旦行贿人交代后，又对行贿人进行追诉。在此情形下，尽管行贿人符合行贿罪构成要件，但考虑到办案机关在前期办理案件的调查方式和手段存在一定不妥之处，对于行贿人在量刑时应区别于一般行贿犯罪案件。

（4）实践中，有的行贿人及其辩护人提出，调查机关对其实施了“欺骗”，例如告诉行贿人“对方已经交代了，你要争取主动”，而事实上受贿人尚未交代，行贿人因为信息不对称，“出于无奈”才进行了供述。对此类要求进行非法证据排除的意见，本书认为，由于贿赂犯罪中行、受贿双方往往订立“攻守同盟”以掩盖和规避调查，调查人员采用合理的讯问策略，使行

---

① 参见游龙熙、黄超腾：《审判中心模式下对言词证据变化、反复的采信及应对——以行受贿案件为视角》，载王守安主编：《中国检察官论丛》（第1卷），中国检察出版社2016年版，第110页。

贿人陷入“囚徒困境”，通过心理斗争而最终主动交代行贿犯罪事实的，不属于非法取证。

（5）对于案发时间较为久远的行贿案件，实践中经常发生行贿人记忆混乱、张冠李戴的情况，甚至有的行贿人借机故意混淆事实、扰乱视听，而在庭审中辩护人突然就行贿人供述中的某个漏洞质疑。对此，应充分运用经验法则，对行贿事项是否真实存在，时间、地点、金额、过程是否合乎行为人的工作、生活轨迹、模式等进行审查，避免出现与社会经验严重背离或与当时的社会状况、生活条件、时代背景出入较大的情况。

（6）对于行贿的细节应当认真审查，如行贿人、受贿人是否对送钱的时间、地点、具体过程等细节作出一致的供述，特别是对于是否将钱款放置于办公桌、茶几等特定位置，或放入对方衣袋，以及钱款用信封、报纸、塑料袋包装等情况的描述是否能够相互印证。如果双方交代都较为模糊、笼统，缺乏细节支撑，则应慎重定案。又如，对于贿赂事实持续时间较长的案件，由于行贿笔数多、金额大小不等，如果行贿人、受贿人在供述的笔数、金额、币种、地点等细节上不仅没有任何出入和矛盾，反而“高度一致”，则应仔细核对同步录音录像和笔录记载内容是否一致，防止相关笔录系调查人员在取得受贿人供述的情况下，安排行贿人“照本宣科”而成。

问题114：被告人庭前供述有多次反复，且当庭不认罪的，如何把握证据确实、充分的证明标准——栾某行贿被宣告无罪案

由于职务犯罪的特殊性，在司法实践中对当事人言词证据依赖程度较高，尤其当被告人供述、证人证言不稳定的情况下，如何对调查机关、侦查机关在不同调查、侦查阶段取得的言词证据进行甄别，需要综合多方面因素进行审查判断。

根据《刑事诉讼法》第55条第2款的规定，“证据确实、充分，应当符合以下条件：（一）定罪量刑的事实都有证据证明；（二）据以定案的证据均

经法定程序查证属实；（三）综合全案证据，对所认定事实已排除合理怀疑”。其中，“排除合理怀疑”是指办案人员在每一份证据均查证属实的基础上，经过对证据的综合审查，运用法律知识和逻辑、经验进行推理、判断，对认定的案件事实，已没有符合常理的、有根据的怀疑，实际上达到内心确信的程度。特别在是否存在犯罪事实和被告人是否实施了犯罪等关键问题上，要求证据之间以及证据与案件事实之间不存在矛盾，或者矛盾能够得到合理排除，使司法机关能够确信由证据得出的结论具有唯一性和排他性。同时，根据最高人民法院《关于适用〈中华人民共和国刑事诉讼法〉的解释》第96条第3款的规定，“被告人庭前供述和辩解存在反复，但庭审中供认，且与其他证据相互印证的，可以采信其庭审供述；被告人庭前供述和辩解存在反复，庭审中不供认，且无其他证据与庭前供述印证的，不得采信其庭前供述”。因此，如果综合全案证据仍然认为本案存在其他可能性，即现有证据尽管证明发生了犯罪事实，但却无法证明犯罪系被告人所为，存在其他人作案的可能性，那么就应当作出事实不清、证据不足的认定。

【案例】江苏省扬中市人民法院一审判决认定：1998年3月至2000年4月，被告人栾某在扬中市某厂工作期间，为感谢时任扬中市某局局长陆某在其企业改制过程中的照顾以及为其审批年度特别奖中的帮助，先后5次向陆某行贿人民币21万元。被告人栾某从陆某处直接获得非法超额奖金6万元。2000年6月、2000年10月及2001年3月，在扬中市人民检察院对陆某受贿案的侦查、审查起诉以及对该案的二审庭审过程中，作为案件的重要证人，栾某为给陆某开脱罪责，对关系到案件能否准确认定的重要情节作虚假证词，掩盖事实真相。[①]

法院一审认为，被告人栾某为谋取不正当利益，向国家工作人员行贿，其行为构成行贿罪，其为罪犯陆某开脱罪责，在检察机关侦查、起诉和人民法院开庭审理过程中，故意作虚假证明，其行为构成伪证罪。栾某在侦查阶

① 参见江苏省镇江市中级人民法院刑事判决书，(2013) 镇刑再终字第2号。

段认罪态度不好，但在庭审过程中，其对犯行贿罪、伪证罪均有了一定程度的认识，可酌情予以处罚。遂判决被告人栾某犯行贿罪，判处有期徒刑 1 年 6 个月；犯伪证罪，判处有期徒刑 6 个月，决定执行有期徒刑 1 年 7 个月。非法所得人民币 6 万元予以没收，上缴国库。

在再审审理中，原审被告人栾某申诉理由及其辩护人的辩护意见为：(1) 栾某没有行贿的主观动机和目的；(2) 栾某向陆某行贿 21 万元，仅有口供，而无其他证据印证，本案口供前后不一；(3) 栾某没有行贿资金的来源；(4) 栾某的“翻供”是栾某澄清事实反映真相的自我辩护行为，不构成伪证罪。

江苏省镇江市人民检察院认为：栾某对其所犯罪行均有多次详细的有罪供述，并有亲笔所写的悔过书，同时还有相关书证、证人证言的佐证，真实可信。栾某自称在侦查期间受到检察机关变相的刑讯逼供，但栾某并没有足够的证据能证明，故仍应采信栾某原有的认罪供述。此外，陆某在特别奖发放及企业改制中利用其职务为栾某获取了不当利益。综上所述，原一审判决认定事实清楚，证据确凿充分、定性准确，量刑适当。建议法院驳回栾某的申诉，维持原判。

镇江市中级人民法院经再审查明：因群众举报栾某有侵占集体资产和向扬中市某局领导行贿等问题，扬中市纪律检查委员会于 2000 年 6 月 12 日上午 8 时对栾某进行“双规”，时间为 6 月 12 日至 6 月 20 日。其间，除 6 月 12 日 8 时至 6 月 13 日 21 时、6 月 12 日 8 时至当日 14 时 30 分、6 月 14 日 19 时至 6 月 16 日 8 时、6 月 16 日 18 时至 6 月 21 日 11 时由扬中市纪律检查委员会对栾某进行审查外，其他时间均由扬中市人民检察院对栾某进行审讯。

2000 年 6 月 14 日下午，栾某向扬中市人民检察院陆续交代行贿陆某 21 万元的事实，6 月 20 日栾某被取保候审。其间，栾某曾找到时任扬中市委书记、市人大常委会主任反映自己没有送钱给陆某。7 月 6 日还通过其原厂法律顾问草拟了法律意见书提交给扬中市委、市人大及镇江市委、市人大，在意见书中反映了在“双规”期间，检察机关非法采取指供、引诱的方法，迫使栾某作出向陆某行贿21万元的虚假供述。至此，栾某第一次翻供。

2000年7月14日栾某被刑事拘留。扬中市人民检察院再次对栾某进行审讯。栾某遂再次承认其向陆某行贿21万元，同时表示办案人员没有对其刑讯逼供，并解释自己翻供没有受到外界压力，翻供主要原因是自己与陆某是朋友，怕对不起陆某，自己不懂法。7月21日栾某第二次被取保候审。2000年10月10日，扬中市人民检察院就陆某受贿案准备公诉时，栾某作为证人接受调查。在该询问笔录中，栾某称：自己与陆某之间除了烟、酒往来外，没有其他任何一分钱的经济来往。由于自己身体不好，企业又刚刚改制，家里上有老、下有小，为求脱身，才向检察机关作了所谓向陆某行贿21万元的虚假供述。同时，栾某还向检察机关提供了其制作的家庭收支平衡表，以否认其此前在检察机关交代的其行贿资金的来源。至此，栾某第二次进行翻供。

2000年10月11日，扬中市人民检察院对栾某监视居住，并于19日对栾某执行逮捕。此后，扬中市人民检察院再次对栾某进行审讯。栾某又再次承认其向陆某行贿的事实。

2001年3月13日，扬州市中级人民法院二审开庭审理陆某受贿一案，栾某作为证人出庭作证。在庭审中，栾某声称自己并未向陆某行贿21万元，其之前所作的向陆某行贿的证言均是在被逼无奈之下所作的虚假陈述。至此，栾某第三次进行翻供。

2001年7月31日，扬中市人民法院对栾某犯行贿罪、伪证罪一案进行了公开开庭审理。庭审中，栾某对检察机关指控其向陆某行贿21万元以及作为重要证人给陆某作虚假证词供认不讳。

另查明，从2000年6月14日开始至10月27日止，扬中市人民检察院对栾某进行讯问形成的10多份讯问笔录及栾某自己书写的多份亲笔供词，结合扬中市人民检察院对受贿人陆某进行讯问形成的十多份讯问笔录及陆某自己书写的多份亲笔供词，上述证据构成了原审法院对以下事实的认定：1998年3月至2000年4月，栾某在扬中市某厂工作期间，为感谢时任某局局长陆某（已判刑）在为其审批年度特别奖和企业改制过程中的“照顾”和“帮忙”，先后5次向陆某行贿人民币21万元。其中，1998年3月，栾某向陆某贿赂人民币3万元；1999年3月、4月，栾某向陆某贿赂人民币5万元；2000年3月上旬某天晚上，栾某向陆某贿赂人民币5万元；2000年4月上旬，栾某向陆某贿赂人民币5万元；2000年4月下旬，栾某向陆某贿赂人民币3万元。

(1) 关于1998年3月，栾某向陆某贿赂人民币3万元的问题。栾某在2000年6月14日的讯问笔录中称：该3万元放在陆某家客厅的桌子上。然而陆某的供述及亲笔供词均称：当时栾某送的3万元是放在提包里带来的，放在自己家的单人茶几上。

(2) 关于1999年3月、4月，栾某向陆某贿赂人民币5万元的问题。栾某在2000年6月14日的讯问笔录中称：该钱是在陆某家客厅直接给他的。然而陆某的供述及亲笔供词均称：钱是用报纸包好，放在纸礼品袋带来的，放在茶几的脚边。

(3) 关于2000年3月上旬某天晚上，栾某向陆某贿赂人民币5万元的问题。栾某的供述及亲笔供词均称：钱是用报纸包好，放在纸礼品袋带来的。在2000年10月14日的讯问笔录中栾某又称：自己临走时叫陆某将拎包里的钱收起来。此说在此前的供述中均没有反映。陆某有关收受该贿赂的陈述与栾某的供述基本一致。

(4) 关于2000年4月上旬，栾某向陆某贿赂人民币5万元的问题。在2000年6月14日讯问笔录中，栾某称：这钱在客厅交给陆某的。6月16日的供述又称：这次没有带包，是夹在腋下带去的，临走时，自己将钱拿到单人茶几上。栾某在6月19日的讯问笔录中供述称：钱是用报纸包好放在礼品袋，放在茶几电话机旁的。6月22日的供述又称：钱是用报纸包好，夹在手上带来的。

经查，2000年4月3日至4月9日，栾某在西安、郑州、成都等地出差。陆某于4月1日去其亲戚家吃喜酒。4月上旬其他时间，陆某与单位及扬中市某研究所的同事一起研究河豚苗放养的问题，每天晚上都很迟才回家。上述事实有栾某出差的机票、住宿费发票、旅差费报销表及扬中市某局驾驶员贾某、扬中市某研究所朱某等证人证言予以证实。

（5）关于2000年4月下旬，栾某向陆某贿赂人民币3万元的问题。栾某在2000年6月16日的讯问笔录中称：钱是用报纸包好交到陆某手中的。2000年7月20日的讯问笔录中，栾某又称：自己从包里拿出5万元，放到茶几上。陆某2000年6月19日的讯问笔录称：钱是用报纸包好，放在自己的办公桌上的。

另查明，栾某于2000年6月14日提供了5份亲笔供词。在2000年6月14日14时形成的亲笔供词中，栾某称：1997年贿赂陆某3万元，1998年贿赂陆某5万元，1999年贿赂陆某5万元，2000年贿赂陆某5万元，另外特别奖6万元中又给陆某3万元。2000年6月14日14时形成的亲笔供词中，栾某又称：1997年春节贿赂陆某1万元，1998年春节贿赂陆某1万元，1999年春节贿赂陆某1万元，2000年2月贿赂陆某3万元。2000年6月14日14时15分形成的亲笔供词中，栾某又称：1999年春节实际贿赂陆某3万元，当年4月又贿赂陆某2万元。2000年6月14日14时30分形成的亲笔供词中，栾某再次称：1998年春节贿赂陆某5万元，1997年春节贿赂陆某3万元，1999年春节贿赂陆某5万元，共计贿赂陆某18万元。2000年6月14日15时50分形成的亲笔供词中，栾某又称：三年期间共计给付陆某6万元，分别是1997年春节贿赂陆某1万元，1998年春节贿赂陆某1万元，1999年春节贿赂陆某1万元，2000年改制后一次性贿赂陆某3万元。

又查明，关于行贿款资金来源的问题，栾某先后作出以下不同供述。

（1）2000年6月14日及16日的最初两次供述中，栾某称行贿款一部分来源于保险柜中的奖金款，一部分是从妻子杨某处拿的，另一部分从银行存单拿的；之后直至2000年10月14日其亲笔交代中均称没有从杨某处拿过钱，行贿全部来源于其所拿的奖金，1996年至1999年共拿特别奖和年度奖约110万元，每年只交给其妻15万元至17万元，截留的钱就放在保险柜中，成为行贿款的来源。

（2）2000 年 10 月 15 日对 2000 年 3 月至 4 月行贿 13 万元的来源亲笔交代中写明，奖金中截留了 5 万元至 6 万元，单位往来款中有 4 万元，银行存折取了 4 万元；2001 年 7 月又改称行贿款来源中有 1994 年之前其做业务员时倒卖原材料等存下的业务费 14 万元、15 万元，没有交给妻子，存在兰州、西安、石家庄等地的几个银行。后因扬中市人民法院未能查证到上述存款的存在，栾某又改口称这些钱少部分放在宿舍内，一部分以抵货款的方式交到单位财务上，少量放在身上，有了保险柜后就取出来放在办公室的保险柜中了，再加上奖金中截留了几万元，以及单位往来款中支取的 4 万元是行贿款的来源。

（3）2000 年 10 月 15 日栾某提供本人收入和支出清单及栾某家庭收支情况统计表，总收入合计 206 万元，减去支出、存款及债权，尚存余额 6.2 万元。

经再审，法院认为：原审判决认定栾某从 1998 年 3 月至 2000 年 4 月下旬 5 次共向陆某行贿人民币 21 万元证据不足，主要理由如下。

1. 认定 2000 年 4 月上旬栾某向陆某行贿 5 万元的证据不足。栾某在多份讯问笔录及自己亲笔供词中称：2000 年 4 月上旬的一天晚上向陆某行贿 5 万元。陆某在多份讯问笔录及亲笔供词中也称：其于 2000 年 4 月上旬某晚收受了栾某 5 万元。但经再审查明，2000 年 4 月 3 日至 4 月 9 日，栾某在西安、郑州、成都等地出差，而陆某 4 月 1 日在其亲戚家吃喜酒，4 月上旬其他时间一直与单位及扬中市某研究所的同事一起研究河豚苗放养的问题。综上可见，2000 年 4 月上旬晚间，陆某与栾某之间并无行受贿的时间。

2. 栾某同一天形成的亲笔供词前后存在矛盾。在 2000 年 6 月 14 日 14 时形成的亲笔供词中，栾某称 1997 年至 2000 年共行贿陆某 21 万元；在 2000 年 6 月 14 日 14 时及 15 时形成的两份亲笔供词中，栾某又称 1997 年至 2000 年共行贿陆某 10 万元；在 2000 年 6 月 14 日 14 时 30 分形成的亲笔供词中，栾某再次称 1998 年春节贿赂陆某 5 万元，1997 年春节贿赂陆某 3 万元，1999 年春节贿赂陆某 5 万元，共计给付陆某 18 万元；在 2000 年 6 月 14 日 15 时 50 分形成的亲笔供词中，栾某又称 3 年期间共计给付陆某 6 万元，其中 1997 年春节贿赂陆某 1 万元，1998 年春节贿赂陆某 1 万元，1999 年春节贿赂陆某

1 万元，2000 年改制后一次性贿赂陆某 3 万元。

3. 栾某供述与陆某供述之间存在多处矛盾。

（1）在栾某送钱的方式上。如 1999 年 3 月、4 月，栾某向陆某贿赂人民币 5 万元的问题上，栾某称，该钱是在陆某家客厅直接给他的。陆某则称，钱是用报纸包好，用纸礼品袋带来的，放在自家茶几的脚边。又如 2000 年 3 月上旬某天晚上，栾某向陆某贿赂人民币 5 万元的问题上，栾某称，自己临走时叫陆某将拎包里的钱收起来。陆某却称，钱是用报纸包好，放在纸礼品袋带来的。

（2）在栾某送钱款摆放的位置上。如 1998 年 3 月，栾某向陆某贿赂人民币 3 万元的问题。栾某称，该 3 万元是放在陆某家客厅的桌子上。陆某却称，当时栾某送的 3 万元是放在提包里带来的，放在自己家的单人茶几上。又如关于 2000 年 4 月下旬，栾某向陆某贿赂人民币 3 万元的问题上，栾某称，自己从包里拿出 5 万元，放到茶几上。陆某则称，钱是放在自己的办公桌上。

4. 栾某对行贿资金的来源供述前后矛盾。

2000 年 6 月 14 日及 16 日的最初两次供述中栾某称：行贿款来源于保险柜中的奖金款，从妻子杨某处拿的钱及部分银行存款。栾某在 2000 年 10 月 14 日亲笔交代中又称：自己没有从杨某处拿过钱，行贿款全部来源于其所拿的奖金。对 2000 年 3 月至 4 月行贿 13 万元的来源，栾某在 2000 年 10 月 15 日亲笔交代中称：奖金中截留了 5 万元至 6 万元，单位往来款中有 4 万元，银行存折取了 4 万元。案件起诉到法院后又改称，行贿款来源中有 1994 年之前其做业务员时倒卖原材料等存下的业务费 14 万元至 15 万元，没有交给妻子，存在兰州、西安、石家庄等地的几个银行。经原审法院调查，证明上述存款并不存在，栾某又改称这些业务费其以抵货款的方式取出来放在办公室保险柜里，加上奖金截留及单位往来款中支取 4 万元是行贿款的主要来源。

综上所述，原一审法院认定原审被告人栾某向陆某行贿 21 万元的主要证据中，除栾某本人供述其向陆某在行贿的金额、行贿资金的来源、钱款摆放的地点等方面存在矛盾外，栾某和陆某两人在供述行受贿时间、栾某带钱的方式及行贿的地点等方面也均存在相互矛盾之处。栾某虽就行贿陆某 21 万元的事实在检察机关多次供认，但后又多次翻供，造成检察机关指控栾某行贿证据上缺乏稳定性，认定事实所依据的证据相互矛盾，证据之间未形成锁链。因此，根据现有证据尚不足以认定栾某行贿陆某 21 万元的事实。依照“疑罪从无”的原则，对原审被告人栾某行贿事实不予认定。

问题 115：如何在行贿犯罪治理中落实加强产权保护的政策精神

1. 在行贿治理方面应坚持“宽严相济”的刑事政策

尽管在治理行贿犯罪方面需要坚持“严”的主基调，但这并不意味着对行贿人员无差别地一味从严，更不是单纯地强调重刑处罚，而是应当坚持“宽严相济”的刑事政策，依法保障被告人的合法权益。对此，2007 年中央治理商业贿赂领导小组《关于在治理商业贿赂专项工作中正确把握政策界限的意见》明确提出，“对商业贿赂的处罚要依纪依法，注意执行政策，综合考虑事实、情节、后果以及行为人的态度，该严必严，当宽则宽，宽严适度，努力取得法律效果与社会效果的统一”。2021 年《关于进一步推进受贿行贿一起查的意见》亦强调，要认真贯彻落实习近平总书记在民营企业座谈会上的重要讲话精神，在履行职责过程中既要查清问题，也要保障经营者合法的人身和财产权益，保障企业合法经营，以避免“办了一个案子，垮了一个企业”的现象出现。当前国内结构性问题和外部不确定性叠加，新动能亟待加速，经济下行风险和压力加大，进而导致就业形势不断紧张。因此，在贯彻党中央“六稳”和“六保”政策的背景下，坚持受贿行贿一起查一起打的刑事政策与保持刑法必要的谦抑性、保障企业家合法权益同等重要。对涉嫌行贿犯罪的，要区分个人犯罪和单位犯罪，从起因目的、行贿数额、次数、时间、对象、谋利性质及用途等方面综合考虑其社会危害性。对行贿数额特别巨大、手段恶劣、“围猎”公职人员的，党的十八大以后顶风作案的，致使国家、人民利益遭受重大损失的，要依法严肃查处。对行贿犯罪情节较轻，积极主动配合有关机关调查的，或者对办理受贿案件起关键作用的，或者因国家工作人员索贿、不作为而不得已行贿、没有谋取不正当利益的，以及行贿人认罪认罚的，要依法从宽处理。

2. 应对民营企业与国有企业一视同仁

民营经济是我国社会主义经济的重要组成部分，但长期以来，办案机关在对企业产权的保护上不同程度存在“重国有、轻民营”的现象，这也成为当前我国推动民营企业产权平等保护的掣肘。相比国有企业，民营经济实体的市场生存能力更加脆弱，企业涉经济犯罪中承担刑事责任的“直接负责的主管人员”“其他直接责任人员”大多为法定代表人或实际负责人，有些案件久拖不决，企业主被长期羁押，造成涉案企业陷于困顿甚至破产歇业。党的十九大之后，党中央不断强调“六稳”“六保”政策，其中最重要的是稳就业、保就业，关键在于保企业，努力落实让企业“活下来”“留得住”“经营得好”。因此，如何推进民营企业产权的刑法平等保护，是我国完善企业产权保护制度并积极为企业家创新创业营造良好法治环境的重要方面。实践中，经常发生国有企业为了获取项目而行贿的情形，办案机关往往考虑到一旦将国有企业作为单位行贿犯罪的主体，将产生各种不可预测的风险，因而多数都会以另案处理的方式予以消化。当遇到民营企业行贿时，则基本上没有此类顾虑，直接按照法律规定追究刑事责任即可。这种刑罚待遇上的明显差别，不仅会损害社会公平，也不利于彻底消除行贿犯罪。因此，中共中央、国务院 2023 年下发的《关于促进民营经济发展壮大的意见》专门强调，依法保护民营企业产权和企业家权益。防止和纠正利用行政或刑事手段干预经济纠纷，以及执法司法中的地方保护主义。

3. 准确把握民营企业行贿犯罪的罪与非罪的法律政策界限

2016 年 11 月，中共中央、国务院《关于完善产权保护制度依法保护产权的意见》明确提出，“严格遵循法不溯及既往、罪刑法定、在新旧法之间从旧兼从轻等原则，以发展眼光客观看待和依法妥善处理改革开放以来各类企业特别是民营企业经营过程中存在的不规范问题”。2017 年 12 月，最高人民法院下发《关于充分发挥审判职能作用为企业家创新创业营造良好法治环境的通知》，再次强调“严格区分企业家违法所得和合法财产，没有充分证据证明为违法所得的，不得判决追缴或者责令退赔。严格区分企业家个人财产和企业法人财产，在处理企业犯罪时不得牵连企业家个人合法财产和家庭成员财产”。此外，最高人民检察院2017年发布的《关于充分发挥职能作用营造保护企业家合法权益的法治环境支持企业家创新创业的通知》（高检发〔2017〕12号）更是针对企业家行贿行为明确提出，准确把握法律政策界限，依法保护企业家合法权益和正常经济活动，增强企业家信心和财富安全感。以“谦抑、审慎、文明”理念作为办案指导思想，坚持罪刑法定，严格把握罪与非罪的界限。坚持宽严相济刑事政策，注重办案效果。对企业为开展正常经营活动而给付“回扣”“好处费”的行为，既要在法律允许范围内讲政策、给出路，又要防止片面强调保护企业经营而放纵犯罪。因此，应当客观看待民营企业经营的不规范问题，对定罪依据不足的依法宣告无罪。对改革开放以来各类企业特别是民营企业因经营不规范所引发的问题，要以历史和发展的眼光客观看待，严格遵循罪刑法定、疑罪从无、从旧兼从轻等原则，依法公正处理。对虽属违法违规但不构成犯罪，或者罪与非罪不清的，应当宣告无罪。对在生产、经营、融资等活动中的经济行为，除法律、行政法规明确禁止的，不得以犯罪论处。企业为开展正常经营活动而给付“回扣”“好处费”的行为涉嫌行贿犯罪的，要区分个人犯罪和单位犯罪，要从起因目的、行贿数额、次数、时间、对象、谋利性质及用途等方面综合考虑其社会危害性。

因此，在平衡“受贿行贿一起查”与“保护民营企业发展”刑事政策的问题上，既要坚持高压反腐的态势不动摇，为根绝贿赂犯罪打下坚实基础，又要正视社会现实，正确理解“零容忍”政策的施行并不意味着在实践中不考虑情节等可罚性要素的调节功能，[①] 特别是对于民营企业行贿犯罪不宜一

① 参见钱小平：《贿赂犯罪情节与数额配置关系矫正之辨析》，载《法学》2016年第11期。

刀切，而应分析是制度性原因所导致还是行为人单方面逐利所导致，进而有所区分。[①]

问题116：如何审慎把握“谋取不正当利益”的内涵——张某中单位行贿无罪案

2008年5月31日，最高人民法院对物美超市创始人张某中诈骗、单位行贿、挪用资金一案再审作出了无罪判决，这是改革开放以来罕见的重大涉产权经济案件改判无罪，体现了我国加强产权和企业家权益保护的坚强决心，对于我国司法机关进一步推进产权的刑法保护具有非常重要的意义。在此，以张某中单位行贿案为例，[②] 结合案件具体事实来分析如何正确理解和把握行贿犯罪中的“谋取不正当利益”的合理边界，以真正落实保护企业家合法权益的刑事政策。

该案中，河北省衡水市中级人民法院一审判决认定（仅节录单位行贿罪部分），2002年，在被告单位物美集团收购中国国际旅行社总社（以下简称国旅总社）持有的泰康人寿保险股份有限公司（以下简称泰康公司）5000万股股份过程中，被告人张某中向国旅总社总经理办公室主任赵某提出让其提

① 参见海淀区人民检察院课题组，刘中发：《行贿犯罪的理论与实践专题研讨会综述》，载《中国检察官》2019年第16期。

② 河北省衡水市人民检察院指控被告单位物美集团犯单位行贿罪，被告人张某中犯诈骗罪、单位行贿罪、挪用资金罪，被告人张某春犯诈骗罪一案，于2008年10月9日以（2008）衡刑初字第22号刑事判决，认定物美集团犯单位行贿罪，判处罚金人民币530万元；认定张某中犯诈骗罪，判处有期徒刑15年，并处罚金人民币50万元，犯单位行贿罪，判处有期徒刑3年，犯挪用资金罪，判处有期徒刑1年，决定执行有期徒刑18年，并处罚金人民币50万元；认定张某春犯诈骗罪，判处有期徒刑5年，并处罚金人民币20万元；张某中、张某春违法所得予以追缴，上缴国库。宣判后，物美集团、张某中、张某春均提出上诉。河北省高级人民法院于2009年3月30日以（2008）冀刑二终字第89号刑事判决，维持一审判决对物美集团、张某春定罪量刑部分，对张某中、张某春违法所得追缴部分以及对张某中单位行贿罪、挪用资金罪定罪量刑和诈骗罪定罪部分；撤销一审判决对张某中诈骗罪量刑以及决定执行刑罚部分；认定张某中犯诈骗罪，判处有期徒刑10年，并处罚金人民币50万元，与其所犯单位行贿罪、挪用资金罪并罚，决定执行有期徒刑12年，并处罚金人民币50万元。2018年5月31日，最高人民法院撤销原审判决，宣告张某中无罪。

供帮助，并承诺给其一笔好处费。在赵某的积极协调、帮助下，2002 年年底，物美集团以其关联公司和康友联公司的名义顺利收购了国旅总社持有的 5000 万股泰康公司股份。张某中遂指派张某 1 给付赵某 30 万元。2003 年 1 月至 2004 年 2 月，张某 1 通过物美集团的关联公司卡斯特经济评价中心以报销费用的方式向赵某支付了 30 万元。2002 年，在被告单位物美集团收购广东粤财信托投资公司（以下简称粤财公司）持有的泰康公司 5000 万股股份过程中，被告人张某中向粤财公司总经理梁某承诺事成之后给予梁某个人 500 万元好处费。2003 年年底，物美集团以其关联公司华美现代流通发展有限公司（以下简称华美公司）的名义收购了粤财公司持有的 5000 万股泰康公司股份，张某中遂指使张某 1 通过北京敬业和康投资咨询中心（以下简称敬业和康中心）向梁某支付 500 万元。

河北省衡水市中级人民法院认为，被告单位物美集团在收购泰康公司股权过程中，给予国家工作人员好处费，其行为已构成单位行贿罪，张某中作为被告单位直接负责的主管人员，应予刑事处罚。

一审宣判后，被告人张某中不服提出上诉，河北省高级人民法院驳回上诉，维持原判。

再审中，原审被告人张某中及其辩护人认为，收购国旅总社股权的是和康友联公司，收购粤财公司股权的是华美公司，物美集团在本案中不具备单位行贿罪的主体要件，不构成单位行贿罪，故张某中作为物美集团直接负责的主管人员，其行为亦不构成单位行贿罪。

经最高人民法院再审查明（仅节录单位行贿罪部分）：2002 年，原审被告人张某中获悉国旅总社欲转让所持有的 5000 万股泰康公司股份，即通过国旅总社总经理办公室主任赵某向国旅总社负责人明确表达了原审被告单位物美集团收购该股份的意向。张某中请赵某提供帮助，并表示事成后不会亏待赵某。物美集团与国旅总社经多次谈判就收购股份达成一致。2002 年 6 月 26 日，物美集团以其关联公司和康友联公司的名义与国旅总社签订了股权转让协议。根据张某中的安排，2003 年 1 月至 2004 年 2 月，张某 1 通过物美集团的关联公司卡斯特经济评价中心以报销费用的方式分 3 次向赵某支付了 30 万元。

2002 年，粤财公司为缓解经营困难，决定转让所持有的 5000 万股泰康公司股份。泰康公司董事长陈某 1 将这一信息告知原审被告人张某中并建议其收购，张某中表示同意。为促成股权转让，陈某 1 向粤财公司总经理梁某提出，股权转让后给梁某 500 万元好处费，并向张某中提出此要求，张某中表示接受。梁某的校友李某 3（广州市华艺广告有限公司和广州市华艺文化有限公司董事长）应陈某 1、张某中要求，为帮助原审被告单位物美集团收购股份，也找梁某做工作。之后，物美集团提出以每股 1.35 元的价格受让粤财公司持有的泰康公司股份，梁某没有同意。经梁某提议，粤财公司按规定委托广州产权交易所挂牌转让，挂牌价为每股 1.45 元。在无人摘牌的情况下，粤财公司与物美集团经多次谈判，最终以每股 1.4 元的价格达成一致。2003 年 3 月 20 日，物美集团以其关联公司华美公司的名义与粤财公司签订了股权转让协议。数月后，李某 3 在梁某不知情的情况下，通过陈某 1 向张某中索要 500 万元。张某中应陈某 1 的要求，安排张某 1 将 500 万元汇至李某 3 的公司账户。梁某事后得知，明确表示与其无关，并拒绝接受该笔款项，该款一直被李某 3 的公司占有。①

关于物美集团支付给赵某 30 万元好处费的行为，再审判决认为依法不构成单位行贿罪，主要理由是：物美集团给予赵某 30 万元好处费，属于违反国家规定，在经济活动中账外给予国家工作人员手续费的情形。但本起事实具有以下情节：（1）国旅总社为缓解资金紧张意欲转让所持泰康公司股份，经泰康公司董事长陈某 1 沟通联系，物美集团决定收购并与国旅总社多次谈判后就股权转让达成一致，其间没有第三方参与股权收购，不存在排斥其他买家、取得竞争优势的情形，双方的交易没有违背公平原则。（2）在没有第三方参与、双方自愿达成收购意向的情况下，物美集团承诺给予好处费并非谋取不正当利益。（3）国旅总社将其所持泰康公司股份转让给物美集团以及具

① 参见最高人民法院刑事判决书，（2018）最高法刑再 3 号。

体的转让价格等，均系国旅总社党政领导班子联席会议多次讨论研究决定，双方最终成交价格也在国旅总社预先确定的价格范围内，物美集团没有获得不正当利益，国旅总社的利益亦未受到损害。（4）赵某作为国旅总社总经理办公室主任，其在股权交易过程中仅起到沟通联络作用，没有为物美集团谋取不正当利益。综合考虑上述情况，可以认定物美集团的行为尚不属于情节严重，依法不构成单位行贿罪。

关于物美集团向李某3公司支付500万元的行为，再审判决认为依法不构成单位行贿罪，主要理由是：（1）在粤财公司意欲转让股份的情况下，陈某1向梁某提出由物美集团收购，并让张某中给梁某500万元好处费，后又向张某中提出该要求。因此，股权转让前，给梁某好处费系陈某1提出，张某中只是被动接受了陈某1的要求。（2）在案证据证实，梁某并没有同意物美集团提出的受让价格且提议按高于该价格挂牌转让；物美集团与粤财公司最终的股权交易价格，是在粤财公司挂牌转让未果的情况下，经多次谈判而确定的，并且高于物美集团提出的受让价格。因此，梁某在股权转让过程中没有为物美集团提供帮助，物美集团也没有因此获取任何不正当利益。（3）在案证据证实，签订股权转让协议后，物美集团并没有向梁某支付500万元好处费，梁某也未提及此事。直至数月后，在梁某并不知情的情况下，李某3通过陈某1向张某中索要该500万元，张某中才安排张某1将款汇至李某3公司的账户。梁某事后得知，明确表示与其无关，并拒绝接受该笔款项。该款一直被李某3的公司占有。因此，股权转让后，物美集团支付500万元系被李某3索要，并没有为谋取不正当利益而行贿的主观故意。

综上，再审判决认定原审被告单位物美集团在收购国旅总社所持泰康公司股份后，给予赵某30万元好处费的行为，并非为了谋取不正当利益，亦不属于情节严重，不符合单位行贿罪的构成要件；物美集团在收购粤财公司所持泰康公司股份后，向李某3公司支付500万元系被索要，并且不具有为谋取不正当利益而行贿的主观故意，亦不符合单位行贿罪的构成要件，故物美集团的行为不构成单位行贿罪，张某中作为物美集团直接负责的主管人员，对其亦不应以单位行贿罪追究刑事责任。

通过上述事实及再审审理过程，并结合最高人民法院的再审改判意见，可以得出以下结论。

1. 根据刑法之规定，构成单位行贿罪，必须达到“情节严重”的程度。对“情节”的认定，应当综合全案事实评价，而不是“唯数额论”。在单位行贿罪中，行贿的相对方为行贿一方谋取不正当利益所实施的职务违法行为，应当独立于行贿行为。如果案件中受贿人除了受贿以外，没有任何违背职务的行为，则说明行贿人谋取的利益具有正当性，不应当认定其构成行贿罪。在物美集团在收购粤财公司持有的泰康公司股份过程中，违反规定给付了好处费500万元人民币，但是该笔款项是在事后被李某3索要而得，此时交易已经完成，物美集团及张某中并不具备谋取不正当利益而贿赂他人的故意。出售泰康公司股份的价格是粤财公司管理层集体讨论确定的，最后以每股1.45元的价格挂牌进行市场交易，挂牌到期后交易未成功遂与物美集团进行谈判，最后以每股1.4元的价格成交，该交易价格符合粤财公司的价格评估范围，没有造成粤财公司的合法利益不当减损。在股权收购过程中，粤财公司总经理梁某没有违规为物美集团的收购提供便利条件，交易价格是在双方多次谈判下确定的，并且高于物美集团的最初报价，没有使收购方获得不正当利益。在此次股权收购中只有物美集团和粤财公司两方参与，不存在与第三方交易的情形，即没有排除竞争、独家交易的不正当行为，故而未发生违反自愿公平的商业原则的情形，属于市场经济中企业间的正常商业交易。此种在事后被索要好处费的情形，给付钱款者在主观上没有行贿谋利的故意，也就不具备“谋取不正当利益”的要件，不能认定构成单位行贿罪。

2. 在司法实践中，认定单位行贿罪，应当根据单位谋取利益的性质、给付财物的属性和数量、有无索贿发生、实际造成的危害结果等要素全面考量，再决定是否追究单位主管人员的法律责任。在该笔股权交易过程中，赵某仅起到了沟通联络作用，并未帮助物美集团提供任何收购的便利条件；物美集团在股权交易中没有阻碍其他收购方，制造不公平收购条件的行为，双方交易的地位是平等的；股权交易价格是交易双方共同达成的，是公平合理的价格，并且其交易也解除了国旅总社在当时资金紧张的困境，发挥了放大国有资产的作用。在此次股权收购中只有物美集团和国旅总社两方参与，收购协议确定的价格都是在平等基础上协商确定的，不涉及第三方的利益，这种给予好处费的情形并未使国旅总社的利益受到损害，因此并不属于“谋取不正当利益”，不具有期待可能性，应当免除刑事责任。①

3. 通过最高人民法院的再审判决可以发现，对于涉民营企业行贿犯罪案件，应客观、审慎看待“为谋取不正当利益”的要件范围，并坚持客观化的判断思路，即“为谋取不正当利益”虽然只是体现为行为人的主观意图，但这种主观意图的存在要结合客观事实进行判断：一是结合证据审查行贿人要求提供的帮助是否违反法律、法规、规章、政策和行业规范的规定或违背公平、公正原则。二是在行为人实际已谋取到利益的情况下，结合该利益是否属于不正当利益来判定。如果客观事实表明其没有谋取不正当利益，则不应认定行为人主观上具备“为谋取不正当利益”要件。② 三是贿赂手段本身不是认定“不正当利益”的依据，否则立法对该类犯罪规定“不正当利益”的要件没有独立存在的意义。③ 这也再次提醒我们，司法机关在产权保护方面要更加重视非公有制企业涉经济犯罪案件的处理，避免公权力不当侵害企业产权的现象发生，才能进一步营造企业家健康成长的环境、发挥作用的空间，进一步增强企业家的人身和财产财富安全感，使广大企业家能够安心经营、放心投资、专心创业。

---

① 参见商玉玺、刘三洋：《“发展眼光”刑事政策下民营经济违规行为的刑法规制——以最高人民法院再审改判张某中无罪案为例》，载卢晓珊主编、广州市法学会编：《法治论坛》第56辑，中国法制出版社2020年版。

② 参见袁彬：《民营企业产权刑法保护的司法出罪路径及其扩张》，载《法律适用（司法案例）》2018年第12期。

③ 参见张宇、李丹、王嫡：《对经济行为失范刑事认定的界限把握》，载《中国检察官》2019年第18期。

三、如何实现行贿犯罪标本兼治

问题117：如何构建行贿人“黑名单”制度

行贿犯罪“黑名单”制度最早见于2002年浙江省宁波市北仑区人民检察院创立的“行贿黑名单”制度。[①] 有关部门也曾出台文件，对行贿犯罪的档案查询制度作出规定。[②] 党的十九大以来，鉴于检察机关职务犯罪侦查部门转隶工作已经完成，自2018年8月开始，各地检察机关陆续发布通知了停止行贿犯罪档案查询的公告。2021年1月，十九届中央纪委五次全会要求，坚持受贿行贿一起查，对涉案企业人员区别情况精准运用政策，探索建立行贿人“黑名单”制度。2023年2月，二十届中央纪委二次全会进一步提出“建立全国行贿人信息库”。市场诚信体系建设滞后是贿赂产生的一个重要原因。因此，设立行贿犯罪“黑名单”制度，其作用原理正在于通过信用联合惩戒，打破原有各部门信息孤岛的状态，形成曝光压力与社会制约，[③] 并对有行贿犯罪记录的单位和个人参与经济活动实行规制，是深入推进反腐败治理的重要举措，有利于形成“一处行贿，处处受制”的警示机制，有助于促进市场主体形成廉洁经营、诚信经营、守法经营的意识，健全公开、公平、公正竞争的市场秩序。中央纪委国家监委等部委印发的《关于进一步推进受贿行贿一起查的意见》再次强调，要探索推行行贿人“黑名单”制度，建立健全行贿犯罪档案查询与应用的社会联动机制。具体包括以下内容：

---

① 参见陈江：《宁波北仑区检察院编制“行贿黑名单”引发争论》，载《解放日报》2003年9月5日。

② 2004年4月15日，最高人民检察院与建设部、原交通部、水利部曾联合下发《关于在工程建设领域开展行贿犯罪档案查询试点工作的通知》。2013年2月6日，最高人民检察院公布施行《关于行贿犯罪档案查询工作的规定》（已失效），进一步规范了行贿犯罪档案查询工作。

③ 参见刘圃君：《公共采购领域中企业贿赂犯罪的治理困境与破局路径》，载《社会科学辑刊》2019年第4期。

1. “黑名单”制度还存在一些运行机制不畅的问题。例如，目前尚未与市场准入、贷款、信用评级、经营、限乘高铁及飞机等制度有效衔接，进入行贿人“黑名单”制度的人未被银行纳入征信记录，公职人员行贿记录未被记入人事档案。因此，个人行贿的，应当记录姓名、居民身份证号码、认定行贿犯罪行为的事实、终审法院、裁判文书案号、判决生效日期和其他信息。

2. 单位行贿的，应当记录法人和其他组织名称、统一社会信用代码、全球法人机构识别编码、法定代表人姓名及其身份证件类型和号码，认定行贿犯罪行为的事实、终审法院、裁判文书案号、判决生效日期。需要注意的是，有的企业被列入行贿黑名单后，便重新注册成立一家企业，将原企业的资产、业务、人员、资金全部转移，以新企业继续对外经营，采取“换壳”的方式规避上述限制，导致黑名单企业“有名无实”。因此，行贿企业黑名单不仅要记录企业名称和组织机构代码，也要标明行贿人姓名和企业法定代表人。一旦发现名单上的人员代表企业参与投标，应当同样取消其投标资格。①

3. 一些市场主体往往采取“打游击”的方式规避市场监管，在某个地区或领域有了不良记录而难以生存，就流动到其他地区或领域图谋发展，导致“黑名单”制度的功能十分有限。因此，在行贿犯罪黑名单的公开方式上，应通过官方网站设专栏、报纸、广播、电视或通过全国信用信息共享平台、国家企业信用信息公示系统等政府信息共享机制发布。②

4. 在查询事项方面，一般应满足为招标进行资格审查，为采购进行供应商资格审查，为行业管理、市场管理、业务监管等进行资质资格审查，金融机构为贷款进行资信审查，为信用管理、招聘、录用、选任人员等人事管理以及纪检监察、司法机关办案等需要的，才可以受理行贿犯罪记录查询。在

---

① 参见行江、陈心哲：《单位行贿罪量刑畸轻及其治理思路——基于A省113份样本的分析》，载《成都理工大学学报（社会科学版）》2019年第5期。

② 参见原卫生部《关于建立医药购销领域商业贿赂不良记录的规定》（卫政法发〔2007〕28号）、国家体育总局《体育市场黑名单管理办法》等规定。

查询结果告知方面，应当告知有无行贿犯罪记录、作出判决或裁定的人民法院、判决时间和结果、行贿犯罪的实施时间和犯罪数额。

5. 有关行业主管或监管部门、行政执法部门和公共服务机构、行业组织应打破信息专享的门户观念和数据垄断的壁垒意识，在实施社会管理、提供公共服务和行业服务中，完整、准确、及时地记录企业、个人在经济社会活动中的信用信息，并对行贿行为高发的行业领域、重点环节实施重点分析，建立和完善全国统一的企业行贿信息基础数据库，并加快构建行贿信息公开共享平台，从而为相关部门在招投标、政府采购、行业准入、信贷管理等资质、资格审查时提供决策参考。①

问题 118：在惩处行贿犯罪时，应如何适用刑法“职业禁止规则”

《联合国反腐败公约》第 30 条第 7 款规定，对于取消被判定实施了根据公约确立的犯罪的人，应当在本国法律确定的一段期限内担任一定职务的资格，即公职与完全国有或者部分国有的企业中的职务。对此，《刑法修正案(九)》也作出积极回应，在《刑法》第 37 条之后增加了一条“职业禁止规则”，即“因利用职业便利实施犯罪，或者实施违背职业要求的特定义务的犯罪被判处刑罚的，人民法院可以根据犯罪情况和预防再犯罪的需要，禁止其自刑罚执行完毕之日或者假释之日起从事相关职业，期限为三年至五年。被禁止从事相关职业的人违反人民法院依照前款规定作出的决定的，由公安机关依法给予处罚；情节严重的，依照本法第三百一十三条的规定定罪处罚。其他法律、行政法规对其从事相关职业另有禁止或者限制性规定的，从其规定”。

实践中，不少行贿人具备一定身份和地位，如公司的高级管理人员、政府官员以及律师、会计师、设计师等从事特定职业的人员。针对这一特点，

① 参见蒋来用：《中国行贿记录查询制度变迁与未来方向》，载《中共中央党校（国家行政学院）学报》2022 年第 3 期。

如对行贿犯罪适用资格刑或“职业禁止规则”，剥夺行贿人的相关权利或资格，将起到釜底抽薪的作用。[①] 例如，2021 年 12 月海南省司法厅《关于律师队伍专项教育整顿与行业突出问题专项治理情况的通报》显示，海南省司法厅对涉嫌向海南省高级人民法院原副院长张某慧行贿的 38 名律师进行了查处，4 名律师和 1 名隐名合伙人被移送司法机关，1 家律师事务所被吊销职业证书，9 名律师被吊销律师职业证书、取消会员资格（终身禁业），21 名律师被停止执业、中止会员权利，1 名律师被罚款，3 名律师受到行业警告处分。但经检索中国裁判文书网，自 2015 年《刑法修正案（九）》公布至今，行贿犯罪的裁判文书中还没有作出过职业禁止的处罚，使得职业禁止极有可能沦入被虚置的风险之中。[②]

中央纪委国家监委等部委印发的《关于进一步推进受贿行贿一起查的意见》提出，对于在市场活动中实施行贿的相关单位和个人，应组织开展对行贿人作出市场准入、资质资格限制等问题的研究。具体来说，市场准入、资质资格限制可以分为三类。

1. 予以罚款或者取消参与市场准入资格

（1）《招标投标法实施条例》第 67 条第 2 款规定，以行贿谋取中标，由有关行政监督部门取消其 1 年至 2 年内参加依法必须进行招标的项目的投标资格。

（2）《水利建设市场主体信用信息管理办法》（水建设〔2019〕306 号）第 35 条第 1 款规定，对列入“黑名单”的水利建设市场主体，在公开期限内，采取以下惩戒措施：①依法限制取得水利工程建设监理单位、水利工程质量检测单位等相关资质；②依法限制参与水利建设市场生产经营、招标投标活动，以及各级水行政主管部门政府采购等活动；③依法限制或禁止参与水利基础设施特许经营；④依法限制水利建设市场相关建设手续办理；⑤依

① 参见刘仁文、黄云波：《行贿犯罪的刑法规制与完善》，载《政法论丛》2014 年第 5 期。

② 参见李俊、郭泽强：《我国反腐败刑事治理的现代化研究》，载《学习与探索》2020 年第 11 期。

法限制取得监理工程师（水利工程专业）、造价工程师（水利工程专业）、土木工程师（水利水电工程）、水利工程质量检测员等相关执业资格；⑥法定代表人、主要负责人、实际控制人 3 年内不得参加水利行业各类评优表彰等活动。

（3）《公路建设市场管理办法》第 49 条规定，投标人以向招标人或者评标委员会成员行贿的手段谋取中标的，情节严重的，取消其 1 年至 2 年内参加依法必须进行招标的项目的投标资格并予以公告。

（4）《建筑工程施工许可管理办法》第 13 条规定，建设单位采用欺骗、贿赂等不正当手段取得施工许可证的，由原发证机关撤销施工许可证，责令停止施工，并处 1 万元以上 3 万元以下罚款；构成犯罪的，依法追究刑事责任。

2. 对任职或执业资格予以剥夺或限制

由于行贿犯罪一般发生于商业和经济活动领域，属于利用职业便利或违背职业特定义务要求而实施的犯罪，如果不对行为人从事相关职业或活动进行一定限制，行贿人很可能重操旧业并继续实施贿赂行为。[①] 目前，相关法规和文件中设置的剥夺或限制职业资格的规定如下。

（1）《市场主体登记管理条例》（国务院令第 746 号）第 12 条规定，犯行贿罪，执行期满未逾 5 年，不得担任公司、非公司企业法人的法定代表人。

（2）《金融控股公司董事、监事、高级管理人员任职备案管理暂行规定》（中国人民银行令〔2021〕第 2 号）第 11 条规定，犯行贿罪被判处刑罚，执行期满未逾 5 年的，不得担任金融控股公司董事、监事、高级管理人员。

（3）《保险公司董事、监事和高级管理人员任职资格管理规定》（中国银行保险监督管理委员会令 2021 年第 6 号）第 25 条规定，保险公司拟任董事、监事或者高级管理人员犯行贿罪被判处刑罚，执行期满未逾 5 年的，相关机构对其任职资格不予核准。

---

① 参见黄丽勤、周铭川：《论〈刑法修正案（九）〉及司法解释对商业贿赂犯罪的新规定》，载《刑法论丛》2018 年第 2 期。

（4）《专利代理条例》（国务院令第706号）第25条、第26条规定，专业代理机构、专利代理师在执业过程中向有关行政、司法机关的工作人员行贿的，由国务院专利行政部门吊销专利代理机构执业许可证或专利代理师资格证。

（5）《海关行政处罚实施条例》（国务院令第752号）第29条规定，进出口货物收发货人、报关企业、报关人员向海关工作人员行贿的，由海关禁止其从事报关活动，并处10万元以下罚款；构成犯罪的，依法追究刑事责任。

（6）原国家药监局发布的《执业药师注册管理办法》（国药监人〔2021〕36号）第32条规定，执业药师以贿赂手段取得《执业药师注册证》的，由发证部门撤销《执业药师注册证》，3年内不予注册。

3. 对企业加强监管或者取消、限制政策优惠

（1）国家市场监督管理总局发布的《市场监督管理严重违法失信名单管理办法》（国家市场监督管理总局令第44号）第15条规定，市场监督管理部门对被列入严重违法失信名单的当事人实施下列管理措施：①依据法律、行政法规和党中央、国务院政策文件，在审查行政许可、资质、资格、委托承担政府采购项目、工程招投标时作为重要考量因素；②列为重点监管对象，提高检查频次，依法严格监管；③不适用告知承诺制；④不予授予市场监督管理部门荣誉称号等表彰奖励。

（2）水利部发布的《水利建设市场主体信用信息管理办法》（水建设〔2019〕306号）第35条规定，对列入"黑名单"的水利建设市场主体，在公开期限内，采取以下惩戒措施：①依法限制取得水利基建项目初步设计文件审批、生产建设项目水土保持方案审批、外国组织或个人在华从事水文活动的审批、国家基本水文测站设立和调整审批等相关行政许可；②不得作为水利相关政策试点、项目扶持对象；③不得申请信用修复，不再进行不良行为记录量化计分，3年内不得参加水利行业信用评价，已取得水利建设市场主体信用等级的取消其信用等级；④不得被评为水利安全生产标准化达标单

位；⑤纳入水利建设市场重点监管对象，提高监督检查频次；⑥法定代表人、主要负责人、实际控制人3年内不得参加水利行业各类评优表彰等活动。

（3）国家体育总局发布的《体育市场黑名单管理办法》（体规定〔2018〕7号）第12条规定，对列入体育市场黑名单的经营主体或从业人员，在公布期限内可以实施以下监管措施：①作为信用监管评价指标之一，在开展年度信用评价时，降低其信用等级；②实行差别化日常监管模式，在日常监督检查时，作为重点检查对象，增加检查频次；③限制政策支持，在确定政策试点、政策性资金扶持等适用对象时，作为不利因素；④限制参与政府项目，在政府采购、政府投资项目招投标、公共体育资源交易等活动时，作为不利因素；⑤限制参加表彰奖励活动，取消体育领域的各类评优评先资格；⑥纳入行业禁入和退出机制，禁止进入职业体育活动，对于已经进入的，通过准入制度强制退出。

（4）海关总署发布的《海关注册登记和备案企业信用管理办法》（海关总署令第251号）第31条规定，失信企业适用下列管理措施：①进出口货物查验率80%以上；②经营加工贸易业务的，全额提供担保；③提高对企业稽查、核查频次；④海关总署规定的其他管理措施。

（5）国家体育总局发布的《关于进一步规范体育赛场行为的若干意见》（体规字〔2018〕9号）第13条规定，运动员、教练员、裁判员、运动队辅助人员、赛事活动组织工作人员违反相关规定，通过行贿实现操纵比赛或影响比赛结果的行为的，由赛事活动组委会或相应的体育协会，按照各自职责权限，视情况采取警告、取消比赛成绩、通报批评、停赛、禁赛、取消注册资格、禁止转会或禁止从事与该项目有关的活动等处罚。

问题119：如何加强行贿犯罪源头治理

习近平总书记在二十届中央纪委三次全会上指出，“腐败的本质是权力滥用。要抓住定政策、作决策、审批监管等关键权力，聚焦重点领域深化体制机制改革，加快新兴领域治理机制建设，完善权力配置和运行制约机制，进一步堵塞制度漏洞，规范自由裁量权，减少设租寻租机会”。贿赂犯罪是一个复杂的社会问题，对其进行“惩”“治”“防”也是一项艰巨、长期的系统性工作。刑法是预防治理行贿犯罪的重要方面，但并不能包治百病。除了刑法对行贿刑事责任的修改完善以外，其他法律如公司法、招投标法、反不正当竞争法等对相关领域行贿人员的从业禁止、非法利益剥夺以及吊销执照等作了规定，这些规定也为加大惩处行贿犯罪提供了法律依据。

目前，一些地方保护主义和部门本位主义仍然存在，部分建设单位还存在擅自变更规划和施工单位围标、串标、高估冒算等问题，土地出让和矿业权出让的市场中还存在土地划拨和协议出让情形，企业国有产权交易信息监测系统建设还没有彻底实现动态监管，药品注册审批和药品流通体制改革还不到位，政府采购方式审批及专家评标工作中还存在一些廉政风险，政府投资监管体系、政府投资项目审计监督、重大项目稽查等工作制度还不够完善，垄断行业市场准入机制和竞争机制尚不健全，金融监管制度力度反洗钱力度还不够大，行政执法程序和组织人事程序还不够透明规范。特别是工程建设领域存在招投标监督管理混乱、损害其他同类经营者公平竞争等情况，有时导致出现“豆腐渣”工程，可能带来重大安全事故隐患。因此，清除贿赂滋生土壤，除了刑事司法层面加强惩治力度外，应坚持以预防治理为主导的积极治理主义理念，多措并举发挥治理腐败综合效能，进一步完善内部控制制度，从制度上切断行贿犯罪的源头。

1. 以转变政府职能为核心，在政府采购、土地出让、工程项目招投标等公共资源交易领域，落实和完善“管办分离”制度，形成边界清晰、分工合理、权责一致、协同高效、法治保障的政府职能体系。具体包括：（1）依托电子联网的政务服务体系，打造集行政审批、便民服务、政务公开、效能监察等为一体的政府权力运行公开平台，把政务公开和“放管服”改革等结合起来，审批业务数据统一交换，推行网上公开、申报、流转、审批、监督、反馈的新型办公模式。（2）依法向社会全面公开政府职能、法律依据、实施主体、职责权限、管理流程、监督方式等事项，依法公开决策、执行、管理、服务和结果，加强重点领域的政府信息公开，重点推进财政预决算、公共资源配置、重大建设项目批准和实施、社会公益事业建设等领域的政府信息公开，对政府权力运行实施全程、实时监控。(3) 进一步清理、减少和规范行政审批事项，压缩审核权力项目和内容，从源头上减少寻租空间。(4) 减少审批环节，简化审批程序，优化审批流程，依法限时办结，进一步缩短办理时间，加快审批进程，提高审批效率。例如，在一些地方推行的对房产过户登记业务实施预约制度实施过程中，由于房地产交易业务量大，预约登记往往需要等候较长时间，甚至出现预约号“一号难求”现象。由此衍生出通过请托国家工作人员利用职务便利，帮忙“加塞”“插队”，提前办理业务，并向国家工作人员行贿的犯罪现象。对此，不仅应严肃惩处中介人员行贿行为，还应当针对暴露出的不动产登记窗口管理漏洞，建立全方位风险防控体系，建立全程留痕的工作机制，健全日常监督机制和定期轮岗制度。(5) 将与行政审批相关的中介服务逐步改为政府购买，切实降低企业制度性交易成本。(6) 加快摘掉中介机构的“红顶”，斩断利益链条，全面清理现行行政审批前置环节的技术审查、评估、鉴证、咨询等有偿中介服务事项，没有法律法规依据的行政审批前置服务项目一律取消，切实拆除“旋转门”“玻璃门”，营造公平竞争环境，防止腐败滋生。

2. 放宽市场准入限制，优化市场准入环境，破除市场准入壁垒，不得设置不合理和歧视性的准入、退出条件以限制商品服务、要素资源自由流动。(1) 改革市场监管体制，维护市场公平竞争。健全行政权力制约和监督体系，促进行政权力规范透明运行，进一步缩减负面清单条目，进一步放宽科技、金融、医疗、教育等行业准入门槛，真正实现“非禁即入”，激发市场主体活力，维护全国统一大市场，打破行政性垄断，及时清理废除各地区含有地方保护、市场分割、指定交易等妨碍统一市场和公平竞争的政策，激发市场主体活力和社会创造力，压减权力寻租空间。(2) 对公共资源交易实行统一集中管理，建立规范有序、集中统一的公共资源交易平台，建立统一的交易监管体制，着力解决工程建设项目招标投标、政府采购、土地使用权和矿业权出让、国有资产交易等公共资源交易监管职能分散问题。(3) 加强对交易平台的监管，推进交易全程电子化，实现阳光交易，进一步规范公共资源交易出让人、受让人、中介机构、评标评审专家、交易平台等各方主体的行为，防止利用权力插手干预和谋取私利。

3. 健全政务公开法律体系建设，扩大公众参与。(1) 细化公众参与事项的范围，让公众更大程度参与政策制定、执行和监督。涉及重大公共利益和公众权益的重要决策，除依法应当保密的外，应通过征求意见、听证座谈、咨询协商、列席会议等方式使公众参与。(2) 建立完善群众举报投诉制度和保障新闻舆论监督制度，构建言路畅通、办理快捷、反馈及时的社会监督运转机制。(3) 建立健全政府失信责任追究制度，加大失信惩戒力度，重点治理债务融资、政府采购、招标投标、招商引资等领域的政府失信行为。(4) 科学有效配置单位内部权力，形成自我约束、自我规范的内部管理体制机制，严格执行“三重一大”集体决策制度，构建决策科学、执行坚决、监督有力的权力运行体系。(5) 强化对重点部门和岗位的权力制约，对权力集中的部门和岗位实行分事行权、分岗设权、分级授权，制定内部审批制度规范，强化内部流程控制，加强廉政风险防控。健全并严格实施重大决策终身责任追究制度及责任倒查机制。(6) 推进重点岗位干部交流轮岗，完善、落实关键岗位、人财物重点岗位定期轮岗制度，对公共资金、国有资产、国有资源和领导干部经济责任履行情况实现审计全覆盖，加大对重大领域、重大项目、重要资金的监督力度，从源头上防止腐败发生。

4. 在政府采购领域，应审查采购项目在采购文件编制、采购信息发布、评审专家抽取、采购方式选择、评审和中标确认、合同签订、资金结算和履约验收等环节。具体审查如下内容：(1) 是否存在不按规定进行招投标或明招暗定的情况。(2) 是否存在采购中舍近求远，舍优取劣，购买使用质次价高的材料设备。纳入集中采购目录的项目是否都执行了集中采购。(3) 确定采购需求是否客观、公正，有无指定供应商或品牌、提出排他性要求的行为。

(4) 采购信息发布、采购方式选择、采购程序执行等环节是否执行了制度规定，有无违规抽取评审专家行为。(5) 在确定中标供应商时是否按评审委员会或评审小组推荐顺序确定中标或成交供应商，有无干预评审工作或影响中标结果的行为。(6) 签订的政府采购合同是否符合采购文件的规定，是否存在违反合同约定提高或降低验收标准的行为。(7) 在采购活动中是否存在违反规定，私下向供应商透露不该透露采购信息的行为。

5. 在国企改制和产权交易中，应审查：(1) 是否按规定执行清产核资、财务审计、资产评估、转让方案等审批程序；(2) 是否存在串通中介机构有意隐匿或核销国有资产、低估低评国有资产、压低国有资产转让价格的情况；(3) 国有产权是否进入规定的产权交易机构进行交易，是否存在搞场外交易的情况，符合竞价条件的产权转让项目是否通过竞价方式进行交易；(4) 是否存在不按规定进行信息披露，设定条件排斥意向受让方，私自透露涉密交易信息以及串通相关当事人暗箱操作等不正当交易和商业贿赂行为；(5) 国有产权转让过程中，内部决策、转让行为批准、清产核资、财务审计、资产评估、信息披露、交易方式、价格确定、合同签署、价款支付以及产权变更登记等环节操作是否规范。

6. 在市政基础设施工程建设领域，应重点审查项目招投标、工程转包分包、工程设计变更、设备材料采购、质量监督、公路经营权转让等环节：(1) 是否存在在工程设计变更中存在人为增加工程量、提高工程单价的情况；(2) 是否在项目招投标阶段存在围标、串标、泄漏标的的情况；(3) 是否在工程转包分包过程中存在层层转包并抽取管理费的情况；(4) 是否在项目验收以及追加投资、资产评估、取得特许经营权等环节有违规行为。

问题 120：如何加强企业反商业贿赂刑事合规审查

企业反商业贿赂合规制度最早源自美国 1977 年制定的《反海外腐败法》，并在美国联邦委员会 1991 年《组织量刑指南》中正式引入企业合规概念。[①] 我国刑法虽然尚未确立企业刑事合规激励机制，但企业合规制度在中央层面已经受到关注，并在2018年先后出台了《中央企业合规管理指引（试行）》《企业境外经营合规管理指引》，这两部规范性文件成为指导中央企业在境内外开展合规管理、合规经营方面的重要参考和依据。全国检察机关也对企业合规制度开展了相关的试点、探索工作。所谓企业反商业贿赂刑事合规制度，就是围绕如何降低刑事法律风险，避免企业受到刑事责任追究，所建立的一整套在防范法律风险、降低经济成本、提升社会效益、保障企业声誉等综合因素基础上的“整全性”的法律风险防范体系。

1. 引导和推动企业主动开展反商业贿赂刑事合规。随着“走出去战略”和“一带一路”建设的深入推进，中资企业的海外合规风险呈上升趋势。[②] 因此，企业反商业贿赂刑事合规既是落实“受贿行贿一起查”刑事政策的客观要求，也是有效避免刑事法律风险、最大限度降低刑事责任追究可能性和处罚程度的现实需求。为此，应建立全域合规管理机制，包括全链条、全覆盖、全周期三个维度。（1）所谓“全链条”，是指在企业决策、审批、授权、报备、请示、签阅、审核等流程中增加反商业贿赂合规模块，从而逐渐提升全体企业人员的合规和风险防范能力；（2）所谓“全覆盖”，是指在企业全领域、全机构（包括企业各职能部门、子公司、分公司）以及全体员工的范围内，开展全流程的反商业贿赂刑事合规管理；（3）所谓“全周期”，是指企业生产环节在事前、事中、事后均需做好合规管理工作，并在日常生产、经营环节持续性地做好反商业贿赂刑事合规管理。综上，企业应在内部治理和日常运营中全面融入刑事合规元素，在建立健全反商业贿赂治理架构和企业管理中嵌入有效的监督措施。

2. 建立企业反商业贿赂刑事合规审查评估机制，根据企业自身规模、所处行业特性、市场情况、相关法律规定等因素，通过财务报表跟踪、业务往

---

① 参见万方：《企业合规刑事化的发展及启示》，载《中国刑事法杂志》2019年第2期。

② 参见赵卿、叶萍：《公司治理视野下治理跨国商业贿赂犯罪的合规反腐路径探析》，载《刑法论丛》2021年第2期。

来筛查、以往案例分析、专项合规审计等方式进行商业贿赂风险评估，建立符合自身业务特点的风险评估制度，分析风险的来源、评定风险等级，确定风险后果。具体包括：（1）在费用报销方面，从供应商选择、支付频次、直接或间接向相关个人支付、支付是否与销量挂钩、财务记账科目是否正确等方面审查销售费用的真实性、合理性及合法性，判断是否存在行贿；（2）在赠送礼品方面，从礼品项目、礼品价值、赠送对象、赠送时间、赠送频次等方面审查礼品赠送的真实性、合理性与合法性，判断是否存在行贿；（3）在支付佣金方面，从佣金收受者的身份、与交易双方的关系、金额是否与服务相匹配、佣金约定与支付的时间、佣金是否如实入账等方面审查佣金支付的真实性、合理性与合法性，判断是否存在行贿；（4）在赞助捐赠方面，从赞助捐赠目的、对象、流程、是否与商业目的挂钩、是否具有排他性等方面审查捐赠的真实性、合理性与合法性，判断是否存在行贿。

3. 积极推动建立企业反商业贿赂合规激励制度。合规激励制度既包括检察系统发起的“程序出罪”，即不起诉制度、缓起诉制度，也包括由人民法院主导的“实体出罪”，即涉罪后的处罚减免。① 实践中，检察机关推动刑事合规时间较早，② 刑事合规计划尚未对定罪量刑发生实质性影响。对此，人民法院在审理单位行贿犯罪案件过程中，可将刑事合规作为定罪量刑的情节予以考虑。为进一步扩大合规激励的范围，企业实施行贿犯罪前后的具体行为所体现的主观恶性的大小、社会危害性的强弱和再犯可能性的高低、是否建立反商业贿赂合规计划、是否系初犯、是否积极开展反商业贿赂合规审查等均纳入考量因素，具备上述情节的，可对企业从宽处罚。③

---

① 参见陈卫东：《从实体到程序：刑事合规与企业“非罪化”治理》，载《中国刑事法杂志》2021 年第 2 期。

② 涉案企业合规整改是最高人民检察院自 2020 年以来力推的一项试点制度，其主要适用于各类企业及其实际控制人、高级管理人员、专业技术人员等在生产经营过程中涉嫌犯罪的案件，通过犯罪嫌疑人对涉案单位进行合规整改并通过考察验收，来降低社会危害性和人身危险性，从而由检察机关对犯罪嫌疑单位、犯罪嫌疑人作出不起诉决定或者提出宽缓的量刑建议。

③ 参见蔡仙：《论企业合规的刑法激励制度》，载《法律科学（西北政法大学学报）》2021 年第 5 期。

此外，我国刑事诉讼领域正深入推进的“认罪认罚从宽”制度，也应当成为合规激励的制度支撑，把案件发生后积极开展反商业贿赂刑事合规业务纳入认罪认罚体系之中，让合规激励制度的出罪或轻罪机制成为司法常态。例如，江苏某置业有限公司涉嫌单位行贿1300万元，因“认罪认罚，案发后采取有效措施进行整改，主动申请企业刑事合规监督考察，并经评估合格”，被检察机关认为“不需要判处刑罚”，并进而作出不起诉决定。[①] 同时，为真正体现司法机关“保持刑法谦抑性”或者“刑法克制主义”的理念，避免在办理案件中侵犯社会公共利益，应当对于严厉处罚企业保持审慎态度，把单位行贿犯罪的主要责任交由自然人承担。通过有效合规整改，把企业“解放出来”，“放过企业而不放过企业家”，[②] 以便既惩处犯罪又能够通过调整企业的规章制度预防商业贿赂犯罪的发生。[③]

---

① 参见江苏省宿迁市宿城区人民检察院宿区检刑二刑不诉〔2021〕Z51号不起诉决定书。

② 参见黎宏：《企业合规不起诉：误解及纠正》，载《中国法律评论》2021年第3期。

③ 参见李玉华：《企业合规本土化中的“双不起诉”》，载《法制与社会发展》2022年第1期。

附　录

立法、司法规范及其他相关文件

一、立法规范

《刑法》（节录）

第一百六十四条【对非国家工作人员行贿罪】 为谋取不正当利益，给予公司、企业或者其他单位的工作人员以财物，数额较大的，处三年以下有期徒刑或者拘役，并处罚金；数额巨大的，处三年以上十年以下有期徒刑，并处罚金。

【对外国公职人员、国际公共组织官员行贿罪】 为谋取不正当商业利益，给予外国公职人员或者国际公共组织官员以财物的，依照前款的规定处罚。

单位犯前两款罪的，对单位判处罚金，并对其直接负责的主管人员和其他直接责任人员，依照第一款的规定处罚。

行贿人在被追诉前主动交待行贿行为的，可以减轻处罚或者免除处罚。

第三百八十九条【行贿罪】 为谋取不正当利益，给予国家工作人员以财物的，是行贿罪。

在经济往来中，违反国家规定，给予国家工作人员以财物，数额较大的，或者违反国家规定，给予国家工作人员以各种名义的回扣、手续费的，以行贿论处。

因被勒索给予国家工作人员以财物，没有获得不正当利益的，不是行贿。

第三百九十条【行贿罪的处罚规定】对犯行贿罪的，处三年以下有期徒刑或者拘役，并处罚金；因行贿谋取不正当利益，情节严重的，或者使国家利益遭受重大损失的，处三年以上十年以下有期徒刑，并处罚金；情节特别严重的，或者使国家利益遭受特别重大损失的，处十年以上有期徒刑或者无期徒刑，并处罚金或者没收财产。

有下列情形之一的，从重处罚：

（一）多次行贿或者向多人行贿的；

（二）国家工作人员行贿的；

（三）在国家重点工程、重大项目中行贿的；

（四）为谋取职务、职级晋升、调整行贿的；

（五）对监察、行政执法、司法工作人员行贿的；

（六）在生态环境、财政金融、安全生产、食品药品、防灾救灾、社会保障、教育、医疗等领域行贿，实施违法犯罪活动的；

（七）将违法所得用于行贿的。

行贿人在被追诉前主动交待行贿行为的，可以从轻或者减轻处罚。其中，犯罪较轻的，对调查突破、侦破重大案件起关键作用的，或者有重大立功表现的，可以减轻或者免除处罚。

第三百九十条之一【对有影响力的人行贿罪】为谋取不正当利益，向国家工作人员的近亲属或者其他与该国家工作人员关系密切的人，或者向离职的国家工作人员或者其近亲属以及其他与其关系密切的人行贿的，处三年以下有期徒刑或者拘役，并处罚金；情节严重的，或者使国家利益遭受重大损失的，处三年以上七年以下有期徒刑，并处罚金；情节特别严重的，或者使国家利益遭受特别重大损失的，处七年以上十年以下有期徒刑，并处罚金。

单位犯前款罪的，对单位判处罚金，并对其直接负责的主管人员和其他直接责任人员，处三年以下有期徒刑或者拘役，并处罚金。

第三百九十一条【对单位行贿罪】为谋取不正当利益，给予国家机关、国有公司、企业、事业单位、人民团体以财物的，或者在经济往来中，违反国家规定，给予各种名义的回扣、手续费的，处三年以下有期徒刑或者拘役，并处罚金；情节严重的，处三年以上七年以下有期徒刑，并处罚金。

单位犯前款罪的，对单位判处罚金，并对其直接负责的主管人员和其他直接责任人员，依照前款的规定处罚。

第三百九十二条【介绍贿赂罪】 向国家工作人员介绍贿赂，情节严重的，处三年以下有期徒刑或者拘役，并处罚金。

介绍贿赂人在被追诉前主动交待介绍贿赂行为的，可以减轻处罚或者免除处罚。

第三百九十三条【单位行贿罪】 单位为谋取不正当利益而行贿，或者违反国家规定，给予国家工作人员以回扣、手续费，情节严重的，对单位判处罚金，并对其直接负责的主管人员和其他直接责任人员，处三年以下有期徒刑或者拘役，并处罚金；情节特别严重的，处三年以上十年以下有期徒刑，并处罚金。因行贿取得的违法所得归个人所有的，依照本法第三百八十九条、第三百九十条的规定定罪处罚。

《反不正当竞争法》（节录）

第七条 经营者不得采用财物或者其他手段贿赂下列单位或者个人，以谋取交易机会或者竞争优势：

（一）交易相对方的工作人员；

（二）受交易相对方委托办理相关事务的单位或者个人；

（三）利用职权或者影响力影响交易的单位或者个人。

经营者在交易活动中，可以以明示方式向交易相对方支付折扣，或者向中间人支付佣金。经营者向交易相对方支付折扣、向中间人支付佣金的，应当如实入账。接受折扣、佣金的经营者也应当如实入账。

经营者的工作人员进行贿赂的，应当认定为经营者的行为；但是，经营者有证据证明该工作人员的行为与为经营者谋取交易机会或者竞争优势无关的除外。

《招标投标法》（节录）

第三十二条　投标人不得相互串通投标报价，不得排挤其他投标人的公平竞争，损害招标人或者其他投标人的合法权益。

投标人不得与招标人串通投标，损害国家利益、社会公共利益或者他人的合法权益。

禁止投标人以向招标人或者评标委员会成员行贿的手段谋取中标。

第五十三条　投标人相互串通投标或者与招标人串通投标的，投标人以向招标人或者评标委员会成员行贿的手段谋取中标的，中标无效，处中标项目金额千分之五以上千分之十以下的罚款，对单位直接负责的主管人员和其他直接责任人员处单位罚款数额百分之五以上百分之十以下的罚款；有违法所得的，并处没收违法所得；情节严重的，取消其一年至二年内参加依法必须进行招标的项目的投标资格并予以公告，直至由工商行政管理机关吊销营业执照；构成犯罪的，依法追究刑事责任。给他人造成损失的，依法承担赔偿责任。

《建筑法》（节录）

第十七条　发包单位及其工作人员在建筑工程发包中不得收受贿赂、回扣或者索取其他好处。

承包单位及其工作人员不得利用向发包单位及其工作人员行贿、提供回扣或者给予其他好处等不正当手段承揽工程。

第六十七条　承包单位将承包的工程转包的，或者违反本法规定进行分包的，责令改正，没收违法所得，并处罚款，可以责令停业整顿，降低资质等级；情节严重的，吊销资质证书。

承包单位有前款规定的违法行为的，对因转包工程或者违法分包的工程不符合规定的质量标准造成的损失，与接受转包或者分包的单位承担连带赔偿责任。

第六十八条 在工程发包与承包中索贿、受贿、行贿，构成犯罪的，依法追究刑事责任；不构成犯罪的，分别处以罚款，没收贿赂的财物，对直接负责的主管人员和其他直接责任人员给予处分。

对在工程承包中行贿的承包单位，除依照前款规定处罚外，可以责令停业整顿，降低资质等级或者吊销资质证书。

《药品管理法》（节录）

第八十八条 禁止药品上市许可持有人、药品生产企业、药品经营企业和医疗机构在药品购销中给予、收受回扣或者其他不正当利益。

禁止药品上市许可持有人、药品生产企业、药品经营企业或者代理人以任何名义给予使用其药品的医疗机构的负责人、药品采购人员、医师、药师等有关人员财物或者其他不正当利益。禁止医疗机构的负责人、药品采购人员、医师、药师等有关人员以任何名义收受药品上市许可持有人、药品生产企业、药品经营企业或者代理人给予的财物或者其他不正当利益。

第一百四十一条 药品上市许可持有人、药品生产企业、药品经营企业或者医疗机构在药品购销中给予、收受回扣或者其他不正当利益的，药品上市许可持有人、药品生产企业、药品经营企业或者代理人给予使用其药品的医疗机构的负责人、药品采购人员、医师、药师等有关人员财物或者其他不正当利益的，由市场监督管理部门没收违法所得，并处三十万元以上三百万元以下的罚款；情节严重的，吊销药品上市许可持有人、药品生产企业、药品经营企业营业执照，并由药品监督管理部门吊销药品批准证明文件、药品生产许可证、药品经营许可证。

药品上市许可持有人、药品生产企业、药品经营企业在药品研制、生产、经营中向国家工作人员行贿的，对法定代表人、主要负责人、直接负责的主管人员和其他责任人员终身禁止从事药品生产经营活动。

第一百四十二条 药品上市许可持有人、药品生产企业、药品经营企业的负责人、采购人员等有关人员在药品购销中收受其他药品上市许可持有人、药品生产企业、药品经营企业或者代理人给予的财物或者其他不正当利益的，没收违法所得，依法给予处罚；情节严重的，五年内禁止从事药品生产经营活动。

医疗机构的负责人、药品采购人员、医师、药师等有关人员收受药品上市许可持有人、药品生产企业、药品经营企业或者代理人给予的财物或者其他不正当利益的，由卫生健康主管部门或者本单位给予处分，没收违法所得；情节严重的，还应当吊销其执业证书。

《海关法》（节录）

第九十条　进出口货物收发货人、报关企业向海关工作人员行贿的，由海关禁止其从事报关活动，并处以罚款；构成犯罪的，依法追究刑事责任。

报关人员向海关工作人员行贿的，处以罚款；构成犯罪的，依法追究刑事责任。

《政府采购法》（节录）

第二十五条　政府采购当事人不得相互串通损害国家利益、社会公共利益和其他当事人的合法权益；不得以任何手段排斥其他供应商参与竞争。

供应商不得以向采购人、采购代理机构、评标委员会的组成人员、竞争性谈判小组的组成人员、询价小组的组成人员行贿或者采取其他不正当手段谋取中标或者成交。

采购代理机构不得以向采购人行贿或者采取其他不正当手段谋取非法利益。

第七十七条　供应商有下列情形之一的，处以采购金额千分之五以上千分之十以下的罚款，列入不良行为记录名单，在一至三年内禁止参加政府采购活动，有违法所得的，并处没收违法所得，情节严重的，由工商行政管理机关吊销营业执照；构成犯罪的，依法追究刑事责任：

（一）提供虚假材料谋取中标、成交的；

（二）采取不正当手段诋毁、排挤其他供应商的；

（三）与采购人、其他供应商或者采购代理机构恶意串通的；

（四）向采购人、采购代理机构行贿或者提供其他不正当利益的；

（五）在招标采购过程中与采购人进行协商谈判的；

（六）拒绝有关部门监督检查或者提供虚假情况的。

供应商有前款第（一）至（五）项情形之一的，中标、成交无效。

《律师法》（节录）

第四十条 律师在执业活动中不得有下列行为：

（一）私自接受委托、收取费用，接受委托人的财物或者其他利益；

（二）利用提供法律服务的便利牟取当事人争议的权益；

（三）接受对方当事人的财物或者其他利益，与对方当事人或者第三人恶意串通，侵害委托人的权益；

（四）违反规定会见法官、检察官、仲裁员以及其他有关工作人员；

（五）向法官、检察官、仲裁员以及其他有关工作人员行贿，介绍贿赂或者指使、诱导当事人行贿，或者以其他不正当方式影响法官、检察官、仲裁员以及其他有关工作人员依法办理案件；

（六）故意提供虚假证据或者威胁、利诱他人提供虚假证据，妨碍对方当事人合法取得证据；

（七）煽动、教唆当事人采取扰乱公共秩序、危害公共安全等非法手段解决争议；

（八）扰乱法庭、仲裁庭秩序，干扰诉讼、仲裁活动的正常进行。

全国人民代表大会常务委员会《关于〈中华人民共和国刑法〉第九十三条第二款的解释》

(2000 年 4 月 29 日第九届全国人民代表大会常务委员会第十五次会议通过　根据 2009 年 8 月 27 日中华人民共和国主席令第十八号第十一届全国人民代表大会常务委员会第十次会议《关于修改部分法律的决定》修正)

全国人民代表大会常务委员会讨论了村民委员会等村基层组织人员在从事哪些工作时属于刑法第九十三条第二款规定的“其他依照法律从事公务的人员”，解释如下：

村民委员会等村基层组织人员协助人民政府从事下列行政管理工作，属于刑法第九十三条第二款规定的“其他依照法律从事公务的人员”：

（一）救灾、抢险、防汛、优抚、扶贫、移民、救济款物的管理；

（二）社会捐助公益事业款物的管理；

（三）国有土地的经营和管理；

（四）土地征收、征用补偿费用的管理；

（五）代征、代缴税款；

（六）有关计划生育、户籍、征兵工作；

（七）协助人民政府从事的其他行政管理工作。

村民委员会等村基层组织人员从事前款规定的公务，利用职务上的便利，非法占有公共财物、挪用公款、索取他人财物或者非法收受他人财物，构成犯罪的，适用刑法第三百八十二条和第三百八十三条贪污罪、第三百八十四条挪用公款罪、第三百八十五条和第三百八十六条受贿罪的规定。

现予公告

二、司法解释

最高人民法院、最高人民检察院《关于办理商业贿赂刑事案件适用法律若干问题的意见》

（2008 年 11 月 20 日）

为依法惩治商业贿赂犯罪，根据刑法有关规定，结合办案工作实际，现就办理商业贿赂刑事案件适用法律的若干问题，提出如下意见：

一、商业贿赂犯罪涉及刑法规定的以下八种罪名：（1）非国家工作人员受贿罪（刑法第一百六十三条）；（2）对非国家工作人员行贿罪（刑法第一百六十四条）；（3）受贿罪（刑法第三百八十五条）；（4）单位受贿罪（刑法第三百八十七条）；（5）行贿罪（刑法第三百八十九条）；（6）对单位行贿罪（刑法第三百九十一条）；（7）介绍贿赂罪（刑法第三百九十二条）；（8）单位行贿罪（刑法第三百九十三条）。

二、刑法第一百六十三条、第一百六十四条规定的“其他单位”，既包括事业单位、社会团体、村民委员会、居民委员会、村民小组等常设性的组织，也包括为组织体育赛事、文艺演出或者其他正当活动而成立的组委会、筹委会、工程承包队等非常设性的组织。

三、刑法第一百六十三条、第一百六十四条规定的“公司、企业或者其他单位的工作人员”，包括国有公司、企业以及其他国有单位中的非国家工作人员。

四、医疗机构中的国家工作人员，在药品、医疗器械、医用卫生材料等医药产品采购活动中，利用职务上的便利，索取销售方财物，或者非法收受销售方财物，为销售方谋取利益，构成犯罪的，依照刑法第三百八十五条的规定，以受贿罪定罪处罚。

医疗机构中的非国家工作人员，有前款行为，数额较大的，依照刑法第一百六十三条的规定，以非国家工作人员受贿罪定罪处罚。

医疗机构中的医务人员，利用开处方的职务便利，以各种名义非法收受药品、医疗器械、医用卫生材料等医药产品销售方财物，为医药产品销售方谋取利益，数额较大的，依照刑法第一百六十三条的规定，以非国家工作人员受贿罪定罪处罚。

五、学校及其他教育机构中的国家工作人员，在教材、教具、校服或者其他物品的采购等活动中，利用职务上的便利，索取销售方财物，或者非法收受销售方财物，为销售方谋取利益，构成犯罪的，依照刑法第三百八十五条的规定，以受贿罪定罪处罚。

学校及其他教育机构中的非国家工作人员，有前款行为，数额较大的，依照刑法第一百六十三条的规定，以非国家工作人员受贿罪定罪处罚。

学校及其他教育机构中的教师，利用教学活动的职务便利，以各种名义非法收受教材、教具、校服或者其他物品销售方财物，为教材、教具、校服或者其他物品销售方谋取利益，数额较大的，依照刑法第一百六十三条的规定，以非国家工作人员受贿罪定罪处罚。

六、依法组建的评标委员会、竞争性谈判采购中谈判小组、询价采购中询价小组的组成人员，在招标、政府采购等事项的评标或者采购活动中，索取他人财物或者非法收受他人财物，为他人谋取利益，数额较大的，依照刑法第一百六十三条的规定，以非国家工作人员受贿罪定罪处罚。

依法组建的评标委员会、竞争性谈判采购中谈判小组、询价采购中询价小组中国家机关或者其他国有单位的代表有前款行为的，依照刑法第三百八十五条的规定，以受贿罪定罪处罚。

七、商业贿赂中的财物，既包括金钱和实物，也包括可以用金钱计算数额的财产性利益，如提供房屋装修、含有金额的会员卡、代币卡（券）、旅游费用等。具体数额以实际支付的资费为准。

八、收受银行卡的，不论受贿人是否实际取出或者消费，卡内的存款数额一般应全额认定为受贿数额。使用银行卡透支的，如果由给予银行卡的一方承担还款责任，透支数额也应当认定为受贿数额。

九、在行贿犯罪中，“谋取不正当利益”，是指行贿人谋取违反法律、法规、规章或者政策规定的利益，或者要求对方违反法律、法规、规章、政策、行业规范的规定提供帮助或者方便条件。

在招标投标、政府采购等商业活动中，违背公平原则，给予相关人员财物以谋取竞争优势的，属于“谋取不正当利益”。

十、办理商业贿赂犯罪案件，要注意区分贿赂与馈赠的界限。主要应当结合以下因素全面分析、综合判断：（1）发生财物往来的背景，如双方是否存在亲友关系及历史上交往的情形和程度；（2）往来财物的价值；（3）财物往来的缘由、时机和方式，提供财物方对于接受方有无职务上的请托；（4）接受方是否利用职务上的便利为提供方谋取利益。

十一、非国家工作人员与国家工作人员通谋，共同收受他人财物，构成共同犯罪的，根据双方利用职务便利的具体情形分别定罪追究刑事责任：

（1）利用国家工作人员的职务便利为他人谋取利益的，以受贿罪追究刑事责任。

（2）利用非国家工作人员的职务便利为他人谋取利益的，以非国家工作人员受贿罪追究刑事责任。

（3）分别利用各自的职务便利为他人谋取利益的，按照主犯的犯罪性质追究刑事责任，不能分清主从犯的，可以受贿罪追究刑事责任。

最高人民法院、最高人民检察院《关于办理行贿刑事案件具体应用法律若干问题的解释》

（2012年5月14日由最高人民法院审判委员会第1547次会议、2012年8月21日由最高人民检察院第十一届检察委员会第77次会议通过）

为依法惩治行贿犯罪活动，根据刑法有关规定，现就办理行贿刑事案件具体应用法律的若干问题解释如下：

第一条　为谋取不正当利益，向国家工作人员行贿，数额在一万元以上的，应当依照刑法第三百九十条的规定追究刑事责任。

第二条　因行贿谋取不正当利益，具有下列情形之一的，应当认定为刑法第三百九十条第一款规定的“情节严重”：

（一）行贿数额在二十万元以上不满一百万元的；

（二）行贿数额在十万元以上不满二十万元，并具有下列情形之一的：

1. 向三人以上行贿的；

2. 将违法所得用于行贿的；

3. 为实施违法犯罪活动，向负有食品、药品、安全生产、环境保护等监督管理职责的国家工作人员行贿，严重危害民生、侵犯公众生命财产安全的；

4. 向行政执法机关、司法机关的国家工作人员行贿，影响行政执法和司法公正的；

（三）其他情节严重的情形。

第三条　因行贿谋取不正当利益，造成直接经济损失数额在一百万元以上的，应当认定为刑法第三百九十条第一款规定的“使国家利益遭受重大损失”。

第四条　因行贿谋取不正当利益，具有下列情形之一的，应当认定为刑法第三百九十条第一款规定的“情节特别严重”：

（一）行贿数额在一百万元以上的；

（二）行贿数额在五十万元以上不满一百万元，并具有下列情形之一的：

1. 向三人以上行贿的；

2. 将违法所得用于行贿的；

3. 为实施违法犯罪活动，向负有食品、药品、安全生产、环境保护等监督管理职责的国家工作人员行贿，严重危害民生、侵犯公众生命财产安全的；

4. 向行政执法机关、司法机关的国家工作人员行贿，影响行政执法和司法公正的；

（三）造成直接经济损失数额在五百万元以上的；

（四）其他情节特别严重的情形。

第五条 多次行贿未经处理的，按照累计行贿数额处罚。

第六条 行贿人谋取不正当利益的行为构成犯罪的，应当与行贿犯罪实行数罪并罚。

第七条 因行贿人在被追诉前主动交待行贿行为而破获相关受贿案件的，对行贿人不适用刑法第六十八条关于立功的规定，依照刑法第三百九十条第二款的规定，可以减轻或者免除处罚。

单位行贿的，在被追诉前，单位集体决定或者单位负责人决定主动交待单位行贿行为的，依照刑法第三百九十条第二款的规定，对单位及相关责任人员可以减轻处罚或者免除处罚；受委托直接办理单位行贿事项的直接责任人员在被追诉前主动交待自己知道的单位行贿行为的，对该直接责任人员可以依照刑法第三百九十条第二款的规定减轻处罚或者免除处罚。

第八条 行贿人被追诉后如实供述自己罪行的，依照刑法第六十七条第三款的规定，可以从轻处罚；因其如实供述自己罪行，避免特别严重后果发生的，可以减轻处罚。

第九条 行贿人揭发受贿人与其行贿无关的其他犯罪行为，查证属实的，依照刑法第六十八条关于立功的规定，可以从轻、减轻或者免除处罚。

第十条 实施行贿犯罪，具有下列情形之一的，一般不适用缓刑和免予刑事处罚：

（一）向三人以上行贿的；

（二）因行贿受过行政处罚或者刑事处罚的；

（三）为实施违法犯罪活动而行贿的；

（四）造成严重危害后果的；

（五）其他不适用缓刑和免予刑事处罚的情形。

具有刑法第三百九十条第二款规定的情形的，不受前款规定的限制。

第十一条 行贿犯罪取得的不正当财产性利益应当依照刑法第六十四条的规定予以追缴、责令退赔或者返还被害人。

因行贿犯罪取得财产性利益以外的经营资格、资质或者职务晋升等其他不正当利益，建议有关部门依照相关规定予以处理。

第十二条　行贿犯罪中的“谋取不正当利益”，是指行贿人谋取的利益违反法律、法规、规章、政策规定，或者要求国家工作人员违反法律、法规、规章、政策、行业规范的规定，为自己提供帮助或者方便条件。

违背公平、公正原则，在经济、组织人事管理等活动中，谋取竞争优势的，应当认定为“谋取不正当利益”。

第十三条　刑法第三百九十条第二款规定的“被追诉前”，是指检察机关对行贿人的行贿行为刑事立案前。

最高人民法院、最高人民检察院《关于办理贪污贿赂刑事案件适用法律若干问题的解释》(节选)

（2016 年 3 月 28 日由最高人民法院审判委员会第 1680 次会议、2016 年 3 月 25 日由最高人民检察院第十二届检察委员会第 50 次会议通过，自 2016 年 4 月 18 日起施行）

第七条　为谋取不正当利益，向国家工作人员行贿，数额在三万元以上的，应当依照刑法第三百九十条的规定以行贿罪追究刑事责任。

行贿数额在一万元以上不满三万元，具有下列情形之一的，应当依照刑法第三百九十条的规定以行贿罪追究刑事责任：

（一）向三人以上行贿的；

（二）将违法所得用于行贿的；

（三）通过行贿谋取职务提拔、调整的；

（四）向负有食品、药品、安全生产、环境保护等监督管理职责的国家工作人员行贿，实施非法活动的；

（五）向司法工作人员行贿，影响司法公正的；

（六）造成经济损失数额在五十万元以上不满一百万元的。

第八条　犯行贿罪，具有下列情形之一的，应当认定为刑法第三百九十条第一款规定的“情节严重”：

（一）行贿数额在一百万元以上不满五百万元的；

（二）行贿数额在五十万元以上不满一百万元，并具有本解释第七条第二款第一项至第五项规定的情形之一的；

（三）其他严重的情节。

为谋取不正当利益，向国家工作人员行贿，造成经济损失数额在一百万元以上不满五百万元的，应当认定为刑法第三百九十条第一款规定的“使国家利益遭受重大损失”。

第九条 犯行贿罪，具有下列情形之一的，应当认定为刑法第三百九十条第一款规定的“情节特别严重”：

（一）行贿数额在五百万元以上的；

（二）行贿数额在二百五十万元以上不满五百万元，并具有本解释第七条第二款第一项至第五项规定的情形之一的；

（三）其他特别严重的情节。

为谋取不正当利益，向国家工作人员行贿，造成经济损失数额在五百万元以上的，应当认定为刑法第三百九十条第一款规定的“使国家利益遭受特别重大损失”。

第十条 刑法第三百八十八条之一规定的利用影响力受贿罪的定罪量刑适用标准，参照本解释关于受贿罪的规定执行。

刑法第三百九十条之一规定的对有影响力的人行贿罪的定罪量刑适用标准，参照本解释关于行贿罪的规定执行。

单位对有影响力的人行贿数额在二十万元以上的，应当依照刑法第三百九十条之一的规定以对有影响力的人行贿罪追究刑事责任。

第十一条 刑法第一百六十三条规定的非国家工作人员受贿罪、第二百七十一条规定的职务侵占罪中的“数额较大”“数额巨大”的数额起点，按照本解释关于受贿罪、贪污罪相对应的数额标准规定的二倍、五倍执行。

刑法第二百七十二条规定的挪用资金罪中的“数额较大”“数额巨大”

以及“进行非法活动”情形的数额起点，按照本解释关于挪用公款罪“数额较大”“情节严重”以及“进行非法活动”的数额标准规定的二倍执行。

刑法第一百六十四条第一款规定的对非国家工作人员行贿罪中的“数额较大”“数额巨大”的数额起点，按照本解释第七条、第八条第一款关于行贿罪的数额标准规定的二倍执行。

第十二条　贿赂犯罪中的“财物”，包括货币、物品和财产性利益。财产性利益包括可以折算为货币的物质利益如房屋装修、债务免除等，以及需要支付货币的其他利益如会员服务、旅游等。后者的犯罪数额，以实际支付或者应当支付的数额计算。

第十四条　根据行贿犯罪的事实、情节，可能被判处三年有期徒刑以下刑罚的，可以认定为刑法第三百九十条第二款规定的“犯罪较轻”。

根据犯罪的事实、情节，已经或者可能被判处十年有期徒刑以上刑罚的，或者案件在本省、自治区、直辖市或者全国范围内有较大影响的，可以认定为刑法第三百九十条第二款规定的“重大案件”。

具有下列情形之一的，可以认定为刑法第三百九十条第二款规定的“对侦破重大案件起关键作用”：

（一）主动交待办案机关未掌握的重大案件线索的；

（二）主动交待的犯罪线索不属于重大案件的线索，但该线索对于重大案件侦破有重要作用的；

（三）主动交待行贿事实，对于重大案件的证据收集有重要作用的；

（四）主动交待行贿事实，对于重大案件的追逃、追赃有重要作用的。

第十八条　贪污贿赂犯罪分子违法所得的一切财物，应当依照刑法第六十四条的规定予以追缴或者责令退赔，对被害人的合法财产应当及时返还。对尚未追缴到案或者尚未足额退赔的违法所得，应当继续追缴或者责令退赔。

第十九条　对贪污罪、受贿罪判处三年以下有期徒刑或者拘役的，应当并处十万元以上五十万元以下的罚金；判处三年以上十年以下有期徒刑的，应当并处二十万元以上犯罪数额二倍以下的罚金或者没收财产；判处十年以上有期徒刑或者无期徒刑的，应当并处五十万元以上犯罪数额二倍以下的罚金或者没收财产。

对刑法规定并处罚金的其他贪污贿赂犯罪，应当在十万元以上犯罪数额二倍以下判处罚金。

三、关于行贿犯罪的典型案例

（一）最高人民法院主办刊物中的典型案例

1. 行贿并串通投标应数罪并罚（《人民司法·案例》2016年第26期）

【裁判要旨】行为人对主管招标事项的人行贿，又串通其他单位串通投标报价、围标，两行为虽有一定的牵连关系，但行贿不是串通投标罪犯罪构成中的必要手段，能得到受贿人的关照而得以串通投标也不是行贿后的必然结果。行贿行为和为谋取不正当利益的行为，侵犯了两个犯罪客体，单独适用行贿罪或串通投标罪均不能对行为人的行为进行充分评价，故不能作为牵连犯适用从一重罪处罚，而应当数罪并罚。

2. 单位行贿与个人行贿的界分——吴某环行贿案（《人民司法·案例》2016年第29期）

【裁判要旨】承包合伙体不是单位行贿罪的主体，合伙体成员实施的行贿行为属个人行贿；行为人帮助其他单位的项目承包人实施行贿行为，应区分项目承包人与单位的关系进行具体分析。若单位仅向项目承包人提供资质，项目承包人自行投资，自负成本，向单位上交管理费后盈利均归个人所有，那么行为人帮助项目承包人实施的行贿行为与单位无关，属个人行贿。

3. 刑法修正案（九）实施后从旧兼从轻原则的准确适用——王某行贿案（《人民司法·案例》2016年第35期）

【裁判要旨】刑法修正案（九）实施后，新法与旧法相比既有减轻又有加重，从旧兼从轻原则的准确适用需要从适用对象、适用范围、适用方法和从轻标准综合考虑：适用对象可以出于人道主义适当放宽，适用范围除定罪量刑的实体规定外还包括程序性规定，并应该适用司法解释中属于补充法律空白的相关规定，适用方法为新法或旧法之间的整体选择适用，处刑较轻应该以宣告刑较轻为衡量标准，且应主要以主刑为衡量尺度。

4. 层层转请托型贿赂犯罪中间人的定性应个案分析——王某某行贿案（《人民司法》2019 年第 20 期）

【裁判要旨】在层层转请托型行受贿案件中，往往中间人之间对于总体数额和各人切分数额并不知情，不同于受贿共同犯罪对于受贿数额有明确共谋的情形，应以其实际所得额确定受贿数额。这种思路，更符合主客观相一致的原则，对其违法所得进行了刑事评价，以违法所得大小进行刑事归责和量刑，也更合理。

5. 单位行贿罪与行贿罪的区分——卢某华行贿案（《人民司法》2019 年第 29 期）

【裁判要旨】单位行贿罪和行贿罪的区别，主要体现在主体要件、行贿意志和利益归属三个方面。判断是否符合单位犯罪的主体要件，除了符合法定的单位类型和范围之外，还应考察单位是否依法成立和合法存在，实质上是否具备独立人格，是否具有独立的财产或经费、能够独立承担刑事责任，有限责任公司中股东出资比例大小以及是否为家庭出资不影响其认定。单位负责人实施的行贿行为原则上应认定为代表单位意志，贿赂的权属或来源并非单位意志的决定因素。行贿所得不正当利益整体、概括地归属于单位之后，单位成员通过财务制度获得分配利益的，所得分配利益的多寡不影响利益归属的认定。

6. 父子关系不能阻却对合型贿赂犯罪的成立——雍某对非国家工作人员行贿罪（《人民司法》2021 年第 32 期）

【裁判要旨】行贿罪与受贿罪是典型的对合犯，行为人之间意思合意，两种犯罪相互独立、互相依附。通常情况下，行贿人与受贿人都是财产权益的独立个体，对各自财产享有占有、使用、收益与处分权。父亲利用儿子职务便利后给予儿子钱款的行为，由于父与子均系成年人，分别组建家庭，各自有经济来源，对各自财产有独立处置权，在财产法律关系上都是独立个体，依法认定分别构成对非国家工作人员行贿罪与非国家工作人员受贿罪。

7. 单位主管人员的自首认定——昆明展煜科技有限公司等对单位行贿案（《人民法院案例选》2008 年第 2 辑）

【裁判要旨】（1）行为人在经济往来中，违反国家规定，给予国有医院回扣的，视为行为人对国有事业单位行贿，具有该行为的可构成对单位行贿罪；（2）在单位犯罪中，单位直接负责的主管人员和其他直接责任人员的自首行为既应视为个人自首，也应视为单位自首。

8. 主观上知情客观上积极引荐撮合并代为传递贿赂款促成行贿和受贿得以实现以介绍贿赂罪定罪处罚——李某科、袁某洪介绍贿赂，袁某全伪证案（《人民法院案例选》2010 年第 2 辑）

【裁判要旨】行为人主观上明知自己在行贿人和受贿人之间牵线搭桥，客观上积极为行、受贿双方沟通关系，引荐、撮合，并代为传递贿赂款，促成行贿和受贿得以实现，情节严重的，应当以介绍贿赂罪定罪处罚。

9. 张某全行贿案——谋取不正当利益的认定（《人民法院案例选》2019 年第 7 辑）

【裁判要旨】违反 BT 模式出资义务，要求国家工作人员违反财务管理制度通过借款形式先行支付工程款的，不仅违反了公司财务管理制度，也违反了“三重一大”政策规定，属于谋取不正当利益。

10. 徐某某受贿、贪污、滥用职权案——介绍贿赂行为与共同受贿行为的认定标准（《人民法院案例选》2021 年第 3 辑）

【裁判要旨】介绍贿赂与共同受贿的区别在于，介绍贿赂人要对自己在整个行贿受贿行为中的地位有着明确的认识，即行为人知道自己是处于第三者的地位介绍行贿受贿。

11. 【第 385 号】鞠某文挪用公款、受贿案——因挪用公款索取、收受贿赂或者行贿构成犯罪的，是择一重处还是数罪并罚？（《刑事审判参考》总第 49 集）

【裁判要旨】因挪用公款索取、收受贿赂构成犯罪的，依照数罪并罚的规定处罚。对于因挪用公款而构成行贿罪的，同样应该数罪并罚。

12. 【第 787 号】袁某行贿案——配合检察机关调查他人受贿案件时，交代向他人行贿的事实，能否认定为被追诉前主动交代?（《刑事审判参考》总第 86 集）

【裁判要旨】(1) 行为人通过给予国家工作人员财物以达到规避竞争而取得特殊利益的目的，属于谋取不正当利益，依法构成行贿罪。(2) 行贿人向纪检监察部门、司法机关举报受贿人的受贿行为，显然属于被追诉前主动交代行贿行为的情形，行贿人在纪检监察部门查处他人受贿案件时，交代（承认）向他人行贿的事实，亦应属于被追诉前主动交代行贿行为。

13. 【第 1136 号】张某军、刘某伟对非国家工作人员行贿案——在国有建设用地使用权挂牌出让过程中串通竞买的行为应如何定性（《刑事审判参考》总第 106 集）

【裁判要旨】挂牌出让固然与招投标有相似之处，但二者无论是在概念文义，还是在适用范围、操作程序、出让人否决权等方面都存在显著差异，二者的差异性远大于相似性。尽管从实质上看，挂牌出让中的串通竞买行为也具有社会危害性，但在刑法明确将串通投标罪的犯罪主体界定为投标人、招标人的情况下，客观上已不存在将挂牌出让解释为招投标从而对行为人予以定罪的空间，只能按照对非国家工作人员行贿罪追究相关人员的刑事责任。

14. 【第 1282 号】被告单位成都主导科技有限责任公司、被告人王某单位行贿案——“在被追诉前主动交待行贿行为”以及揭发他人犯罪行为构成立功的认定（《刑事审判参考》总第 115 集）

【裁判要旨】刑法规定被告人在被追诉前，主动交代行贿事实可以减轻或者免除处罚，旨在通过行贿人的交代获取更多证据，帮助破获相关受贿犯罪案件并推进案件进入司法审判。对于先破获受贿案件，再根据线索侦破行贿案件，此种情况下若将其认定为“在被追诉前主动交待行贿行为”，对行贿人从宽处罚，有违立法本意。

15. 【第 1446 号】刚某、吴某竹受贿、伪造国家机关证件案——介绍贿赂罪与行受贿共同犯罪的区分（《刑事审判参考》总第 129 辑）

【裁判要旨】介绍贿赂与行受贿共犯的区分，可从主观认识及客观行为方面着手。从主观认识方面而言，介绍贿赂行为的目的本身不是行贿也不是受贿，而是旨在帮助行受贿双方建立贿赂联系，即起到牵线搭桥、沟通联络、撮合作用，主观上必须有向国家工作人员介绍贿赂的故意，认识到自己处于“中间人”的地位。因此，介绍贿赂的行为人主观上具有独立的故意即介绍贿赂的故意，而行受贿共犯是行为人与行贿人或者受贿人形成了共同故意，认识到自己是在帮助行贿或者受贿人受贿。行为人与行贿人或者受贿人的共同故意包括两个内容：一是各行为人均有相同的犯罪故意；二是行为人与行贿人或者受贿人之间具有意思联络。从客观行为方面而言，介绍贿赂行为是在行受贿双方之间起到提供信息、引荐、沟通、撮合的作用；行贿共同犯罪是为谋取不正当利益共同向国家工作人员行贿；受贿共同犯罪是以各自的行为共同促成行贿人谋取利益，并收受财物。

16. 行为人帮助行贿人行贿的性质认定——籍某忠行贿案（《中国审判》2015 年第 6 期）

【裁判要旨】介绍贿赂罪的主体是不依赖于受贿或行贿方的第三人，对利益的享有是单独的、独立的；而行贿共犯依附于行贿罪，不能独立存在。也就是说，介绍贿赂罪行为人本身利益的实现不以行、受贿人利益的实现为前提，即使行贿人无法获取不正当利益或者受贿人未能实际利用职便为行贿人谋利的，也不影响中间人利益的实现。其获取的利益往往是其中介行为的有偿报酬，如中介费用、劳务报酬等。而行贿共犯行为人与行贿方有共同的利益需求，该利益实现必须以行贿人直接利益的实现为必要前提，往往是通过国家工作人员的职务行为实现的物质或非物质利益，但是不正当利益的实现与否并不影响其行贿罪的认定。

17. 行贿人揭发对合犯的受贿犯罪是自首与立功的竞合——王某增行贿

案（《中国审判案例要览：2011 年刑事审判案例卷》）

【裁判要旨】虽然行贿人揭发对合犯的受贿犯罪既成立自首，又成立立功，但是并不能对其认定为“自首并立功”。对实为一个行为的“揭发对合犯的受贿犯罪”，刑法条文却对其进行了两次法律评价：当对行贿人认定为自首时，将其纳入自首的评价框架；当对行贿人认定为立功时，将其纳入立功的评价框架。这与想象竞合犯有相似之处。因此，行贿人揭发对合犯的受贿犯罪是“自首与立功的竞合”，而非“自首并立功”。

18. 认定行贿罪应考虑交易行为的实质和交易价格是否明显偏离市场价——北京天目创新科技有限公司、程某阳单位行贿案（《中国审判案例要览：2012 年刑事审判案例卷》）

【裁判要旨】（1）在认定以交易形式行贿时，不能仅根据交易的存在简单地认定构成行贿。交易形式只是一种隐蔽的行贿手段，其实质与普通的行贿行为并无不同。在认定交易行为是否构成行贿罪时，最为根本的仍是要考虑，该交易行为是否是行为人为了谋取不正当利益，而与国家工作人员之间进行的钱权交易，是否侵犯了国家工作人员职务行为的廉洁性。同时在认定中还应注意交易价格明显偏离市场价的条件。在一般的商品交易中，判断某一商品的市场价格往往需要通过专业的评估机构进行，在有同类商品的情况下，应当将同类商品的价格作为评估市场价格的参照物。如果没有相同参照物的，也应当选取相似或近似的对象作为参考，从而确定商品的市场价格。（2）单位为感谢国家机关工作人员，按其指示以明显高于市场价格的方式转包项目致该国家机关工作人员获取利益的，其行为本质在于高于市场价部分的财产性利益已超过了馈赠的范畴，属于行贿行为，对于该单位以单位行贿罪论处。

19. 在贿赂活动中只起到居间沟通作用的，应认定为介绍贿赂罪——帅某受贿、介绍贿赂案（《中国审判案例要览：2011 年刑事审判案例卷》）

【裁判要旨】行为人在贿赂活动中只起到居间沟通作用，并非先实际占有贿款后再向他人行贿的，其行为应认定为介绍贿赂罪，而非行贿罪。

（二）最高司法机关、中央纪委、国家监委发布的典型案例

1. 最高人民检察院第四批指导性案例第 15 号（检例）——胡林贵等人

生产、销售有毒、有害食品，行贿骆某、刘某素销售伪劣产品，朱某全、曾某中生产、销售伪劣产品，黎某文等人受贿、食品监管渎职案。

【案例要旨】实施生产、销售有毒、有害食品犯罪，为逃避查处向负有食品安全监管职责的国家工作人员行贿的，应当以生产、销售有毒、有害食品罪和行贿罪实行数罪并罚。

2. 2022 年 3 月，国家监察委员会、最高人民检察院首次联合发布 5 起行贿犯罪典型案例，具体为：

（1）山东薛某某行贿、串通投标案

【案例要旨】对以行贿犯罪手段进行串通投标犯罪的，应实行数罪并罚。对于行贿数额不大，但涉及教育系统信息化建设等重点民生领域项目的行贿行为，应从严惩处。

（2）浙江贵某贵金属有限公司、李某某单位行贿案

【案例要旨】办理涉及公司企业的行贿犯罪案件，应甄别判断涉案公司企业与行贿犯罪的联系，准确认定是单位行贿犯罪还是个人行贿犯罪。

（3）江西王某某行贿案

【案例要旨】对"零口供"的行贿犯罪案件，应多层次调取收集各类证据，综合运用证据规则，构建完整证据体系，严厉惩治行贿犯罪。实践中，为逃避法律追究，行贿受贿双方拒不供认犯罪事实的情况时有发生。对于"零口供"的行贿案件，应根据证据标准，注重运用受贿人有罪供述、特定关系人或者经手贿赂款的证人证言，特别是转账的书证等证据，证明行贿受贿犯罪事实，形成完整的证据链条。

（4）河南高某某行贿案

【案例要旨】办理行贿案件时要突出重点，对医疗药品等民生领域的巨额行贿、多次行贿，进一步加大打击力度。特别是针对行贿人为谋取不正当利益，对重点领域国家工作人员竭力腐蚀，严重扰乱市场经济秩序，严重影响人民群众的获得感幸福感安全感的行贿犯罪，要依法从严予以打击，切实推动有关行业顽瘴痼疾的整改。在行贿犯罪案件办理中必须注重综合治理，

在依法维护被告人合法权益的基础上，高度重视依法适用财产刑，有针对性地提高行贿人的违法犯罪成本，遏制行贿利益驱动，从根本上预防行贿，最大化实现办案政治效果、社会效果和法律效果的有机统一。

（5）四川刘某富行贿、非法采矿案

【案例要旨】司法机关应当加大追赃挽损力度，对行贿犯罪违法所得以及与行贿犯罪有关的不正当利益，通过监察执法、刑事处罚、行政处罚等多种方式依法综合运用予以处理，确保任何人不能从行贿等违法犯罪活动中获取非法利益，最大程度为国家挽回损失。

3. 2023 年 3 月，中央纪委、国家监委、最高人民检察院组织选编了第二批共 5 起行贿犯罪典型案例：

（1）陈某某行贿、对有影响力的人行贿、对非国家工作人员行贿案

【案例要旨】办理行贿案件和关联案件过程中，应当统筹确定司法管辖。对于一人犯数罪等关联犯罪案件，由不同地方的监察机关、侦查机关分别调查、侦查的，一般应当坚持随主案确定管辖的原则，由受理主案的司法机关一并管辖关联案件，确保案件统一认定、妥善处理。对涉嫌行贿犯罪的，应当注意审查受贿人主体身份、职责范围、涉案人关系等方面证据，依法准确认定罪名。

（2）马某某、徐某某等九人系列行贿案

【案例要旨】交通执法领域“黑中介”“车虫”的行为具有严重的社会危害性，应当予以打击。在调查、审查贿赂案件时，要注重调取审查犯罪所得及其收益的来源、性质及去向的相关证据，如资金的转账、交易记录等。

（3）郭某某行贿案

【案例要旨】准确把握单位行贿罪与行贿罪的区别，从意志体现及利益归属两方面依法予以认定。对于公司、企业主管人员或实际控制人行贿的，应当结合单位性质、组织管理机制、资金来源、犯罪收益归属等进行综合判断，准确区分认定行贿罪及单位行贿罪。行贿罪的犯罪故意产生于行贿人自身，而非来源于单位意志，行贿所得利益亦归属行贿人个人；单位行贿罪是

出于单位意志，获取的不正当利益归属单位。对于以单位名义行贿，而利益归个人所有的，应当认定为自然人犯罪。

（4）陆某某受贿、行贿案

【案例要旨】要切实贯彻《关于进一步推进受贿行贿一起查的意见》，破除打击行贿不利于行贿人配合取证、影响查办受贿案件的片面观念，对向司法工作人员行贿、扰乱案件正常办理、妨害司法公正的，予以重点查处，从严惩治。对因行贿行为获得的“假立功”等生效裁判，依法履行审判监督职责，决不能让行贿人因行贿行为而获益。

（5）张某、陆某行贿案

【案例要旨】在办理行贿案件过程中，要认真履行追赃挽损职责，尽力追缴非法获利，敦促行贿人退缴通过行贿行为获取的财产性利益，纠正不正当非财产性利益，最大限度挽回损失。

后 记

自参加工作以来，有幸参与审理一系列重大职务犯罪案件，得以对行贿案件中所涉及的理论和实务问题有了初步的总结和梳理。在最高人民法院刑二庭借调工作的宝贵经历，更是让我有机会开阔眼界、积累经验。我认为，办理职务犯罪案件最能体现刑事司法的科学性、严谨性、政策性以及政治性高度统一、相辅相成的特点。当前，行贿犯罪依然呈现多发易发的态势，并且出现了一些新情况、新特点，办理此类案件还面临着诸多新挑战、新任务。特别是在“受贿行贿一起查”的刑事政策背景下，更应当全面加强对行贿犯罪的研究。带着这样的思考，我将以往的审判经验提炼、固定并整理出版，以分享给更多的实务工作者。

在此，感谢最高人民法院韩维中庭长、于同志审判长、刘琳琳审判长、段凰法官等领导对我在借调期间的培养和照顾，他们是全国办理职务犯罪领域较有分量的权威和专家。能有幸在如此“众星云集”的环境下工作，是我职业生涯中极大的荣耀。特别是于同志审判长欣然同意为本书作序，让我备受鼓舞和感动。

感谢天津市高级人民法院丁学君副院长对我的教诲和引导，丁院长是我被分配到刑庭工作后遇到的第一位庭长，有幸跟随丁院长学习、工作长达十余年时间，对我的成长和塑造都影响极大，他的那种对事业充满热忱、勇于任事而又胸襟广阔、光明磊落的风范品格，是我终身学习的榜样。感谢天津市第一中级人民法院程庆颐院长、肖克健副院长、孙红主任对我的关怀、支持和帮助。感谢天津市第三中级人民法院张立新副院长，天津市西青区人民法院董照南院长，天津市人民检察院第一分院杨帆副检察长，天津市第一中级人民法院张伟庭长、苏庆松庭长、孙健副庭长、左树芳副庭长等我在刑庭工作期间的历任庭长和各位同事对我的培养、关心和鼓励。他们高超的政治智慧、丰富的实务经验和深厚的专业素养都令我至为钦佩。事实上，书中大量的观点、理念和方法，都来自日常工作中与领导、同事们在一次次讨论案件中所归纳、提炼出的裁判经验。

感谢法律出版社周洁、林蕊编辑的辛苦付出，如果不是她们一以贯之的严谨细致和热情沟通，本书的出版要困难得多。

当然，还要感谢家人的陪伴和支持，让我始终生活在温馨愉快的环境中，能够全身心投入写作中。

由于知识水平和掌握材料的局限性，加之刑事裁判理念的不断更新，本书的一些观点难免存在疏漏和错误，我内心深感惶恐不安。在此，恳请读者批评指正，以期在办理职务犯罪案件上共同进步。